전략적 협상

한국과 한국인의 협상을 위한 조언

김 기 홍

Strategic Negotiation

法 文 社

머 리 말

I

협상과의 인연은 1984년 산업연구원(KIET)에 입사하면서 시작되었다. 그 때 석사학위를 받고 들어간 연구원에서 처음 맡게 된 것이 GATT와 이를 중심으로 한 다자간무역협상이었다. 그러나 그 때만 해도 우루과이라운드(UR)라고 불려진 이 다자간무역협상이 한국에 그렇게 큰 영향을 미칠지는 알지 못하고 있었다. 그로부터 10여년간 한국에서는 처음으로 GATT와 UR을 체계적으로 연구를 해 왔고, 그 결과 『가트, 그리고 GATT』라는 이름의 책을 1990년에 출간하였다.

하지만, 다자간 협상을 넘어 협상 그 자체에 관심을 가지게 된 것은 1993년 UCSD(University of California, SanDiego)에서 John McMillan 교수 밑에서 응용게임이론을 공부하면서였다. 응용게임이론의 그 말로 표현할 수 없는 매력이라니. 그 위에 그것을 다자간의 차원으로 응용할 수 있는 계기를 마련해주신 분이 내 유학생활을 이끌어준 Lawrence Krause 교수이다. 두 분께 다시 한 번 감사를 표한다.

그 뒤 한국에 돌아와 지금까지 다음과 같은 협상 책을 발간하였다.

- 『한국인은 왜 항상 협상에서 지는가』(2002)
- 『서희, 협상을 말하다』(2004)
- 『30년 전략』(2008)
- 『협상과 전략』(2012)

그리고 과분하게도 이코노미스트(중앙일보 刊)와 같은 잡지와, 머니투데이, 국제신문과 같은 언론사에 오랫동안 협상과 관련된 칼럼을 연재할 수 있었고 많은 월간지에도 글을 기고할 수 있는 기회를 가질 수 있었다. 그뿐 아니라, 많은 기업체, 단체, 기관, 학교에서 협상과 관련된 다양한 형태의 강의와 강연을 해왔다. 그러니 이 책은 이 오랜 시간의 연구, 집필, 강의 그리고 강연의 결과를 담은 것이다. 다시 한 번 이런 책을 집필할 여유가 있을지는 모르겠지만, 이 책은 1984년부터 시작된 협상과 게임이론에 대한 내 생각과 연구를 담은 것이라 할 수 있다. 하나의 매듭인 셈이다.

하지만, 이 책에 수록된 내용은 이 책을 위해 모두 새로 집필한 것은 아니다. 기본적으로 이 책은 2012년에 출간된 『협상과 전략』을 모태로 한 것이다. 특히, 제1부와 제2부, 그리고 제4부의 많은 부분들은 이 책에서 다소의 수정을 가한 뒤 그대로 가져온 것이다. 이 책의 개정판을 생각하지 않은 것도 아니나 기존 책과 60% 이상이 달라진다는 점에서 제호를 달리하여 출판하기로 했다. 그 밖의 다양한 부분들도 여러 언론사에 기고된 글들을 조금 수정한 뒤 수록한 것이다. 특히 제3부는 머니투데이에 '성공을 위한 협상학'이라는 제목으로 연재된 글들이고, 제5부 역시 이코노미스트와 중앙일보 등 각종 언론에 기고된 글들이다. 나아가, 이런 글들이 다소의 시간적 거리가 있다는 점에서 글의 서두에 일일이 해설을 붙여 독자들이 이해하기 쉽도록 배려했다. 하지만, 이 책에서 조금 딱딱한 부분이 없는 것은 아니다. 특히 제4부 6장과 같은 글들은 필자가 작성한 논문을 조금 풀어서 쓴 것이다. 국가 간의 협상을 이해하기 위한 이론적 틀이니 다소의 이해를 바란다.

II

이 책은 기본적으로 협상과 전략을 배우는 학부 3, 4학년 그리고 대학원 석·박사 과정 학생들을 위해 집필한 것이다. 하지만, 일반 독자들을 위해 이 책에는 수많은 사례와 실전협상에 대한 분석도 포함되어 있다. 그래서 **이 책은, 그냥 의례적으로 하는 말이 아니라, 협상과 전략에 관심이 있는 학생과 일반 독자 모두를 위한 것이다.**

이 책을 효율적으로 이용하기 위해서, 그리고 전략적 독서를 위해서, 총 5부로 구성된 이 책의 각 '부' 앞에 '제1(2, 3, 4, 5)부를 활용하는 법'이라는 별도의 안내문을 첨부하였다. 그러니 독자는 목차를 본 뒤, 다시 이 활용하는 법을 읽은 뒤 책을 읽었으면 한다. 이론적 면에 관심이 있는 독자와, 이론보다는 실천과 응용에 관심이 있는 독자들이 제각기 효율적으로 책을 읽기 위한 일종의 배려이다.

이 책으로 한 학기 협상과 전략을 가르친다면 다음과 같은 순서로 가르치는 것을 권장한다: 제1부, 제2부, 제4부, 제3부, 제5부. 제3부와 제5부를 뒤로 돌린 것은 각각 제2부와 제4부에 대한 응용과 실전의 성격을 띠기 때문이다. 가르칠 시간이 부족하다면 제3부와 제5부는 학생들이 직접 읽도록 하고 그에 대한 보고서를 제출하도록 해도 좋다.

하지만, 일반 독자라면 이런 순서에 전혀 개의할 필요가 없다. **일반 독자에게는 다음과 같은 순서로 이 책을 읽기를 권한다.**

- 전략에 관심이 있다면 제1부의 5장을 먼저 읽기를 권한다. 그 다음 1장을 읽고 그래도 이론적 배경에 관심이 있다면 나머지 장들을 읽으면 된다.
- **협상을 위한 쏠쏠한 읽을거리를 우선한다면 제3부를 먼저 읽기를 권한다.** 아무런 사전지식이나 이론적 기반이 없어도 제3부는 그냥 가볍게 읽을 수 있다(이 제3부를 먼저 읽기를 원하는 사람들을 위해 제2부와 다소 중복이 되는 것을 감수했다).
- **한국과 한국인의 협상에 관심이 있다면 이 모든 것을 제쳐두고 제5부를 바로 읽으면 된다.** 특히 최근 관심이 집중되고 있는 한미 FTA 재협상을 조금 깊게 이해하고 싶다면 3장을 보면 된다.
- 그 뒤 다시 이론적 배경에 관심이 있다면 제4부와 제2부를 차근차근히 읽어나가면 된다.

III

오랫동안 협상과 전략을 강의하면서 가장 많이 들은 질문이 "협상을 잘하는 비법은 없느냐?"는 것이다. 미안하지만 비법은 없다. 하지만, 방법은 있다. 본문 중에 자세히 설명하고 있지만 그 가장 중요한 방법은 다음과 같다: 1) 협상기술을 알기보다는 협상의 본질이 무엇인지 이해하라, 2) 협상준비를 제대로 하라, 3) 협상목표를 분명히 설정하라, 4) 협상에 집착하지 말라. 더 자세한 방법과 자세한 설명은 본문을 읽어가면서 확인하기 바란다. 하지만 이 서두에서 정말 강조하고 싶은 것은 협상을 잘하기 위해서는 협상 테크닉을 많이 알기보다는, 협상이 무엇인지 그 본질을 알고 서로 win-win하기 위한 방법을 강구하는 것이 필요하다는 것이다.

GATT, UR, FTA와 같은 국가 간 협상을 연구하면서 일관되게 강조한 것이 있다. 내부협상의 개념이 그것이다. 이 내부협상은 내가 고안한 것이 아니다.

Putnam의 이중구조게임에서 가져온 것이지만, 나는 이것을 한국의 협상력 제고를 위한 가장 중요한 요인으로 보고 2000년 초반부터 이 개념을 더욱 확대 발전시켜 왔다. 그 뒤, 나의 노력 때문인지는 모르겠으나 대내협상이라는 개념으로 널리 확산되고 사용되고 있다. 나의 주장의 논리는 간단하다. 국가 간의 협상을 잘하기 위해서는 협상실무자나 외교관의 협상 테크닉 보다, 협상의제에 대한 국민들의 입장과 태도를 적절히 활용하는 것이 매우 중요하다는 것이다. 쉽게 말해, 국민들이 촛불을 들면 그 촛불보다 더 강력한 협상의 무기 혹은 협상력 제고방안이 없다는 것이다. 경제력이 불균등한 국가 간의 협상에서 이런 국민의 지지를 제대로 활용할 수 있다면, 그렇지 않은 경우에 비하여, 우리에게 더 유리한 협상 결과를 기대할 수 있다.

이 책을 탈고할 즈음 문재인 대통령의 한미 정상회담이 끝났고, 그 뒤 미국 트럼프 대통령의 한미 FTA 재협상 논의가 다시 부각되고 있다. 이 책에서도 설명한 것처럼 한미 FTA 재협상을 두려워할 아무런 이유가 없다. 일방적으로 양보하지 않고 미국과 '협상'을 하면 되는 것이다. 하지만 협상을 하지 않고 일방적으로 양보하지 않을까 걱정되는 면이 없지 않다. 특히, 자동차와 철강에 대해서. 하지만, 구태여 일방적으로 양보를 해야 한다면 고위급 차원에서 사드문제와 자동차와 철강을 package deal로 처리하면 되지 않을까? 물론 안다. 이런 방식이 일반적이 아니라는 것을. 하지만, 한국의 국익과 생존을 앞에 두고, 할 수 있는 모든 것을 다 해 '협상'은 해 보아야 하지 않겠나.

서울에서의 모든 활동을 접고 부산에 내려온 지 거의 15년이 되어간다. 강산이 한 번 반이 바뀐 셈이다. 하지만, 한 바탕 꿈을 꾼 듯하다. 남회근은 인생을 다음과 같이 말한다. "영문을 모른 채 태어나, 어쩔 수 없이 살아가고, 까닭을 모른 채 죽어간다." 이 말을 패러디하자면 나는 지난 8년간 영문도 모른 채 많은 것을 떠나보냈고, 까닭을 모른 채 병들어 왔다. 잃어버린 8년이다. 하지만, 잠에서 깨어나니 니코스카잔차키스의 말이 가슴으로 들어온다.

"나는 아무 것도 두렵지 않다.

나는 아무 것도 원하지 않는다.

나는 자유다."

그러니 다시 시작이 아닌가.

　책 한 권을 만드는 데 얼마나 많은 사람들의 도움과 인연이 작용할까? 공부, 강의, 토론, 회의. 지난 세월 나와 함께 한 모든 사람들이 이 책을 만드는 데 기여한 셈이다. 머리를 숙여 고마움을 표한다. 하지만, 이 책을 빨리 집필하도록 여러모로 관심을 보여준 법문사의 권혁기 차장, 책을 아름답고 보기 좋게 만들어준 배은영 씨, 그리고 법문사의 모든 좋은 분들께는 특별히 감사드리지 않을 수 없다.

2017년 7월
새로 시작되는 여름을 바라보며
금정산을 바라보는 연구실에서
저 자

Strategic Negotiation

차 례

제1부

전략, 게임이론 그리고 협상

제2부

협상, 어떻게 할 것인가: 이론편

제3부

협상, 어떻게 할 것인가: 사례와 실전편

제5부

한국과 한국인의 협상: 사례와 실전편

전략/협상강의노트 목차

제1부

전략, 게임이론 그리고 협상

Strategic Negotiation

제1부는 이 책의 기본 골격이다. 제2, 3, 4, 5부에서 구체적으로 드러나지는 않지만 이 책의 밑바닥에 놓여있는 기본 전제다. 그것은 다음 두 가지 단어로 표현할 수 있다. 게임이론과 구조.

하지만, 제1부에서는 구조(structure)에 대한 설명은 최대한 줄이고 게임이론에 대해 많은 지면을 할애해 설명하였다. 특히 게임이론의 근간을 이루는 상호의존성(interdependence)의 개념을 집중적으로 설명하였다. 조금 과장된 표현인지는 모르겠지만 상호의존성의 개념만 완벽히 이해한다면, 그리고 그것을 일상의 생활에 적용할 수 있다면 이 책의 50% 이상을 이해한 것이라고 말할 수 있다. 구조에 대해서는 조금 언급을 하기는 했지만(1장 5절) 자세한 것은 협상을 설명하는 부분에서 자세히 설명하기로 한다. 사실 이 구조적인 면은 협상, 특히 국가 간의 협상을 설명하는데 매우 유용하기 때문이다.

제1부를 읽지 않고 바로 제2, 3, 4, 5부를 읽어도 좋다. 책의 전반적인 맥락을 이해하는 데 무리가 없기 때문이다. 하지만, 협상의 이면에 무엇이 있는지, 협상을 이루는 근본 맥락이 무엇인지 조금 이해를 하고 싶다면 반드시 이 제1부를 읽기를 권하고 싶다. 또 한 가지. 이 제1부에서 게임이론을 설명하고 있기는 하지만, 여기서의 내용을 이해했다고 게임이론이 무엇인지 알게 되었다고 생각하지는 말았으면 한다. 여기서 제시된 내용들은 전략과 협상을 이해하기 위한 최소한의 게임이론 개념을 소개한 것에 불과하기 때문이다.

제1부의 가장 두드러진 특징은 무엇보다도 전략에 대한 것이다. 그러니 협상보다는 전략에 일차적인 관심이 있다면 이 제1부, 그 중에서도 1장과 5장을 집중적으로 읽기를 권한다. 본문 중에 자세히 설명하고 있지만 여기서 말하는 전략은 기업의 경영전략이 아니다. 오히려 개인의 인생전략, 혹은 사람과 사람이 상호작용하는 관점의 규칙 등을 게임이론의 상호의존성이라는 개념을 빌려 설명한 것이다. 더 시간이 없는 사람이라면 제1부의 5장을 먼저 집중적으로 읽기를 바란다. 그렇게 하더라도 기본적으로 전략에 대해 가지고 있는 기존관념을 충분히 깰 수 있으리라 믿는다.

이런 개인 전략이 가장 관심을 기울이는 분야는 바로 여러분의 '인생'이다.

제 **1** 장[1]

전략이란 무엇인가

1. 전략의 기본 개념

(1) 전략이란 무엇인가

전략이란 무엇인가? 이런 질문을 들으면 우리는 우선 전략이라는 단어 앞에 제각기 다른 접두어를 붙인다. 기업 전략, 경영전략, 국가 전략, 기업 전략, 혹은 개인 전략 등이 그것이다. 이 중 경영 전략에 대해서는 수많은 논의가 이루어져 왔지만 그 외의 경제주체의 전략에 대해서는 직관적인 개념 외에는 별다른 정의가 내려져 있지 않은 것이 사실이다.

그런 점에서 여기서는 우선 전략을 다음과 같이 간략히 정의하고자 한다.

"주어진 (장기적, 혹은 기본적) 목적을 달성하기 위하여 경제주체가 상대방의 반응을 고려하여 선택하는 일련의 행동 혹은 계획"

이 정의가 가지는 특성은 다음과 같다. 첫째, 전략은 경제주체가 선택하는 것이다. 즉, 우리가 관심을 가지는 전략은 경제주체가 선택하는 전략이다. 동식물이 그에 상응한 전략을 가지는지는 모르겠지만 경제주체 외의 전략은 당분간 우리의 관심사가 아니다. 둘째, 전략에는 목적이 있다. 전략을 결정하는 주체가 무엇이건 전략이라고 부르기 위해서는 그에 상응한 목적이 있어야 한다. 기업은 그 자신이 자체적으로 설정한 시장점유율 혹은 이익률이라는 목적이 있고, 국가 혹은 정부는 연평균 경제성장률 혹은 1인당 GDP 성장률이라는 목적을 가진다.

---

1) 제1부의 5개 장들은 저자(2012, c)의 제1부 내용을 부분적으로 수정(개정)한 뒤 재구성하거나 그대로 옮긴 것이다.

심지어 개인의 경우에도, 그 목적이 보편 타당한 것은 아닐지라도, 자신의 인생 전반과 관련된 목적을 가진다. 셋째, 전략에는 계획 혹은 행동 등 실제적인 행위 real action가 뒤따른다. 전략이라고 부르기 위해서는 주어진 목표를 달성하기 위한 계획이 있어야 하고, 그 계획을 달성하기 위한 구체적인 행동계획이 있어야 한다. 구체적인 실행이 뒤따르지 않고 계획만 있는 경우에도 우리는 그것을 전략이라고 할 수는 있으나 본질적인 의미에서 그것은 '반쪽인 전략'에 불과하다. 넷째, 가장 핵심적인 사항으로서 전략을 만들기 위해서는 상대방의 반응을 고려해야 한다. 전략을 입안하기 위해서는 무엇보다 '주어진 여건'이 필요하다. 주어진 여건이란 기업의 경우 시장 상황, 기업의 재무상태가 될 수 있고, 국가의 경우에는 세계경제환경 혹은 자국의 부존 천연자원 등이 될 수 있고, 개인의 경우에는 자신의 신체적 역량 혹은 경제적 여건 등이 될 수 있다. 어떤 경우든 경제주체가 주어진 여건 하에서 자신의 전략을 만들기 위해서는 자신의 전략이 실행될 경우 영향을 받는 제3자 혹은 다른 경제주체의 반응 혹은 대응을 염두에 둘 필요가 있다. 이런 상대방의 반응 혹은 대응을 고려하지 않고서는 실행 가능한 계획으로서의 전략은 나오기 힘들다. 다섯째, 이런 의미에서 전략은 목적의 설정, 계획과 행동의 설계, 계획과 행동의 집행이라는 세 단계를 가진다. 이런 세 단계와 관련 중요한 것은 그 세 단계가 각각 분리된 것이 아니라 상호영향feedback을 주고받는다는 것이다. 즉, 일단 설정된 전략은 그대로 실행되는 것이 아니라 이 세 단계의 과정에서 상호작용하면서 스스로 수정한다.

(2) 전략과 전술

전략을 이렇게 이해할 경우 이와 유사한 전술과 어떤 차이가 나는지를 이해할 필요가 있다. 전략strategy이란 위에서 정의한 바와 같이 "주어진 (장기적, 혹은 기본적) 목적을 달성하기 위하여 경제주체가 상대방의 반응을 고려하여 선택하는 일련의 행동 혹은 계획"이다. 그러면 일반적인 의미로 사용되는 전술tactics이란 무엇인가? 전술이란 "현재의 시점에서 주어진 목적을 위해 사용되는 구체적 행동 혹은 계획"을 의미한다. 그러면 이 둘은 어떤 점에서 같고 어떤 점에서 차이가 날까?

전략과 전술은 모두 행동 혹은 계획의 형태로 드러난다. 그런 면에서 두 개념은 어떤 경우에는 같은 의미로 사용된다. 또, 어떤 목적을 달성하기 위해 사용

(혹은 시행)된다는 공통점도 가진다. 하지만, 전략이 포괄하는 범위는 조금 더 크고, 시간적으로는 조금 더 장기적인 반면 전술은 이와는 달리 작은 범위에서 단기적으로 시행되는 행동 혹은 계획을 의미한다. 그래서 비유적으로 말하면 전략은 전쟁(이것은 상당히 장기적인 안목과 시야를 필요로 한다)에서 이기기 위한 행동 혹은 계획을 의미하지만, 전술은 전투(이것은 상대적으로 단기적이고 시점으로는 현재와 연결된 짧은 기간만 포함된다)에서 이기기 위한 행동 혹은 계획을 의미한다.

이 두 용어는 이렇게 개념적으로 구분되지만 현실적으로 이 둘을 엄밀히 구분하는 것은 바람직하지 않다. 좋은 전략이란 좋은 전술들로 구성될 수밖에 없기 때문이다. 그런 점에서 전술보다는 전략을 조금 더 깊이 공부하고 연구할 필요가 있다.

2. 전략의 구분

전략은 경제주체에 따라 구분할 수도 있고 접근방법에 따라 구분할 수도 있다.

(1) 경제주체에 따른 구분

전략을 경제주체에 따라 구분할 경우 그것은 기업의 전략, 정부의 전략, 그리고 개인의 전략으로 구분된다. 이런 경제주체의 전략에는 앞서 설명한 바와 같이 그 자체의 목적을 가진다. 그래서 기업의 전략이란 '이윤극대화, 시장점유율 확대, 주주배당 확대, 혹은 사업영역의 확대를 위하여 기업이 선택하는 일련의 경영계획'을 의미한다. 정부의 전략이란, '국가전체의 생산성 향상을 위해, 혹은 산업구조의 재조정 등 국가전체와 관련된 목적의 달성을 위해 정부가 선택하는 일종의 계획'을 의미한다. 개인의 전략이란, '크게는 인생계획, 작게는 소비생활의 만족을 위하여 개인이 스스로 결정하는 일련의 계획'을 의미한다.

이런 전략은 제각기 그 상대방을 가진다. 기업의 상대방은 상대기업, 정부, 그리고 소비자인 개인이 될 수 있고, 정부의 상대방은 외국 정부, 국내외 기업, 그리고 개인이 될 수 있다. 개인의 상대방은 자기 자신, 여타의 개인, 그리고 목적에 따라서는 기업과 정부도 여기에 포함될 수 있다.

(2) 접근방법에 따른 구분

접근방법에 따라 전략을 구분할 경우 1) 선택하는 **행동** 자체를 강조하는 시각(**경영전략론의** 관점), 2) 행동과 계획의 **상호의존성**을 강조하는 시각(**게임이론적** 관점), 3) 행동과 계획의 **과정**(**협상론의** 관점)을 강조하는 시각으로 구분된다.

경영전략론의 관점은 기업이 주어진 목적을 달성하기 위하여 구체적으로 어떤 행동이 필요한가를 중점적으로 분석한다. 예컨대, 시장점유율을 높이기 위해서는 경쟁기업보다 가격을 어느 정도 낮추는 것이 바람직한 것인지, 이윤율을 높이기 위해 생산공장을 어느 나라로 이전하는 것이 바람직한 것인지, 구체적인 실행계획 그 자체를 더 강조한다. 이런 경영전략론은 마이클 포터의 "전략이란 무엇인가"라는 논문에서 잘 드러난다.

게임이론적인 관점은 (2장에서 자세히 설명되겠지만) 게임에 참여하는 경기자의 '상호의존성'을 강조하는 관점을 의미한다. 이런 상호의존성이란 경기자가 주어진 목적을 달성하기 위한 행동과 전략을 결정하기 위해서는, 이 경기자가 선택하는 행동과 전략에 대하여 상대방이 보이는(보일 것으로 예상하는) 반응까지를 염두에 두고 결정해야 한다는 것이다. 하지만, 게임이론적인 관점은 전략 자체를 강조하기 보다는 그런 일련의 전략이 선택됨으로써 결과적으로 어떤 균형(내쉬균형)에 이르는가를 더 강조한다.

협상론의 관점 역시 게임이론에서 강조한 '상호의존성'의 관점에서 진행되는 협상을 분석하는 것이다. 하지만, 협상론의 관점이 강조하는 것은 협상에 참여한 사람(혹은 단체)들이 어떻게 해야 동시에 만족할 수 있는 결과에 이를 수 있으며, 그 목적을 달성하기 위해서는 어떤 전략이 필요한가 하는 점이다. 그러므로 협상론의 관점이 강조하는 것은 **'과정'으로서의 전략**이다. 이런 협상론은 제2, 3, 4부에서 자세히 설명될 것이다.

하지만, 이런 세 가지 관점들은 제각기 배타적인 것이 아니라 상호보완적인 특징을 가진다. 예를 들어 행동 자체를 강조하는 시각(경영전략론적 관점)에는 상호의존성을 강조하는 시각(게임이론적 관점)과 과정을 강조(협상론적 관점)하는 시각도 부분적으로 포함되어 있다. 예를 들어, 경영학적 관점에서 A 기업이 가 국에서의 이익을 극대화하기 위해서는, 게임이론적 관점에서 가 국에서 활동하는 B 기업의 반응을 고려하지 않을 수 없고, 협상론의 관점에서 때로는 이 B 기업과 다양한 협상을 진행할 수밖에 없다는 것이다.

이런 점을 고려하여 위에서 제시한 전략의 정의에 '상대방의 반응을 고려'한다는 부분을 포함시켰다. 그런 점에서 모든 전략은 상호의존성의 특성을 가지며, 또 그런 점에서 여기서 제시된 세 종류의 전략은 모두 게임이론과 깊은 관련을 가진다.

다시 말해, 본서가 가장 깊은 관심을 가지는 것은 게임이론의 관점에서 전략과 협상을 어떻게 이해하고 분석할 것인가 하는 점이다.[1] 이제 각각의 관점을 조금 더 자세히 설명하기로 한다.

3. 경영전략론의 관점

이 책에서 설명하는 경영전략론의 관점 역시 게임이론의 관점에서 본 것이지만, 이런 시각은 경영전략 본래의 관점[2]과 다소 다를 수 있다.

일반적으로 경영전략을 생각할 때 우리는 경영학과 전략의 결합을 떠올린다. 경영학이란 기업의 경영과 밀접한 관계를 가지기 때문에 경영전략이란 기업이 그 자신을 경영하는 과정에서 자신의 목표를 달성하기 위한 계획 혹은 행동으로 이해된다. 이런 특성 때문에 대부분의 경우 경영전략은 경영학의 한 영역 혹은 분과의 일부분으로 연구되어 왔다.

하지만, 경제학 그 중에서도 게임이론을 중심으로 한 인간과 조직의 합리적 행동에 대한 연구는 경영전략에 대한 이해와 연구의 폭을 한층 더 넓히고 있다. 경영전략이란 기업경영과 관련된 제 분야를 연구하지 않을 수 없는 것인데, 게임이론은 바로 그 기업의 합리적인 행위에 대해 매우 바람직한 설명을 제공하고 있기 때문이다. 물론 게임이론이 만병통치약이 아닌 이상 기업의 모든 행동에 대해 유익한 설명을 할 수 있는 것은 아니다. 하지만, 기존의 경영학 중심의 경영전략이 설명하지 못했던 부분들을 조금이라도 더 설명할 수 있다면 게임이론

---

1) 하지만, 게임이론의 관점에서 전략과 협상을 설명하면서도, 주지하는 바와 같이, 협상을 설명하는 부분에 좀 더 많은 지면을 할애하였다. 그것은 상대적으로 전략에 대한 논의는 활발한 반면, 협상에 대한 논의는 그렇지 않기 때문이다.
2) 이런 관점은 <전략강의노트 1>로 정리하였다. 당연한 이야기지만 경영학의 관점에서 바라본 전략이라는 개념은 본서에서 제시되는 개념과는, 일치하는 부분도 많지만, 다소 차이가 나는 점도 없지 않다. 이 책에서는 게임이론의 관점에서 경영전략을 어떻게 이해할 것인지를 설명하겠지만, 이와 관련된 논의를 더 깊이 진행하지는 않으려 한다. 경영전략이라는 분야 또한 별개의 책을 필요로 할 정도로 광범위하기 때문이다.

의 유용성은 충분히 입증될 수 있다. 그런 점에서 경영전략을 게임이론의 관점, 혹은 게임이론의 틀을 빌려 연구하는 것도 기업의 행위에 대한 인식의 폭을 넓히는 지름길이 될 수 있다.

경영전략을 게임이론적인 관점에서 파악한다는 것은 다음 두 가지 특성을 집중적으로 조명한다는 것을 의미한다.

첫 번째 관점은 게임이론의 관점에서 기업의 의사결정 과정을 분석하는 것이다. 기업의 의사결정 과정에는 CEO 개인의 의사결정 과정과 함께, CEO로 대표되는 기업의 의사결정 과정도 포함된다. 당연한 말이지만, 이 CEO는 혹은 그로 대표되는 기업은 합리적으로 행동한다는 것을 전제로 한다. 합리적이라는 말은 경제학에서는 효용극대화라는 관점으로 설명할 수 있지만 그런 형식논리적인 서술보다는 일반적인 의미에서의 합리성을 의미하는 것으로 해석하는 것이 보다 타당하다. 물론 모형을 이용한 분석이 진행될 경우에는 보다 정치한 합리성의 개념이 도입될 필요가 있다. 따라서 분석의 대상이 되는 것은 게임이론의 관점에서 기업이 행하는 다양한 행동, 즉, 시장진입, 시장퇴출, 연구개발비의 사용, 신제품의 개발, 해외로의 공장 이동, 마케팅 전략의 구사방법, 전략적 제휴 등이다.

두 번째 관점은 역시 게임이론에 부분적으로 근거하기는 하지만 경영전략의 의사결정 과정을 협상의 관점으로 파악하는 것이다. 아직 국내에서는 협상에 대한 인식이 그리 높은 편은 아니나, CEO가 내리는 의사결정, 즉 다른 기업과의 관계나 시장에서의 위치를 고려하여 내리는 모든 결정들은 사실상 협상이라고 부를 수 있다. 혹자는 협상이 무엇인지도 모르는 상황에서 기업의 경영전략과 협상을 연결짓는 것은 다소 성급한 것으로 생각할 수도 있으나, 경영전략은 이제 협상이라는 측면을 고려하지 않고서는 그 함의를 충분히 파악할 수 없는 상황에 이르렀다. 외국기업과의 협상 하나를 잘못함으로써 수년간 공들여왔던 기업의 경영전략이 송두리째 사라질 가능성도 배제할 수 없기 때문이다. 나아가 전략적 제휴를 결정짓는 것은 온전히 협상의 몫이 아닐 수 없다. 협상을 통해 전략적 제휴의 폭과 범위 그리고 효과가 결정되기 때문이다. 협상은 그 자체가 하나의 분석대상이지만, 그것이 게임이론과 연결될 때 그 경제적 함의는 더 커지게 된다. 게임이론의 툴을 사용하여 협상을 분석하게 되면 비록 협상의 결과는 예측하지 못한다 해도, 특정 협상에 영향을 미치는 요인들을 정확히 파악할 수 있게 되기 때문이다.

하지만, 게임이론의 관점에서 경영전략을 분석한다고 해서 경영전략 그 자체를 완전히 무시할 수는 없다. 경영전략은 그 자체로서 수십 년 동안 연구가 진행되어 왔고 그 성과 또한 만만치 않기 때문이다. 그런 의미에서 우리가 흔히 경영전략이라고 부르는 것이 무엇을 의미하는 가를 간략히 정리할 필요가 있다. 그래서 아래의 <전략강의노트 1>은 그런 의도로 마련한 것이다.

전략강의노트 1 ● **경영학에서 보는 경영전략론의 개념과 변천**

1. 경영전략이란 무엇인가

경영전략이 무엇인가를 한 마디로 요약하면, 경쟁에서 이기는 방법을 말한다. 그래서 경영전략이란 기업에게 경쟁우위를 제공·유지시켜 줄 수 있는 주요한 의사결정과정이라고 정의될 수 있다. 즉, 경영전략은 경쟁상황에서 어떻게 자신에게 경쟁우위를 가져다 줄 수 있는가를 체계적으로 분석하게 하여 주는 구체적인 사고방법이다.

이런 측면에서 경영전략이란 '경쟁우위를 통해 기업의 지속적인 목적을 달성하기 위해 조직된 일련의 통합행동'으로 이해할 수 있다. 이런 전략은 5가지 측면에서 살필 수 있는데, 그것은 다음과 같다.

- 계획Plan으로서의 전략: 특정 상황에 대처하기 위한 의도적인 행동방향
- 책략Ploy으로서의 전략: 경쟁자의 의표를 찌르기 위한 일종의 책략
- 행위유형Pattern으로서의 전략: 사전의도에 상관없이 일관되게 나타나는 행위 결과의 흐름
- 위치선정Position으로서의 전략: 외부환경 속에서 기업조직을 적절하게 위치시키는 수단
- 관점Perspective으로서의 전략: 기업내부조직을 적절하게 위치시키는 수단

2. 경영전략 개념의 변화

경영전략의 개념은 시대를 따라 변해왔다. 아래 표에서 보는 바와 같이 시대를 따라 그 개념의 주요주체, 주요 개념 및 기법, 조직상의 특성들이 변해왔다. 이제 이것을 간략히 살피기로 한다.

1950년대에서 1970년대 초까지 경영전략과 관련 가장 중요한 주제는 **장기전략계획의 수립**이었다. 이 시기에는 경영정책이란 이름으로 생산, 마케팅, 인사, 재무, 회계에 대한 경영정책이 수립되던 시기였다. 이 시기에 유행하던 것이 소위 말하는 product portofolio matrix(경영자원, 투자자금의 사업부 할당 모델)였다. 시장점유율 분석과 시장성장률 분석을 위하여 BCG 매트릭스 기법이 사용되었고 환경분석

과 상황분석을 위하여 SWOT분석 기법이 사용되기도 하였다. 또 비용편익 분석과 현재할인가치를 구하기 위해서는 계량경제모형이 사용되기도 하였다.

표 1 경영전략 개념의 변화

기간	1950~1970 초	1970 후반~ 1980 중반	1980 후반~ 1990 중반	1990 후반~ 2000년대
주요 주제	장기전략계획	산업구조 및 경쟁분석	경쟁우위의 창출 및 유지	인터넷을 비롯한 기술진보의 영향
주요 개념 및 기법	재무적인 투자계획 수립 및 시장예측, 시장점유율 분석, SWOT 분석	산업구조분석과 산업 내의 포지셔닝	기업 내의 경쟁우위를 창출하는 요인 분석, 동태적 분석기법	수확체증의 현상, 네트워크 경제성, 혁신, 산업표준의 중요성
조직상의 특징	재무관리가 주요 기능 수행, 기업의 종합기획실 설립	수익성이 낮은 사업으로부터 탈퇴 및 전망이 좋은 사업분야로 진입	인적자원관리, 전략적 제휴를 통한 핵심역량 배양, 비즈니스 리엔지니어링으로 비용감소 및 서비스 향상	전략적 제휴가 강조됨. 시장 및 기술의 변화에 대한 빠른 대응. 창의력 증대, 기업가정신
대표적 학자	Ansoff, Andrews, Christensen	Porter	Hamel, Prahalad	Arthur, Nonaka

자료 SERI에서 발췌 인용.

　하지만 1970년대 후반, 두 번의 오일 쇼크를 경험하면서 장기전략 계획에 대한 회의가 대두되기 시작하였다. 장기적인 계획보다는 시시각각 변하는 경기상황에 민첩하게 대응하는 능력이 절실해졌기 때문이다. 그래서 1970년대 후반부터 1980년대 중반까지는 **산업구조 및 경쟁분석이 경영전략의 주요 주제로 부각**되었다. 특히 특정 기업이 해당 산업 내에서 어느 정도의 위상을 확립하고 산업의 특성에 따라 어떤 전략을 취하는 것이 바람직한 것인지의 분석이 주류를 이루었는데 가장 대표적인 학자가 마이클 포터Michael Porter였다. 그는 기업의 수익성은 해당산업의 구조적 특성에 의해 결정된다고 생각하고, 경쟁우위라는 개념을 도입하여 기업의 전략을 제시하였다.

　1980년대 후반부터는 마이클 포터류의 산업구조분석의 한계가 대두되면서 기업 내부의 경영자원에 관심이 집중된다. 이에 따라 기업 내의 **경쟁우위를 창출하는 요**

인 분석 및 동태적 분석기법이 활기를 띠게 되었다. 그래서 인적자원관리, 전략적 제휴를 통한 핵심역량 배양, 비즈니스 리엔지니어링과 같은 개념들이 새롭게 제시되었다. 그래서 이런 종류의 경영전략론은 기업의 경쟁우위의 창출과 유지에 큰 관심을 보인다.

1990년대 후반부터 2000년대 까지는 인터넷을 비롯한 기술진보의 영향을 받아 경쟁우위의 창출 및 유지가 더 심화되면서 **전략적 제휴가 더 강조되는 현상**을 보이게 된다. 즉, 인터넷과 IT로 대변되는 디지털경제 시대에 있어서는 시장과 기술의 급격한 변화에 빠르게 대응하는 것이 무엇보다 중요하게 되었고 그런 점에서 동종기업 혹은 경쟁기업과 전략적 제휴를 통하여 시장과 기술의 변화에 적절히 대처할 필요성이 강조되었다. 이 시기에 특히 강조된 개념은 수확체증의 현상, 네트워크 경제성, 혁신, 산업표준 등으로, 이 시기의 경영전략론은 그 이전 시기의 경쟁우위 개념을 디지털경제라는 새로운 시대에 맞추어 확장한 것으로 이해할 수 있다.

> **자료** http://mars.interpia98.net/~produce과 http://kmh8400.documents.co.kr의 '경영전략개론'과 삼성경제연구소(SERI: www.seri.org)에서 발간한 일련의 자료에서 발췌 인용.

4. 게임이론의 관점

이 게임이론의 관점은 무엇보다 행동과 계획의 상호의존성을 강조하는 시각이다. 이 관점이 지향하는 가장 중요한 원칙은 '자신의 결정은 주변사람들의 결정에 의하여 영향을 받기 때문에 자신이 결정을 내리기 전에 주변 사람들의 반응을 고려하여 자신의 행동을 결정해야 한다'는 것이다.

그래서 게임이론의 관점에서 전략을 분석한다는 것은 이런 상호의존성이 게임이론에서의 전략과 어떠한 관계를 가지는지를 살피는 것이다. 본서에서 게임이론의 관점에서 전략은 다음과 같은 형태로 분석될 것이다. 첫째, 앞서 잠시 언급한 바와 같이 게임이론에서 전략은 균형을 찾기 위한, 혹은 균형을 찾아가기 위한 수단으로 사용된다. 그런 점에서 균형을 찾기 위해 사용되는 개념들이 구체적인 전략을 결정하는 데 어떻게 작용되는지, 혹은 게임이론에서 사용되는 다양한 전략 개념, 예컨대 압도적 전략dominant strategy이라는 개념들이 현실에서 어떤 의미를 가지는지 검토될 것이다. 둘째, 이런 개념을 염두에 두고 전략이 구체적으로 어떤 형태로 효과를 발휘하는지, 혹은 어떤 형태로 구현되는지 5장에서 자세히 논의될 것이다. 이 5장에서 설명될 전략들은 우리가 기존에 가지고 있는 전략에 대한 편견을 깨뜨려 버릴 수도 있다.

그리고 이런 점에서 '상호관계를 고려하여 실행하는 결정(행동)을 전략적 결정(행동)이라 하고 그것에 기준한 행동계획을 전략'으로 이해할 수 있다. 누차 강조하지만 전략적 행동의 기본에는 상호의존성의 개념이 자리잡고 있다. 그래서 자기 자유의지를 제한하는 것, 혹은 아무 행동도 하지 않는 것이 전략적 행동의 범주에 포함될 수 있다.

전략강의노트 2 ● 전략적 행동에 대하여

전략적 행동이 일반적인 행동과 어떤 점에서 차이가 날까

거듭 말하지만, 두 개념 모두 행동이라는 점에서는 차이가 없다. 하지만 일반적인 행동은 일방적으로 이루어지는 행동이고, 전략적 행동은 상호의존성을 바탕으로 이루어지는 행동이다. 간단한 예를 들자.

대통령선거에서 어떤 후보자가 '저는 한일 위안부 재협상을 하겠습니다'라는 공약을 했다고 하자. 이런 공약은 일반적이고 일방적인 행동에 지나지 않는다. 대통령에 당선된 뒤 이런 저런 이유로 공약을 지키기 어렵게 되었습니다 하고 사과한다면 이 행동이 가지는 효과는 아무 것도 없게 된다. 하지만, 이 후보자가 '저는 **어떤 일이 있더라도** 반드시 한일 위안부 재협상을 하겠습니다'라는 공약을 했다고 하자. 이 공약은 이전과는 달리 전략적 행동이 되게 된다. '어떤 일이 있더라도'라는 단서를 부착함으로써 이 공약을 받아들이는 유권자, 혹은 상대방인 일본 정치가들의 마음 속에 어떤 기대가 생기게 했기 때문이다. 즉, 유권자는 그 결과는 알 수 없을지라도 당선된 대통령은 한일 위안부 재협상을 반드시 시작할 것이라는 것을 알게 되고, 일본 정치가들은 '저 후보가 국민에게 물러설 수 없는 공약을 했기 때문에 이 위안부 재협상이 쟁점으로 부각되겠구나' 하는 생각을 피할 수 없게 된다는 것이다. 이런 행동이 바로 전략적 행동이라고 할 수 있다.

본문 중에 자세한 사례가 나오겠지만 이런 공약을 한 대통령 후보는 '어떤 일이 있더라도'라는 형태로 자신의 행동 자유를 구속했기 때문에 이 공약과 관계된 유권자나 상대방의 마음을 움직일 수 있었던 것이다. 자신의 행동 자유를 구속함으로써 상대방의 반응을 이끌어 내는 것. 전략적 행동의 매력이 아닐 수 없다.

이런 맥락에서 전략적 통찰력은 '다른 사람의 행동으로부터 그 사람이 무엇을 알고 있는가를 알아보는 것, 그리고 이 정보로부터 자신의 행동을 결정하는 것'

으로 이해될 수 있다. 게임이론을 통해 전략을 분석할 경우 가장 명심해야 할 또 다른 원칙은 '작용에는 반작용이 따른다'는 것이다.

5. 협상론의 관점

(1) 게임이론과 협상

협상론의 관점은 행동과 계획의 과정을 강조하는 시각이다. 협상론의 관점 역시 상호의존을 강조하기 때문에 게임이론과 긴밀한 관계를 가진다. 제2부에서 자세히 설명되겠지만 이런 점에서 협상은 '협상에 참여한 양 당사자가 협상의 타결에 대한 서로의 기대를 일치시켜가는 과정'으로 정의될 수 있다. 이 정의에서 보는 바와 같이 협상은 혼자서 하는 것이 아니라는 점에서, 양 당사자(들)가 함께 진행한다는 점에서 그것은 상호의존성을 가진다. 그래서 모든 경제주체가 내리는 결정은 반드시 상대가 있다는 점에서 그것은 협상의 성격을 가진다. 따라서 전략은 어떤 형태로든 협상의 성격을 띠게 되고, 기업, 개인, 정부가 내리는 전략적 결정은 모두 협상의 관점에서 분석하는 것이 가능하게 된다. 이 협상과 관련된 사항은 제2부에서 자세히 논의될 것이다.

(2) 구조와 협상

본서에서는 이처럼 기본적으로 게임이론의 상호의존성이라는 관점에서 협상을 설명한다. 하지만, 제4, 5부에서 자세히 설명되겠지만 상호의존성이라는 개념만으로는 협상을 제대로 설명하지 못할 수도 있다. 협상에는 상호의존성이라는 핵심적인 개념 외에 '구조'라는 또 다른 핵심적인 제약조건이 부과될 수 있기 때문이다.

가령, 남자와 여자라는 자연인이 서로 사랑을 구하는 과정은 상호의존성에 근거한 협상의 관점에서 충분히 설명할 수 있다. 남자가 여자를 좋아한다면 소위 말하는 다양한 협상전략을 발휘하여 여자도 남자를 좋아하게 만들 수 있다. 즉, 남자는 자신이 취하는 행동과 태도에 대하여 여자가 어떤 반응을 보일지 예측하고 그것까지 고려하여 최종적으로 자신의 전략을 결정할 수 있다는 것이다. 이것이 상호의존성을 중시하는 협상의 전략이다.

하지만, 이런 협상의 장면에서 남자는 노숙자, 여자는 재벌 2세라는 배경을 설정한다면 어떤 일이 벌어질까? 이런 상황에서는 남자의 협상전략이 아무리 탁월하다 하더라도 여자와의 협상에서 성공할 가능성은 그만큼 적어지게 된다. 이런 경우 이 남자와 여자와의 협상에는 구조적 문제가 있다고 말하게 된다.

구조에 대한 자세한 설명은 뒤에서 자세히 하겠지만, 이런 구조라는 제약조건이 가장 두드러지게 나타나는 것은 국가와 국가 간의 협상에서다. 동등한 경제력과 사회적 배경을 가지지 않고, 선진국과 개도국 혹은 OECD국과 최빈국과의 협상이라는 형태를 띠게 되면 이 협상은 구조적 제약을 가진다고 말할 수 있다. 이런 경우는 상호의존성에 근거한 협상 개념만으로는 협상의 성과를 제대로 설명하지 못할 수도 있다. 본서 제4, 5부는 이런 점을 자세히 설명할 것이다.

제**2**장

게임이론

1. 게임이론이란 무엇인가

게임이론을 한 마디로 정의하기는 어렵지만, 그 핵심만을 포함해 간단히 말하면 게임적 상황에서 경제주체가 어떻게 행동하는 가를 설명하는 이론이라 할 수 있다. 게임적 상황이란 우리가 흔히 아는 바와 같이, 두 사람 이상(두 집단 이상)이 한 자리에 모여서 동일한 대상 혹은 목적물에 대해 서로 다른 의사결정을 함으로써 자신의 성과를 나누어가지는 상황을 의미한다. 복잡하게 생각하지 말자. 포커 혹은 화투놀이를 생각하면 된다. 상대방의 움직임을 예측하면서 자신의 입장을 결정하고, 그 결과에 따라 자신의 몫(포커와 화투놀이에서는 승패)이 결정된다. 더 나아가선, 기업경영, 전쟁, 협상 등 사람이 살아가는 모든 영역은 이런 게임적 상황과 관련이 있다. 그러면 게임적 상황의 본질은 무엇일까? 그것은 상호의존성interdependence이다. 이 게임적 상황에서는 혼자서 무엇을 결정하고 행동하는 것이 아니라, 상대방이 어떻게 행동하고 반응하느냐를 염두에 두고, 자신의 행동을 결정한다는 것이다. 이것이 상호의존성의 핵심이다. 모든 게임적 상황의 핵심은 이 상호의존성이다.

그러니 게임이론은 이 상호의존성에 대한 분석이라고 할 수 있다. 하지만, 어떤 기준으로 상호의존성을 분석할까? 그것은 '합리적rational'이라는 기준이다. 이 합리적이라는 기준은 상당히 불확실하다(뒷 부분의 <전략강의노트 3> 참조). 하지만, 경제학에서 말하는 효용극대화 차원에서의 합리를 생각하면 이 합리적이라는 단어가 의미하는 바를 쉽게 유추할 수 있다. 간단히 말하자. 효용은 많을수록 좋은 것이고, 자기에게 돌아오는 이익은 클수록 좋은 것이다. 그렇지만 '굶어 죽을

지언정 그 나라에서 나는 풀은 먹지 않겠다'는 백이伯夷 · 숙제叔齊의 태도가 항상 합리적인지는 게임이론에서 불확실하다.

　　이런 점을 고려할 때 게임이론은 다음과 같이 정의될 수 있다: 게임이론은 상호의존성을 내포한 상황에서의 인간의 합리적 행동을 연구하는 학문이다What is game theory? Game theory is the study of rational behavior in situations involving interdependence.[1]

　　이 정의에서 보는 바와 같이 게임이론에서 가장 중요한 요소는 위에서도 언급한 **상호의존성**interdependence이다. 이 상호의존의 특성을 어떻게 설명할 수 있을까?

　　이런 예를 들어보자. 나무꾼이 산에 올라가 도끼로 나무를 찍는다. 나무꾼과 나무 사이에는 상호의존의 관계가 성립할까? 성립하지 않는다. 나무꾼이 나무를 도끼로 찍더라도 나무는 아무 반응도 보이지 않는다.[2] 그러니 나무꾼은 나무의 반응을 고려하지 않고 그저 묵묵히 도끼로 나무를 찍을 뿐이다. 하지만, 권투선수가 샌드백을 치는 과정은 어떨까? 권투선수가 샌드백을 치면 샌드백에 가해지는 힘의 크기에 따라 샌드백이 흔들린다. 그러니 권투선수가 샌드백을 보다 잘 치기 위해서는 자기가 이전에 가한 힘의 크기에 따라 샌드백이 어느 정도 움직일 것인가를 예측할 필요가 있다. 하지만, 권투선수는 샌드백의 물리적 작용과 반작용의 법칙만을 고려하는 것으로 충분하다. 다시 말해, 이 경우 권투선수와 샌드백은 물리적 상호의존의 관계에 놓여진다. 그러니 여기서 고려되는 합리성은 물리적 법칙 이상을 벗어나지 않는다. 마지막으로, 두 사람이 자동차를 사고파는 협상을 생각하자. 판매자와 구매자는 제 각기 더 많은 금액을 받거나(판매자의 경우), 더 적은 금액을 지불하기 위해서(구매자의 경우), 상대방이 어떤 행동과 태도를 취할 것인지를 생각하고, 그런 상대방의 반응까지 염두에 두고서 자신의 입장을 결정한다. 이 경우 두 사람은 물리적 상호의존의 관계를 벗어나, 게임이론에서 말하는 진정한 상호의존의 관계에 접어들게 된다. 더 많이 받거나, 더 적게 지불하기 위하여(이것이 합리성이다) 상대방이 어떻게 행동할 것인지를 염두에 두고(이것이 상호의존성이다) 자신의 행동과 태도를 결정한다는 것이다. 게임이론에서 말하는 상호의존성은 이 세 번째 경우를 염두에 두고 하는 말이다.[3]

---

1) 이 정의는 McMillan(1992)의 정의를 인용한 것이다. 하지만, 대개의 경우 게임이론은 이와 유사한 형태로 정의된다.

2) 양자역학적 차원에서 나무가 무어라고 반응한다 하더라도 외형적으로는 나무가 아무 반응을 보이지 않으니 상호의존의 관계는 성립하지 않는다.

3) 게임에 참여하는 사람은 상대방의 행동에 영향을 받는다. 게임에 따른 최종결과물은 모든 사

게임이론에서 두 번째로 중요한 요인은 **합리적 행동**rational behavior이다. 위에서 잠깐 언급하였고, 아래의 <전략강의노트 3>에서도 설명하지만 게임 이론에서 합리적 행동을 설명할 때 도덕적인 가치판단은 배제된다. 그런 의미에서 여기서 말하는 합리성rationality은 게임 참여자들이 자신에게 주어진 목적을 위해 최선을 다한다는 것을 의미한다. 즉, 게임 이론가들은 사람들의 동기motive에 대해서는 판단하지 않는다. 만약 게임에 참여하는 사람들이 그 동기가 무엇이건, 자신에게 주어진 목적을 염두에 두고, 그 목적을 체계적인 방법으로 추구하고 있다면, 정의에 따라서 그 사람은 합리적이라고 본다. 앞서 설명한 백이·숙제의 경우, 그들이 자신들의 충절을 지키는 것을 최대의 목적으로 삼는다면 그 나라에서 나는 풀을 먹지 않는 것은 (그래서 죽게 되더라도) 합리적이다. 하지만, 죽지 않고 살아서 잃어버린 나라를 회복한다는 것을 최대의 목적으로 한다면, 그 나라에서 나는 풀을 먹지 않는다는 것은 비합리적이다.

다음 <전략강의노트 3>은 이런 합리성의 특성을 좀 더 알기 쉽게 풀이한 것이다.

전략강의노트 3 • **게임이론의 합리성에 대하여**

합리적인 행동이란 무엇인가

합리적인 행동이란? 비합리적이지 않은 행동이다. 비합리적인 행동이란? 합리적이지 않은 행동이다. 말장난하지 말라고? 아니다. 이것은 말장난이 아니다. 합리와 비합리를 나누는 것은 합리 혹은 비합리를 어떻게 정의하느냐에 달려있기 때문이다. 따라서 합리를 먼저 정의하면 비합리는 그 정의에 속하지 않는 반대의 상황을 의미하게 되고, 비합리를 먼저 정의하면 합리 역시 그 정의에 속하지 않는 반대의 상황을 의미하게 된다.

복잡하게 생각하지 말고 예를 하나 들어보자. 당신의 동생이 당신이 경제적으로 어려운 처지에 있는 것을 알고 다음과 같이 말했다고 하자.

람들의 결정에 의존하며, 한 개인이 어떤 상황의 발생을 완전히 통제하는 것이 아니다. 다시 말해 인간은 아무도 혼자서 살아가지 않는다. 게임에 참여하는 참가자들은 이러한 상호의존성을 인식하고, 자신의 행동을 결정할 때 이런 상호의존성을 고려해야 한다. 그 결과 종종 게임 참가자들 사이의 경쟁이 유발된다. 그러나 게임은 순전히 경쟁적인 것만은 아니고, 게임 참여자들이 공통의 이익을 가질 경우 협조적인 성격으로 바뀔 수도 있다.

Strategic Negotiation | 전략적 협상

"형, 매일 내 사무실을 청소해 주면 하루에 1,000원씩 줄게."

당신의 반응은 어떨까? 돈 1,000원을 받기 위해서 매일 청소를 해줄까, 아니면 '이 놈이 나를 어떻게 보고' 하며 그 제안을 팽개칠까? 십중팔구는 '고작 1,000원을 얻기 위해 하루 종일 내가 동생 사무실을 청소하란 말이야' 하고 생각하고 그 제안을 거절할 것이다. 즉, 당신은 당신의 자존심 때문에 하루에 1,000원씩 주는 청소 일을 할 수 없는 것이다. 당신이 보기에는 이런 판단은 지극히 합리적이다. 그러나 여기서 합리와 비합리의 기준은 당신이 경제적으로 얼마나 절박한가에 달려있다. 그야말로 차비도 없어 걸어 다니고, 300원짜리 봉지라면 하나 사 먹을 수 없는 처지에 있다면 당신이 당신의 자존심을 내세우는 것은 지극히 비합리적이다. 그럴 경우는 1,000원씩 주는 청소 일을 하는 것이 합리적이라는 것이다.

게임이론에서 말하는 합리적 행동은 다분히 후자에 가깝다. 이 경우 1,000원을 받고 청소를 하는 것이 합리적이라는 것이다. 게임이론에서의 합리적 행동이란 쓸 데없는 자존심을 내세우지 않고, 인간의 감정을 배제한 채 양적으로 계량화된 척도에 의해 판단되는 행동을 의미한다. 아무 일을 하지 않고 아무런 이득이 없는 것보다 작은 이익이라도 얻을 수 있는 쪽을 선택하는 것이 합리적 행동이라는 것이다.

게임이론에서 인간의 감정을 배제한 것은 인간의 감정은 지극히 주관적이기에 그것을 모든 경우에 다 고려할 수는 없기 때문이다. 달리 말해 자존심을 내세우는 기준이 서로 다르다는 것이다. 어느 사람은 1,000원이 아니라 500원을 준다고 해도 청소할 수 있고, 어떤 사람은 100만원을 준다 해도 청소를 하지 않을 수도 있기 때문이다. 그러므로 게임이론에서는 이런 개인차를 배제하고 양적인 계량화만 생각하도록 한다.

대개 게임이론에서의 합리적 행동이란 자신의 효용을 극대화하는 것으로 정의된다. 따라서 **효용**이란 잴 수 있거나, 최소한 비교가 가능해야 한다.

자료 필자의 책(2002)에서 부분 인용.

게임이론에 세 번째로 중요한 것은 **상황**을 연구하는 것이다.[4] 게임이론에서 말하는 상황situations이란 일어나는 모든 일을 아무런 편견 없이 있는 그대로 볼 수 있는 능력과 밀접한 관계를 가진다. 다시 말해 기존의 옳고 그름의 외피를 벗고 상황의 차원에서 옳고 그름의 구분 없이 사물을 있는 그대로 보아야 한다는 것을 의미한다. 따라서 상황을 판단할 때 그 상황에 대한 판단이 어떠한 논

---

4) 이 상황에 대한 부분은 필자의 책(2002)에서 인용한 것이다.

리구도에 포함되어 있는지를 염두에 둘 필요가 있다. 이런 점에서 상황논리logic of situation와 비슷한 것으로 이해할 수 있다.

'처녀가 애를 낳더라도 할 말이 있다'는 속담을 생각해 보자. 처녀가 애를 낳다니, 있을 수 없는 일이 아닌가? 아이를 낳는 행위는 결혼을 담보로 해야 한다는 생각을 전제로 한다면 결혼도 하지 않은 상태에서 아이를 낳는다는 것은 용납하기 힘든 일이다. 하지만 생명이 위협받는 처지에서 강제로 아이를 가지게 되었다면 어떨까? 그래도 그 처녀를 비난할 수 있을까? 그렇지는 않다. 결혼도 하지 않은 상태에서 아이를 가졌다는 비도덕적(?) 행위에 대한 판단보다는 생명이 더 귀하기 때문이다.

사람을 먹었다면 어떨까? 치를 떨고 그런 사람은 사라져야 한다고 호통을 칠 수도 있다. 하지만, 비행기 추락사고로 먹을 것이 하나도 없는 높은 고도의 산에 떨어지게 되었다면, 그래서 그 사람들이 자신들의 생명을 유지하기 위하여, 모든 먹을 것이 다 떨어진 상태에서 사람을 먹었다면 그런 사람을 비난할 수 있을까?

그러니 사건의 앞뒤를 가리지 않고 상황 그 자체를 기존의 잣대로 재는 것은 옳지 않다. 상황이 상황이 되게 한 문맥 혹은 과정을 보고 그 상황을 판단할 수밖에 없다. 더 나아가선 조금 철학적이지만 보다 근원적으로 '옳고 그른 것이란 무엇인가'라는 문제에 부딪치게 된다. 옳고 그른 것이란 우리 각자가 끼고 있는 안경의 색깔에 달려있을지도 모른다.

2. 게임이론의 역사와 역할

게임이론의 역사를 돌이켜 볼 때 반드시 언급해야 할 사람은 노이만John von Neumann과 모르겐스텐Oskar Morgenstern, 그리고 내쉬John Nash이다. 앞의 두 사람은 게임이론의 발전에 선구적 역할을 한 사람이고, 내쉬는 게임이론에 균형이라는 탁월한 수학적 개념을 발견한 사람이다.

2차 대전 기간 중 노이만과 모르겐스텐은 『게임이론과 경제적 행동Theory of Games and Economic Behavior』이라는 책에서, 인간의 상호작용을 수학적 모형을 통해 설명하였다. 제목을 '게임이론theory of games'이라고 한 이유는, 게임 참가자들의 의사결정이 상호간에 영향을 미치는 체스, 포커 등의 게임들과 유사하기 때문이다. 즉, 이런 게임에서 보여지는 것은 전 항에서 언급한 바와 같은 상호의존성을 바탕으로 한 게임적 상황이라는 것이다.

저자들은 다음과 같이 주장하였다. "경제적 행동economic behavior의 전형적인 문제들은, 적절한 전략적 게임에 대한 수학적인 일반 개념notions들과 정확하게 일치한다." 다시 말해, 게임을 설명하기 위해 도입되거나 사용된 일반적인 개념들이 경제주체들의 행동을 설명하기 위해서도 사용될 수 있다는 것이다. 예를 들어, 시장점유율에 대한 두 기업 간의 경쟁에는 체스 경기에서와 같이, 경기의 룰이 있고rules of play, 경쟁에 참여하는 기업들(이들을 player라고 한다)이 있고 이들 기업들이 채택하는 행동action들이 있다. 나아가 기업들의 행동과 최종 결과물final outcome 사이에 어떤 관계가 존재하며, 어떤 개별기업도 최종결과물을 완전히 지배할 수 없으며, 오히려 최종결과물은 경쟁에 참여하는 기업들이 내리는 개별적인 결정decision들의 상호작용에 의해 결정된다는 것이다. 이런 인식을 바탕으로 경제주체의 행동을 설명하는 데 게임적 상황을 설명하기 위한 개념들이 사용되기 시작하였다.

게임이론의 발전을 설명할 때 빠뜨릴 수 없는 사람이 바로 존 내쉬John F. Nash, Jr다. 소설과 영화 「뷰티풀 마인드A Beautiful Mind」를 통해 대중들에게 알려지기도 했지만, 내쉬는 1950년도에 약관 22살의 나이로 제출한 박사학위 논문과 몇 편의 학술논문을 통해 현재 우리가 내쉬균형Nash Equilibrium이라고 부르는 게임이론의 핵심적인 개념을 발견하였다(이 개념에 대한 자세한 설명은 다음 절 참고). 어떻게 보면, 내쉬 이후 게임이론의 발전은 내쉬가 발견한 내쉬균형을 보다 다양한 상황과 조건 하에서 더 발전시킨 것으로도 이해할 수 있다.

게임이론의 발전과 관련 반드시 언급해야 할 사람이 한 명 더 있다. 『갈등의 전략The Strategy of Conflict』이라는 책으로 유명한 토머스 셸링Thomas Schelling이다. 토머스 셸링은 지금의 게임이론가들처럼 현학적으로 복잡한 수리모형을 통해 게임이론을 발전시키지 않았다. 그 대신 간단한 수학적 지식을 바탕으로 통찰력과 논리적인 추리를 기반으로 갈등 상황에서 전략이 가지는 가치를 설명하고 있다. 그가 뛰어난 통찰력을 발휘한 부분은 미국과 소련의 핵무기 확산방지협정의 이행에 관한 것이다. 이런 그의 통찰력은 그 뒤 수많은 게임이론가들이 현학적 모형을 만드는 영감을 제공하였다.

하지만, 게임이론이 이를 계기로 일취월장의 형태로 발전한 것은 아니었고, 상당히 느린 속도를 통해 발전해 왔다. 1950년대, 게임이론이 최초로 적용된 것은, 전쟁에 관한 연구에서였다. 예를 들어, 잠수함과 대잠수함 항공기antisubmarine aircraft 사이의 싸움에 관한 전략을 결정하는 과정에서 게임이론이 적용된 것이다. 항공기는 잠수함이 취할 행동을 예측해야 하고, 잠수함은 자신의 행동을 결정할 때 항공기가 어떻게 움직일 것인가를 예측해야 하기 때문이다. 게임이론은 군사적인 전략뿐 아니라 전쟁의 방지와 냉전 전략의 문제를 다루는 연구에도 사용되었다. 특히 게임이론은 냉전시대 핵전쟁의 위협과 이에 대한 해결방안을 수학적인 분석을 통해 설명하기도 했다.

그러나 게임이론이 가장 많이 사용된 곳은 전쟁과의 상관관계가 비교적 적은 경제학 분야에서다. 기업과 직간접적으로 관련되는 비즈니스에서 의사결정자는 상대방의 반응을 예측해야 한다. 경제학에서 모든 경제주체, 예컨대 당신의 경쟁자나, 고용자, 상관supervisor, 소비자는 의사결정을 하게 되는데, 이런 의사결정을 하기 위해서는 의사결정의 대상자 혹은 상대방이 어떻게 반응할 것인지를 염두에 두어야 한다는 것이다. 즉, 기업의 연구투자 개발 결정, 시장에 대한 진입 퇴출 결정, 정부의 보조금 지급 여부 결정, 기업의 시장가격 결정, 개인의 소비행위 결정 등 모든 영역에서 상호의존성을 가지는 게임이론이 적용될 수 있는 것이다.

그러면 게임이론은 어떤 역할을 할 수 있을까? 결론적으로 말하면, 게임이론은 사람들이 실제로 어떻게 행동하는지를 설명할describe 수 있을 뿐만 아니라, 실제의 전략적 상황에서 어떻게 행동할 것인지에 대해, 가공의 해석imaginative interpretation을 가지고 유용한 가이드라인을 제시해 줄 수 있다.

가장 중요한 게임이론의 역할은 복잡한 현실을 간략하게 설명해 줄 수 있다는 것이다. 주지하는 바와 같이, 우리의 생활은 여러 가지 전략적인 상황이 복잡하게 얽혀있는 경우가 많은데, 게임이론은 그런 상황에서 일종의 로드맵과 같이 실제 상황의 특성을 단순화시킨 모형을 제시해 준다. 그리고 그 모형을 통해 실제로 중요한 것이 무엇인지 파악할 수 있게 해 준다. 이런 의미에서 게임이론의 목적은 실제 생활의 본질을 파악하는 것이지, 실제 상황을 사실에 충실하게 묘사하는 것이 아니다. 이 점을 분명히 이해할 필요가 있다. 다시 말해, 게임이론은 일종의 로드맵으로서 현실의 중요한 부분을 일목요연하게 보여주는 것이지, 현실 그 자체를 충실히 묘사하는 것은 아니라는 것이다. 그런 점에서 게임이론은 특정한 전략적 상황이 어떻게 전개되어 나가는지에 대한 보편적인 답을 제시

하기보다는 그 전략적 상황과 관계된 부분적인 답partial answers을 제시해 준다.[5]

3. 게임이론의 분석틀

게임이론의 대상이 되는 게임은 게임을 하는 경기자player, 게임을 하기 위한 경기자의 전략strategy, 그리고 이 전략에 따른 대가payoff로 구성된다. 바꾸어 말해 이 세 가지 요소가 적절히 결합되어 현재의 사건을 지배하는 구조를 여실히 보여준다. 사건의 구조와 관계된 통찰력을 얻기 위해서는 먼저 게임이론을 이해하기 위한 몇 가지 개념을 제대로 알 필요가 있다.

(1) (내쉬)균형

균형은 다음과 같이 정의될 수 있다: 게임에 참여하는 모든 사람들이 다른 사람들의 행동을 염두에 두고, 자신이 할 수 있는 최선의 행동을 할 때 나타나는 결과이다.[6] 내쉬란 접두어를 붙이기도 하는 것은 이 균형의 개념을 발견한 사람을 기리기 위한 것이다.

이 정의에서 드러나는 것은 두 가지이다. 첫째, 균형은 게임에 참여하는 모든 사람들이 제 각기 최선의 행동을 할 때 나타난다는 것이고, 또 다른 하나는 게임에 참여하는 사람들이 전부 자신의 행동을 결정하기 전에 상대방의 행동을 염두에 두어야 한다는 것이다. 협상의 경우를 예로 들면 균형에서는 협상에 참여하는 당사자의 기대가 일치하게 되고, 또 거기서는 당사자들이 최선의 행동을 하게 된다. 하지만 협상의 균형에서만 당사자의 기대가 일치하는 것이 아니라, 일반적인 게임의 균형에서도 그 게임에 참여하는 사람들의 기대는 일치하게 된다.

그러면 최선의 행동이란 무엇인가?

---

5) 게임이론은 현실에서 일어나는 모든 일들을 경험하지 않고서도 그 사건들의 핵심을 이해할 수 있는 통찰력을 제공해 준다. 바꾸어 말하면 게임이론은 복잡하게 얽혀있는 현실세계를 단순화시켜 그 핵심구조를 우리에게 보여준다. 그러므로 게임이론은 복잡한 현실을 단순화시킨 모형이며, 그 모형을 이해함으로써 현실의 사건이 어떻게 전개되어 나가는지를 이해할 수 있게 된다.

6) An equilibrium is a situation such that each of the players is doing the best he or she can, given the other's action.

(2) 최선의 반응

최선의 반응best response이란 게임에 참여하는 사람이 상대방의 특정행위에 직면했을 때 그 혹은 그녀가 취하는 합리적인 행동을 의미한다.[7] 쉽게 말해 최선의 반응이란 상대방이 취하는 행동을 염두에 둔 자신의 합리적인 행동을 의미한다. 여기서 다시 합리적인 행동이란 개념이 나온다. 앞서 이야기한 바와 같이 여기서의 합리적이란 개념은 인간의 감정을 배제한 채 양적으로 계량화된 척도에 의해 판단되는 행동을 의미한다. 즉, 아무 일을 하지 않고 아무런 이득이 없는 것보다 작은 이익이라도 얻을 수 있는 쪽을 선택하는 것이 합리적인 행동이라는 것이다.

예를 들어 동생이 "청소하는 데 1,000원을 준다"는 특정한 제안을 할 경우, 나의 합리적인 행동은 청소를 해 주는 것이다. 왜냐하면 청소를 하지 않으면 1,000원을 얻지 못하지만 청소를 하면 1,000원을 얻을 수 있기 때문이다.

(3) 행위action와 전략strategy

게임이론을 연구하는 이론가들에게 있어서는 양자는 수학적 식으로 아주 쉽게 구분될 수 있지만, 행위와 전략을 구분하는 것은 사실상 매우 어려운 일이다.[8]

그러나 여기서는 이해를 위해, 다른 사람의 고려 없이 취하는 결정을 '행위'라고 하고, 상대방의 '행위'에 대한 고려 하에 취하는 결정을 '전략'으로 이해하기로 한다. 다시 말해 행위action는 상대방을 고려하지 않고 취하는 행동이며, 전략strategy은 상대방의 행위를 고려하면서 취하는 행동을 의미한다. 이렇게 이해할 경우 같은 행동이라도 경우에 따라서는 행위가 될 수도 있고, 전략이 될 수도 있다. 게임이론에서 중요한 것은 전략이다. 게임이론의 핵심이 상호의존이기 때

---

7) Best response means a player's best action when faced with a particular action of his of her rival. Equilibrium is the outcome that results when all players simultaneously are using their best responses to the others 'actions. At an equilibrium all players are doing the best they can, given the other players' best responses.

8) 행동(action)을 '의사결정의 상황에서 경기자가 선택할 수 있는 대안'을 의미하는 것으로 이해하고, 전략(strategy)을 '일어날 개연성이 있는 모든 경우에 대해서 해당 경기자가 취할 행동의 완전한 계획'으로 이해할 수 도 있다. 이런 경우 전략에는 '아무 행동도 취하지 않는 행동'도 전략의 범위에 포함될 수 있다. 이런 정의는 김영세(2011)에서 보여진다.

문에 상대방의 행위에 대한 고려를 바탕으로 자신의 행위가 결정되기 때문이다. 하지만, 게임에 참여하는 자는 그 앞에 놓여 있는 여러 가지 행위 중의 하나를 선택하는 것에 불과하다. 이 점은 게임의 보기를 들면서 다시 설명하기로 한다. 그러나 양자를 구분하는 데 대한 실익을 기대할 수 없다면 양자를 같은 것으로 간주해도 무방하다. 예컨대, 전략적 행동이라는 표현은 이 양자의 개념을 함께 포함한 것이다.

(4) 행위의 결과payoff

그리고 전략 혹은 행위에 따른 대가 혹은 결과를 payoff로 이해하기로 한다. 따라서 payoff는 게임에 참여하는 사람이 그 자신의 행위의 결과로 받거나 얻게 되는 것을 의미한다.

(5) 게임의 규칙

게임의 규칙은 경기자들이 어떤 정보를 가지고 있는지, 그리고 경기자들이 언제 어떤 행동을 취할 수 있는지를 나타낸다. 즉, 게임의 규칙은 경기자의 정보 상태와 경기자가 선택할 수 있는 행동들의 집합으로 나타난다. 경기자가 선택할 수 있는 행동들의 집합은, 앞서 말한 바와 같이, 전략으로 이해될 수 있다. 그러니 게임의 규칙에서 가장 중요한 것은 경기자들이 어떤 정보를 가지느냐 하는 것에 집약될 수 있다.

다음 3장에서는 여러 종류의 게임을 설명한다. 하지만, 명시적으로 설명하지는 않을지라도 그 게임에 참여하는 사람들은 '그 게임의 구조를 알고 있다'고 가정한다. 다시 말해, 자신과 상대방이 취할 수 있는 전략을 서로 알고 있으며, 그 결과 나타나는 결과payoff가 무엇인지, 그리고 어떤 방식으로 게임이 진행되는지 알고 있다고 가정하는 것이다. 우리는 이것을 주지의 사실common knowledge이라고 한다. 대개의 경우 주지의 사실을 가정하기 때문에 이것의 중요성을 인식하지 못할 수 있다. 하지만, 주지의 사실이라는 가정이 없다면 게임자체의 성격이 달라질 수 있다.9)

---

9) 이 주지의 사실과 관련된 자세한 설명 그리고 사례는 김영세(2011) 1장을 참고하기 바란다.

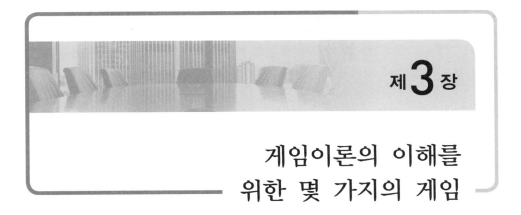

1. 수인囚人의 딜레마 게임Prisoners' Dillemma game

(1) PD게임의 개요

A와 B라는 두 사람이 절도혐의로 경찰에 체포되었다. 경찰은 이 두 사람의 범행에 대하여 심증은 가지고 있지만 이를 뒷받침할 만한 물증을 가지고 있지 않다. 그래서 그 혐의를 입증하기 위하여 자백이라는 방법을 사용하기로 하였다. 그래서 한 사람씩 다음과 같은 조건을 알려주고 심문을 하기로 하였다.

1) 두 사람 모두 혐의사실을 부인하면 1년이라는 최소한의 형을 살게 하기로 한다.
2) 그러나 두 사람 다 혐의사실을 자백하면 둘 다 8년이라는 형을 살기로 한다.
3) 어느 한편만 자백하면 자백한 사람은 무혐의로 풀려나지만 부인한 상대방은 15년의 형을 살기로 한다.

두 사람은 각각 심문을 받기 때문에 상대방의 행동을 볼 수 없지만, 자백과 부인에 따라 위와 같은 벌칙이 따른다는 것은 알고 있다. 이러한 구도에 따르면 두 사람은 "자백"하거나 "부인"하는 두 가지 행동 중에 한 가지를 선택할 수 있으며, 그 선택에 따라 각각 감옥에서 지내게 되는 기간이 결정된다.

만약 여러분이 이러한 구도 하에서 자백과 부인 중 하나를 선택해야 한다면 어떠한 선택을 할 것인가? 분석의 편의를 위하여 이 게임을 앞서 살펴본 게임이론의 구도에 맞추어 정리해보기로 한다.

- 게임에 임하는 사람: 도둑 A, B
- 선택할 수 있는 행동Actions: 자백, 부인(No자백)
- 자백 혹은 부인에 따른 조건과 형량payoffs
  ① A, B가 자백을 하면 둘 다 8년형을 산다.
  ② A, B가 자백을 하지 않으면 둘 다 1년형을 산다.
  ③ A, B 두 사람 중 한 사람은 자백을 하고 또 다른 한 사람은 자백을 하지 않을 경우 자백한 한 사람은 풀어주고 자백을 하지 않은 사람은 15년형을 산다.
- A, B는 이러한 게임의 구조(구도)를 알고 있다.

이러한 구조에 따라 게임에 임하는 사람, 선택할 수 있는 행동, 그리고 그 결과payoffs를 하나의 표로 만들어 정리할 수 있는데, 이 표를 게임 매트릭스라고 한다. PD게임의 게임 매트릭스를 구성하면 다음 그림과 같이 된다. 각 항의 앞에 있는 숫자는 A가 감옥에 있게 되는 기간을 뒤에 있는 숫자는 B가 감옥에 있게 되는 기간을 의미한다. 즉, A가 부인을 하고 B가 자백을 할 경우에는 A는 15년 형을 살지만, B는 그대로 풀려나고, 서로 반대일 경우에는 B가 15년을 살고 A는 풀려난다는 것을 의미한다.

표 2 PD게임의 게임 매트릭스

A⟍ B	No 자백(부인)	자백
No 자백(부인)	−1, −1 ㉮	−15, 0 ㉯
자백	0, −15 ㉰	−8, −8 ㉱

■ B는 이렇게 생각한다

우선 B의 관점에서 파악하기로 한다. B는 A가 부인할 경우와 자백할 경우를 모두 생각해 보아야 한다. A의 행동을 염두에 두면서 자신의 행동을 결정하는 상호의존성이 게임이론의 본질이기 때문이다.

A가 부인을 한다고 가정할 경우 B가 선택할 수 있는 행동은 그도 부인을 하거나 자백하는 것뿐이다. 먼저 B가 부인을 선택할 경우, 두 사람 모두 부인하는 것이 되므로 B는 1년의 형을 받게 된다. 하지만 B가 자백을 할 경우 그는 그 즉시 풀려난다. 그러므로 B는 부인을 하고 1년을 감옥에 있느냐, 그렇지 않으면 자백을 하고 즉시 풀려나느냐의 선택에 직면하게 된다. 여러분이라면 어떻게 하겠는가? 자백을 하고 풀려나는 선택이 합리적이다. 따라서 앞에서 설명한 용어로 이야기하면 A가 자백하지 않는다(부인한다)고 가정할 경우 B의 최선의 행동best response은 자백하는 것이 된다.

그러면 A가 자백을 한다고 가정할 경우 B는 어떻게 행동하는 것이 최선의 선택이 될까? 역시 자백하는 것이다. A가 자백한다고 가정할 때 B의 best response는 역시 자백이다. 왜냐하면 B는 15년(부인할 경우 B가 받게되는 형)과 8년(자백할 경우 B가 받게 되는 형)의 형량 중에서 8년을 택할 수밖에 없기 때문이다.

그러면 B의 행동은 어떻게 될까? 이러한 논리에 따르면 B는 A가 자백을 하건 아니면 자백을 하지 않건, 항상 자백을 하는 것이 자신의 이익 혹은 효용을 극대화하는 합리적 행동이 된다. 위에서 살핀 게임이론의 용어를 빌리면 'A가 어떤 행동을 취하든 B의 best response는 자백을 하는 것'이 된다.

■ 그러면 A는 어떻게 생각할까

이제 이것을 A의 관점에서 살피기로 한다. 앞서 설명한 것과 같은 이유로 B가 자백하지 않을 때 A의 최선의 행동best response은 자백을 하는 것이고, B가 자백 할 때 A의 최선의 행동은 역시 자백을 하는 것이다. 왜 그런지 당신은 설명할 수 있는가? 이 게임 구조를 정확히 이해하기 위하여 한 번 생각해 보기 바란다. 따라서 B가 어떤 행동을 취하든 A의 최선의 행동은 자백을 하는 것이 된다.

■ 균형은 무엇인가

그러면 균형은 무엇인가? 앞서 설명한 바와 같이 A와 B 두 사람의 최선의 행동이 만나는 곳이 바로 균형이다. 왜냐하면 균형에서는 두 사람 모두 합리적으로 자신의 행동의 결과payoff를 극대화하기 위한 행동을 선택하기 때문이다. 따라서 이 게임의 균형은 두 사람 모두 자백을 하는 것이 된다. 자 무엇인가 좀 이상하지 않은가? 두 사람 모두 자백을 하게 되면 그 결과 감옥에서 함께 8년을 살아야 한다. 이것이 두 사람이 처음에 의도한 결과인가?

(2) 개인적 합리성과 사회적 합리성의 충돌

앞서 살핀 PD게임을 보자. PD게임에서 두 사람 모두 자신의 이익 혹은 혜택을 가장 많게 하는 행동을 선택하였다. 다른 사람의 행동을 예측하고, 그 행동을 전제로 자신의 이익을 극대화하는 행동을 선택한 것이다. 즉, 상대방의 특별한 행동에 대한 최선의 반응을 선택하였고, 그 결과 두 사람이 선택한 행동은 두 사람 모두 자백을 하는 것으로 드러났다.

물건을 훔쳤다고 자백을 하는 것. 그래서 어떻게 되었는가? 역설적으로 두 사람 모두 8년 이라는 기간을 감옥에서 보내게 되었다. 이 자백이라는 행동은 두 사람 모두에게 지극히 합리적인 행동이다. 따라서 누가 아무리 윽박지른다고 하더라도 두 사람은 자백 이외의 행동을 선택하지는 않는다. 즉, 이 게임 매트릭스의 선호구조가 유지되는 한 이런 선택은 변하지 않는다. 이것을 개인적 합리성individual rationality이라고 한다.

이제 A, B 두 사람으로 구성된 하나의 사회를 생각해 보자. 두 사람이 어떠한 행동을 선택하는 것이 이 사회 전체적으로 좋을까? 바꾸어 말해 이 사회 전체의 만족과 즐거움이 두 사람의 만족과 즐거움의 합이라고 한다면, 두 사람이 어떠한 행동을 선택하는 것이 이 사회 전체에 좋을까? 이렇게 말할 수도 있다. 두 사람 외에 이 사회 전체의 복지를 책임지는 자가 있다면 이 사람은 두 사람에게 어떠한 행동을 선택하라고 권유할 것인가?

앞의 게임 매트릭스를 참고로 한다면 너무나도 분명하다. 자백을 하지 않고 부인하는 것이다. 두 사람 모두 자백을 하는 대신 자백을 하지 않는다면 두 사람의 만족과 혜택은 더 늘어나고, 따라서 사회적으로도 복지가 최대화될 수 있다. 즉, 두 사람 모두 부인을 한다면 1년씩만 감옥에 있으면 된다. 두 사람 모두 8년씩 감옥에 있어야 한다는 것과 비교할 때 이것은 얼마나 바람직한 일인가? 게임이론적인 용어로 이야기하면 두 사람 모두 자백을 하는 행위는 결코 효율적이지 않다는 것이다. 그래서 개인적으로는 A, B가 둘 다 자백을 하는 것이 최선의 행위이지만, 둘 다 범행을 부인한다면 그 결과는 두 사람 모두에게 그리고 두 사람으로 구성된 사회 전체적으로 더 좋게 된다. 이것이 사회적 합리성

Strategic Negotiation | 전략적 협상

collective rationality이다.

문제는 아무런 조치를 취하지 않으면 사회적 합리성을 보장할 수 있는 선택은 결코 일어나지 않고 개인적 합리성에 근거한 선택만이 일어나게 된다는 것이다.

2. 치킨 게임Game of Chicken

두 사람이 한 길에서 마주보고 자동차를 운전하고 있다. 두 사람이 취할 수 있는 전략은 마주 본 자동차가 충돌하기 전에 핸들을 꺾든가Swerve 그렇지 않으면 충돌하도록 내버려 두는 것이다No Swerve. 핸들을 꺾으면 바보, 겁쟁이라는 평판을 받게 되어 기분 나쁘지만 마주 보고 충돌하는 것보다는 월등히 낫다. 상대방도 똑 같은 선호구조를 가진다.

그래서 이 게임의 선호구조는 다음과 같이 결정된다. 각 사람에게 있어서 가장 바람직한 것은 자기는 핸들을 꺾지 않고 상대방만 핸들을 꺾는 것이다. 그 다음으로 바람직한 것은 겁쟁이라는 별명을 둘 다 들을지언정 핸들을 동시에 꺾어 버리는 것이다. 가장 바람직하지 못한 것은 둘 다 핸들을 꺾지 않아 충돌해 버리는 것이다.

표 3 치킨 게임의 게임 매트릭스

A국 B국	Swerve	No Swerve
Swerve	4, 4	2, 5 (A)
No Swerve	5, 2 (B)	1, 1

이 게임의 내쉬균형은 어떻게 될까?[1] 어느 한쪽은 핸들을 꺾지만 어느 한쪽

---

1) 내쉬균형을 찾는 방법은 다음과 같은 질문을 연속적으로 던지는 것이다. 독자들은 한 번 검토하기 바란다. 1) A국의 선호구조를 자세히 설명하고 그것을 보여주는 그림을 그려 보시오. 2) B국이 Swerve한다고 가정할 경우 A국의 best response는 무엇인가? 그 이유는? 3) B국이 No Swerve한다고 가정할 경우 A국의 best response는 무엇인가? 그 이유는? 4) 경우에 따른 A국의 best response는 일정한가? 그렇지 않다면 그 이유는 무엇인가? 5) A국이 Swerve한다고 가정할 경우 B국의 best response는 무엇인가? 그 이유는? 6) A국이 No Swerve한다고 가정할 경우 B국의 best response는 무엇인가? 그 이유는? 7) 경우에 따른 B국의 best response는 일정한가? 그렇지 않다면 그 이유는 무엇인가 8) 이 게임의 내쉬균형은 무엇인가? PD게임과 비교하여 다른 점은 무엇인가?

은 핸들을 꺾지 않는 것이 된다. 즉, A와 B 모두 내쉬균형이 된다는 것이다. 문제는 이 둘 중 어느 것이 실제로 현실에서 택해지는 균형이 될지는 알 수 없다는 것이다.

이 게임을 PD게임과 비교하면 어떠한 특성을 가지는가? PD게임은 두 사람간의 의견교환을 통하여 파레토 최적[2]인 다른 상태로 옮겨갈 수 있지만, 이 게임에서는 의견교환을 하더라도 옮겨갈 수 있는 파레토 최적인 상태가 존재하지 않는다. 즉, 이 게임에서는 최소한 어느 한쪽이 자신의 손실을 감소하지 않고서는 다른 전략을 취하는 상태로 옮겨 갈 수 없다. 또, PD게임에서는 내쉬균형이 하나밖에 존재하지 않지만, 이 게임에는 두 개나 존재하여 균형의 선택에 애로가 있을 수 있다.

이 게임을 현실에서 설명해 보면 가장 비슷한 사례로 소련의 쿠바 미사일 배치로 인한 미국의 대응을 들 수 있다(소위 말하는 쿠바의 미사일 위기). 미국은 소련의 추가적인 미사일 배치를 막기 위하여 쿠바 해를 봉쇄한다고 선언하였고, 소련은 여기에 아랑곳 없이 계속하여 미사일을 배치할 계획이라고 발표하였다. 미국과 소련 양국은 자신의 입장을 자발적으로 철회할 경우 국제사회에서 평판에 손상을 입을 수밖에 없는 형편이었다. 따라서 어느 한 나라가 양보하지 않으면 충돌이 불가피한 상황이었다. 위에서 본 바와 같이 균형은 최소한 어느 한 나라가 양보를 한다는 것이었다.

그러면 과연 어느 나라가 양보를 할 것인가? 이 게임은 여기에 대해서는 이야기를 하고 있지 않다. 단지 어느 한 나라가 양보를 할 수밖에 없고, 그것은 이 게임에 포함되지 않은 다른 요인에 의해 결정된다는 것이다.

현실에서는 미국 케네디 대통령과 소련 공산당 서기장과의 전화 통화를 통하여 미국과 소련이 서로 양보함으로써 최악의 결과는 피해갈 수 있었다. 역사는 미국의 알려지지 않은 양보가 더 많았다고 평가한다.

---

2) 여기서 파레토 최적인 상태란 상대방의 이익이나 효용을 감소시키지 않고서는 자신의 이익이나 효용이 증가하지 않게되는 상태를 의미한다. 달리 말해, A라는 상태에서 B라는 상태로 옮겨갈 경우, 자신의 이익이나 효용은 증가하지만 상대방의 이익이나 효용이 감소한다면 A가 파레토 최적인 상태라 할 수 있다. 반면, 이 경우 상대방과 자신의 이익이나 효용이 모두 증가한다면 B가 파레토 최적인 상태라 할 수 있다.

3. 합리적인 돼지들Rational Pig 게임[3]

하나의 상자가 있다. 이 상자 안에는 지렛대가 있고, 옆에 작은 구멍이 나 있다. 큰 돼지 B_{big}와 작은 돼지 S_{small}가 이 상자 안에 갇혀 있다. 두 돼지 중 한 마리가 지렛대를 눌러야 지렛대 반대편에서 음식이 떨어진다(다시 말해 지렛대가 눌려지면 게임을 지켜보고 있는 사람이 지렛대 반대편의 구멍을 통해 음식을 넣어준다). 이러한 상황에 따르는 돼지의 행동을 보다 구체적으로 이해하기 위해 아래와 같이 게임의 구성요소로 정리하자.

- 게임을 하는 자players: 큰 돼지, big pig(B)/작은 돼지, small pig(S)
- 선택 행동action: 지렛대 누르기, press/누르지 않기, don't press
- 선택에 따른 결과payoffs: 다음과 같이 가정한다.

1) 지렛대를 눌러서 나오는 음식의 가치는 6이라고 가정한다.
2) 지렛대를 누르지 않은 돼지는 상대 돼지(지렛대를 누른 돼지)가 달려올 무렵 5를 먹어 치운 상태가 된다(돼지 크기와 관계없다). 이 말은 돼지의 크기와 관계없이 지렛대를 누르지 않은 돼지가, 나오는 음식 6중 5를 먹어 치우는 것을 의미한다.
3) 큰 돼지가 지렛대를 누른 후 반대편으로 달려온다면 작은 돼지가 먹고 남은 1을 빼앗아 먹을 수 있고, 작은 돼지가 지렛대를 누른 후 반대편으로 달려온다면 1을 빼앗아 먹을 수 없다. 왜냐하면 작은 돼지는 큰 돼지보다 힘이 약하기 때문이다. 즉, 돼지의 크기는 지렛대를 누른 후 달려와 상대편이 남긴 음식을 빼앗아 먹을 수 있느냐 없느냐로 구분된다.
4) 돼지의 크기와 관계없이 지렛대를 누른 돼지가 먹이를 먹기 위해 반대편으로 달려가는 데 0.5의 에너지가 든다.
5) 두 돼지가 동시에 지렛대를 누를 경우는 다음과 같은 결과가 생긴다. 즉, 작은 돼지가 큰 돼지가 행동이 빠르다고 가정한다. 그래서 작은 돼지가 큰 돼지보다 빨리 반대편에 도착할 수 있다. 하지만 큰 돼지도 뒤이어 도

---

3) 이 게임은 McMillan(1992) 2장의 게임을 기반으로 한 것이다.

착하기 때문에, 그 사이에 작은 돼지는 큰 돼지가 오기 전까지 2의 음식을 먹을 수 있다. 그러므로 큰 돼지는 작은 돼지보다 반대편에 늦게 도착하지만 작은 돼지를 윽박질러 남은 음식 4를 먹을 수 있다. 즉, 동시에 지렛대를 누를 경우 S는 2를 B는 4를 먹는다. 돼지의 크기는 여기서도 먹게 되는 음식의 양을 좌우한다.

이러한 행동의 성격에 따른 결과를 일목요연하게 정리하면, 즉 이 게임의 매트릭스를 정리하면 아래와 같이 결정된다. 이 매트릭스가 왜 이렇게 정리되는지 한 번 생각해 보기 바란다. 각 항목의 앞은 작은 돼지의 결과를 뒤는 큰 돼지의 결과를 의미한다.

표 4 Pig Game의 게임 매트릭스

S ＼ B	Press	don't press
Press	1.5 / 3.5 ⓐ	ⓑ -0.5 / 6
don't press	5 / 0.5 ⓒ	ⓓ 0 / 0

(1) 이 게임의 균형은 무엇인가

이 게임의 문제는 이렇다. 큰 돼지와 작은 돼지가 지렛대를 눌러 음식을 얻게 되는 이러한 게임 구조 하에서 큰 돼지와 작은 돼지는 어떤 행동을 선택하게 될까? 어느 돼지가 지렛대를 누르고, 어느 돼지가 지렛대를 누르지 않게 될까?

이 말을 달리 말하면 '이 게임의 균형은 무엇일까?'라는 것이다. 앞에서 제시한 균형의 의미와, 최선의 행동best response이라는 개념을 이용하면 쉽게 균형을 찾을 수 있다. 균형을 이야기하기 전 우리가 알고 있는 상식은 이러한 게임 구조 하에서 돼지가 어떻게 행동할 것이라고 가르치고 있는가? 아마 작은 돼지가 지렛대를 누르고 큰 돼지가 그 결과를 독점하거나 전부 다 먹는 것일 게다. 과연 그럴까?

이 게임의 균형은 상식과는 전혀 다른 작은 돼지가 don't press를 선택하고 큰 돼지가 press를 선택하는 상황이 된다. 즉, 큰 돼지가 지렛대를 눌러 음식이 나오게 되면 작은 돼지가 5를 먹고, 큰 돼지는 기껏해야 0.5의 음식을 먹게 될 따름이다.

왜 그런가? 작은 돼지는 다음과 같이 생각한다. 만약, 큰 돼지가 press를 선택한다고 가정할 경우 작은 돼지는 don't press를 선택하는 것이 최선의 행위이고(왜 그런가?[4]), 큰 돼지가 don't press를 선택한다고 가정할 경우 don't press를 선택하는 것이 최선의 행위이다. 큰 돼지는 다음과 같이 생각한다. 작은 돼지가 press를 선택한다면 don't press를 선택하고, 작은 돼지가 don't press를 선택한다면 press를 선택하는 것이 최선의 행위이다. 그러므로 두 돼지의 최선의 선택이 공존하는 작은 돼지가 don't press를 선택하고 큰 돼지가 press를 선택하는 상황이 균형이 된다.

이 게임이 무엇을 의미하는지를 알겠는가? 그렇다. 이 게임이 시사하는 것은 경우에 따라서는 작은 돼지가 큰 돼지를 능가할 수 있다는 것이다. 세상사가 힘 하나로만 결정된다는 것은 아니라는 것이다.

(2) 이 게임의 적용사례 1: OPEC의 경우

OPEC의 경우를 예로 들자. 큰 돼지는 사우디아라비아로, 작은 돼지는 베네수엘라로 가정할 수 있고, press를 증산, don't press를 증산하지 않는 것으로 대치할 수 있다. 서방의 압력이 있어 유가를 인하해야 하는 경우를 상정해 보자. 유가를 하락시키기 위해서는 두 나라 모두 press를 선택해서 증산에 나서야 한다. 증산에 따른 공급량의 증가가 유가를 인하하기 때문이다. 그래서 증산이 필요한데 어느 나라가 증산에 나설 가능성이 높을 것 같은가?

석유 증산에 나서는 나라는 큰 돼지인 사우디아라비아인가, 아니면 작은 돼지인 베네수엘라인가? 현실적으로 대부분의 경우 사우디아라비아가 증산에 나선다. 사우디아라비아의 경우 증산하는 것press과 증산하지 않는 것don't press의 결과를 비교하면, 증산하는 것이 유리하기 때문이다. 유가가 인하되지 않으면 비난의 화살은 즉시 자기에게 쏠리는 것을 알고 있기 때문이다. 당연히 베네수엘라는 반대되는 결정을 내린다. 즉, 베네수엘라와 같은 작은 나라는 증산에 나서지 않

---

4) press를 누르면 1.5를 얻지만, don't press를 누르면 5를 얻게 되기 때문이다. 이러한 상황에서 작은 돼지는 5를 얻게 되는 행위를 선택하는 것이 합리적이다. 뒤이어 나오는 모든 행위에서 같은 결과를 얻을 수 있다. 한 번 비교해 보기 바란다.

음으로써 상대적으로 손해를 덜 볼 수 있다는 것이다. OPEC의 결정에 따라 생산량을 감산해야 할 경우에도 비슷한 경우를 상정할 수 있다. 베네수엘라는 사우디아라비아에 비하여 감산을 적게 하거나 하지 않음으로써 상대적으로 석유 판매에 따른 이익을 늘릴 수 있다. 즉, 고유가 혜택은 소규모 국가들이 더 볼 수 있다는 것이다.

그러므로 이러한 경우들은 석유 부존량이 상대적으로 적다는 이유로 작은 나라가 이득을 챙길 수 있다는 사실을 보여준다.

(3) 이 게임의 적용사례 2: NATO의 경우

또 다른 예로서 NATO를 들어보자. 큰 돼지는 미국, 작은 돼지는 그리스, 네덜란드 등을 상정할 수 있고, press는 방위비를 분담하는 것, don't press는 방위비를 분담하지 않는 것으로 가정할 수 있고, payoff는 이에 따른 지역의 안보를 들 수 있다. 이 경우 큰 돼지 미국과 작은 돼지 그리스의 선택은 어떻게 될까? 이미 아는 바와 같이, 미국이 press를 선택하고 작은 나라들은 don't press를 선택하게 된다. 바꾸어 말해 작은 나라들이 방위비를 분담하지 않는다고 해도 미국이 방위비를 분담할 수밖에 없다는 것이다. 즉, S가 don't press한다고 해도 B는 press할 수밖에 없다는 것이다. 그래야 NATO가 유지되기 때문이다. 이 같은 경우 작은 나라들은 미국의 방위비 분담에 의한 무임승차를 즐기는 셈이라고 할 수 있다.

4. 위치설정게임Location game[5]

서울 강북에서 극장은 어디에 제일 많이 위치하고 있는가? 종로3가 혹은 충무로가 적절한 대답이 될 것이다. 이 질문에 답하기 전에 극장들이 왜 한 장소에 모여있는지 의문을 가져본 적은 없는가? 이렇게 물어볼 수도 있다. 왜 여러 개, 많게는 수십 개의 극장이 함께 있는 멀티플렉스에 관객이 몰릴까? 극장이 아니라도 좋다. 왜 보석가게는 따로 떨어져 있지 않고 한 군데 모여 있는 것일까? 나아가 왜 컴퓨터 가게는 모여 있는 것이 컴퓨터를 팔기에 유리한가? 이런 의문을 가져본 적이 있는가?

---

5) 이 게임은 McMillan(1992) 2장의 게임을 기반으로 한 것이다.

만약, 이런 의문을 가져본 적이 있다면, 다음과 같은 게임을 생각해 보기로 한다.

위 그림에서 본 바와 같은 긴 백사장에 같은 맥주를 파는 두 개의 상점 A와 B가 있다고 하자. 두 상점의 목적은 해수욕을 하러 온 사람들에게 맥주를 많이 파는 것이다.

그리고 백사장에는 해수욕을 하러 온 사람들이 골고루 분포되어 있다고 가정하자. 해수욕을 하러 온 사람들은 휴식하기를 원하기 때문에 맥주가 먹고 싶다고 해서 멀리 있는 상점에 가기를 원하지 않는다. 그래서 해수욕을 하러 온 사람들은 자신들에게 가까이 있는 상점에서 맥주를 산다.

상점 A와 상점 B가 이런 사실들을 다 알고 있다면, 두 상점은 맥주를 좀 더 많이 팔기 위해서는 이 해변의 어디에 상점 문을 열어야 될까?

이 문제의 해답을 읽기 전에 잠시만 생각해 보기 바란다. 만약 당신이 이들 상점의 주인이라면 어디에 상점 문을 열겠는가? 답은 백사장의 한 가운데에 두 상점이 나란히 문을 연다는 것이다. 이제 그 이유를 살펴보자.

우선 상점 A와 B가 위 그림에서와 같이 문을 열었다고 가정하자. 서두에서 제시된 정보에 의하면 해수욕을 하러 온 사람들은 다음과 같은 행동을 하게 된다. 그들은 움직이는 것을 싫어하기 때문에 위의 ㉮에 위치한 사람들은 상점 A에서 맥주를 사게 되고, 위의 ㉰에 위치한 사람들은 상점 B에서 맥주를 사게 된다. ㉯에 위치한 사람들은 상점 A와 B를 골고루 이용하게 된다. 정확히 말하면 자신에게 보다 가까운 상점을 이용하게 된다.

이런 경우 상점 A는 어떠한 유인을 가지게 될까? 상점 A는 해변의 오른쪽으로 이동할수록 더 많은 해수욕객들에게 맥주를 팔게 된다. 상점A의 왼쪽 면적이 더 넓어지기 때문이다. 꼭 같은 이유로 상점 B는 해변의 왼쪽으로 이동할수록 더 많은 해수욕객들에게 맥주를 팔게 된다. 상점 A는 상점 B의 이러한 행동패턴을 알고 있기 때문에 상점 A의 best response는 상점 B가 왼쪽으로 오는 한 자신은 오른쪽으로 이동하는 것이다. 상점 B 역시 똑같은 방식으로 상점 A의 행동패턴을 추론할 수 있다. 그 결과는 어떻게 될까?

그렇다. 상점 A와 B는 해변의 한가운데에 서로 붙어 있게 된다. 그래서 해변의 절반씩을 공평히 차지하게 된다. 이것이 균형이다. 균형에서는 앞에서 설명한 바와 같이 상점 A와 B가 다 같이 최선의 행위best response(여기서는 A는 오른쪽으로 이동하고 B는 왼쪽으로 이동하는 것)를 하고 있는 것을 알 수 있다. 그리고 자연히 이 점에서 두 상점의 매출은 극대화된다.

이 게임이 보여주는 것은 극장이나 전문상가들이 모여 있게 되는 것은 서로의 담합이나 묵계에 의한 것이 아니라, 자신의 목적을 달성하기 위한 가장 합리적인 행위의 결과라는 것이다. 즉, 소비자의 편의를 도모하기 위해서라거나, 도시 가로의 정비를 위해서가 아니라는 것이다.

5. 상속게임[6]

노년의 어머니가 가보家寶를 여러 아들 중 한 명에게 물려주려고 한다. 그녀는 그 가보의 가치를 가장 크게 평가하는 아들에게 그 가보를 물려주려고 한다. 그러나 그 아들들은 그다지 정직하지 못했고, 또 아들들은 모두 그 가보를 상속받길 원하기 때문에, 그냥 어느 정도 그 가보를 원하느냐고 묻는 방법을 통해서는 가보의 상속자를 가려낼 방법이 없다. 왜냐하면 저마다 자신이 그 가보를 원한다고 과장되게 말할 유인이 존재하기 때문이다. 따라서 어머니는 가장 자격이 있는 상속자를 가려내기 위해 다음과 같은 묘책을 고안한다.

그녀는 아들들에게 가보가 얼마나 가치가 있는지를 그녀에게만 몰래 말하라고 하면서 가장 높은 가격을 말하는 아들에게 가보를 물려주겠다고 약속한다. 하지만, 그 어머니는 마지막 여생의 자금을 마련하기 위해 상속자로부터 가보의 가격을 받아내되, 가보를 물려받을 아들이 제시한 최고의 가격이 아니라 아들들이 제시한 가격 중 두 번째로 높은 가격을 가보의 가격으로 받으려고 한다.

---

6) 이 게임은 McMillan(1992) 2장의 게임을 기반으로 한 것이다.

어머니의 묘책은 정직이 최선의 방책이 되게 할 것인가?

어머니는 정말로 정직한 답변을 이끌어낼 것이다. 당신이 아들 중 한 명이라고 생각해 보라. 이 문제에서 당신이 가보를 상속받는다면 당신이 지불할 금액은 당신이 말한 가격과는 무관하다. 당신의 답변은 단지, 당신이 가보를 상속받을 것인지 여부에만 영향을 미친다.

따라서 그 가치를 과장하는 것은 그것을 얻을 가능성만 변경시킨다(즉 과장하면 과장할수록 가보를 얻게 될 가능성이 높아진다). 하지만, 가보의 가치를 과장하게 되면 실제 당신이 생각하는 가격 이상을 어머니께 지불할 가능성이 높아진다. 가치를 과장해서 말한다면 두 번째로 높게 제시되는 가격이 당신이 실제로 생각하는 가격보다 높게 될 가능성이 커지기 때문이다. 즉 당신이 가보를 받게 될 경우 두 번째로 높게 제시된 가격이 당신이 생각하는 진실한 가보 가격보다 더클 수 있다는 것이다. 그러므로 가보의 가치를 과장하는 것은 당신의 이익에 부합될 수 없다.

반대로, 당신은 그 물건의 가치를 낮게 말하면 어떤 일이 발생할까? 가보의 가치를 낮게 말할 경우 이것은 당신이 그 가보의 가치를 진실 되게 말했을 경우에 비하여 그 가보를 상속받을 수 있는 가능성을 낮게 할 뿐이다. 즉, 당신은 이제 당신의 형제 중 한 명보다 낮은 가격을 제시했기 때문에 당신은 그 가보를 얻지 못한다. 다시 말하면, 가보의 가치를 낮게 부르는 것은 당신의 이익에 부합될 수 없다.

어머니의 묘책은 작동한다.

그러나 어머니는 상속자가 그 가보에 대해 실제로 평가하는 가치보다는 적은 돈을 받는다. 그 아들은 사실상 그가 실제로 생각한 가격(물론 이 가격이 제일 높은 가격이 되어야 한다)과 두 번째로 높은 가격 사이의 차이만큼 이익을 얻는다. 이 금액은 어머니가 불리한 정보를 가지고 있다는 사실로 인하여 잃게 되는 손실로 생각할 수 있다.

6. **조정게임**Coordination game

경철이와 현규는 매일 아침 차를 몰고 출근을 한다. 출근을 하기 위해서는 반드시 한 도로를 통과해 가야 하는데 이 도로는 2차선으로 되어 있다고 하자.

도로의 한쪽에는 경철이가 있고 반대편에는 현규가 있다. 경철이는 도로의 오른편으로 갈 수도 있고 왼편으로 갈 수도 있다. 현규도 마찬가지다. 둘 다 같은 편을 선택하면 무사히 이 도로를 통과할 수 있다. 하지만, 둘 다 우측통행을 할 경우 payoff는 각각 5인 반면, 좌측통행을 할 경우 각각 4의 보수를 받게 된다. 두 사람이 서로 다른 편을 선택하면 두 사람의 자동차는 충돌하여 각각 0의 보수를 받게 된다. 이 상황은 다음과 같은 게임 메트릭스로 요약된다.

표 5   조정게임의 게임 매트릭스

경철 현규	우측통행	좌측통행
우측통행	5 / 5	0 / 0
좌측통행	0 / 0	4 / 4

이 경우 경철이는 현규와 같은 방향으로 운전하기를 원한다. 현규도 같은 생각을 한다. 하지만, 경철이는 현규가 어떤 선택을 할지 모르고, 현규 역시 경철이가 어떤 선택을 할지 모른다. 다시 말해, 이 상황은 전략적 상황이기는 하지만 서로 상대방이 어떤 선택을 할지 모르는 불확실성의 문제가 발생하게 된다.

만약 게임을 하기 전에 두 경기자가 사전에 의사교환이 가능하다면 두 사람이 왼편이나 오른편으로 선택을 통일할 것이다. 그리고 이런 상태가 계속된다면 두 사람은 사전에 좌측 혹은 우측으로 통행하기로 결정하고 그런 결정을 사회적 규칙 혹은 관행으로 정할 수 있다. 실제로 미국이나 우리나라는 자동차의 우측통행이 규칙으로 정해져 있으며 일본이나 호주는 좌측통행이 규칙으로 정해져 있다.

조정게임은 이와 같이 사회적 관습이나 관행을 설명하는 데 사용될 수 있다. 하지만, 이런 조정게임은 사회적 관습이나 관행을 설명하는 데 유용할지 모르지만, 실제 왜 어느 경우에는 좌측통행이 관행으로 되고, 어느 경우에는 우측통행이 관행으로 되는지 그 이유를 설명할 수 없다. 그것은 이 게임에 포함되지 않은 다른 요인으로 설명될 수밖에 없다.

다음과 같은 게임을 보자.

명섭이와 윤정이는 데이트를 하고 싶어 한다. 하지만 명섭이는 극장에 가기

보다는 야구장에 가는 것을 더 좋아하고, 윤정이는 야구장보다는 극장에 가는 것을 더 좋아한다. 데이트를 하기 위해서는 두 사람 다 같은 장소에 가야 한다.

표 6 데이트 게임(Game of sex)의 게임 매트릭스

명섭 ＼ 윤정	극 장	야구장
극 장	4 / 5	0 / 0
야구장	0 / 0	5 / 4

이 게임은 <표 6>에서 보는 바와 같이 두 개의 내쉬균형을 가진다. 두 사람 모두 극장을 가는 것과 두 사람 모두 야구장을 가는 것이다. 하지만, 윤정이는 극장을 가는 것을 더 선호하고 명섭이는 야구장을 가는 것을 더 선호하다. 전형적인 조정게임의 양상을 띤다. 하지만, 이 게임은 구체적으로 두 사람이 극장에 가게 되는지, 야구장에 가게 되는지를 설명하지 못한다. 그러면 어떤 요인이 실제 이 두 사람의 선택을 결정하게 될까? 데이트를 하는 상황이니까 명섭이가 양보할 수도 있고, 윤정이가 더 이해심이 많다면 야구장에 가는 것으로 양보할 수도 있다.

하지만, 일반적인 경우 실제 어떤 상황을 선택하게 될지는 두 사람 사이의 협상에 달려있다고 할 수 있다. 달리 말하면, 두 사람의 협상력에 따라 실제 선택하는 결과가 달라질 수 있다는 것이다.

7. 주고받기Tit-for-Tat 게임

게임이론에서 자주 다루는 주제 중의 하나가 협력과 배신이라는 과제다. 사람들은 어떤 경우에 협력하고, 어떤 경우에 배신하는가? 혹은 협력하지 않는가? 합리적 행동이라는 가정 하에 사람들은 배신(협력 거절)으로 인하여 자기에게 돌아오는 이익 혹은 효용이, 협력으로 인하여 자기에게 돌아오는 이익 혹은 효용보다 클 경우에는 협력하지 않고 기꺼이 배신의 길로 접어든다. 하지만, 이런 통찰은 일회성 게임의 경우와 무한히 반복되는 게임의 경우에는 또 달라진다. 일회성 게임의 경우 위와 같은 통찰이 그대로 적용된다. 물론 무한히 반복되는 게

임의 경우에도 그 기본구도는 변하지 않는다. 나에게 돌아오는 이익이 클 경우에는 기꺼이 배신의 길로 접어든다는 것이다. 하지만 무한히 반복되는 게임의 경우 자기에게 돌아오는 이익은 일정하지 않다. 무엇보다도 먼저 미래의 이익을 현재의 이익으로 환산하는 할인율(이것은 이자율의 역수로 정의된다)의 크기에 의하여 협력의 가능성이 달라진다. 이 할인율이 클수록 현재의 이익으로 환산한 미래의 이익은 작아지고, 따라서 협력할 가능성은 낮아지게 된다.

이처럼 협력과 배신은 주어진 조건과 게임의 룰에 따라 그 양상이 달라진다. 이런 상태에서 로버트 액셀로드는 1970년대 컴퓨터를 통하여 이와 관련한 실험을 행하였다.[7] 그 결과 가장 높은 협력 가능성을 보장해주는 전략은 '주고받기 tit-for-tat'라는 것을 발견하였다. 이 전략의 핵심은 기본적으로 상대방의 행동을 따라 한다는 것이다. 일회성이 아닌 계속적으로 반복되는 게임에서 처음에는 일단 상대방의 행동과 관계없이 협력을 하지만, 다음 단계부터는 그 전 단계에서 상대방이 한 행동을 그대로 따라 한다는 것이다. 이 전략이 가지는 가장 큰 장점은 실행하기 매우 간단하다는 것이다. 그 전 단계에서 상대방이 배신을 하면, 이번 단계에서 나도 배신을 하고, 상대방이 그 전 단계에서 협력을 하면, 이번 단계에서 나도 협력을 한다는 것이다. 그러니 현 단계에서 나의 행동을 결정하는데 어떤 어려움도 없다. 또, 이 전략이 가지는 장점은 처음 단계에서 일단 상대방의 행동과 관계없이 협력을 선택한다는 것이다. 그러니 처음부터 선의善意를 가지고 게임을 시작하는 셈이다. 나아가, 상대방의 배신 행위는 그 다음 단계에서 즉각적으로 응징을 받기 때문에 상대방에게 던지는 메시지가 분명하다. 즉, '네가 배신을 하지 않는 한 나는 너와 협력한다'.

이런 점에서 액셀로드는 이러한 전략이 가장 높은 협력 가능성을 보장해주는 이유를 다음과 같이 정리하였다. 첫째, 이 전략은 친절, 혹은 우호적nice이라는 특성을 가진다. 게임을 처음 시작할 때 배신하지 않고 상대방과 협력하기 때문이다. 둘째, 배신에 대해서는 보복provocability을 하는 특성을 가진다. 처음부터 상대방과 협력을 하면 상대방은 협력을 하는 상대방을 조금 무시하기 쉬운 경향을 보일 수도 있지만, 배신을 하는 상대방에 대해 반드시 보복을 한다는 것을 알게 되면 결코 처음부터 협력하는 상대방을 무시하기 어렵게 된다. 셋째, 보복도 하

---

7) 이에 대한 자세한 내용은, 로버트 액셀로드(2013)를 참조하기 바란다.

지만 그 보복이 영원히 계속되지 않고 용서forgiveness할 줄도 아는 특성을 가진
다. 상대방이 배신을 하더라도 그 다음 단계에서 협력을 하게 되면, 보복 행위를
멈추고 다시 협력하게 된다. 넷째, 이 전략은 매우 간단하다simplicity는 특성을 가
진다. 행동준칙이 매우 단순하기 때문에 상대방은 (Tit-for-Tat 전략을 취하는) 내
가 어떻게 행동할지 쉽게 예측할 수 있다는 것이다. 그래서 상대방은 별다른 불
안 없이 자신의 행동을 결정할 수 있다.

하지만, 이런 전략을 현실에 적용하기에 어려움이 없는 것은 아니다. 그것은
상대방의 배신 행위를 어떻게 확인하느냐, 혹은 관찰하느냐는 문제이다. 엑셀로드
의 실험과는 달리, 현실에서 상대방의 배신행위를 관찰하는데 상당한 오류가 존
재할 수 있기 때문이다. 만약, 오해로 인하여 상대방이 배신한 것으로 간주할 경
우, 그 다음 단계에서의 행동은 오류가 되풀이되는 악순환을 되풀이할 수 있다.

대개의 경우 국제기구에는 분쟁해결절차가 규정되어 있는데, 이 분쟁해결절차
의 가장 중요한 원칙 중의 하나는 A국과 B국이 특정 약속을 한 뒤, 어느 한 나
라가 그 약속을 지키지 못한 경우에는 상대방에 대해 그에 합당한 보복조치를
약속하고 있다는 것이다. 그 합당한 보복조치라는 것이 액셀로드의 Tit-for-Tat
에 해당되는 것이다. 하지만, 이런 보복조치와 관련 국제기구가 당면하는 가장
큰 문제의 하나는 과연 특정국이 약속을 어겼는지의 여부를 쉽게 파악하기 어렵
다는 것이다. 예컨대, WTO에서 두 나라가 서로 관세를 인하하기로 약속한 뒤,
어느 한 나라가 관세를 인하하지 않거나 혹은 정당한 이유 없이 관세를 인상한
다면 특정국은 상대방에 대해 합당한 보복조치(이 경우는 적절한 관세인상)를 취할
수 있다. 문제는 관세를 인하하지 않거나 관세를 올린 사실을 정확히 파악하는
것이 힘들다는 것이다. 그래서 약속을 어긴 사실이 정확히 관찰되지 않는다면
보복조치의 효과도 기대하기 힘들다는 것이다.

전략강의노트 4 • Tit-for-Tat 전략의 의의

인생을 살아가면서 경험하는 사실 중 가장 이해하기 어려운 것 중의 하나가 왜
착한 사람들이 불이익을 보고, 사려 깊고 신중하게 행동하는 사람들의 선의가 왜곡
되는가 하는 문제다.

착한 사람은 이기적인 사람이 자신을 괴롭히거나 못된 짓을 하더라도 별다른 반

응을 보이지 않는다. 이기적인 친구가 도시락을 빼앗고, 용돈을 빼앗는 행동을 하더라도 친구니까, 혹은 그럴만한 이유가 있겠지 하고 그냥 넘어간다. 도덕적이고 형이상학적인 의미에 이런 착한 사람은 하늘 나라의 보상을 받을 자격이 있다. 하지만, 하늘 나라의 보상을 받을 자격이 있다는 말은 하나의 사탕 발림에 불과하고, 현실에서 이런 착한 사람은 늘 가난하거나, 위축되거나, 자신감 있게 살지 못하는 경향이 있다.

게임이론의 관점에서 보면 이런 착한 사람은 Tit-for-Tat의 행동 준칙을 배울 필요가 있다. 먼저 나서서 사람을 괴롭히거나 못되게 구는 것이 아니라 일단 모든 사람과는 협력적인 태도를 취한다. 그 뒤 상대방 역시 선의로 행동하고, 자신의 호의에 보답할 줄 알면, 처음처럼 계속해서 협력적인 태도를 취하면 된다. 하지만, 먼저 호의를 베풀고 협력적인 태도를 취했음에도 불구하고, 상대방이 자신을 이용하거나 배신하기를 일삼는다면 협력적인 태도를 멈출 필요가 있다. 자신을 괴롭히거나, 약속을 지키지 않는 상대방에 대해서는 처음과는 달리 강하게 나가거나, 상대방의 못된 행동을 응징할 필요가 있다. 그래서 네가 나에게 선한 행동을 하는 한 나는 너에게 협력할 것이지만, 그렇지 않을 경우 너에게 보복을 한다는 강한 시그널을 보낼 필요가 있다. 이런 말이 별로 바람직하지 않다. 사람과의 관계에서 배신과 보복을 이야기하는 것이 어찌 기분 좋은 일이랴. 하지만, 우리가 살아가는 현실은 공상과학 소설의 천국이 아니지 않은가?

이런 사례는 비단 개인과 개인의 관계에 국한된 것이 아니라, 국가와 국가의 관계에도 그대로 적용된다. 1930년대 독일 히틀러의 발흥은 바로 이런 Tit-for-Tat 준칙을 지키지 않은 것으로 설명될 수 있다. 히틀러가 베르사이유 조약을 어기고, 라인지방으로 군대를 진격시키고, 오스트리아를 합병하고, 체코슬로바키아를 합병하려 했을 때 영국과 프랑스는 히틀러에 항의하거나 응징하지 않고 묵인했다(뮌헨 회담). 만약, 히틀러가 유럽의 기본적인 규칙을 어기는 초기에 영국과 프랑스가 묵인하지 않고, 과감히 응징하고 보복하는 행동을 취했다면 히틀러에 의한 세계대전은 초기에 피할 수 있었을지 모른다. 물론 지나친 단순화의 흠이 없는 것은 아니나, '이에는 이, 눈에는 눈'이라는 고대의 잠언은 그 기본적인 면에서 여전히 유효하다.

그래서 착한 사람이란 표현은 그다지 좋은 것이 아니다. 사람은 착하기보다는 현명한 것이 좋다. 사회나 국가도 '좋은 게 좋은 것'이라는 형태로 넘어갈 것이 아니라 필요할 경우에는 단호하게 이의를 제기하거나, 더 이상 협력하지 않거나, 보복을 하는 것이 바람직할 때도 있다.

자료 필자 작성.

제**4**장

게임이론의
관점에서 본 다양한 협상

1. 시한이 있는 협상

시한deadline이 있는 협상이 어떤 관점 혹은 구조 하에서 이루어지는지 검토하기 위하여 다음과 같은 게임을 가정한다.

■ 시한이 있는 협상 게임

'가'와 '나' 두 사람이 100원을 나누기로 하는데, 두 사람은 이 게임이 다음과 같은 구조 하에서 이루어지는 것으로 알고 있다.

• 제1단계: '가'는 100원 중에서 자신이 가질 몫을 결정한 뒤 '나'에게 제시한다. '나'가 이것을 받아들이면 게임은 끝난다. '나'는 '가'가 제시한 나머지를 가진다. '나'가 '가'의 제안을 거부하면 게임은 제2단계로 이전한다.

• 제2단계: 이 단계에서 나누어야 할 돈은 90원으로 줄어든다. 이번에는 '나'가 자신이 가질 몫을 결정한 뒤 이것을 '가'에게 제시한다. '가'가 이것을 받아들이면 게임은 끝나고 '가'는 '나'가 가진 뒤의 나머지를 가진다. '가'가 이것을 거부하면 두 사람은 서로 아무 것도 가지지 못하고 게임은 끝나버린다.

'가'가 제1단계에서 제시하는 몫은 얼마인가?

이 문제에 답하기 위해서는 게임이 제2기에 도달했을 때를 상상해 보아야 한다. 제2기에서는 '나'가 이제 유리한 위치에 서게 된다. 그는 '가'가 '나'의 제안을 거부하면 아무것도 얻지 못하게 되므로, '나'는 '가'에게 주어지는 몫이 0보다 크다면 '가'가 그 제안을 받아들이게 될 것이라는 사실을 알게 된다. 따라서 '나'는 '가'가 앙심을 품지 않을 만큼(1원 정도?)만 남겨두고 90원의 거의 모두를 가지게 되는 금액을 제시할 수 있다. 따라서 '나'는 게임이 제2단계까지 간다면 90원에서 조금 모자란 금액을 받게 된다.

따라서 제1단계에서 '가'는 게임이 제2단계로 넘어가면 '나'가 어떻게 할지 예상할 수 있다. '가'는 '나'가 제1단계에서 '가'의 제안을 거부하면 90원의 거의 모두를 보장받을 수 있다는 것을 알고 있다는 것을 안다. 따라서 '가'는 제1단계에서 '나'에게 최소한 90원을 제안하면 수락할 것이라는 것을 안다. 그래서 '가'가 자신을 위해서 할 수 있는 최선은 자기가 10원을 가지게 되는 제안을 하는 것이다. 두 플레이어가 모두 이러한 추론의 사슬에 도달하면, 게임은 곧바로 실제 행동으로 진행된다. '가'는 '나'에게 90원보다 조금 작은 금액을 제안하고 '나'는 즉시 수락한다.

이 게임은 시한deadline의 위력을 보여준다. 이 게임에서 보는 바와 같이 마지막에 제안을 하는 자가 거래의 남은 이득의 대부분을 획득한다. 자신이 시한을 앞두고 최후로 제안을 하는 자라는 확신이 있을 때에는 이러한 전략은 큰 효과를 발휘한다. 하지만 실제로 진행되는 게임에서 경기자들은 좀처럼 제안의 순서를 미리 결정하지 않는다. 따라서 누가 마지막에 제안을 하게 되는지는 매우 불확실하다. 당신이 이 게임의 시사점을 따라 본인이 마지막 제안자가 되게 하는데 관심을 집중시킨다면 종종 그렇게 되지 못할 수 있다. 당신이 아니라 당신의 상대방이 마지막 제안자가 될 수 있기 때문이다. 따라서 이런 류의 전략을 그대로 따른다면 매우 위험한 전략이 될 수 있다. 합의에 도달하지도 못한 채 시한이 지나가버릴 위험성이 있기 때문이다.

이 게임이 보여주는 또 다른 시사점은 대부분 협상의 경우 시한을 앞두고 극적으로 타결되는 경우가 매우 많다는 것이다. 특히, 이해관계가 팽팽히 대립되는 협상의 경우 시한이 지나가기 직전에 협상이 타결되는 사례를 종종 발견한다. 그것은 시한이 지나가기 직전에 제안을 하는 자가 협상의 이익을 대부분 가져가기 때문이다.

2. 간단한 협상모델에 의한 협상게임

게임이론의 관점에서 협상을 생각하기 위하여 우선 다음과 같은 간단한 게임 모형을 생각하기로 하자.

■ 간단한 협상모델

자동차 한 대를 팔려고 한다. 파는 사람은 이 자동차의 가치가 최저 1,000원이라고 생각하며(즉, 파는 사람이 생각하는 최저 가격은 1,000원), 사는 사람은 이 자동차의 가치를 1,100원이라고 생각한다(즉, 사는 사람이 지불할 수 있는 최고 가격은 1,100원이다). 그리고 이 사실을 두 사람 모두 알고 있다. 자동차가 매매되는 가격은 얼마인가?

(1) 협상을 하는 목적은 무엇인가

국가 간의 협상이건, 개인 간의 협상이건, 또 협상에 참여하는 당사자의 숫자에 관계없이 협상을 하는 목적은 협상에 의해 상호이익mutual gain을 얻기 위함이다. 달리 말하면 협상을 통해 서로 이익을 볼 가능성 혹은 잠재성이 없다면 누구도 협상의 테이블에 나오지 않을 것이다. 그러므로 협상이 실패하지 않고 성공적으로 타결되기 위해서는 우선 협상의 자리에 협상의 당사자가 나올 수 있어야 한다. 협상의 자리에 양 당사자가 나올 수 있기 위해서는 1) 협상의 타결로 인해 발생하는 이익(파이)이 있어야 하고, 2) 협상의 타결로 인해 자신에게 이익이 생길 수 있다는 기대가 있어야 한다.

위 게임에서 설명하자면 매매가 이루어지기 위해서는 사는 사람과 파는 사람의 차에 대한 기대치가 달라야 하며(예컨대 파는 사람은 1,000원으로 생각하는데 사는 사람은 990원으로 생각한다면 이 매매는 이루어질 수가 없다), 매매를 통해 사는 사람과 파는 사람 모두 이익을 볼 수 있다는 기대가 있어야 한다(매매를 통해 이루어지는 이익이 세금으로 몽땅 나가버린다면 어느 누구도 이 매매에 참여하지 않으려 할 것이다).

그러므로 성공적인 협상이 되기 위해서는 첫째, 협상의 결과로 생길 파이를 확대하는 노력이 필요하고, 둘째, 그 파이를 최대한 많이 차지하려는 노력이 필요하다. 위 게임에서 파는 사람이 10원의 돈을 들여 자동차를 수선하거나 새로 페인트칠을 한다면 파는 사람이 생각하는 자동차의 가치는 1100원으로 증가할 수 있고, 사는 사람이 생각하는 자동차의 최고 가치는 1250원으로 증가할 수 있다. 그럴 경우 협상에 따른 이익, 즉 파이는 150원으로 증가할 수 있다. 10원이라는 돈을 추가로 투자함으로써 협상의 결과 생길 파이를 100원에서 150원으로 증가시킨 것이다.

우리는 이 두 문제에 모두 관심을 기울여야 하지만 여기서 주로 논의하려는 것은 두 번째, 즉, 파이를 많이 차지하려는 노력이다. 이런 의미에서 협상은 bargaining이다.[1]

(2) 협상의 본질은 무엇인가? 협상력의 개념은 무엇인가

협상bargaining의 본질은 협상에 참여한 당사자들이 협상의 이익gains from trade을 나누는 과정이다. 그 과정에서 협상가들이 어떠한 태도와 전략을 취하느냐에 따라 각자에게 돌아가는 몫이 달라질 수 있다. 그 몫을 결정하는 전략 혹은 능력을 협상력bargaining power이라고 한다. 그러나 협상력의 개념은 실로 애매모호하다. 어떤 이론가들은 이 개념은 사실상 사용하지 말아야 할 개념이라고 이야기하기도 한다.

이 게임의 본질은 차이가 나는 평가액 100원을 나누는 협상이다. 양 당사자가 매매를 통해서 이익을 얻으려고 하는 한 균형은 파는 사람과 사는 사람이 100원을 어떻게 나누는가에 달려있다. 다시 말해 두 사람이 합의하는 한 100원을 나누는 모든 방법이 균형이 될 수 있다.

그러나 100원을 나누는 우리의 게임은 이 과정에서 협상력이 무엇을 의미하는가 라는 질문에 대한 답을 제시한다. 첫째로 판매자가 거래로 인한 이익의 많은 부분을 차지하지 않으면 물러나지 않을 것이라고 구매자가 판단하거나 둘째로 구매자가 이런 생각을 하고 있다는 것을 판매자가 알고 있다면 판매자는 협상에서 우세한 위치를 차지하게 된다. 예를 들어 구매자가 어떠한 이유에서든

---

1) 보통 협상은 negotiation으로 번역된다. 여기서 협상을 bargaining이라고 표시한 것은 여러 가지 협의를 거쳐 대상물을 나눈다는 의미가 들어가기 때문이다. 다시 말해, bargaining이라는 말에 협상과 관련된 주요 의미가 포함된다는 뜻으로 사용한 것이다. bargaining은 매매, 거래라는 의미도 함께 포함되어 있다.

판매자가 95원 이하로는 합의하지 않을 것이라고 믿고 구매자가 5원 이상을 요구한다면 협상이 결렬될지도 모를 막다른 골목에 몰릴 상황을 가정해보자. 그렇다면 협상결과는 협상을 깨서 아무것도 못 받는 것보다 구매자가 5원을 받고 판매자에게 95원을 주게 되는 형태로 귀결될 가능성이 높다. 여기서 판매자의 요구사항에 대한 구매자의 믿음은 판매자가 거래로 인한 이익의 대부분을 원한다는 것이다. 즉 판매자는 협상에서 유리한 위치를 차지하고 있는 것이다.

따라서 "협상력이 각각의 몫에 어떠한 영향을 미치는가?"라는 질문은 "각각의 협상가들이 상대편의 요구사항에 대해 어떠한 믿음을 가지고 있는가?"라는 질문으로 바뀌게 된다. 이렇게 질문을 바꾸는 것은 우리의 생각을 명료하게 해주지만 아직 많은 것이 남아 있다. 아직 우리는 상대방의 생각에 대한 협상가의 믿음은 어떠한 요소에 의해 결정되는지 알지 못한다. 이러한 믿음은 어디에 근거를 두는 것일까?

논의를 진행하기 전에 지금까지의 논의를 조금 정리할 필요가 있다: 이 협상의 본질인 100원을 나누는 방법은 여러 가지가 존재한다. 어떠한 결과가 나오느냐 하는 것은 각각의 협상가들이 상대편이 어느 가격에 합의할 것인가에 대한 믿음에 의해 결정된다. 많은 가능한 결과들 중에서 어떤 것이 선택될 것인가를 말하기 위해 우리는 이러한 믿음을 형성하는 요인이 무엇인지 알아야 한다. 왜냐하면 협상에 참여한 사람의 몫을 결정하는 과정은 협상가들이 자신 혹은 상대방이 각각 협상 상대방에 대한 믿음belief(인간적인 믿음을 의미하는 것이 아니라, 상대방이 서로 어떻게 행동할 것인가에 대한 믿음을 의미함)을 어떻게 형성하느냐에 달려있기 때문이다. 즉, 협상에서 중요한 것은 서로 상대방의 자신에 대한, 혹은 자신의 상대방에 대한 게임에서의 믿음을 어떻게 변화시키느냐 하는 것이기 때문이다.

(3) 협상에서의 대안

각각의 협상가들이 협상이 실패했을 경우 의지할 수 있는 어떤 대안을 가지고 있다고 가정하자. 예를 들어 파는 사람은 다른 사람으로부터 1,040원으로 이 차를 사겠다는 제의를 받았고, 사는 사람은 최대 1,090원만 지불하면 이와 똑같은 차를 구입할 수 있는 데를 알고 있다고 가정한다. 그리고 이러한 정보를 파는 사람과 사는 사람이 서로 알고 있다고 가정한다. 즉, 파는 사람이 가지고 있는 정보를 사는 사람이 알고 있고, 사는 사람이 가지고 있는 정보를 파는 사람이 알고 있다고 가정한다. 그러면 이 게임의 본질은 어떻게 변해 버리는가? 그렇게 되면 여기서 얻을 수 있는 거래 이익은 처음의 100원이 아니라 1,040원과 1,090원의 차이인 50원으로 줄어들게 된다. 달리 말해, 게임의 본질은 100원이라는 거래 이익을 나누는 것이 아니라 50원의 거래이익을 나누는 것으로 변하게 된다. 이 경우 대안이 발생함으로써 협상 가능한 가격대의 폭이 줄어들게 되었는데, 이 경우에는 협상이 가능한 범위도 판매자에 유리한 방향으로 변경되게 되었다. 이것은 판매자의 폴백fallback(협상이 실패할 경우 발생할 수 있는 일. 여기서는 영어를 그대로 사용하기로 한다)이 구매자의 그것보다 더 매력적인 것임을 나타낸다(여기서 판매자는 대안을 선택할 경우 1,000원과 1,040원의 차이인 40원을 얻게 되지만 구매자는 대안을 선택할 경우 1,100원과 1,090원의 차이인 10원 만을 얻게 된다). 만약 판매자가 더 좋은 대안 즉, 1,070달러에 차를 사겠다는 제안을 가지고 있다면 협상 가능한 가격대의 범위는 더욱 더 판매자에게 유리하게 이동하게 된다.

따라서 대안은 협상력의 원천Alternative opportunities are a source of bargaining power이 되고 그 대안이 매력적일수록 협상결과도 그만큼 그에게 유리하게 된다. 예컨대, 판매자가 구매자가 좋은 대안을 가지고 있다는 것을 알 때 또는 구매자가 자신이 좋은 대안을 가지고 있다는 것은 판매자가 알고 있다는 것을 알 때 구매자가 더 좋은 협상결과를 얻으려 한다고 판매자는 믿을 것이다. 그리고 그런 판매자의 믿음은 구매자의 협상력을 높이는 원천으로 작용한다는 것이다.

벤자민 프랭클린은 "필요는 좋은 협상을 만들 수 없다Necessity never made a good bargain"고 말했다. 이 말이 의미하는 바는 무엇인가? 그것은 당신이 지금의 협상에 목을 매고 있다면 결코 지금의 협상에서 만족할 만한 성과를 거둘 수 없다는 것을 의미한다. 지금의 협상이 매우 중요하다면, 역설적으로, 지금의 협상에 목을 맬 것이 아니라 지금의 협상과 관련된 새로운 대안을 만드는 것(그리고 그 대안의 존재를 협상의 상대방이 알게 하는 것)이 지금의 협상을 유리하게 만드는 지름길이 된다는 것이다.

만일 당신이 연봉인상을 위해 협상하고 있을 때, 다른 회사가 당신에게 더 높은 연봉을 제안했다는 것을 당신의 보스가 알게 된다면, 당신의 연봉인상을 심각하게 고려할 것이다. 즉 당신은 매력적인 폴백(다른 회사에 가서 더 높은 연봉을 받고 일하는 것)을 가지고 있는 것이다. 반면에 당신의 자리를 누군가가 쉽게 대체할 수 있다면 협상에서 당신은 그리 유리한 위치를 차지하지 않고, 당신의 보스가 좋은 폴백을 가지고 있게 된다. 조금 신경을 쓴다면 협상 전이나 협상 중에 더 좋은 대안을 탐색함으로써 당신의 폴백을 향상시키는 것이 가능하다. 이러한 탐색은 당신의 협상력을 높여주기 때문에 생산적이라고 할 수 있다. 그래서 만약에 당신이 연봉인상을 원한다면 당신이 현재 직장을 떠날 생각이 없더라도 외부에서 현재보다 더 높은 연봉을 제안할 가능성은 없는지 한 번 살펴볼 필요가 있다.

당신의 폴백 포지션을 향상시킬 목적과 관련 평화회담 전에 적을 치라는 고전적인 군사전략을 참조할 필요가 있다. 예를 들어 이란-이라크 전쟁 중인 1988년 7월, 이라크는 미국이 스폰서가 되어 평화협상을 진행하기 한 주 전에 이란을 더 격렬하게 공격하기 시작했다. 만약 그 평화협상이 실패하더라도 이라크가 가지는 폴백은 결코 작아지지 않기 때문이다.

당신의 폴백 포지션을 향상시키는 하나의 잠재적인 방법은 협상테이블의 다른 면에서 경쟁을 촉발시키는 것이다. 또한 당신의 협상력은 거꾸로 당신의 상대방의 대안이 얼마나 좋으냐에 관계되어 있다. 따라서 당신이 이 협상에서 좋은 결과를 얻기 위해서는 상대방의 대안을 아는 것이 필수적이다. 심지어 공격적인 협상가는 상대방의 대안을 훼손시키려는 시도도 할 것이다. 또, 협상가는 협상에서 그의 폴백이 더 좋을수록 더 큰 파이를 차지하기 때문에, 대안을 발전시키려는 돈과 노력, 시간의 투자는, 심지어 협상이 타결되고 대안이 하나도 가동되지 않아도, 당신에게 이익을 가져다 줄 것이다.

(4) 지연비용

대안에 이어 협상력을 결정짓는 두 번째 요소는 협상이 지연될 경우 발생하게 되는 비용이다. 시간은 곧 돈이다.

예를 들어 자동차가격협상에서 협상이 지연될 경우 판매자는 차량 매각대금을 은행에 예치해 받을 수 있었던 이자소득을 얻지 못하게 된다. 또, 구매자는 가격협상이 지연됨으로써 협상이 일찍 타결될 경우 지불하지 않아도 되는 택시비 등을 지불해야 한다. 노사간 임금협상의 경우, 지연비용은 노동자들에게는 잃어버린 임금으로, 사용자에게는 순익의 감소와 시장점유율의 감소로 나타난다. 이와 함께 이 지연비용은 파업기금이나 회사의 재고수준 그리고 회사의 대체생산 시설 같은 사항들에 의해서도 영향을 받게 된다.

이런 지연비용은 협상가들의 상대방에 대한 요구사항의 기대에 영향을 미친다. 만일 상대방이 시간에 쫓길수록 당신은 더 좋은 협상결과를 얻을 수 있다. 판매자가 거래에서 얻을 수 있는 이익은 자신의 지연비용이 낮으면 낮을수록 더 높게 나타나고, 상대방의 지연비용이 높으면 높을수록 더 높게 나타난다. 반대의 경우도 마찬가지이다. 따라서 협상가로서 당신이 해야 할 일은 당신 자신과 상대방의 지연비용을 알아내도록 노력해야 한다는 것이다. 만약 당신의 지연비용이 낮다면 당신에게 유리하게 작용할 것이다. 당신은 협상을 지연시킴으로써 더 좋은 결과를 얻을 수 있을 것이다. 그래서 만일 당신이 자신의 지연비용을 줄일 수 있고 상대방의 지연비용을 높일 수 있다면 협상은 당신에게 유리한 쪽으로 움직일 것이다.

때때로 상대방의 지연비용을 높이기 위해서 재치 있는 방법이 동원될 수 있다. 레스토랑의 주인과 협상하는 종업원들은 단순히 파업하는 게 아니라 지원자 수백 명을 모집해 점심시간에 커피 한 잔만 시키고 모든 테이블을 차지하고 앉아있게 할 수 있다. 이와 비슷하게 협상가 자신의 지연비용을 낮추는 행위는 그 협상가의 위치를 더 강하게 한다. 예를 들어 노동조합은 파업기금을 마련함으로써 자신의 지연비용을 낮출 수 있고 사용자는 재고를 축적함으로써 이런 지연비용을 줄일 수 있다.

여기서 논의된 요소를 정리하면 다음과 같다: 협상에 임하는 어느 한 당사자가 그 협상이 실패할 경우 의존할 수 있는 다른 협상이 있을 경우 그 당사자는 현재의 협상에서 우위를 점할 수 있다. 그리고 어느 한쪽이 협상이 지연될 경우 더 많은 피해를 받게 된다면 그 쪽은 협상에서 우위를 점할 수 없다.

(5) 기대와 협상결과

다시 위에서 제시된 100원을 나누는 게임으로 돌아가기로 하자. 대안이나 지연비용은 없다고 가정한다. 대신 두 당사자 중 어느 누구라도 100원을 나누는 제안을 아무 때나 할 수 있다고 가정한다. 외부에서 부과된 협상시한(시한 내에 협상이 이루어지지 않으면 양 당사자 모두 아무것도 얻지 못한다)이 있지 않는 한 협상지연으로 인해 당사자가 얻을 불이익은 없다고 가정한다.

위에서 설명한 바와 같이, 협상은 협상가들의 협상대상에 대한 기대(혹은 협상

타결에 대한 기대)가 일치할 때 타결에 이르게 된다. 상대방과 어느 지점에서 동의할지에 대한 서로의 믿음 혹은 기대가 일치하게 될 때 협상이 타결되게 된다는 것이다. 하지만 앞서 설명한 바와 같이, 균형점이 무수히 많이 존재할 경우 특히 어느 점에서 협상이 타결될지는 예측할 수 없다. 즉, 두 사람 사이 100원을 나누는 방법에 합의하는 한 모든 합의가 균형점이 될 수 있다는 것이다. 다시 말해, 50대 50으로 나눌 수도 있고, 80대 20, 90대 10으로 나누는 것 어느 점도 균형점이 될 수 있지만 게임이론은 그 어느 점에서 협상이 타결될 수 있을지는 설명할 수 없다는 것이다.

그러나 이 경우 어느 특정한 점에서 협상이 타결될지를 강조하는 상황이 존재할 수 있다. 달리 말해, 이론적으로는 특정 균형점을 지칭할 수 없으나, 어느 특정한 점이 균형이 될 수밖에 없게 하는 그런 상황이 존재할 수 있다는 것이다. 그런 상황은 "포컬 포인트focal point"라는 개념으로 설명할 수 있다. 이러한 아이디어는 토머스 셸링Thomas Schelling이 고안한 것인데 그는 이를 "특정한 결과에로의 내재적인 유인The intrinsic magnetism of particular outcomes"이라고 불렀다.

■ 포컬 포인트

협상결과에 대한 기대가 존재하는 하나의 상황은 포컬 포인트로서 설명할 수 있다. 이 포컬 포인트를 좀 더 자세히 이해하기 위해 다음 <전략강의노트 5>를 보도록 하자.

전략강의노트 5 ● **포컬 포인트의 의미**

만약 당신이 수업에 참여하기 위하여 강의실로 들어갔는데 거기서 다음과 같은 공고를 보았다고 하자.

〈공고〉

우리 과(가상으로 협상대학교 게임학과라 하자)의 종강파티를 다음과 같이 개최하니 한 사람도 빠지지 않고 참석해 주기 바랍니다.

언 제: 2017년 12월 18일 오후 7시부터

어디서: 학교 주변의 맛있는 호프집에서

이 공고를 본 당신은 고개를 갸우뚱한다. 당연하다. 이 공고에는 가장 중요한 사항이 하나 빠져 있기 때문이다. '오후 7시에 어디로 가야' 종강파티에 참석할 수 있는지 그 정보가 빠져 있기 때문이다. 당신이라면 이 파티에 참석하기 위하여 어디로 갈 것인가?

1) 당신이 생각하는 학교 주변의 가장 맛있는 호프집
2) 오후 7시에 학교 정문에서 기다린다
3) 오후 7시경에 과사무실로 간다

실제 이러한 실험을 한 결과 가장 많은 학생들은 3번의 행동, 즉 과사무실로 가는 행동을 택했다. 왜 그럴까? 당신이 협상학과 학생이기 때문에, 과사무실에서 기다리는 것이 너무 당연하기 때문이다. 좀 전문적인 이야기를 하면 협상학과 학생들은 무언無言의 협상tacit negotiations을 한 셈이 되었고 그 결과, 과사무실로 협상의 타결을 보았다는 것이다.

다른 예를 하나만 더 들기로 하자. 다음의 지도를 잘 보기 바란다. 공수부대원들이 지도에 표시된 공장을 폭파하기 위하여 낙하산으로 뛰어 내렸다. 단, 그들의 지휘자가 다소 서두르느라 어디서 모일지 그 집결장소를 결정하지 않았다. 당신 혼자서는 공장을 폭파할 수 없기 때문에 모든 대원이 한 자리에 모여야 한다. 당신이 공수부대원이라면 이 지도를 보고 다른 부대원들을 만나기 위하여 어디로 갈 것인가?

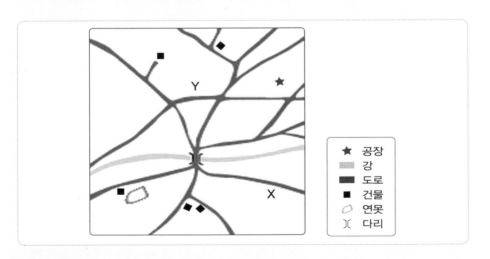

이 실험의 결과는 당신이 예측한 대로(혹은 그렇지 않을 수도 있다. 그렇다고 실망하지 말기 바란다) 거의 대부분의 부대원들이 다리 위에서 만나는 것으로 드러났다. 이 부대원들 역시 무언의 협상을 한 셈이고, 그 결과 다리라는 협상의 결과를 만들어 낸 셈이다.

서로 끌리는 이상한 힘

위의 두 예에서 보는 바와 같이 협상학과 학생들이 반드시 과사무실로 모인다는 어떠한 보장도 없었고, 많은 학생들이 서로 합의했다면 자기들이 좋아하는 호프집이나, 학교 정문에서 기다릴 수도 있었다. 그리고 부대원들이 하늘에서 뛰어 내리기 전 뒤늦게 모이는 장소를 정하지 않았다는 것을 알고, 목소리 큰 대원이 '논'이라고 주변 대원들에게 소리쳤다면 다리 위에서 만나지 않고 논에서 만날 수도 있었다. 그러나 아무런 사전 교감이나 의사 전달이 없는 상태에서, 특정의 결과를 지지하는 협상 상태가 존재한다면 이 특정의 결과는 협상이 타결될 수 있는 초점focal point(이하 포컬 포인트로 부름)이라고 할 수 있다. 다시 말해 '과 사무실'과 '다리'라는 특정의 장소에 대해 서로 암묵적으로 합의가 이루어진다면 이는 협상의 타결을 위한 포컬 포인트의 역할을 할 수 있다는 것이다. 토머스 셸링은 이를 특정의 결과에 대한 내재적인 유인the intrinsic magnetism of particular outcome이라고 이야기하였다.

다양한 포컬 포인트

무엇인가 합의가 이루어지기 어려울 때 다양한 요인들이 포컬 포인트를 형성할 수 있다. 그 중 선례는 매우 강력한 포컬 포인트로 작용한다. '과거에 이러한 경우에 저러한 합의가 있었다는 것은 현재나 미래에도 그럴 수 있다는 개연성'으로 작용하는 것이다.

아프리카의 어느 부족에서는 사냥의 대가를 나누는 과정에서 항상 가위바위보로 결정하는 전통이 있다고 한다. 그 사냥을 하는 데 있어서 누가 더 많이 기여했는지 분명하지 않기 때문이다. 만약 가위바위보로도 승부가 나지 않을 때는 엄지 손가락의 길이로 사냥의 대가를 나눈다고 한다. 하지만 부족원 누구도 이러한 방식에 이의를 제기하지는 않는다고 한다. 왜? 과거부터 그러해 왔기 때문이다. 즉, 역사와 전통의 자취가 서려있는 관례 혹은 선례이기 때문이다.

자료 필자의 책(2002)에서 부분 인용.

이 전략강의노트에서 보는 바와 같이 포컬 포인트란 특정 게임 혹은 협상에 참여한 사람들이 특정결과로 끌리는 성향 혹은 특징을 의미한다. 달리 말해, 전혀 단서가 없는 상황에서도 경기나 게임에 참여한 사람들이 특정결과로 모여지게 되는 특별한 계기가 있다면 그것이 포컬 포인트로 작용한다는 것이다.

경제학자 앨빈 로스Alvin Roth는 대학생들을 동원하여 하나의 시뮬레이션 협상을 진행하였다. 그들은 연결된 컴퓨터 터미널을 통해 협상을 진행하였고 따라서 누구와 협상을 하는지 알 수 없었고 한쪽 편에서만 일방적으로 협상을 타결 지을 수도 없었다. 하지만 학생들은 이런 시뮬레이션 협상에서 협상의 대상물을 상대방과 거의 50대 50으로 나누는 결과를 도출하였다. 이 실험에서 정말 흥미로운 점은 협상가들이, 즉 이 학생들이, 비록 임의적이긴 했지만 협상의 대상을 동등하게 배분하려 하는 경향을 보였다는 점이다. 그들은 협상에서 실제 동등하게 하기 위해서는 무엇이 필요한가 하는 동등의 실제적 정의보다는, 외형적으로라도 동등하게 보이는 (동등한 것으로 서로가 인정하는) 인지적 현상이 더 중요한 것으로 작용하였다. 즉, 동등하게 나누었다는 외관만 존재하면 그것은 결과를 이루어내는 데 충분하였다고도 볼 수 있다.

따라서 복잡한 협상 중에는 합의가 이루어질 수 있는 포컬 포인트를 찾는 것이 좋은 전략이 될 수 있다. 제2부에서도 설명되겠지만 선례, 전례가 하나의 포컬 포인트로 작용하여 외형적으로 어렵게 보여지는 협상이 타결될 수도 있다. 그래서 비록 객관적이지는 아닐지라도 당신과 상대방의 이득을 측정할 수 있는 방법을 발견하는 것이 바람직하다.

■ 협상에서의 기대

우리는 이제 협상가의 상대방에 대한 기대가 형성되는, 포컬 포인트와는, 다른 방법을 생각해본다. 그 다른 방법이란 협상가가 상대방의 기대를 조종하는 형태를 띤다.

만약 판매자가 첫 번째 제안을 하면서 구매자에게 자신의 제안을 받아들이지 않으면 협상을 깨겠다는 제안을 했다고 가정하자. 더욱이 판매자는 자신이 이런 제안을 실행할 수 있다는 사실을 구매자가 믿을 수 있도록 할 수 있다고 하자. 판매자는 얼마를 요구할 것인가?

이 게임은 어렵지 않다. 판매자는 100원에서 몇 푼을 뺀 금액 전부를 요구한다. 구매자는 판매자가 제시하는 몇 푼을 받던지 한 푼도 못 받던지 둘 중에 하나를 선택해야 한다. 그는 이성적으로 판매자의 제안을 받아들인다. 달리 말해, 몇 푼이라도 받는 것이 합리적이기 때문에 몇 푼이라도 받고 판매자의 제안을 받아들이는 것이 자기에게 이익이 된다는 것이다. 그런 점에서 이 경우, 판매자의 제안은 판매자가 얼마에 합의할 것인지에 대한 구매자의 기대를 형성하는 데 도움을 준다(여기서 우리는 각각의 당사자는 많은 금액을 적은 금액보다 더 선호한다고 가정한다. 실제적으로는 우리들 대부분은 구매자의 입장에 있다면 판매자의 주장을 모욕이라고 생각하며 거절한다. 그러나 이성적 혹은 합리적으로 판단한다는 전제를 한다면 판매자는 이성적으로 95원을 요구하고 구매자는 이성적으로 그것을 받아들일 것이다).

■ 확약Commitment의 전략

따라서 가장 좋은 협상전략은 협상하기를 거절하는 것이다. 상대방이 하지 못할 때 확약을 할 수 있다는 것은 당신이 더 큰 협상력을 가지고 있다는 것을 의미한다. 이것은 토머스 셸링의 말로는 "상대편을 속박하는 힘이 자신을 속박하는 힘에 의존하는 역설the paradox that the power to constrain an adversary depends upon the power to bind oneself"이다. 물론 확약이 가지는 이런 사실이 이해만 된다면 역설은 아니다. 그러나 협상에서 탄력성 있게 행동하는 것(확약은 탄력성 있게 행동하는 것이 아니라 어떤 사실에 대해 take-it or leave-it의 형태를 보이기 때문에 비탄력적으로 행동하는 것이다)이 그렇지 않은 경우보다 더 좋다고 생각되어지기 때문에 이러한 결론은 역설적으로 보일 수 있다. 탄력적인 태도라는 것은 협상의 어느 단계에서는 유용하다. 당신이 어떤 입장을 취할 것인지 광범위한 선택가능성을 남겨놓는 것이 유리하기 때문이다. 그렇지만 명심해야 한다. 협상이 시작되기 전엔 탄력적인 태도를 가지는 것이 유리하나 협상 중에는 그렇지 않은 것이 유리하다.

■ all or nothing으로서의 확약

확약은 all or nothing이어야 한다. 부분적으로 확약하는 것은 올바르지 않다. 판매자는 구매자로 하여금 그의 확약이 번복할 수 없는 것임을 이해시켜야 한다. 만약 구매자가 판매자의 말과는 달리 그가 협상할 여지가 있다고 믿는다면 구매자가 확약과 관련한 불리함을 받아들이는 것은 이성적이지 못하다. 그래서 만약 구매자가 판매자의 확약에 대응하는 다른 확약counter-commitment을 제시하게 된다면 이제는 상황이 전과 다르게 된다. 만일 판매자가 처음의 확약과 관련된 위협을 계속 한다면 판매자는 이제 100원 중 하나도 받지 못하거나 몇 푼밖에 받지 못할 위험에 처하게 된다. 이 경우 판매자는 그의 확약을 번복하는 것이 바람직하지만, 확약을 번복할 경우 확약으로 인한 이득은 없어지게 된다. 그래서 확약이 제대로 작동하기 위해서는 어떠한 경우라도 판매자가 그 확약을 지킬 것이라는 사실을 구매자가 믿을 수 있도록 해야 한다.

따라서 확약 전략이 효과적이기 위해서는 그것이 믿을 만해야 한다. 확약의 이런 효과는 어떻게 해야 어떻게 얻어질 수 있는가?

하나의 방법은 판매자가 확약을 하는 것에 그 자신의 명성을 거는 것이다put her reputation at stake. 가령 '만약 내가 이것을 하지 않는다면 나는 이 사업을 더 이상 할 수 없다'와 같은 형태로 판매자가 구매자에게 말하는 것이다. 만약 판매자가 오랫 동안 사업을 할 생각이라면 그는 구매자에게 자기가 약속을 어길 수 없다고 효과적으로 설득할 수 있다. 현재의 확약을 번복한다면 상대방에게 믿을 만한 확약을 할 수 없게 되고 따라서 다른 협상에서 협상력을 잃게 되기 때문이다.

확약을 하는 다른 방법은 에이전트를 고용해 협상을 진행하고 공식적으로 알려진 절차를 따라 협상을 진행시키도록 하는 것이다. 기억해 보라. 백화점에 가서 백화점 직원과 협상하는 것, 즉 백화점 직원에게 가격을 깎아 달라고 아무리 요구해도 백화점 직원은 정찰제라는 핑계를 대면서 당신의 요구를 들어주지 않는다. 백화점은 직원으로 하여금 가격표에 적힌 가격을 함부로 변경하지 못하도록 함으로써 백화점이 스스로 설정한 가격을 고수할 수 있다. 즉, 이 경우 백화점 직원은 백화점을 대신한 일종의 에이전트라고 할 수 있다. 정부는 기업이나 국민들과 협상을 할 때 자신들이 미리 만들어 놓은 규정이나 원칙에 따라 협상을 함으로써 자신들의 입장을 관철시킬 수 있다. 관료들은 아무런 거리낌 없이 "당신이 요구한 것은 규정에서 허락하고 있지 않기 때문에 안 된다"고 말한다. 그런 규정이 바로 확약을 지키는 지름길로 작용하는 것이다.

더욱 재미있는 방법은 다리를 태워버리는 것이다burn bridges. 이것은 당신이 제시한 확약을 번복할 경우 상당한 불이익을 받도록 스스로를 옭아매는 방법이다. 예를 들어, "나는 이 자동차를 1,000원 이하로는 팔지 않겠다. 만약, 1,000원 이하로 판다면 나에게 1,000원 이상으로 자동차를 산 모든 사람들에게 10,000원의 배상금을 지불하도록 하겠다. 그리고 이 사실을 공증해서 사무실에 게시하겠다."라고 했다고 하자. 다른 무엇보다도 공증해서 사무실에 게시하겠다는 사실은 자신의 퇴로를 차단하는 행위로 볼 수 있다. 이럴 경우 확약은 상당한 효과를 가지게 된다.

정부와 테러범과의 협상에서도 이러한 확약에 대한 관점이 적용될 수 있다.

테러범과 협상을 하는 것이 좋을까? 하지 않는 것이 좋을까? 인질이 납치된 상황에서 인질의 목숨을 구하기 위해서는 협상을 하는 것이 바람직할 수도 있지만, 장기적으로는 그렇지 않을 수도 있다. 현실의 세계에서 미국, 이스라엘, 프랑스 정부는 종종 테러범들과 협상한다. 그것은 인질의 목숨을 구하려는 유혹이 너무 강하기 때문이다. 하지만, 장기적인 관점에서 볼 때, 인질범들의 의욕을 꺾는다는 점에서, 정부가 테러범들과 협상하지 않는다는 평판을 유지하는 것이 유리하다. 테러범들이 정부가 자신들과 협상하지 않는다는 사실을 알고 그것을 믿는다면 테러범들이 납치를 할 이유는 많이 사라지기 때문이다. 그러니, 어떻게 하면 정부가 이런 인간적인 유혹에 굴복하지 않게 할 수 있을까? 다리를 불태우는 방법, 즉 자신의 퇴로를 스스로 차단하는 방법이 효과적일 수 있다. 예컨대, 대통령의 요청으로 의회가 대통령이 인질들과 협상하는 것을 막는 법을 통과시키는 것이다. 그러면 대통령은 테러범과 협상을 하고 싶어도 할 수가 없고, 테러범은 이런 사실을 인지하기 때문에 납치를 통해 자신들의 입장을 표현하고 싶은 욕구가 제한되게 된다.

지금까지 제시한 방법을 통해 당신이 상대방에 제시하는 확약이 믿을 만하다면 그것은 상대방의 협상에 대한 기대를 바꾸어 당신에게 유리한 방향으로 협상이 타결되게 할 수 있다. 이 경우, 두 가지의 조건이 충족되어야 한다. 1) 당신이 먼저 확약을 해야 한다는 것, 2) 당신의 확약이 믿을 만해야 한다는 것이 그것이다. 거듭 말하지만, 당신의 확약이 믿을 만하지 않다면 당신의 확약은 오히려 당신에게 불리하게 작용할 것이다.

여기서 한 가지 강조하고 싶은 것은 당신이 확약을 할 때 상대방도 당신과 동등한 조건에서 확약을 하지 않도록 해야 한다는 것이다. 당신이 확약을 할 때 상대방도 그에 버금가는 확약(이것은 `대응확약counter-commitnent이라고 할 수 있다)을 한다면 그 협상은 매우 위험한 결과, 즉 파국을 가져올 수 있다. 예컨대, 상대방을 공격할 때 상대방이 도망 갈 여지를 남겨놓고 공격하는 것이 모든 퇴로를 차단하고 공격하는 것보다 더 유리할 수 있다. 아무런 퇴로가 없을 경우 상대방은 죽기 살기로 당신을 공격할 수 있기 때문이다. 그런 관점에서 상대방이 먼저 당신에게 확약을 할 경우, 당신은 우선 상대방의 확약이 믿을 만한 것인지, 아니면 허풍이나 허세인지 먼저 확인할 필요가 있다. 허풍이나 허세로 드러난다면 당신은 당연히 협상에서 우위를 점할 수 있다.

(6) 요약

지금까지 협상력과 관련된 사항을 게임이론을 중심으로 살펴보았는데 지금까지의 논의를 정리하면 다음과 같이 요약할 수 있다.

1) 만일 게임의 구조가 당사자 중 한 명에게 확약을 할 수 있는 능력을 준다면 그 당사자는 유리한 협상위치를 점할 수 있다. 따라서 당신은 당신 자신을 가능하다면 all or nothing전략을 사용하도록 몰고 가는 것이 좋다.

2) 당신의 대안이 매력적일수록 그리고 상대방의 대안이 그렇지 못할수록 당신은 더 좋은 결과를 얻을 수 있다. 따라서 대안을 개발하기 위해 시간, 노력, 돈을 투자하는 것이 현명하다. 심지어 협상이 타결된 뒤 대안이 하나도 사용되지 못했을 경우라도, 그 대안 때문에 협상이 당신에게 유리하게 진행되었을 것이기 때문에, 당신은 이 대안을 찾는 투자로 보답을 받은 것이 된다.

3) 당신은 당신 자신과 상대방의 지연비용(협상 중에 버린 기회를 포함)을 살펴보아야 한다. 만일 상대방의 지연비용이 당신의 그것보다 크다면 당신은 우세한 상황에 있는 것이다. 참을성은 미덕일 뿐 아니라 협상에서 좋은 결과를 끌어내기도 한다.

4) 복잡한 협상에서는 합의가 이루어질 수 있는 포컬 포인트를 찾는 것도 좋다. 당사자 모두에게 이익이 되는 협상결과가 종종 많이 존재한다. 양보를 만들어 낼 수 있는 조치를 찾아라. 자의적이나 의미 없는 조치라도 좋다. phoney precision[2]은 동등한 배분의 외관을 낳고 따라서 협상이 깨질 가능성을 줄여준다.

지금까지 진행된 설명 중 확약에 대한 설명은 조금 부족하거나 딱딱할 수 있다. 그런 점을 보완하기 위해서 <전략강의노트 6>으로 확약의 의미를 조금 자세히 설명해 놓았다. 여기의 설명은 본문과 어느 정도 중복된다. 하지만, 그 중복되는 내용을 통해서 확약이 구체적으로 무엇을 의미하고 어떠한 경우

---

2) 외형적인 정확함. 예컨대 협상대상물을 50대 50으로 나눌 때 반드시 정확한 50대 50이 아니라 외형적으로 50대 50으로 인식될 수 있다면, 혹은 그렇게 합의한다면 그것을 phoney precision이라 부른다.

에 효과를 발휘하게 되는지 분명히 이해하기를 바란다. 그래서 반드시 일독을 권한다.

전략강의노트 6 ● 확약의 의미

협상의 전략과 관계된 입장 표명 중 확약commitment에 관해서는 가장 많은 설명을 필요로 한다. 확약은 일반적으로 일종의 광범위한 약속을 의미하는데 협상과 관련해서는 '상대방의 행위나 기대에 영향을 미치는 특정의 행위' 정도로 이해할 수 있다. 이 용어에 대한 적절한 번역이 아직 없기 때문에 여기서는 확약이라는 단어를 사용하기로 한다.

확약과 관련된 가장 주요한 사실 중의 하나는 다음과 같다: "협상의 과정에서 협상의 상대방은 할 수 없지만 자신은 어떤 특정한 행위 즉, 확약을 할 수 있다면 협상에 유리한 방향으로 작용할 수 있다." 이 말이 중요한 것은 확약이 효과를 가지기 위해서는 협상에 임하는 한쪽 당사자만 할 수 있어야, 혹은 해야 한다는 것이다.

확약의 구체적인 예는 다음과 같다.

"내가 이 자동차를 1,095원 이하로 판다면 나는 앞으로 자동차 거래를 다시는 하지 않을 것이오."
"내 목숨을 걸고 이것이 사실이라는 것을 증언합니다."
"내 가문에 맹세코 나는 그런 일을 한 적이 없습니다."

즉, 이러한 형태로 이루어지는 맹세, 서약, 약속, 입장 천명 등이 확약이라고 할 수 있다.

all or nothing으로서의 확약

확약이 중요한 이유는 이것이 상대방의 협상에 대한 기대에 영향을 미치기 때문이다. 그리고 기대에 영향을 미치기 위해서는 이러한 확약은 반드시 all or nothing의 태도를 취해야 한다. 예컨대, "당신이 내 약속을 들어주지 않으면 당신을 고발하겠어"라는 협박이 이 범주에 속한다. 다시 말해 부분적인 확약은 아무런 의미가 없다. 즉, "당신이 내 약속을 들어주지 않으면 당신을 고발할 수도 있고 안 할 수도 있어"라는 말은 진정한 의미에서의 확약에 속하지 않는다. 그러므로 앞서 협상 전략의 하나로써 지적한 '거부take it or leave it'는 이러한 확약의 하나이다. 당연히 위에서 든 몇 가지 구체적인 예도 모두 all or nothing의 범주에 속한다.

상대방의 기대를 바꾸는 확약

그리고 이러한 확약이 효과가 있는 것은 이러한 태도가 협상과 관련된 상대방의 기대를 바꾸기 때문이다. 바꾸어 말해 확약이라는 입장을 취하더라도, 그 사실을 상대방이 믿지 않으면 효과가 없다는 것이다. 상대방이 당신의 확약을 믿지 않으면 오히려 당신의 협상력은 떨어지게 된다. 이제 상대방이 당신의 확약을 어느 경우에 믿게 되는지 구체적인 전략을 설명하기로 하자. 예컨대 다음과 같이 판매자가 협상의 거부전략을 천명했다고 가정하자.

"나는 이 자동차를 1,095원 이상을 받지 않고서는 팔지 않겠소. 당신은 나에게 1,095원을 주고 이 자동차를 사든지, 아니면 우리 거래가 없었던 것으로 합시다."

판매자는 어떠한 방법을 사용하여 이러한 자신의 입장이 사실이라는 것을 구매자가 믿게 할 수 있는가? 바꾸어 말하면 어떻게 해서 거부라는 확약을 효과적으로 시행할 수 있는가 하는 점이다.

일반적으로 다음과 같은 방법을 들 수 있다.

자신의 명성과 연결하라

첫 번째는 자신의 명성, 혹은 평판과 연결시키는 것이다To put his/her reputation at stake. 판매자가 자동차 매매라는 거래를 단 한 번 하는 것이 아니라 계속해서 하게된다면, 판매자는 위에서 말한 자신의 태도를 지키지 않을 수 없게 된다. 만약, 지키지 않게 되면 다음의 거래에서 불이익을 당하게 되기 때문이다. 즉, 이러한 전략을 거짓으로 사용하게 되면 구매자는 그 다음 번에 이 판매자와는 거래를 하지 않으려 할 것이기 때문이다.

그래서 확약에 관한 언급이 자신의 명성 혹은 평판과 직결되는 것일 때에는 구매자는 그것이 매우 실현 가능한 것으로 생각한다. 다시 말해 "내 평판을 걸겠소"라고 말할 때 그 평판이 그 분야에서 그의 성공과 연결되는 것이라면 그 확약은 매우 실현 가능한 것이 된다. 따라서 구매자는 판매자의 말을 믿게 되고, 판매자의 확약은 성공하게 된다.

대리인을 선정하라

두 번째는 자신을 대리하여 협상에 참여하는 대리인을 선정하고 그 대리인으로 하여금 자신이 정한 원칙이나 절차를 따르도록 하는 것이다To hire an agent, and require the agent to follow a set of procedures that are publicly known. 즉, 파는 사람이 대리인을 고용하여 1,095원 이하로는 팔지 못하게 하고, 사는 사람은 대리인과만 협상

하도록 하는 것이다. 사는 사람이 좀 더 싸게 팔라고 요청할 때마다, 대리인은

> "나는 모르오. 나보고 이 자동차의 거래를 대신해 달라고 부탁한 사람이 1,095원
> 이하로는 팔지 못하게 하오. 그러니 그 이하로는 절대 안되오."

하고 답한다. 심지어는 파는 사람의 인척, 심지어는 가족이 오더라도 같은 대답을
들을 수밖에 없다. 이렇게 대리인을 고용한다면, 사는 사람은

> "아 저 자동차를 사기 위해서는 정말 1,095원 이상을 지불해야 하구나."

하는 생각을 할 수밖에 없게 된다. 그렇게 기대가 바뀐다면 파는 사람의 확약은 성
공하게 된다.

대리인을 고용하게 되면 이렇게 파는 사람이 효과적인 확약을 할 수 있게 된다.
박찬호가 스콧 보라스라는 에이전트를 고용함으로써 얻는 효과는 무엇인가? 박찬호
가 직접 LA 다저스나 텍사스 레인저스와 협상할 때 보다 훨씬 더 편안하고 효과적
으로 협상하게 된다는 것이다. 누가 박찬호에게 연봉에 대하여 이러쿵 저러쿵 말할
때마다 박찬호가 하는 말은 정해져 있다.

> "보라스에게 물어보라."
> "아직 보라스와 그 문제에 대해서는 상의하지 못했다."
> "나도 모른다."

빠져 나올 퇴로를 차단하라

그 다음은 자신의 뒤에 있는 다리를 태워버리는 방법이다To burn bridges behind.
예컨대 자신이 한 말을 그대로 실행하지 않을 경우 스스로 심각한 처벌이나 불이익
을 받도록 환경을 조성한다는 것이다. 위에서 예로 든 자동차 판매의 경우, 파는
사람이 위와 같은 거부전략을 천명하면서 다음과 같은 조건을 내걸고 그 조건을 공
증인을 통하여 객관적으로 보증받게 할 수 있다.

> "만약 내가 이 자동차를 1,095원 이하로 판매한다면 내가 가지고 있는 나머지
> 자동차를 전부 공짜로 나누어주겠다."

이와 같이 자신이 내건 조건에 대한 공증인의 보증이 있을 경우, 파는 사람이
1,095원 이하로 판매하면 자신의 재산을 몽땅 날리게 되기 때문에, 사는 사람은
'파는 사람이 자신의 재산을 몽땅 날리기 보다는 지금 협상하고 있는 차를 정말
1,095원에 팔겠구나' 하는 생각을 하게 된다는 것이다. 즉, 자신의 전 재산을 전부
자신의 확약에 대한 담보로 걸었다는 것이다.

테러에 대한 대응은

이러한 전략은 테러범과 싸우는 정부의 경우에도 그대로 적용될 수 있다. 테러범이 비행기를 납치하여 자신의 동료를 풀어달라는 조건 혹은 일정한 금액을 요구한다고 가정하자. 어떻게 하는 것이 이러한 테러범의 범죄를 줄이는 지름길이 될까?

많은 나라들이 인질들의 목숨을 위하여 테러범들과의 협상에 나선다. 그러나, 장기적으로 볼 때 수많은 인명을 구할 수 있는 가장 확실한 방법은 테러범들로 하여금 인질들이 속해 있는 정부가 자신들과의 협상에 나서지 않을 것이라고 믿게 만드는 것이다. 이러한 취지를 살려 대다수의 정부는 테러범들과의 협상에 나서지 않는다는 원칙을 정하고 있다. 하지만 이 원칙은 인질들의 인명이 달려있을 경우 종종 지켜지지 않고 있다.

그러면 어떻게 하면 이러한 원칙이 잘 지켜질 수 있게 만들 수 있을까? 이러한 원칙을 가장 잘 지켜지게 만들 수 있는 방법은 테러범과의 협상을 금지한다는 규정을 헌법이나 그와 버금가는 효과를 가지는 방법으로 명시하는 것이다. 정부가 협상 불가의 원칙을 헌법으로 규정해 버릴 때 테러범들은 정부의 의지가 어느 정도인지, 그리고 현 정부가 위헌의 소지를 안고서, 그래서 자신들의 정치생명을 걸고서 테러범들과 협상을 하지는 않으리라는 것을 알게 되는 것이다. 예컨대 테러범과 협상하는 정권은 퇴진해야 한다는 조항이 헌법에 있다면 테러범은 그 정부의 결의가 어느 정도인지 잘 알 수 있게 된다. 왜냐하면 뒤로 물러설 수 없는 환경을 조성해 놓았기 때문이다.

확약의 위험성

그러면 이러한 방식으로 확약을 할 수 있다면 그것은 과연 항상 최선의 방법인가? 이러한 방식에는 아무런 위험이 없고, 혹은 이러한 방식을 무효로 할 수 있는 다른 방도는 없는 것일까?

상대방의 확약을 무력화시킬 수 있는 방법은 그 확약이 거짓말이라든지 혹은 과장인지를 밝히는 것이라고 할 수 있다. 하지만 여기서 제시된 방법을 활용하여 효과적으로 확약을 한다면 그것이 과장 혹은 거짓말임을 밝히는 것은 정말 어렵다. 그러나 그 확약이 과장이거나 거짓이라는 것이 밝혀진다면, 확약은 매우 위험한 전략이 되고 만다. 예컨대 자신의 뒤에 있는 다리를 태워버리는 전략을 사용하였음에도 불구하고, 상대방이 그것을 믿지 않게 된다면 그 전략을 구사한 사람은 정말 자신의 다리가 불타버리는 비운을 맞이하게 되는 것이다.

확약 전략이 가지는 또 다른 위험성은 자신만이 확약을 하는 것이 아니라 상대방이 다른 종류의 확약을 하게 될 경우 그 결과는 상호패배Mutual Defeat로 끝날 수 있다는 것이다. 즉, 협상에 참여하는 양 당사자가 서로 다른 방향으로 확약을 하게 되면, 이 협상이 타결될 소지는 전혀 없게 되는 것이다. 가령 다음과 같이 파는 사람과 사는 사람이 확약을 하는 경우를 생각해 보자.

"나는 이 자동차를 1,095원 이하로는 결코 팔지 않겠다(파는 사람)."
"나는 이 자동차를 1,050원 이상으로는 결코 사지 않겠다(사는 사람)."

그 결과는 어떠할까? 그렇다. 협상은 완전히 결렬되고 두 사람 모두 피해를 보게 되는 것이다.

그래서 함부로 확약을 하는 것은 현명하지 못하다. 상황과 분위기를 파악한 뒤에, 그리고 이 전략이 반드시 자신만이 시행할 수 있다는 믿음 하에서 시행되어야 한다. 그렇지 않고서는 "패가망신"으로 가는 지름길이 될 수도 있다.

자료 필자의 책(2002)에서 부분 인용.

제5장

게임이론에 기초한
경제주체의 전략적 행동: 사례

이 장에서 제시되는 사례들은 게임이론에 기초한 경제주체들의 전략적 행동을 설명하기 위한 것이다. 기업과 정부의 전략적 행동에 관한 사례도 없는 것은 아니지만 주로 개인의 전략적 행동에 관한 사례들에 집중되어 있다. 1장의 용어를 빌려 설명하자면 여기서 제시되는 전략들은 경영전략론과 게임이론에 관한 것들이다. 협상론과 관계된 것들은 제2부와 제3부에서 별도로 설명하기로 한다.

여기서 제시되는 사례들을 일관하는 원칙은 게임이론의 상호의존성이다. 다시 말해 게임이론의 다양한 개념들이 여기서 활용되지만 그 개념들을 지탱하는 것은 기본적으로 상호의존성이다.

각각의 사례를 읽어나가기 전에 먼저 사례를 깊이 생각한 뒤에 해설 혹은 설명을 읽기 바란다. 그렇게 하는 것이 전략적 행동을 이해하기 위한 지름길이다.

1. 누가 살아남는가?: 너무 앞서지 마라

사례 1 결투를 A, B, C 세 사람이 결투를 하기로 했다. 결투는 세 사람이 동시에 총을 쏘는 방식으로 진행된다. 결투는 최종적으로 어느 한 사람이 살아남을 때까지 계속하기로 했다. A의 명중률은 30%, B의 명중률은 80%, C의 명중률은 100%이다. 그리고 세 사람은 서로의 명중률을 잘 알고 있다. 이 경우 가장 살아남을 확률이 높은 사람은 누구일까?

세 사람의 목적은 자기가 살아남는 것이다. 그러면 처음 결투에서 A는 누구를 쏘는 것이 가장 바람직할까? 명중률이 30%밖에 되지 않지만 자기가 살아남기 위해서는 명중률이 가장 높은 사람을 쏘는 것이 낫다. 명중률이 가장 높은 사람을 없애야 나중에(즉 다음 라운드에) 자신이 죽을 확률을 최소화할 수 있기 때문이다. 그래서 A는 C를 쏘게 된다. 그러면 B는 누구를 쏘게 될까? B 역시 자기가 살아남기 위해서는 명중률이 가장 높은 사람을 쏘는 것이 낫다. 그래야 다음 라운드에 자신이 죽을 확률을 최소화할 수 있기 때문이다. B 역시 C를 쏘게 된다. 같은 이유로 C 역시 B를 쏘게 된다. C의 명중률은 100%이기 때문에 B는 처음 결투에서 죽게 된다.

그러니 처음 결투에서 B는 죽게 되고 A는 100% 살아남게 된다. C가 살아남을 확률은 (1−0.3: A가 C를 쏘더라도 C가 죽지 않을 확률) ∗ (1−0.8: B가 C를 쏘더라도 C가 죽지 않을 확률)=0.14, 즉 14%가 된다. 결론적으로 1회전인 처음 결투에서 B가 살아남을 확률은 0%, C가 살아남을 확률은 14%, A가 살아남을 확률은 100%가 된다. 이 결투가 두 번째 진행되면 어떤 결과가 나타날까? 두 번째 결투에서는 A와 C만 남게 되니 이제 서로를 쏠 수밖에 없다. C의 명중률은 100%이니, 만약 이 결투가 2회전까지 가게 되면 A는 죽게 된다. 그러니 A가 2회전의 결투에서 살아남을 확률은 C가 1회전에서 죽게 될 확률, 즉 86%가 된다. 또, C가 2회전에서 살아남을 확률은 (0.14: C가 1회전에서 살아 남을 확률) ∗ (1−0.3: 2회전에서 A가 C를 맞히지 못할 확률)=0.098 즉 9.8%가 된다.

이 사례의 결론은 다음과 같다. 가장 명중률이 낮은 A가 살아날 확률이 가장 높다. 이제 이 사례의 구조를 살짝 바꿔보기로 한다.

사례 2 [1] A, B, C 세 사람이 결투를 하기로 했다. 결투는 두 차례 하기로 했다. 첫 번째 결투에서 A, B, C의 순서로 총을 쏘기로 했다. 첫 번째 결투가 끝난 뒤 살아남은 사람은 두 발째를 쏘는데 이 경우에도 역시 A, B, C의 순서로 총을 쏘기로 했다. 이 결투에서 최선의 결과는 한 사람만 살아남는 것이다. 그 다음으로 좋은 것은 두 사람이 살아남고 자기가 그 살아남는 사람 중의 하나가 되는 것이다. 세 번째로 좋은 것은 모두가 살아남는 것이다. 그리고 최악의 경우는 자신이 죽게 되는 것이다. A의 명중률은 30%, B의 명중률은 80%, C의 명중률은 100%이다. 그리고 세 사람은 서로의 명중률을 잘 알고 있다. 처음 결투에서 A는 어떤 전략을 취하는 것이 가장 바람직할까? 또, 이 경우 가장 살아남을 확률이 높은 사람은 누구일까?

---

1) 이 사례는 Dixit and Nalebuff(1991) 13장에서 제시된 사례를 재정리한 것이다.

당신이 A라면 어떤 행동을 취하겠는가? 위에 나와 있지만 A의 명중률은 가장 낮다. 그래서 자신이 먼저 행동을 취해야 하는데 어떤 행동을 취하는 것이 A에게 가장 바람직할까? 자신의 행동에 대한 결정을 내린 뒤에 이 글을 계속 읽기 바란다.

전략적 행동을 결정하기 전에 가장 먼저 고려해야 할 것은 상호의존성이다. 그래서 이렇게 생각해야 한다. 먼저 A가 B를 쏘아 맞힐 경우, 즉 B가 죽게 되면(이것은 30%의 확률이다), 그 다음 C가 A를 쏘게 되고 A는 100%의 확률로 죽게 된다. 그래서 A가 B를 쏘는 것은 좋은 전략이 아니다. 만약, A가 C를 쏘아 맞힐 경우 B는 자연히 A를 노리게 되고 A는 80%의 확률로 죽게 된다. 그러니 이것도 그리 좋은 전략은 아니다. 즉, A의 명중률이 가장 낮기 때문에 처음의 결투에서 B나 C를 노리는 것은 그리 좋은 전략이 아니다. 그가 살아남을 확률보다는 죽을 확률이 더 크기 때문이다.

그러면 A에게 최상의 전략은 무엇일까? 그렇다. 조금 우스운 전략이 될지 모르지만 공중을 향해 총을 쏘는 것이다. A가 공중을 향해 총을 쏠 경우, 그것은 B나 C에게 '나는 당신들을 죽일 마음이 없다'는 것을 간접적으로 알리는 것이 된다. 이 경우 B는 A를 쏘기 보다는 C를 쏠 가능성이 더 높다. B가 C를 쏘아 죽이지 않으면 그 다음 차례에 C는 100%의 확률로 B를 쏘아 죽이기 때문이다. 그럴 경우 다음 결투에서 A는 B나 C중 살아있는 사람에게 총을 쏘고 역시 30%의 확률로 살아남게 된다.

조금 더 확실히 하기 위해 이 게임에서 A, B, C 세 사람의 생존확률을 계산해보자. 우선 세 사람은 모두 합리적으로 행동한다고 가정한다. A가 생존할 확률은 다음과 같다: {(100%: 1회전에서 그는 확실히 살아남는다) * (30%: 2회전에서 살아남을 확률은 그가 상대방을 죽일 확률과 같다)} + {(100%: 1회전에서 그는 확실히 살아남는다) * (80%: 1회전에서 B가 살아남을 확률) * (70%: 2회전에서 A가 B를 죽이지 못할 확률) * (20%: 2회전에서 B가 A를 죽이지 못할 확률)} = 0.412.[2] 같은 방법으로 계산을 하면 B가 생존할 확률은 0.56이고 C가 생존할 확률은 0.14에 불과하게 된다. 이 모형에서는 B가 생존할 확률이 가장 높

---

2) 여기에는 경우의 수가 하나 더 있다. A가 1회전에서 살아남고, 1회전에서 B대신 C가 살아남는 경우다. 하지만 이 경우 2회전에서 C는 100%의 명중률로 A를 죽이기 때문에 이 경우 A가 살아남을 확률은 0이다.

게 된다. 이 확률은 명중률의 수치를 바꾸면 조금씩 변한다. 그러니 생존할 확률 자체의 수치에는 그다지 큰 중요성을 부여하지 않는 것이 좋다. 이 모형이 말해 주는 진정한 의미는 가장 명중률이 낮은 사람이 가장 명중률이 높은 사람보다 더 생존가능성이 높게 된다는 것이다.

지금 두 가지의 사례를 통해 명중률이 가장 낮은 사람이 역설적으로 살아날 확률이 가장 높다는 것을 보여주었다. 이런 사례는 무엇을 말하는 것일까? 말 그대로 가장 경쟁력이 떨어지는 사람 혹은 집단이 생존 가능성이 가장 높을 수 있다는 것을 말한다.

대통령 선거에 출마한 A, B, C 세 사람을 생각하자. 지지율은 A가 가장 낮고, 그 다음 B와 C의 순서다. 이 경우 지지율이 가장 높은 C가 대통령에 당선될 가능성이 높다고 생각하지만, 선거전이 진행될수록 그렇지 않을 수도 있다. B는 A보다는 C를 공격하고, C 역시 A보다는 B를 공격하는 것이 자기의 당선 가능성을 높인다. 그러니 이런 공격의 와중에서 A가 상대적으로 어부지리를 얻을 수 있다는 것이다. 그러니 이 경우 A가 취할 최상의 전략은 B와 C가 싸우다 지쳐 제풀에 쓰러지기를 기다리는 것이다.

이런 사례가 보여주는 것은 약육강식의 논리가 반드시 작용하는 것은 아니라는 것이다. 어느 집단 혹은 사회에서 자신이 가장 열악한 위치에 있다고 생각할 때 무리하게 자신을 돋보이려고 애쓰기보다는 실력을 키우면서 자중하고 때를 기다리는 것이 가장 바람직한 전략이 될 수 있다는 것이다. 도광양회韜光養晦라는 말이 있다. 칼 날의 빛을 감추고 어둠 속에서 힘을 기른다는 말이다. 삼국지에 나오는 유비가 조조의 식객으로 있으면서 자신의 야망을 드러내지 않고, 어리석은 사람으로 처신하면서 자신의 힘을 기르는 것을 가리키는 말이다. 그런 유비가 나중에는 천하를 삼분하는 촉 나라를 세우지 않았던가? 혹은, 중국의 1980년대의 대외정책이 이 도광양회를 닮았다고 한다. 미국, 일본, EU가 제각기 강자라고 버티는 국제정세의 와중에서 약한 척 처신하면서 자신의 힘을 길러왔다는 것이다. 그 결과는 우리가 지금 보는 바와 같이 중국이 세계를 좌우하는 G2로 거듭난 것이다.

그러니 너무 앞서지 마라. 충분히 앞설 만한 실력이 있을 경우에도 자중하면서 자신의 실력을 더 다지는 것이 바람직하다.

2. 무엇이 진정한 힘인가?: 약하다고 기죽지 마라

하지만, 도광양회의 경지가 아니라 자신이 정말 약하다고 생각될 때가 있다. 팔씨름을 해야 하는데 상대방의 체격이 자신의 세 배가 넘는다면 이미 외형적으로 승부가 난 것이라고 생각할 수 있다. 한국과 미국이 시장개방을 둘러싸고 통상협상을 해야 하는데, 미국이 의회의 압력을 업고 한국을 강하게 압박한다면 이미 그 결과는 눈에 보이지 않는가?

외형적으로 이미 승패가 난 것처럼 보이거나 도무지 이길 수 없는 상대라는 인식이 들 때가 있다. 개인뿐 아니라, 기업, 국가의 경우도 마찬가지다. 하지만 그런 경우라도 반드시 그렇지 않을 수도 있다. 쥐구멍에도 볕 들 날이 있지 않은가?

> **사례** 우리는 앞의 3장 3절에서 합리적인 돼지(Rational Pig)게임을 보았다. 이 게임의 균형은 상식과는 전혀 다른 "작은 돼지가 don't press를 선택하고 큰 돼지가 press를 선택하는 상황"이 된다. 즉, 큰 돼지가 지렛대를 눌러 음식이 나오게 되면 작은 돼지가 5를 먹고, 큰 돼지는 기껏해야 0.5의 음식을 먹게 될 따름이다. 외형적으로 큰 돼지가 많은 음식을 먹게 될 것 같은데 실제로는 작은 돼지가 더 많은 음식을 먹게 된다.

이 사례에서 보는 바와 같이 어떤 주어진 상황에서는 큰 돼지보다는 작은 돼지가 더 많은 이익을 가져가게 된다. 3장 3절에서 OPEC과 NATO의 사례를 들어 작은 나라가 오히려 큰 나라보다 유리할 수 있음을 지적하였다.

이런 사례가 보여주는 것은 무엇일까? 경기는 붙어보아야 알고, 사람의 몸매는 벗겨보아야 안다는 것이다. 달리 말해 겉으로 드러난 것이 전부가 아니라는 것이다. 가장 중요한 것은 자신이 약자의 위치에 있는 것처럼 보이는 순간이라도, 그것에 매몰되지 않고, 자신이 처한 상황을 활용할 줄 아는 지혜를 찾아야 한다는 것이다. '나는 안 돼'라고 말하기 전에 '어떻게 하면 이 난국을 벗어날 수 있을까'에 생각을 모은다면 의외로 그 곤경을 벗어나면서 자신을 한 단계 더 높일 가능성을 맞이하게 된다. 상대방의 체격을 보니 팔씨름으로 내가 이길 확률은 거의 없다. 포기할 것인가? 아니다. 가만히 보니, 상대방의 체격은 클지 모르나 팔을 자꾸 흔드는 것을 보니 팔목이 부실하게 보인다. 그럴 경우에는 공정한 시합을 위해 자신의 팔뚝 아래 받침대를 놓아달라고 요구한 뒤, 시합에 들어가서는 그 팔목의 움직임을 집중 공략하는 것이 좋은 전략이 될 수 있다. 한국이 미국과 통상협상을 해서는 이길 수 없으니 아예 포기하자고? 그것도 한 방법이다. 하지만, 한국이 미국보다 상대적으로 높은 경쟁력을 보이는 품목, 예컨대 LED TV나 반도체 등을 미국이 상대적으로 낮은 경쟁력을 보이는 품목과 연계하면서, 한국의 국회, 언론, 시민단체와 적절히 협력하는 협상 전략을 구사한다면 한국이 항상 미국과의 협상에서 지는 것은 아니다(이와 관련 자세한 것은 제4부와 제5부에서 설명한다).

도덕경에 약자도지동弱者道之動이라는 말이 있다. 약한 것, 부드러운 것은 도가 움직이는 것이라는 말이다. 무슨 말일까? 천하를 다스리고 지배하는 도라는 것은 가장 약하고 가장 부드러운 것을 통해 드러날 수 있다는 것이다. 그러니 지금 조금 모자란다고, 약하다고 기죽을 필요야 없지 않은가?

3. 어떻게 앞설 수 있는가?: 가끔은 튀는 행동도 하라

사례 세계적인 요트 대회에서 종종 우승을 다투는 나라는 미국과 호주다. 우승을 다투는 마지막 레이스에서 두 나라를 대표하는 요트는 종종 간발의 차이로 우승하기도 하지만, 압도적인 실력의 차이로 우승하기도 한다. 어떤 경우든 앞서 있는 요트는 자신의 승세를 굳히기 위해 다양한 전략을 구사한다. 그런데 그 중 가장 압도적인 전략은 무엇일까? 뒤따라오는 요트를 교묘하게 방해하는 전략, 뒤에 오는 요트와의 격차를 벌리기 위해 더 가속도를 내는 전략, 뒤에 오는 요트를 그대로 따라하는 전략, 어느 것일까?[3)]

요트는 우리에게 낯익은 경기가 아니다. 하지만, 당신이 지금 요트 대회의 결승에 나와 있는데 상대보다 앞서 있다고 가정하자. 당신의 목표는 당연히 우승하는 것이다. 그러면 사례에 나와 있는 전략 중 어떤 전략을 취하는 것이 당신의 우승 가능성을 가장 높이는 것이 될까? 자신의 답을 결정한 뒤에 이 책을 계속 읽어나가기 바란다.

그렇다. 상호의존성이라는 측면을 고려한다면 가장 바람직한 전략은 뒤에 따라오는 요트를 그대로 따라하는 것이다. 지금 상대방보다 앞서 있으니까 그대로

---

3) 이 사례는 Dixit and Nalebuff(1999) 1장의 사례에서 가져온 것이다.

승세를 굳히기 위해서는 최소한 상대방과 같은 속도로 움직이기만 해도 된다. 상대방을 더 앞서 나가려다 오히려 상대방에게 추월당할 수 있기 때문이다. 그러니 상대방이 오른쪽으로 움직이면 역시 오른쪽으로 움직이고, 왼쪽으로 움직이면 역시 왼쪽으로 움직이면 된다. 그럴 경우 상대방과의 격차를 더 벌릴 수는 없을지언정 상대방에게 추월당할 염려는 없게 된다. 뒤따라오는 요트를 방해하려 하다가는 바람의 방향 등을 잘못 판단할 경우 실격을 당할 수도 있고, 추월을 하려 가속도를 내려다 오히려 추월할 수도 있다. 그러니 앞서 있는 요트의 가장 바람직한 전략은 뒤따라오는 요트를 그대로 따라하는 것이다.

이 사례가 의미하는 것은 무엇일까? 세상의 모든 분야에서 가장 앞서 있는 자는 종종, 항상 그런 것은 아니지만, 조금 더 앞서려 노력하기 보다는 자기가 있는 그 자리를 그대로 지키려는 경향이 강하다. 무리한 시도를 해서 자신의 우월성을 침해받기 보다는 2인자를 따라 하거나(명심하라, 2인자가 1인자를 따라하는 것이 아니라, 1인자가 2인자를 따라 한다), 혹은 그 분야에서 가장 보편적이고 일반적인 태도나 입장을 따라함으로써 최소한 자신의 입지를 흔들리지 않게 하려는 것이다.

증권 애널리스트의 경우, 그 분야에서 가장 탁월한 분석력을 인정받는 자는 좀처럼 일반적인 분석을 뛰어넘는 예측을 내어놓기를 꺼려한다. 대신 그는 무난하게 혹은 일반적인 예상과 일치하는 예측을 내어놓는다. 우스운 말이지만, '묻어가려는' 태도를 취한다. 하지만, 신입 애널리스트의 경우 이런 전략은 바람직하지 않다. 아직 인지도가 높지 않은 상태에서 시장의 일반적인 예측과 비슷한 예측만을 내어 놓는다면 그는 결코 자신의 실력을 인정받는 기회를 잡을 수 없다. 무조건 불합리한 예측을 내어 놓는다는 것이 아니라, 다른 사람들과 차별화된 예측을 내어 놓음으로써 자신을 돋보이게 할 기회를 잡을 수 있다. 그 예측이 틀리면 그는 인지도가 높은 사람이 아니기 때문에 잃을 게 없다. 만약, 그 예측이 맞는다면 그는 단시간에 자신의 지명도를 높일 수 있게 된다.

어느 집단 혹은 조직에서건 가끔씩 튀는 행동을 하는 사람들의 행동은 이런 관점에서 이해할 수 있다. 하지만, 역설적으로 자기 분야에서 가장 뛰어난 사람을 따라해서는 결코 그 분야에서 두각을 나타낼 수 없다. 무모한 시도를 하라는 말이 아니라, 도광양회를 바탕으로 실력을 쌓은 뒤, 결정적인 시기에 남들과 다른 입장 혹은 태도를 취함으로써 자신을 드러낼 수 있다는 것이다. 이 경우 자신을 남들과 확실히 차별화하게 된다. 그러니 가끔은 튀는 행동도 하는 것이 좋다. 단, 가끔이 아니라 자주 그렇게 할 경우 이 전략은 효력을 발휘하지 않는다.

4. 어떻게 바른 결정을 내릴 수 있는가?: 반드시 해야 할 일은 하라

사례 1 당신이 감독으로 있는 고등학교가 고교야구 결승전에 나갔다. 그리고 9회말. 스코어는 2대 2, 투 아웃에 역전 주자가 1·2루에 나가 있다. 당신은 감독으로 마지막 공격의 전략을 짜야 한다. 그리고 4번 타자가 타석에 들어섰다. 상대 학교 투수는 긴장한 끝에 공을 빼느라 볼 카운트는 투 스트라이크 스리 볼. 다시 정리하자. 결승전, 9회말, 투 아웃, 주자 1·2루, 타자의 볼 카운트는 투 스트라이크 스리 볼. 자 이제 투수가 공을 던지면 당신은 2루 주자에게 무어라고 지시를 내려야 한다. 어떤 지시를 내려야 할까?

조금만 생각하면 그 답을 알 수 있다. 투수가 어떤 공을 던지든 당신은 2루 주자에게 투수가 공을 던짐과 동시에 3루로 달려가라고 명령을 내려야 한다. 그게 최선이다. 투수의 공이 볼이어서 포 볼이 되면 당연히 3루로 가게 되고, 타자가 단타를 치게 될 경우 투수가 공을 던짐과 동시에 3루로 뛰었다면 발 빠른 주자라면 홈까지 뛰어서 결승점을 올릴 수 있다. 당연한 말이지만 타자가 삼진을 당한다면 그것으로 경기는 끝이다. 그러니 어떤 경우라도 2루 주자는 투수가 공을 던짐과 동시에 3루로 달려가는 것이 최선이다.

게임이론에서는 이러한 전략을 절대우위전략(상대의 선택과 관계없이 항상 자신의 전략 중에서 자신에게 최대의 이익 혹은 효용을 가져다 주는 전략)이라고 한다. 즉, 위와 같은 경우 2루 주자로서는 투수가 공을 던짐과 동시에 3루를 향해 뛰는 것보다 더 나은 선택은 없다. 바꾸어 말하면 투수가 공을 던짐과 동시에 전력을 다해 뛰지 않았다면 이길 수 있는 기회를 놓칠 수도 있었다는 것이다. 어떤 여건, 혹은 순간이 주어질 때 상대방이 어떤 행동을 취하건 관계없이 자신에게 최선의, 최고의, 혹은 역설적으로 더 이상 나빠지지 않을 결과를 가져다주는 전략이 있다면 주저하지 말고 이 전략을 택해야 한다. 협상에서 가장 중요한 것은 상대방의 반응을 고려한 상호의존이지만, 그 상호의존을 고려하더라도 자신에게 더 이상 나빠지지 않을 전략이 있다면 그것을 선택하는 게 바람직하다.

사례 2 「인디아나 존스 – 최후의 성전」이라는 영화에서 나오는 장면이다(이 사례는 thinking strategically에서 인용). 인디아나 존스(해리슨 포드)와 그의 아버지(숀 코네리), 그리고 독일군은 성배(聖杯)가 있는 곳까지 가까이 왔다. 존스와 그의 아버지는 성배를 구하려는 독일군의 협조를 거부했고, 그러자 독일군은 존스의 아버지에게 총을 쏘아 치명상을 입혔다. 우여곡절 끝에 존스와 상처입은 그의 아버지, 그리고 독일군 장교 한 명은 성배가 있는 장소에 도착했다. 진짜 성배를 통해 성수를 먹으면 치명상이 나음은 물론 영생을 얻을 수 있다. 하지만, 성배가 여러 개 있어서 진짜 성배를 택해야 하는 선택이 남아 있다. 가짜 성배를 택하여 성수를 먹게 되면 그 자리에서 죽어버린다. 독일군 장교는 성급하게도 여러 개의 성배 중 금으로 번쩍이는 성배를 선택하여 성수를 마셨다. 그 순간 그는 가짜 성배의 저주를 받아 그 자리에서 죽고 만다. 이제는 존스의 차례다. 그가 제대로 된 성배를 선택해야 상처입은 자기 아버지를 치료할 수 있고 자신도 살아남을 수 있다. 아직 성배는 두 개 더 남아있다. 존스는 어떤 선택을 해야 할까?[4]

존스에게는 두 가지의 방법이 남아 있다. 첫 번째 방법은 자신이 어느 성배를 택하여 먼저 먹어본 뒤 아버지에게 권하는 방법이고, 두 번째 방법은 아버지에게 먼저 성배를 권한 뒤 그 결과를 보고 다시 선택하는 것이다. 어느 것이 절대우위전략일까? 당연한 말이지만 두 번째 방법이다. 첫 번째 방법을 택할 경우 자신이 선택한 성배가 진짜가 아니라면 존스 역시 그 자리에서 죽어버리고, 그의 아버지 역시 치료를 받지 못하여 죽게 된다. 두 번째 방법을 택할 경우 만약, 성배가 진짜라면 아버지는 나을 것이고 존스 역시 그 성배로 성수를 먹을 수 있게 된다. 하지만 성배가 가짜라면 그의 아버지는 죽을 것이지만, 그 결과로서 마지막 남은 하나의 성배가 진짜라는 것을 알게 된다. 이 방법을 택하면 그의 아버지를 고치지는 못할지언정 최소한 존스는 죽지 않을 수 있다. 확률상 최소한 한 사람이라도 살아남을 수 있는 방법인 셈이다. 하지만, 영화에서 존스는 첫 번째 방법을 택하게 되고 운 좋게도 그가 선택한 성배가 진짜였기 때문에 두 사람 다 살아남게 된다. 다시 말해 영화에서 존스는 절대우위전략을 택하지 않았다는 것이다. 그래서 영화가 아닌가.

이 같은 상황이 현실에서 벌어질 경우 당신이라면 두 번째 선택을 할 수 있겠는가? 그렇지 못할 수 있다. 이성으로는 두 번째 방법을 택하는 것이 최선이라

---

4) 이 사례는 Dixit and Nalebuff(1999) 3장의 사례를 기반으로 재구성한 것이다.

는 것을 알지만 당신의 아버지를 성배로서 먼저 시험한다는 것이 영 내키지 않을 수 있기 때문이다.

이 두 가지의 사례가 의미하는 바는 무엇일까? 본문 중에 여러 차례 나왔지만 협상이건, 게임이건 절대우위전략이 있다면 그것을 선택하라는 것이다. 사례 1의 절대우위전략은 2루 주자는 무조건 뛰는 것이고, 사례 2의 절대우위전략은 존스의 아버지가 먼저 성배를 마시는 것이다. 하지만, 절대우위전략에서 절대라는 말은 자신의 많은 전략 중에서 어느 하나가 다른 것보다 뛰어나다는 의미이지, 상대의 전략에 대해 자신의 전략이 뛰어나다는 의미는 아니다. 그렇지만, 자기에게 절대우위전략이 있다면 그것을 선택하는 것이 좋다. 다시 말해, 절대우위전략이 있을 때는 상대의 선택에 구애받을 필요 없다. 그러나 자신은 절대우위전략이 없고 상대만 있을 경우에는 상대가 선택하는 것을 예측하고 그것에 대응하는 최선의 선택을 하는 것이 좋다.

알프레드 데니슨은 말한다. '사랑을 전혀 하지 않는 것보다는 헤어지더라도 사랑을 하고 헤어지는 것이 낫다.' 이 경우 절대우위전략은 무엇일까? 사랑하는 것이다. 상처가 두려워 헤어질 것이 두려워 사랑하지 않는 것은 절대우위전략이 아니라는 것이다. 이와 비슷한 말이 있다. "결혼하라 후회할 것이다. 결혼하지 마라, 그래도 후회할 것이다." 그러니 결혼하는 것이 절대우위전략이다. 그러니 반드시 해야 할 일이라면 빨리 하는 것이 낫다.

5. 치우치는 것이 바람직한가?: 반작용을 이해하라

사례 1 영국 프리미어 리그에서 뛰는 박지성은 2012년 2월 맨체스터 유나이티드의 유니폼을 입고 200경기 출전의 금자탑을 쌓았다. 다음은 그 보도 내용이다. "박지성은 6일 오전 1시(한국시각) 영국 런던 스탬포드 브릿지에서 열린 '2011-12 잉글리시 프리미어리그' 24라운드 첼시전에서 3-3으로 팽팽하던 후반 40분 대니 웰벡을 대신해 그라운드를 밟으며 통산 200경기 출전의 금자탑을 쌓았다. 2005년 7월 맨유에 입단한 박지성은 2005-06시즌 45경기를 시작으로 시즌마다 각각 20경기-18경기-40경기-26경기-28경기를 소화했다. 총 27골(26도움)을 터뜨린 박지성은 올 시즌에는 맨유가 치른 34경기 가운데 23경기(리그15/칼링컵3/FA컵1/챔피언스리그4)에 출전, 3골(리그3) 6도움(리그3/칼링컵3)을 기록하고 있다. 세계에서 가장 많은 스포트라이트를 받는 명문 구단 멤버이면서도 보이지 않는 곳에서 묵묵히 역할을 수행해 온 박지성은 '숨은 영웅(Unsung hero)'이라는 칭송까지 받는 선수로 성장했다. 그리고 그런 헌신과 성실함은 축구종가에서 200경기의 금자탑을 쌓는 밑거름이 됐다. 당장 이날 경기 전 인터뷰에서도 "팀의 승리를 돕기 위해 노력하겠다. 내가 얼마나 많은 골을 넣느냐는 중요하지 않다"며 팀 승리를 우선시했다(www.dailian.co.kr에서 인용). 이 사례를 보면서 한 가지 질문을 던진다. 박지성은 전문 골잡이가 아니다. 골을 잘 넣지 못하는 박지성이 왜 높은 평가를 받는가?

사례 2 왜 한국은 WBC에서 일본을 세 번 연속해서 이기지 못했나? 2006년 제 1회 WBC 대회에서 한국은 예선(한국3-2일본)과 준결승(한국2-1일본)에서 일본을 연속해서 이겼다. 야구의 저변이 빈약함에도 불구하고 예선과 준결승에서 일본을 연달아 이기자 한국은 열광했다. 그 결과 한국은 결승에 진출했다. 두 번이나 일본을 이겼으니 결승에서도 일본을 이길 수 있다는 기대가 충만했다. 하지만 그럼에도 불구하고 결승에서는 일본을 이기지 못했다(한국0-6일본). 그 이유는 무엇일까?

이 두 사례가 의미하는 바는 무엇일까? 박지성은 200경기를 넘게 뛰었음에도 불구하고 27골을 넣었을 따름이다. 한 경기 당 0.13 골의 비율에 불과하다. 10경기를 뛰어야 1골 정도 넣는 실력이다. 그런데 왜 숨은 영웅이라는 형태로 높이 평가를 받을까? 그것은 박지성 본인의 말에서 어느 정도 힌트를 찾을 수 있다. '팀의 승리를 위해 노력하겠다'. 그러면 많은 경기에 출전하는 것이 팀의 승리를 위해 노력하는 것이 될 수 있는가? 아니다. 단순히 많은 경기에 출전하는 것이 아니라 출전하는 경기마다 어느 정도 열심히 뛰느냐 하는 것이 문제의 핵심이다. 간략히 말하자. 박지성은 자신은 골을 많이 넣지 않지만 부단히 열심히 뜀으로써 같은 팀의 다른 선수들이 골을 넣을 기회를 얻을 수 있게 해 준다.

존재감이라는 단어가 있다. 스타는 자기가 많은 골을 넣지 않더라도 그 존재감으로 상대방의 관심을 끌어들이고, 그런 과정을 통해 자기 팀의 다른 멤버가 골을 넣을 수 있는 기회를 만들어준다. 그러니 보이는 것이 전부가 아니고 보이지 않는 것이 더 중요하다. 게임이론의 용어를 빌리면 박지성이 열심히 뛰는 것이 눈에 보이는 하나의 '액션action'이라면, 눈에 보이지는 않을지라도 박지성이 열심히 뜀으로써 다른 선수들이 골을 넣을 수 있게 기여하는 것이 '리액션reaction'이라는 것이다. 그러니 어느 사건 혹은 스토리에서건 주어진 액션이 있다면 그에 상응하는 리액션이 있다는 것을 잊어서는 안 된다.

한국이 WBC 예선과 준결승에서 일본을 각각 3-2, 2-1로 이겼다. 멋있는 일이다. 하지만, 정작 가장 중요한 결승에서 0−6으로 일본에 졌다. 한국의 많은 사람들이 두 번 연속해서 이겼기 때문에 세 번째도 이길 수 있다는 기대를 가졌다. 아니 그 당시 분위기로는 기대가 아니라 '당연히 이겨야 한다'는 것이었다. 하지만 결과는 그렇지 못했다. 무엇이 잘못되었는가? 결론부터 말하면, 잘못된 것은 하나도 없다. 일본을 연속해서 두 번 이긴 것이 하나의 액션이라면 세 번째에 일본에 진 것은 하나의 리액션에 불과하다. 하나의 팀을 대상으로 연속해서 세 번 이긴다는 것은 현저한 실력차이가 나지 않으면 거의 불가능에 가깝다. 한국이 일본을 이긴 두 번의 경기 모두 1점 차로 이겼다. 일본이 들으면 기분 나빠할지 모르지만, 한국과 일본의 실력 차는 거의 없다고 하는 것이 옳다. 실력이 거의 비슷한 두 팀이 경기를 하는데 한 팀이 계속해서 세 번이나 이길 가능성은 낮다.

'평균의 정리'라는 개념이 있다. 승패가 갈리는 게임을 계속 반복하면 두 팀이 이길 확률은 장기적으로 서로 비슷해진다는 것이다. 그러니 한국과 일본이 계속해서 경기를 하게 되면 장기적으로 승률이 비슷해 질 수밖에 없고, 두 번이나 연속해서 이긴 상태에서 세 번째 경기에서 졌다고 해서 그것에 큰 문제는 있을 수 없다는 것이다. 문제가 있다면 그 세 번째 경기가 결승이었기 때문에 우리가 더 아쉬워할 수밖에 없었다는 것이다.

이와 비슷한 사례로 농구의 프리드로우를 들 수 있다. 농구를 아주 잘하는 한 선수가 프리드로우를 세 번 연속 성공시켰다. 그런 상태에서 네 번째 숫을 한다. 그럴 경우 이 숫이 성공할 확률은 얼마일까? 많은 사람들이 이 선수가 이 네 번째 숫 이전에 세 번이나 연속해서 숫을 성공시켰기 때문에 네 번째도 성공시킬 확률이 높다고 생각한다. 하지만, 엄밀히 말해서 이 선수가 네 번째 숫을 성공시킬 확률은 50%에 불과하다.

왼손을 잘 쓰는 사람이 있다. 야구건 농구건 이런 사람들은 왼손을 잘 씀으로써 초기에는 두각을 나타낸다. 오른손을 잘 쓰는 사람들에 비해서 눈에 잘 띄기 때문이다. 하지만, 이들이 왼손을 잘 쓴다는 사실을 상대팀 선수들이 알게 되면 이들이 왼손을 잘 사용하지 못하도록 적극적으로 방어를 한다. 다시 말해, 왼손을 잘 사용한다는 사실이 하나의 액션이라면, 그 왼손을 잘 사용하지 못하도록 적극적으로 방어를 하는 것은 리액션이라 할 수 있다. 리액션이 따르지 않는 액션이 있을 수 없다. 그러면 이런 리액션에 대한 또 다른 리액션은 무엇일까?

달리 말해, 자기가 잘 사용하는 왼손을 적극적으로 방어해 오면 어떤 전략을 사용해야 할까? 그렇다. 오른손을 잘 사용할 수 있도록 훈련을 해야 한다. 그래서 상대팀 선수들이 왼손을 적극 방어해 오면, 이제는 오른손을 사용함으로써 상대팀의 리액션을 무력화시킬 수 있다.

액션(작용)에는 리액션(반작용)이 반드시 뒤따른다. 그러니 무슨 일을 하건 자신의 작용에 대한 반작용을 이해하고 그 반작용에 대처하기 위한 전략까지 고려하는 치밀함이 필요하다.

6. 무엇이 다르고 무엇이 같은가?: 통찰력을 길러라

사례 수에즈 운하. 유럽과 아시아를 잇는 항로를 거의 절반으로 단축시켜 유럽 국가들이 인도양을 비롯한 동쪽 지역으로 진출할 수 있게 해 준 운하다. 이 운하가 없었다면 아마 세계 역사는 달리 쓰여졌을지도 모른다. 길이 162.5km. 폭 365m인 이 운하를 건설한 사람이 페르디낭 마리 드 레셉스이다. 그는 1854년 이집트로부터 수에즈 운하 굴착권과 조차권을 획득하였고 1859년 4월 공사를 시작한 뒤 10년 만인 1869년 이 운하를 개통시켰다. 그는 이 운하를 뛰어난 비전과 결단력을 통해 완성시켰다. 모든 사람들이 불가능하다고 말할 때도 그는 그렇기 때문에 더 성공시킬 가치가 있는 것이라고 말했다. 자신감. 열정. 불굴의 의지를 느낄 수 있는 대목이다. 이런 성공을 경험한 그가 이번에는 파나마 운하에 도전한다. 그는 1879년 파나마 운하의 공사권을 파나마 정부로부터 획득한다. 하지만 그로부터 정확히 10년 뒤인 1889년 이 공사를 성공시키지 못하고, 그와 함께 그가 운영했던 회사도 파산하고 만다. 10년 만에 수에즈 운하를 완성시킨 그가 이번에는 10년 만에 파나마 운하를 완성시키지 못하고 실패하고 만다.

수에즈 운하를 완성시킨 페르디낭 마리 드 레셉스Ferdinand Marie de Lesseps가 왜 파나마 운하는 완성시키지 못했을까? 왜 그랬을까? 우선 기술적인 문제를 들 수 있다. 수에즈 운하의 경우 지면이 낮고 모래로 되어 있어 파 내려가기가 비교적 쉬웠다(그래서 수에즈 운하의 수위는 해수면과 똑같다). 반면, 파나마 운하의 경우 지면이 해수면보다 월등히 높고 사막대신 호수나 밀림을 통과하고 있었기 때문에 땅을 파기가 쉽지 않았다(그래서 나중에 미국에 의해 완성된 파나마 운하는 갑문식으로 수위는 해수면보다 높다). 하지만 레셉스가 이 공사를 시작할 당시 이런 점을 몰랐을 리 없다. 파나마가 밀림과 호수로 덮여 있다는 것은 한 번만 둘러보아도 알아차릴 수 있기 때문이다.

　더 큰 문제는 수에즈 운하를 성공시킨 열정, 자신감, 불굴의 의지가 이번에는 통하지 않았다는 것이다. 더 쉽게 말해, 만 49세에 수에즈 운하 공사를 시작할 때의 그와 만 74세에 파나마 운하 공사를 시작할 때의 그는 같은 사람이 아니라는 것이다. 한 번의 큰 성공을 경험했다고 해서 그 성공이 나이를 초월하여 가능하다고 말할 수는 없다. 만 74세의 나이. 아무리 긍정적으로 본다 해도 자신감, 열정, 불굴의 의지를 외칠 나이는 아니다. 그런 특징은 40~50대의 몫이지 70대의 몫이 아니다. 시간과 세월이 자기를 바꾼다는 것을 인식하지 못했던 것이다.

　레셉스가 파나마 운하를 파는 데 실패한 것은 위에서 말한 대로 운하의 높이와 관련된 기술적 문제와 개인의 심리적 문제가 뒤섞여 있다. 하지만, 이런 두 문제를 간략히 요약하자면 그것은 통찰력이 부족했다는 것으로 압축할 수 있다. 통찰력. 그것은 책을 보는 것으로, 단순히 다른 사람의 말을 듣는 것으로, 인터넷을 통해 정보를 검색하는 것으로는 얻어지지 않는다. 그것은 문제의 본질을 꿰뚫어 보는 부단한 연습을 통해서만 얻을 수 있다. 통찰력, 그것은 무엇이 다르고 무엇이 동일한 지를 많은 노력을 기울이지 않고서도 파악할 수 있는 능력이다. 혹은 문제의 핵심을 짚어낼 수 있는 능력이다. 그것은 게임이론이 현실의 구조적 문제를 이해할 수 있는 로드 맵을 제공하는 것과 같다. 통찰력은 이처럼 문제의 본질을 꿰뚫어 보는 능력을 제공할 뿐 아니라, 문제의 본질이 훼손되거나 분명하지 않을 때 과감히 자신의 결정을 되돌릴 수 있는 판단의 근거를 제공한다.

　파나마의 정글과 말라리아와 싸우면서 그는 파나마 운하가 수에즈 운하와는 다를 수 있다는 가능성을 접할 수 있었다. 하지만 그러면서도 그는 실패할 수 있다는 것을 결코 인정하지 않았다. 만약, 통찰력이 있는 사람이었다면, 파나마 운하를 시작한 초기에 파나마의 지형이 수에즈와 다르다는 사실을 인지하고, 자신의 결정을 철회할 수도 있었을 것이다. 하지만, 그는 그렇게 하지 않았다. 불가능한 것을 불가능하다고 인정하기 싫었던 것이다. 일을 시작할 처음에는 통찰력이 없었고, 일을 계속하면서 실패의 가능성을 인지할 수 있었지만, 그 가능성을 인정하기 싫었던 것이다. 달리 말해, 처음에는 문제의 본질을 파악하지 못했고, 나중에는 문제의 본질을 어느 정도 파악했지만 완고함에 사로잡혀 그 결정을 되돌리지 않았다는 것이다. 즉, 통찰력이 부족했다는 것이다.

다름과 같음. 이 양자의 거리는 매우 크다. 멀리 떨어져 있다. 하지만, 이 양자는 통찰력이라는 특성을 통해 서로 연결된다.

7. 왜 결정을 내리기 어려운가? 1: 혼미하거든 관습에 의존하라

사례 앞서 4장 〈전략강의노트 5〉에서 포컬 포인트가 무엇인지를 이미 설명하였다. 공수부대와 협상대학교 게임학과의 종강파티의 사례를 들면서 전혀 관계가 없어 보이는 사실이라도, 협상 혹은 게임에 참여한 사람들의 입장에서 합의 가능한 기준으로 보인다면 그것이 균형으로 이르기 위한 기준이 될 수 있음을 설명하였다. 예를 들어, 어떤 협상의 대상물을 50대 50으로 나누기로 할 경우. 그 50대 50이 엄밀한 기준에 의해 측정되는 것이 아니라 '개략적으로' 50대 50으로 나누는 것이라 해도, 협상에 참여한 두 사람이 이 기준을 사용하기로 합의한다면 균형에 이르기 위한 지침이 될 수 있다는 것이다. 토머스 셸링은 이를 특정의 결과에 대한 내재적인 유인(the intrinsic magnetism of particular outcome)이라고 이야기하였다.

체로키 인디언은 '사랑을 잃는 것이 두려워 사랑하지 않는 것은 죽는 것이 두려워 숨 쉬지 않는 것처럼 어리석은 일이다'라고 말한다. 이런 잠언은 두 가지 시각에서 파악할 수 있다. 첫째, 위에서 설명한 절대우위전략의 관점이다. 사랑을 잃는 것이 두려워 사랑하지 않는 것은 어리석은 일이기 때문에 사랑의 감정이 오는 대상이 있으면 사랑하라는 것이다. 절대우위전략의 선택과 비슷한 구조다. 하지만, 체로키 인디언의 잠언은 절대우위전략처럼 '사랑하라'고 바로 결론을 내리는 것은 아니다. 선택은 당신에게 달려있다는 것이다. 둘째, 포컬 포인트의 관점이다. 눈앞에 보이는 아름다운 여인에게 무한한 사랑을 느끼는데 사랑을 잃어버린 과거 경험이 그 여인을 다시 사랑하는 것을 방해하고 있다. 그럴 때 체로키 인디언의 이 잠언은 오랜 세월의 지혜를 담아 당신에게 말한다. 사랑하라. 한 번도 상처받지 않은 것처럼. 사랑을 잃을 것을 두려워하는 것은 죽는 것이 두려워 숨 쉬지 않는 것과 같다는 것이다. 지나가는 행인이 이런 충고를 했다면 가볍게 무시할 수 있다. 하지만 체로키 인디언의 오랜 관습과 전통의 지혜가 묻어 있는 이 말은 쉽게 무시하기 힘든다.

그러니 당신이 결정을 내리기 어려운 문제에 직면해 있지만 그 문제에 대한 관습과 전통의 답이 있다면 그 답을 따르는 것이 최선의 선택이 될 수 있다. 관습과 전통이라고, 옛날 사람들의 말이라고 함부로 무시할 것은 아니다. 사랑과 결혼의 위대성을 강조하는 잠언들은 결코 빈말이 아니다.

8. 왜 결정을 내리기 어려운가? 2: 자신의 발을 다른 사람의 신에 넣어라

> **사례** 주식시장에서 돈을 버는 방법은 무엇인가? 이와 관련 다음의 말을 한 번 생각하기로 한다. "직업적인 주식 투자는 미인 선발 대회와 비슷하다. 그래서 경기 참가자는 자신이 가장 아름답다고 생각하는 것보다 다른 경기 참가자의 마음에 들 것 같은 얼굴을 선택해야 한다. 따라서 자신의 판단으로 평균적인 의견으로 가장 빼어나다고 생각되는 얼굴을 선택하면 충분하다고 생각할 수 있다. 하지만 그 이상이다. 평균적인 의견으로는 누가 뽑히는가에 대하여, 평균적으로는 어떻게 생각되고 있는가라는 부분까지 생각을 돌려서 예상해야 한다(존 메이나드 케인즈(John Maynard Keynes)."[5]

다시 묻는다. 주식시장에서 돈을 버는 방법은 무엇인가? 기술적 분석을 배우고, 기업의 가치분석에 대해 공부를 한 뒤, 분산투자와 장기투자를 하면 주식시장에서 성공할 수 있다는 원론 같은 이야기는 하지 말자. 게임이론의 관점에서 말하면 여기에 대한 답은 어렵지 않다. 자신이 좋아하는 주식을 사는 것이 아니라 다른 사람들이 좋아하는 주식을 사는 것이다. 자신이 좋다고 생각하는 주식이 다른 사람들이 좋다고 생각하는 주식과 일치한다면 이 사람은 주식을 통해 돈을 벌 가능성이 매우 높다. 하지만, 자신은 유망하다고 생각하는 주식을 다른 사람들은 유망하지 않다고 생각한다면 주식을 통해 돈을 벌 가능성은 그리 높지 않다.

이런 관점에서 주식투자는 미인대회와 비슷한 성격을 가진다. 미인대회에 참가한 많은 후보들 가운데서 우승자를 알아맞히면 많은 상금이 나온다고 가정하자. 그러면 당신은 어떤 후보를 선택하겠는가? 우선 생각할 수 있는 것이 자신이 가장 아름답다고 생각하는 후보를 선택하는 것이다. 하지만, 그 후보가 모든 사람이 평균적으로 아름답다고 생각하는 후보와 일치하지 않는다면 당신은 상금을 받지 못한다. 중요한 것은 당신이 아름답다고 생각하는 후보 대신, 평균적으로

5) 이 사례는 Dixit and Nalebuff(1999) 9장의 사례를 기본으로 재구성한 것이다.

사람들이 아름답다고 생각하는 후보를 선택해야 한다는 것이다. 그래야 그 후보가 우승할 수 있다. 달리 말해, 정말 아름다운 후보를 선택하는 것이 아니라 다른 모든 사람들이 아름답다고 생각하는 후보를 선택해야 한다는 것이다. 여기서 또 다른 문제가 있다. '평균적으로 아름답다고 생각하는 후보'와 관련 평균적으로 아름답다는 것이 평균적으로 어느 정도 아름다운 것인지를 생각해야 한다. 달리 말하면 다른 사람은 '자신을 제외한 여타의 다른 사람들이 누구를 아름답다고 생각하는가'에 대하여 다시 예측할 필요가 있다. 이것은 무한히 반복되는 일일 수 있다.

　문제를 단순화하자. 여기서 말하는 사례의 핵심은 미인대회나 주식시장과 같은 영역에서 소기의 성과를 거두기 위해서는 자신이 생각하는 관점을 밀고 나갈 것이 아니라, 다른 사람들이 어떻게 생각할 것인가를 늘 염두에 두고 자신의 입장을 결정해야 한다는 것이다. 하지만 미인대회의 경우 우승자로 뽑힌 사람은 객관적으로(이 객관이 무엇일까?) 가장 아름다운 사람이 뽑히기 보다는 개성 있는 사람이 뽑힐 가능성을 배제할 수 없고, 주식시장에서 가장 많은 수익을 올리는 주식은 객관적으로(이 역시 객관이란 무엇일까?) 가장 성장성이 높거나 기업가치가 높은 주식이 아니라, 일시적 테마에 편승한 테마주일 가능성도 배제할 수 없다. 하지만, 그렇더라도 주식시장에서 돈을 벌기를 원하고 미인대회의 우승자를 알아맞혀 상금을 받기를 원한다면 자신의 생각보다는 다른 사람들의 생각을 더 헤아리는 것이 바람직하다.

　결정을 내리기 어려울 경우 자신의 발을 다른 사람의 신발에 넣어보는 관점은 매우 중요하다.

9. 어떻게 공격할 것인가?: 무예측의 미학

사례　로저 페더러. 현재 남자 테니스 랭킹 세계 1위(2008년을 기준. 이하 같음). 단식 기록 483승 125패를 기록 중이며 45회의 단식 우승을 이어가고 있다. 이 기록은 이제는 은퇴한 피터 샘프라스(762승 222패, 단식 64회 우승)나 안드레 아가시(870승 274패, 단식 60회 우승)에는 미치지 못할지 모르나, 단연 발군의 성적이 아닐 수 없다. 그래서 타임지는 최근 그를 '올해의 가장 영향력 있는 100인'에 선정하기도 했다. 혹자는 그를 세계 남자 테니스 역사상 가장 위대한 선수가 될 것이라 말하기도 한다. 그런 페더러에게도 천적 같은 선수가 있다. 라파엘 나달이다. 현재 세계 랭킹 2위. 나달의 현재까지 전적은 186승 53패, 17회의 단식 우승이다. 페더러가 잔디 코트에서 48연승을 기록하고 있지만, 나달은 클레이 코트에서 72연승의 신화를 이어가고 있다. 나달은 기록상으로는 페더러에 미치지 못하지만 페더러를 상대로 한 전적에서는 7승 3패로 앞서고 있다. 그러니 한 사람은 잔디 위의 1인자이고, 한 사람은 클레이 코트의 제왕인 셈이다. 이 두 사람이 조금 특이한 코트에서 맞붙었다. 한 면은 잔디로 되어 있고 반대쪽 면은 클레이(진흙)로 된 코트이다. 한쪽씩 상대방의 특성을 배려한 셈이다. 누가 이겼을까?

결론부터 말하자. 나달이 페더러를 이겼다. 왜 이겼을까? 페더러는 상대방의 공이 날아오는 방향과 각도, 그리고 강도를 예측하여 강력한 리턴을 구사하는 스타일이지만, 나달은 동물적 본능에 의지하여 반사적으로 공을 상대방으로 넘기는 스타일이다. 클레이 코트에서는 아무리 강력한 서브일지라도 공의 속도가 줄어들고 반사 각도와 방향이 불규칙하게 된다. 다시 말해 클레이의 압력 흡수성 때문에 클레이 코트에서는 공이 비규칙적이고 예측이 어려운 형태로 움직이게 된다. 페더러는 클레이 코트에서 상대방의 공(행동)을 잔디코트에서보다 예측하기 어려웠기 때문에 경기를 쉽게 풀어갈 수 없었다. 아무리 세계적인 선수라도 상대방의 반응을 예측할 수 없으면 자기가 구사할 수 있는 대응에는 한계가 있는 법이다. 그러니 페더러라도 어쩔 수가 없다.

축구 선수가 페널티킥을 찰 때 먼저 어느 쪽을 차겠다고 생각을 하면 골키퍼가 그것을 예측할 수 있다. 공을 차는 선수의 어느 구석에서건 자신의 의도가 드러나기 때문이다. 그러니 페널티킥을 성공시키려면 골키퍼가 전혀 예측을 하지 못하게 할 필요가 있다. 가장 좋은 방법은 공을 차는 선수도 자기가 어느 쪽을 차려는지 모르는 것이다. 가위 바위 보를 할 때 가장 좋은 방법은 일정한 패턴으로 가위 바위 보를 내는 것이 아니라 순서가 없이 무작위로 내는 것이다. 그게 무예측의 미학이다.

무예측의 미학이 가지는 다른 측면은 무엇일까? 상대방을 완벽히 속이기 위해서는 자기 자신부터 완벽히 속여야 한다는 것이다. 내가 오른 쪽으로 공을 차리라 생각하며 왼쪽으로 움직인다면 자기 몸의 어느 부분에선가 이런 사실이 드러난다. 그렇지 않다고 생각할지 모르지만, 동물적 감각을 가진 사람은 상대방의 그런 의도를 눈치챌 수 있다. 그래서 상대방으로 하여금 내가 어느 방향으로 공을 찰지 확신하지 못하게 하는 제일 좋은 방법은 내 스스로 내가 어디로 공을 찰지 알지 못하는 것이다.

10. 지나친 것이 바람직한가?: 믿을 만한 위협을 하라[6]

> **사례** 미국은 1980년대 이후 일본에 대해 지속적으로 농산물 시장의 개방을 요청해
> 왔다. 하지만, 일본은 미국의 기대만큼 시장을 개방하지 않았다. 일본은 외국과의 통상
> 협상을 진행하는 과정에서도 좀처럼 농산물 시장을 개방하지 않는다. 농민들의 생계를
> 유지한다는 면도 없지 않지만, 일본의 정치구조에서 농민들의 표로 대변되는 힘 역시
> 작지 않기 때문이다. 여기서 조금 엉뚱한 질문을 던진다. 일본이 미국으로부터 쌀이나
> 쇠고기, 오렌지를 좀 더 수입하지 않을 경우 미국은 왜 일본을 군사적으로 공격한다
> 고 위협하지 않을까? 미국의 군사력은 사실상 세계 최고이지 않은가?

이에 대한 답은 다음과 같이 정리할 수 있다. 첫째, 아무도 그 위협을 믿지
않는다. 따라서 효과가 없다. 둘째, 실제로 그 위협이 효과를 발휘한다면, 일본은
미국이 진짜 자신의 동맹국인지 아닌지를 재빨리 다시 고려할 것이다(그래서 미
국과의 동맹관계를 재검토할지 모른다). 셋째, 만약 일본이 오렌지 수입을 늘리지 않
은 상태에서 미국이 실제로 위협을 실행에 옮길 경우, 일본을 비롯한 전 세계
국가들은 미국이 부적절한 방법으로 일본에 대한 제제를 가했다고 비판할 것이
다. 그러나 일본이 오렌지 수입을 늘리지 않는데도 미국이 위협을 실행에 옮기
지 않는다면, 미국의 평판은 떨어지게 된다(거짓말쟁이라는 오명을 쓸 수 있다). 그
러니 미국이 위협을 실행에 옮기건 옮기지 않건 미국은 손해를 보게 된다. 넷째,
농산물 시장개방과는 관계없는 군사력 행사라는 문제를 개입시킴으로써 이 문제
가 가지고 있는 본래의 초점이 흐려진다.

간략히 말해서 이 문제의 핵심은 미국이 자신의 이름을 걸고 위협을 하기에
는 그 규모가 너무 커서 믿을 수 없고, 그 위협을 실행에 옮기기에는 너무 중대
하고, 그 위협이 너무 진지해서 차마 미국 자신의 평판을 걸 수 없다는 것이다.

그래서 위협이라는 전략을 사용할 때는 다음과 같은 점을 고려할 필요가 있
다. 첫째, 위협의 크기가 충분한가? 위협은 이 위협을 제시하는 자가 바라는 억
제력이나 강제력을 실현하는데 충분한 크기여야 한다. 둘째, 위협의 신뢰성이 있
는가? 상대방이 이 위협과 관련된 사항을 무시할 경우 적절한 제재가 가해질 것

---

6) 이 사례는 Dixit and Nalebuff(1991) 5장 7절의 사례를 참고하여 재정리한 것이다.

이라는 사실을 상대방이 믿을 수 있어야 한다.

이런 점을 고려할 경우 미국이 일본의 농산물 시장개방을 위해 군사력을 사용하겠다는 위협을 하지 않는 이유는 다음과 같이 정리할 수 있다.

첫째, 위협을 조성하는 행동은 많은 비용이 든다. 국가나 기업과 같은 경제주체는 동시에 다양한 게임에 참여하고 있으며, 한 게임의 결과가 다른 게임의 결과에 영향을 미친다. 그래서 미국이 지나칠 정도로 위협을 하게 되면, 그것은 미국과 일본의 장기적 관계 형성에 영향을 줄 뿐 아니라, 미국과 다른 나라와의 관계에도 영향을 주게 될 것이다. 즉 미국이 이런 식으로 과도하게 위협을 행사할 경우 세계의 많은 나라들이 미국과 교역을 꺼리게 될 것이고, 미국은 무역뿐 아니라 다른 영역의 국제관계에서도 불이익을 경험하게 될 수도 있다.

둘째, 지나친 위협은 게임에서 역효과를 낼 위험성이 있다. 일본이 세계 여론과 미국인의 양심에 호소할 경우 미국과 일본의 시장개방에 관한 협상이 지연되고 일본의 수입이 늘어날 가능성은 더 낮아지게 된다.

셋째, 예측 불능의 오류가 발생하는 경우, 위협이 실현되었을 때는 참혹한 결과가 발생할 수도 있다. 미국이 과도하게 시장개방을 요구할 경우, 일본 농민을 비롯한 일본 국민이 농산물 시장을 개방하기보다는 차라리 미국과 전쟁을 하는 것이 낫다는 판단을 내릴 수도 있다. 또 그럴 가능성은 낮지만, 과거 제2차 세계대전 당시 미국과 일본의 전쟁경험이 다시 부각되어 사소한 문제가 엄청난 결과로 연결될 수 있다. 이와 같은 오류의 가능성이 있는 이상 커다란 위협을 하기 전에 철저히 검토하는 편이 좋다.

넷째, 지나치게 큰 위협은 신뢰성 저하를 가져오기 때문에 일본이 미국의 위협을 진짜로 믿지 않으면 효과가 없다. 따라서 미국의 위협이 효과를 발휘하기 위해서는그 위협의 범위가 잘 계획되어야 하며, 그 수단이 가장 적절하게 구사될 필요가 있다. 예컨대, 일본이 미국으로부터 더 많은 농산물(오렌지 등)을 수입하지 않으면 미국은 일본으로부터 수입되는 다른 상품에 대해 관세인상과 같은 형태로 보복조치를 취하는 것이 바람직하다.

이 사례는 위협이 효과를 발휘하기 위한 조건이 무엇인가를 설명한 것이다. 하지만, 이것은 비단 위협에만 국한되는 것이 아니다. 앞에서 계속 설명했지만, 확약 역시 이런 구조를 가진다. 상대방에게 제시한 확약이 효과를 발휘하기 위해서는 그 확약이 믿을 만해야 한다. 'A하지 않으면 B하겠다'는 확약은 상대방이 이런 확약을 받아들이지 않는다면 무용지물이다. 그런 점에서 위협 역시 확약의 한 형태라고 할 수 있다. 그렇지만, 확약 역시 A와 B의 상대적 크기는 매우 중요하다. A에 비해서 B가 너무 클 경우 그 확약의 신뢰성은 제한될 수 있다. 하지만, 특별한 경우 B가 너무 크기 때문에 오히려 이 확약이 신뢰성을 가질 수 있다. 그러니 확약이 행해지는 조건과 경우도 동시에 검토할 필요가 있다.

11. 공공재의 비극[7]

사례 누구든지 자유롭게 사용할 수 있는 목장이 있다. 그래서 원하는 만큼 자기 소를 데리고 와 누구의 간섭도 받지 않고 소를 먹일 수 있다고 하자. 소의 주인들은 공짜로 소를 먹일 수 있기 때문에 가급적이면 자기 소를 많이 몰고 와서 먹이려고 할 것이다. 많은 사람들이 이렇게 생각하기 때문에 목장에 들어오는 소는 점점 더 많아질 것이다. 물론 소를 많이 몰고 오면 목장이 혼잡해지는 것은 당연하다. 하지만, 목장이 조금 혼잡해진다고 해서 자기가 손해보는 것은 아니다(자기 소를 한 마리 더 목장에 들여올 경우 거기에 따라 목장 전체의 혼잡이 증가한다 해도, 그 혼잡에 따른 불편함은 목장에 들어와 있는 모든 소들이 함께 경험하게 되기 때문이다). 따라서 소 주인들은 어떻게 계산해도 소를 더 많이 들여오는 것이 유리하다. 하지만 목장의 목초는 제한되어 있기 때문에 어느 수준 이상의 소가 들어오게 되면 목장은 그 기능을 상실할 수밖에 없다.

이게 공공의 비극이다. 좀 더 정확히 말하자면 공공재의 비극이라고 할 수 있다. 공공재라는 것이 무엇인가? 모든 사람이 아무 제한 없이 사용할 수 있는 것이기는 하지만, 누구도 자발적으로 그 재화를 공급하려 하지 않는 것이다. 혹은 그 공급에 따른 비용을 부담한다고 해도 공공재의 공급에 따른 혜택에 상응하는 정도로 비용을 부담하는 것은 아니다. 예컨대 국방과 같은 것이 가장 대표적인 것이다. 모든 사람이 국방의 혜택을 받지만, 국방의 혜택에 상응하는 만큼의 비용을 부담하는 것은 아니기 때문이다. 위 예에서 본 대로 소 한 마리가 추가되는 데 따른 혼잡 비용은, 결과적으로 모든 소들의 주인이 함께 부담하기 때문이다(위의 괄호 부분).

그래서 공공재를 제대로 공급하기 위해서는 국가가 국민으로부터 받은 세금

---

7) 이 부분은 필자(2002)의 책 제3부 2장을 인용한 것이다.

으로 공급할 수밖에 없다는 것이다.

공공재와 같은 경우에까지 문제를 확대하지 않고 위에서 제시한 것과 같은 목장의 문제를 어떻게 해결할 것인지를 논의하자. 목장의 문제를 해결하는 데는 두 가지의 방법이 있다. 하나는 간접적인 방법이고, 또 다른 하나는 직접적인 방법이다.

먼저 간접적인 방법. 이 문제는 모든 사람이 사용할 수 있는 목장에 소유권을 부여하는 방법이다. 그러면, 소유권이라는 보이지 않는 손이 문제를 해결하게 된다. 예컨대, 지방 유지나 지주들에게 이 목장에 대한 소유권을 인정하게 되면, 이들은 결코 과거와 같이 목장의 사용을 방치하지 않게 된다. 이들은 무엇보다 먼저 자신의 소득이 최대가 되는 방향으로 목장을 관리하게 될 것이고, 그 경우 목장에 들어가는 소에게 목장 사용료를 부과하는 방법이 최선의 방법이라는 것을 발견하게 될 것이다. 따라서 어느 경우에도 목장의 목초가 고갈되는 일은 없게 된다. 실제 15, 16세기의 영국에서 이런 일이 일어났다.

다음은 보다 직접적인 방법이다. 국가가 이 농장 목초를 고갈시키지 않는 형태의 목장관리방안을 강구하고, 그에 따라 농장에 들어올 수 있는 소를 제한시키는 것이다. 즉, 농장의 목초를 고갈시키지 않고 목초를 먹을 수 있는 소의 최대치를 계산한 다음, 그 숫자를 초과하지 않는 범위 내에서 소의 목장 입장을 허용하는 것이다. 따라서 목장에는 항상 일정한 수 이하의 소만 있게 된다. 목장에 들어오는 소에 대하여 입장료를 부과할 수도 있고 그렇지 않을 수도 있다. 혹은, 입장료는 부과하되 일반적으로 적정하다고 생각되는 이하로 입장료를 부과할 수도 있다.

하지만, 간접적인 방법에도 국가 혹은 공공기관이 개입하지 않는 것은 아니다. 누가 어떠한 방법으로 소유권을 인정해 주는가는 공정하고 객관적인 제3자만이 할 수 있기 때문이다. 그런 의미에서 이 문제를 해결하기 위한 가장 바람직한 방법은 국가 혹은 이와 동등한 권리를 가진 기관이 공정하고 객관적으로 개입하는 방법밖에 없다.

사회적 갈등이 공공의 비극과 비슷한 성격을 가지게 되는 것은 '목장에 소를 들여놓는 주인의 탐욕성'이라는 요인 때문이다. 여러 집단이 동시에 자신의 이익만을 추구할 경우에는 자신의 이익극대화라는 목표 이외의 요인은 결코 고려되지 않기 때문이다. 이런 경우라 할지라도 아무런 외부의 도움 없이 스스로의 노력에 의하여 갈등을 해소할 수 없는 것은 아니다. 가령 협상에 의하여 자신들의 몫을 결정할 수 있는 경우라면, 협상력의 우위에 따라 그 결과가 결정될 수 있다. 하지만, 사회적 갈등이 두 집단 사이의 문제가 아니라, 상당히 많은 집단의 문제일 경우 자신들 스스로의 협상에 의해 갈등을 해소하리라 기대하기란 어렵다. 수많은 집단의 이해관계를 조정하고 그 공통분모를 만들어내기란 결코 쉽지 않기 때문이다. 또, 하나 스스로 이런 공통분모를 만들어내는 과정에서 자신들의 목표를 객관적으로 보기란 매우 어렵기 때문이다.

대부분의 사회적 갈등의 경우, '갈 데까지 가는' 상황이 오지 않고서는 자신들의 목표를 재조정하지는 않으며, 상당한 손실을 치르고 난 다음에도 자신들의 목표를 쉽사리 포기하지 않는 속성을 가지고 있다. 그런 점에서 문제가 악화되기 전, '갈 데까지 가는' 상황이 오기 전, 제3자의 객관적인 평가와 도움을 받을 필요가 있다. 그런 의미에서, 공공의 비극을 해결하기 위해 국가라는 제3자가 필요한 것처럼, 사회적 갈등을 해소하기 위해서도 국가라는 공정한 제3자가 필요하다.

다시 한 번 강조하지만, 제3자로서의 국가의 존재는 사회적 갈등을 해결하기 위한 필요조건이지 충분조건은 아니다.

12. 기업의 전략적 결정: 애플의 맥 컴퓨터는 PC에 왜 뒤쳐졌나

지금의 애플 사는 세계 IT업계를 호령하는 거인이다. 아이팟, 아이폰, 아이패드를 내세워 세계 소비자를 사로잡으며 압도적인 시장점유율을 기록하고 있다. 하지만, 주지하는 바와 같이 애플 사는 본래 애플 컴퓨터로 출발하였다. 그리고 애플의 맥 컴퓨터가 PCpersonal computer(하지만 일반적으로 IBM PC와 호환이 가능한 모든 컴퓨터를 의미한다)에 비하여 성능이 뛰어난 것은 틀림없지만, 잘못된 전략적 결정 때문에 PC에 밀려 몰락의 과정을 걸었다.

왜 그런 몰락의 과정을 걸었을까? 이런 분석과 관련 우리가 주목할 것은 다음 두 가지 사실이다. 첫째, 맥 컴퓨터는 PC에 비하여 기술적으로 매우 뛰어난 제품이었다. GUIGraphic User Interface는 당시에는 획기적인 기술이었고 이를 통해 소비자들은 매우 편리하게 맥 컴퓨터를 사용할 수 있었다. 하지만, 그럼에도 불구하고 맥 컴퓨터는 시장에서 압도적인 지위를 차지하지 못했다. 둘째, 맥 컴퓨터가 PC에 비해 기술적으로 압도적인 우위를 차지하고 있었지만 왜 시장에서 압도적인 지위를 차지하지 못하고 있었을까? 그것은 맥 컴퓨터의 경영진이 내린 전략적 실수 때문이었다. PC는 가급적 호환이 가능한 컴퓨터를 만들어내는 전략을 택했고 맥 컴퓨터는 이와 달리 자신의 기술적 우위에 빠져 다른 업체들이 맥 컴퓨터와 호환되는 컴퓨터를 생산하는 것을 허용하지 않았기 때문이다.

이런 사실은 다음과 같은 간단한 조정調整게임coordination game을 통해 설명할 수 있다. 우선 두 명의 경기자 A, B를 가정한다. 각 경기자가 선택할 수 있는 전략은 맥 컴퓨터와 PC 중 하나를 선택하는 것이다. 두 경기자의 보수payoff는 다음과 같이 결정된다. 1) 두 경기자가 모두 맥 컴퓨터를 선택하면 두 사람 모두 높은 보수(5)를 얻는다. 앞서 설명한 바와 같이 맥 컴퓨터는 GUI를 장착하고 있었기 때문에 매우 높은 기술적 우수성을 누릴 수 있고, 두 사람 모두 맥 컴퓨터를 선택하면 네트워크 효과에 의해 맥 컴퓨터의 편리성이 높아지기 때문이다. 2) 한 사람은 맥 컴퓨터를 선택하고 다른 한 사람은 PC를 선택하는 경우에는 두 사람 모두 상대적으로 낮은 보수를 얻는다. 3) 두 사람 모두 PC를 선택한 경우에는 맥 컴퓨터를 선택한 경우보다는 낮지만 두 사람이 각각 다른 제품을 선택한 경우((2)의 경우)보다는 높은 보수(3)를 얻는다. 이러한 게임 상황은 다음과 같이 정리할 수 있다.

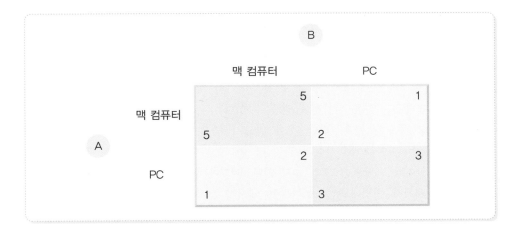

이 게임에는 두 개의 순수전략 내쉬균형이 존재한다. 하나는 두 사람 모두 맥 컴퓨터를 선택하는 것이고 다른 하나는 두 사람 모두 PC를 선택하는 것이다.

앞서 이야기한 바와 같이 게임이론 그 자체는 이 경우 어느 균형이 선택될지 설명하지 못한다. 실제 이 두 가지 균형 중 어느 쪽이 선택되느냐 하는 것은 이 시장의 초기상태에 달려있다. 주지하는 바와 같이 맥 컴퓨터는 마니아층을 중심으로 높은 가격으로 판매되었지만, IBM을 위시한 PC 제조업체는 수많은 clone 제품을 만들어 낮은 가격으로 PC를 판매하게 되었다. 따라서, 일부 맥 컴퓨터 마니아를 제외한 모든 시장 참여자는 저렴한 가격으로 판매하는 PC를 구입하게 되었고, 그 결과 균형은 가급적 많은 사람이 PC를 사는 상황으로 귀결되었다. 결과는? 맥 컴퓨터는 그 기술적 우월성에도 불구하고 시장에서 각광을 받지 못하게 되었다.

이런 경험은 과거 VCRVideo Casette Recorder 시장에서의 소니와 마쓰시타의 경쟁을 떠올리게 한다. 주지하는 바와 같이 소니는 베타 방식이라는 기술을 내세웠고 마쓰시타는 VHS라는 방식을 내세웠다. 기술적으로는 베타 방식이 더 우수했지만, 소니는 클론을 허용하지 않았고 마쓰시타는 가급적 클론을 허용하는 전략을 택했다. 그 결과 마쓰시타는 기술의 열세에도 불구하고 시장을 장악할 수 있었다. 가급적 많은 업체들이 VHS 방식을 채택했기 때문에 소비자는 소니 제품을 택하지 않았던 것이다.

전략강의노트 7 ● **강한 것과 약한 것의 이 묘한 조화**

우리는 이 5장에서 게임이론의 상호의존성에 의존한 전략의 몇 가지를 살펴보았다. 우연의 일치라고 볼 수 있을지 모르나 여기서 제시되고 설명되는 전략을 곰곰이 살펴보면 다음과 같은 시사점을 얻을 수 있다.

우선 가장 중요한 것은 '강한 것이 반드시 좋은 것은 아니다The strong is not always good'라는 것이다. 세 사람의 권총 경기에서 본 바와 같이 권총을 제일 잘 쏘는 사람이 살아남을 확률은 그리 높지 않다. 피그게임에서 본 바와 같이 어떤 상황에서는 큰 돼지가 지렛대를 누르고 작은 돼지가 그 과실을 향유하기도 한다. 마지막 애플과 소니의 경우에서 본 바와 같이 최고의 기술력을 자랑하는 회사의 제품이 시장에서 항상 각광을 받는 것이 아니다.

그러니 우리가 확인할 수 있는 것은, 최소한 전략의 관점에서, 강한 것은 일반적으로 좋지만 항상 그 강함을 추구하기 위하여 노력할 필요는 없다는 것이다. 여기서 강하다는 것은 공부를 잘한다는 것, 운동을 잘한다는 것, 큰 돈을 벌인다는 것, 기술이 뛰어나다는 것, 사회에서 성공을 한다는 것 등 여러 가지 사실을 의미한다. 강하다는 것은 더 큰 가치를 추구하기 위한 필요조건에 불과할 뿐 필요충분조건은 아니라는 것이다.

그러면 전략의 관점에서 이 강한 것을 잘 활용하기 위한 최선의 방책은 무엇일까? 혹은 강하지 못한 자질을 가지고 있을 경우 어떻게 행동하고 살아가는 것이 바람직한 것일까? 5장에서 살펴본 전략에 따르면 이에 관한 조언은 다음과 같이 정리할 수 있을 것 같다. 너무 앞서려고 노력하지 말고, 자신의 힘을 기르고 자중자애하면서, 필요한 경우 가끔씩 남과 다른 행동을 하되, 일의 전후 맥락을 따지는 통찰력을 가지고 하라는 것이다. 그렇다고 하늘에서 감이 떨어지기를 기다릴 것이 아니라, '해야 할 일은 반드시 하라'는 것이다.

너무 어려운가? 아니다. 게임이론에 기반한 상호의존성, 그리고 그것을 바탕으로 한 전략이 던지는 교훈을 다음과 같이 정리하면 너무 단순화한 것일까?

강자에게 던지는 말: 인간만사 새옹지마다.
약자에게 던지는 말: 쥐구멍에도 볕들 날 있다.

[자료] 필자 작성.

제2부

협상, 어떻게
할 것인가

이론편

Strategic Negotiation

제2부는 협상을 잘하기 위한 이론적 기반을 설명하고 있다. 하지만, 이론적 기반이라고 말하지만 사실상 이론이라고 말하기에는 지나치게 이론적이지 않다. 그냥 아무런 부담 없이 읽어나가도 된다. 그 외 제2부를 효과적으로 활용하기 위한 두 가지 방향을 제시한다.

첫째, 제2부 2장은 보지 않고 건너뛰어도 좋다. 이 부분은 협상을 분석하기 위한 기본적 개념을 요약한 것이라 다른 장들과의 유기적 관련성이 다소 떨어진다. 그리고 이 장을 읽지 않더라도 다른 장들을 이해하는 데 아무런 문제가 없다. 하지만, 협상을 이기고 지는 문제가 아니라, 새로운 가치를 만들어 함께 이기는 것으로 이해하기 위해서는 이 장을 한 번 정독해도 좋다.

둘째, 제2부의 기타 장들은 제3부와 깊은 연관성을 가진다. 특히 4, 5, 6장은 어떤 부분은 제3부를 요약한 것이고, 혹은 제3부의 어떤 장들은 제2부를 구체적으로 설명한 부분들이다. 일관성을 위해서는 부분적으로 중복되는 것들을 전부 제거하는 것이 바람직할 수 있으나, 다소의 중복은 그대로 두었다. 반복해서 몸에 익히는 것이 협상을 더 잘 이해하고, 실전에서 더 좋은 협상 성과를 올리는 길이라고 생각했기 때문이다.

제2부의 결론은 무엇이라고 말할 수 있을까? 이렇게 정리해 보자.

1) 협상이란 협상에 참여하는 양 당사자의 협상대상에 대한 인식과 견해의 차이를 활용해 새로운 가치를 창출하고, 그 가치를 두 사람이 만족하는 방향으로 나누는 것이다.

2) 협상과 흥정은 구별해야 하며, fact보다 perception이 중요하며 내용보다 스타일이 중요할 때가 많다.

3) 협상력의 진정한 원천은 자기 자신이며 협력적으로 협상하는 것이 낫다.

4) 협상을 잘 하기 위해서는 무엇보다 협상준비를 제대로 해야 하며, 협상의 목표를 제대로 설정해야 하며, 협상에 목숨 걸지 말고 협상대상을 객관적으로 바라보고, 두 사람이 동시에 만족할 수 있는 제3의 방안을 찾아내야 한다.

5) 협상의 '과정'을 충분히 이해해야 하지만 그 과정이 뛰어넘지 못하는 '구조'라는 장벽이 있음을 이해해야 한다.

6) 협상을 잘하기 위해서는 다양한 협상 테크닉을 구비하기 보다는 협상에 대한 기본성격을 정확히 이해하는 것이 좋다.

협상이란 무엇인가: 게임이론과 협상

협상이란 무엇인가? 이 글을 읽는 독자 여러분은 협상이 무엇이라고 생각하는가? 이 질문이 중요한 것은 협상을 무엇이라고 생각하느냐에 따라 협상에 임하는 자세와 협상의 결과가 달라지기 때문이다. 이제 하나의 사례를 제시함으로써 협상이 무엇인가를 조금 자세히 살펴보도록 한다.

1. 협상을 이해하기 위한 중요한 사례

사례 1 아이들 둘(형과 동생)이 오렌지 하나를 놓고 다투고 있다. 서로 자기가 많이 먹어야 한다는 것이다. 어떻게 오렌지를 나누어야 두 아이가 만족하겠는가?

이 글을 계속 읽기 전에 여러분이라면 어떻게 할 것인지 잠시 생각해보기 바란다. 흔히 나오는 답은 그냥 단순히 반으로 나누어 준다는 것이다. 그러면 두 아이 모두 만족하게 될까? 남의 떡이 커 보이는 법이니 아이들 둘은 결코 만족하지 않는다. 형은 동생의 오렌지가 커 보이고, 동생은 형의 오렌지가 커 보이는 법이다. 그러면 어떻게 해야 할까? 두 아이의 말을 자세히 들어보면 '자기가 더 많이 먹어야 한다는 것'보다는 '최소한 상대방보다 적게 먹지는 않아야 한다는 것'을 알 수 있다. 공정해야 한다는 것이다. 만약 이 '공정성'을 발견할 수 있다면 다음과 같은 해법이 나올 수 있다. 형이 먼저 오렌지를 나누고, 동생은 형이

---

1) 제2부의 11개 장은 저자(2012, c)의 제2부의 내용을 다소 수정한 뒤 재구성하거나 그대로 옮긴 것이다.

나눈 오렌지에서 자기 몫을 먼저 선택할 수 있도록 한다. 어떻게 될까? 형은 기를 쓰고 오렌지를 공정하게 나누려 애를 쓸 것이고(자신의 몫은 뒤에 선택하니까), 동생 역시 눈에 불을 켜고 조금이라도 큰 부분을 선택하려 애쓸 것이다. 형과 동생 모두에게 자신의 의지로 선택할 수 있는 기회가 부여되었다. 그래서 서로 만족할 수 있다. 이것은 비록 작은 사례에 불과하지만 협상이 무엇인지 그 핵심을 잘 드러내고 있다.

2. 협상이란 무엇인가

이 사례를 보면 협상이 무엇인지 다음과 같이 이해할 수 있다.

첫째, 협상이란 혼자서 하는 것이 아니라는 점이다. 사례에서 보는 바와 같이 한명이 아닌, 두 명의 아이가 오렌지를 더 많이 먹으려고 다투고 있다. 그러니 자기 몫의 오렌지 크기를 결정하기 위해서는 반드시 상대방의 동의가 있어야 한다. 그런 점에서 협상은 일종의 게임이다. 그래서 협상에서는 상대방이 어떻게 반응할지, 상대방이 어떻게 나올지 예측하는 것이 매우 중요하다. 이것을 상호의존성이라고 하는데 이 상호의존성은 협상의 본질을 가장 잘 나타내는 것이다. 내가 상대방에게 할 말, 행동, 태도, 입장을 결정하기 전에 나의 이런 자세에 상대방이 어떻게 반응할지 미리 살펴보는 것. 그게 바로 협상의 핵심이다. 역지사지易地思之, 혹은 '상대방의 신발에 내 발을 미리 넣어보는 것'이 이런 태도를 일컫는 것이다. 이런 상호의존성을 가진다는 점에서 협상은 게임이론과 밀접한 관련을 가진다.

둘째, 협상에서 자신의 입장과 견해를 밝히는 것은 주로 말을 통해서다. 달리 말해 상대방에게 내가 어떤 형태로 나의 말을 전달할 것인가 하는 점이 매우 중요하다. 그런 점에서 말하는 기술은 협상에서 매우 중요한 부분을 차지한다. 위에서 이야기한 상호의존성까지 고려한다면 상대방의 '오는 말'을 염두에 두고 나의 '가는 말'을 계획할 필요가 있다. 이런 점에서 협상은 예술의 측면도 있다.

셋째, 협상이 타결되기 위해서는 협상에 참여한 사람들(여기서는 두 아이)이 협상의 결과에 만족해야 한다. 두 아이가 어떻게 해서건 오렌지를 나누는 방식에 합의할 경우 협상은 타결된 것이라고 할 수 있다. 즉, 협상의 타결이란 협상의 대상(여기서는 오렌지)을 나누는 방식(이것을 협상대상에 대한 기대expectation라고 한다)

에 두 아이 모두 의견을 같이한다는 것을 의미한다. 중요한 것은 두 아이의 의견일치이지 제3자의 의견일치가 아니라는 것이다. '두 사람이 합의하기만 하면' 협상은 타결된 것이다. 그러므로 협상력이란 이 기대를 자기에게 유리한 방향으로 바꾸는 것을 의미한다. 윽박지르건, 회유를 하건 자기가 더 많이 먹는 방향으로 오렌지를 나누기로 한다면 그게 자기의 협상력이라는 것이다. 협상에는 이 기대라는 요소가 중요하기 때문에 협상전략과 전술은 사람의 심리적인 면에 많이 의존하게 된다.

넷째, 그러면 협상에서 가장 중요한 것은 무엇일까? 협상에서 가장 중요한 것은 타결된 협상결과를 놓고 두 아이 모두 만족할 수 있어야 한다는 것이다. 어느 한 아이가 자기 몫의 오렌지에 대해 입이 하늘까지 나와 있다면 이 협상은 결코 성공한 것이라고 할 수 없다. 협상의 결과 win-lose의 경우가 없는 것은 아니지만 가능한 한 윈-윈의 형태로 협상을 끝내는 것이 바람직하다. 여기서 반드시 이해해야 할 것이 있다. 윈-윈win-win 협상이라고 해서 형과 아우가 반드시 정확히 오렌지를 반으로 나누어야 하는 것을 의미하지는 않는다. 어떤 이유로 형이 대폭 양보하여(그런 일은 실제 잘 발생하지 않는다) 아우가 큰 것을 먹더라도 두 사람 모두 그 결과에 만족한다면 그것은 윈-윈 협상인 것이다.

3. 협상과 중재는 어떻게 다른가

협상에는 가끔씩 제3자의 중재가 필요한 경우가 있다. 사례 속의 아이 두 명이 좀처럼 오렌지를 나누는 것에 합의하지 못하고 계속 싸우고 있다면 그 때는 아이의 부모와 같은 제3자의 도움이 필요할 수 있다. 어떤 종류의 협상이건 양 당사자가 원만히 합의에 이르지 못할 경우 다른 사람이 객관적인 시각에서 돕는 것이 바람직할 수 있다. 많은 경우 실제 협상에서는 직간접적으로 제3자의 개입이 발생한다. 그러니 우리는 자신이 협상의 당사자로서 협상에 참여할 때도 있고, 제3자로서 이해가 상충되는 두 사람 사이의 이해 관계를 조정할 수도 있다.

다시 한 번 위에서 언급한 사례로 돌아가 보자. 만약 여러분이 위에 제시한 사례의 중재를 맡게 되었다면 어떤 해결책을 제시할 수 있을까? 위에 제시한 것(형이 먼저 오렌지를 나누고, 동생은 형이 나눈 오렌지에서 자기 몫을 먼저 선택할 수 있도록 하는 것) 이상의 해결책은 없을까? 계속 읽기 전에 한 번 생각해 보자.

만약 여러분이 부모의 입장이라면 전혀 다른 새로운 해결책 하나를 발견할 수 있다. 그것은 오렌지 하나를 더 사오는 것이다. 기발하지 않은가? 오렌지 하나를 나누려고 다투고 있는데, 차라리 관점을 바꾸어 새로운 오렌지 하나를 더 사오면 저절로 문제가 해결된다. 하나씩 오렌지를 나누면 되기 때문이다.

이런 해결책은 협상(중재)에 있어서 정말 중요한 것이 무엇인지를 보여준다. 문제를 풀기 위해서는 문제와 관련된 쟁점에 얽매이지 않고, 한 발자국 물러서 새로운 관점에서 협상의 대상을 바라보는 것이 중요하다. 오렌지를 나누는 것에만 관심을 집중시킨다면 오렌지를 하나 더 사오면 문제를 해결할 수 있다는 '상상력 혹은 창의력'을 발휘할 수 없다. 문제 혹은 갈등을 풀기 위해서 오히려 그 대상으로부터 떨어지는 것이 바람직하다는 것이다. 뒤에서 자세히 설명되겠지만, 바로 이런 사실로부터 협상을 잘할 수 있는 방법 하나가 유추될 수 있다. 그것은 바로 '협상대상과 거리를 두라'는 것이다. 다른 말로 표현하면 협상대상에 집착하지 않고 협상에 목숨 걸지 않는 것이 협상을 잘하는 지름길이 될 수 있다는 것이다.

특히, 중재의 경우 이런 특성이 더 발휘될 수 있다. 한 발자국 떨어져 조금 더 객관적일 수 있기 때문이다. 예컨대, 의사와 환자 사이의 커뮤니케이션이 잘되지 않을 경우 치료가 잘되지 않을 수 있다. 의사는 수많은 환자를 치료해야 하기 때문에 개별 환자에 많은 시간을 할애할 수 없고, 환자는 자신의 상태에 관심을 가지지 않고 자세히 설명을 해주지 않는 의사가 못마땅하다. 그럴 경우 간호사와 같은 제3자가 양자 사이의 소통을 원활히 하는 역할을 할 수 있다. 그리고 그 소통이 원활하게 되는 것은 제3자가 의사와 환자 모두에게서 약간의 거리를 두고 있기 때문이다. 그러니 너무 가까우면 오히려 소통이 방해받을 수 있다. 참 재미있는 역설이 아닐 수 없다.

4. 협상의 정의

위에서 든 사례를 중심으로 해서 협상을 정의하면 다음과 같이 요약할 수 있다: '협상에 참여하는 양 당사자가 협상의 타결에 대한 기대를 일치시켜 가는 과정'.

이처럼 협상의 정의는 매우 간단하다. 하지만 이 정의에 포함된 함의는 하나 둘이 아니다. 그것은 다음과 같이 다시 정리할 수 있다.[2]

---

2) 위에서 설명한 사례에서 이미 협상과 관련된 많은 함의를 설명했지만 협상의 정의와 관련 이

첫째, 협상은 혼자서 하는 것이 아니고 반드시 상대가 있다.

그렇기 때문에 '상호의존성interdependence'이 중요하게 된다. 이 상호의존성만 제대로 이해하면 협상과 관련된 80%는 거의 이해한 것으로 간주할 수 있다.

둘째, 당연한 이야기지만 협상은 그 타결을 목표로 한다. 협상을 실패로 끝내기 위해 협상하는 사람은 아무도 없기 때문이다. 그리고 협상이 타결되기 위해서는 협상의 대상 혹은 협상 타결에 대한 기대가 일치해야 한다.

셋째, 협상의 타결에 대한 '기대'가 중요하기 때문에 사람의 심리와 연관되는 협상전략과 전술이 나오게 된다.

넷째, 협상이란 일조일석에 끝나는 것이 아니라 시간이 걸린다. 그렇기 때문에 '과정process(차후의 시리즈에 설명되겠지만 협상은 사전협상단계, 본협상단계, 후속협상단계로 나누어진다)'이라고 할 수 있는 것이다.

5. 협상과 흥정은 다르다[3]

여기서 한 가지 질문을 던진다. 협상과 흥정은 어떤 관계를 가지는 것일까? 협상에 관한 강의나 실습을 할 경우 대부분의 경우 양자를 같은 것으로 이해하고 있음을 발견하게 된다. 과연 그런가? 결론부터 말하면 협상과 흥정은 다르다. 물밑 흥정이건 물 위 흥정이건 가릴 것 없이 흥정의 가장 기본적인 특성은 '주고받는 것'이다. 다시 말해 흥정에는 일방적인 것이 없다. 하지만, 오해하지 말자. 협상에는 수많은 흥정의 요소가 있고, 협상을 잘하기 위해서는 주고받는 흥정을 잘할 필요가 있다. 적절한 시점에 양보를 주고받을 필요가 있다는 것이다. 아래 그림이 이런 관계를 보여준다. 협상과 흥정은 많은 부분이 겹치기는 하지만, 흥정의 요소가 없는 협상이 더 많을 수 있다는 것이다. 그것은 정말 협상을 잘하기 위해서는 주지 말아야 하고, 받지 말아야 할 때가 있다는 것을 의미한다. 원칙과 규칙을 지키는 것이 중요할 때는 그렇게 하는 것이 협상을 잘하는 지름길이라는 것이다. 즉, 흥정을 하지 않는 것이 정말 협상을 잘하는 것이 되는 경우가 많다. 독도가 우리 땅이라는 것은 누구나 다 안다. 일본이 시비를 걸어온다

것을 다시 정리하기로 한다.
3) 협상과 흥정에 대한 추가적인 설명 혹은 사례는 제3부 1장 1절(협상은 주고받는 것일까)을 참고하기 바란다.

고 해서 독도가 우리 땅이라는 것을 증명하기 위하여 일본과 협상(이 경우에는 흥정)을 할 필요는 없지 않은가? 30년 이상 살아온 내 아내를 다른 사람이 자기 아내라고 주장할 때 그 주장이 틀리다는 것을 증명하기 위해 법원에 가야할 필요는 없다는 것이다.

우리는 협상을 해야지 흥정을 해서는 안 된다. 협상을 잘하면 흥정을 잘할 수 있지만 흥정을 잘한다고 협상을 잘할 수 있지는 않기 때문이다.

그림 1 협상과 흥정의 관계

6. 누구나 협상을 한다

협상에 대한 강의나 교육을 할 때 정말 놀라게 되는 것은 많은 사람이 협상은 특별한 사람들이나 한다는 오해를 할 때다. 북한의 핵문제 해결을 위한 6자회담, 한국과 미국의 쇠고기 시장개방 협상, WTO에서의 쌀 시장개방 협상, 혹은 외국기업의 한국기업에 대한 인수합병과 같은 것은 당연히 협상으로 생각하지만, 백화점이나 재래시장에서 물건을 사는 것, 직장 동료나 상사와 회의를 하는 것, 혹은 집에서 배우자나 가족과 이야기하거나 갈등을 조정하는 것은 협상으로 생각하지 않는다는 것이다. 어떻게 그런 오해를 할 수가 있을까?

앞서 말한 협상에 대한 정의를 다시 들지 않더라도 위에서 말한 모든 것들은 다 협상이다. 국가와 국가 사이에서 행해지는 각종의 협의, 기업과 기업 사이에서 행해지는 모든 논의, 개인과 개인 사이에서 이루어지는 모든 토론과 협의 역시 협상이 아닐 수 없다. 부부싸움을 하거나, 공부하지 않는 자녀를 설득하여 공부하도록 하는 것, 사사건건 트집을 잡는 아랫사람에게 동기부여를 하는 것, 남자와 여자가 연애를 하는 것, 이건 모두 협상의 범주에 드는 것이다. 협상에 참여하는 양 당사자가 있고, 협상의 타결을 목표로 하며, 협상이 타결되기 위해서는 협상의 대상에 대한 양 당사자의 기대가 일치해야 하며, 협상이 타결되기 위해서는 상당한 시간과 과정이 필요하기 때문이다. 그러니 모든 사람은 알게 모르게 협상을 하고 있는 것이다.

누군가 이의를 제기한다. 연애가 어찌 협상이냐고? 연애는 혼자서 하는 것이 아니고 두 사람이 하는 것이다. 그러니 상호의존성을 가진다. 연애의 협상대상은 상대방의 마음이다. 협상에 성공하는 것은 두 사람의 마음이 하나로 되는 것(서로 사랑하는 것)이고, 실패한다는 것은 그렇지 않다는 것을 의미한다. 협상전략이란 서로의 마음을 얻기 위해 취하는 갖가지의 이벤트나 행동을 의미한다. 어떤가? 협상인가 아닌가?

사실, 허브코헨이라는 유명한 협상가는 '인생의 8할은 협상이다'라고 말한다. 하지만 나는 이 말도 틀렸다고 생각한다. 인생의 8할이 아니라 9할이 협상이기 때문이다. 그래서 독자 여러분이 이 글을 얼마나 잘 소화했는지 알기 위해서 다음과 같은 질문을 던져보겠다.

'나 자신과의 싸움도 협상이다.'

이 말은 맞는 말인가, 틀린 말인가? 잠시 생각한 뒤 아래 답을 보기 바란다.

이 말이 틀린 말이라고 생각하는 사람은 이 글을 처음부터 다시 꼼꼼히 읽어보기 바란다. 나 자신과의 싸움도 협상이다. 그것도 아주 귀중하고, 제일 중요한 협상이다. 이 협상에서 이기기만 하면 세상 모든 것을 얻을 수 있다. 이 협상에서 이기기 위해서는 인생에서 행복을 얻고 성공하기를 원하는 자기 자신이, 그런 노력을 하지 않기를(의식적으로건 무의식적으로건) 원하는 자기 자신과의 협상에서 이겨야 한다. 혹은 그런 노력을 하기 원하지 않는 자기 자신을 다르게 변화시킬 줄 알아야 한다.

그림에서 보여지는 책은 바로 이런 관점에서 협상을 설명한 책이다.

그림 2　자신의 삶이 협상이라는 것을 보여주는 책

7. 협상력이란

앞서 잠깐 설명한 바와 같이 협상력을 "협상에 참여하는 상대방의 협상 타결에 대한 기대를 자신에게 유리한 방향으로 변경시킬 수 있는 능력"으로 정의할수 있다. 그래서 협상 상대방의 기대(협상대상에 대한 기대, 혹은 협상결과에 대한기대)를 자기에게 유리하게 변경할 수 있을 때, 당연히 협상의 타결 뒤 자신에게돌아 올 몫이 많아지게 된다.

그러면 기대가 왜 중요할까? 그것은 협상에 참여한 사람의 몫을 결정하는 것은 협상의 양 당사자들이 각각 협상 상대방에 대한 믿음(여기서의 믿음은 신뢰를의미하는 trust가 아니라 있는 그대로 사실을 받아들이는 belief를 의미한다)을 어떻게형성하느냐에 달려 있기 때문이다. 즉, 협상에서 중요한 것은 서로 '상대방의 자신에 대한 믿음', 혹은 '자신의 상대방에 대한 믿음'을 어떻게 변화시키느냐는 것이기 때문이다. 그러한 믿음의 변화가 지속될 경우 협상 타결에 대한 기대가 변하게 된다. 좀 어려운가? 쉽게 말해, 협상의 상대방이 당신을 '찔러도 피 한 방울 안 나올 사람'으로 생각하게 된다면(협상의 상대방이 그렇게 기대하도록 당신이유도했다면) 협상에서 당신이 우위에 설 수 있게 된다는 것이다.

■ 협상력의 원천은 자신을 구속할 수 있는 힘

그래서 토머스 셸링은 협상력에 대해서 다음과 같이 이야기한다. "**상대방을꼼짝 못하게 제약할 수 있는 힘은**(그래서 **상대방의 믿음을 변화시킬 수 있는 힘(협상력)은) 스스로를 구속할 수 있는 힘에 의존한다.**" 일견 모순되게 보일 수도있지만 이 말은 협상력의 원천은 바로 자신 혹은 우리에게 있음을 의미한다. 스스로를 구속한다는 것은 자신의 말과 행동이 거짓이 아니라는 것, 혹은 돌이킬수 없다는 것을 의미하는 것이고, 오직 그럴 경우에만 상대방의 믿음을 변화시킬 수 있다는 것이다. 쉽게 말해 '나는 이 시계를 10만원 이하로는 팔지 않겠소'하고 상대방에게 말할 때 상대방이 그것을 신뢰한다면 그 시계는 10만원에 팔릴수 있다. 하지만 상대방이 그 말을 허풍bluffing으로 생각한다면 그 시계는 10만원에 팔릴 수 없다. 그러니 관건은 그 말이 얼마나 말하는 사람을 구속할 수 있는가 하는 점이다.

국가 간의 협상에서도 마찬가지다. 통상협상이건 정치적 협상이건, '우리가 양보할 수 있는 것은 이 것밖에 없소' 하는 제안을 할 경우, 그 제안이 국민의 일치된 지지를 받고 있거나, 혹은 더 이상 양보를 할 경우 정권의 존립이 위협 받게 된다면, 그리고 그 사실을 상대방이 알고 있다면, 상대방은 그 제안을 받아 들일 수밖에 없다. '제대로 스스로를 구속했기' 때문이다. 개인 간의 협상이라고 다를 리 없다. '내가 도둑질을 했다면 내 판사직을 내어 놓겠소'. 절도 혐의를 받고 있는 판사가 이런 선언을 했다면 그것은 거짓말이 아닐 가능성이 높다. 누구도 판사직을 걸고 도둑질을 하지는 않기 때문이다.

노사협상과 같은 협상에서는 어떨까? 당연히 같은 원칙이 적용된다. '파업기간에는 무노동 무임금 원칙을 적용하겠다'는 사용자측의 말이 '충분히 사용자를 구속할 수 있으면' 노조는 그 말을 믿을 수밖에 없고, 당연히 노조는 파업기간을 줄일 수밖에 없다. 어떤가? 과거의 관행에 비추어 볼 때 지금 이 원칙을 지키겠다고 천명하는 현대자동차 사용자의 발언은 믿을 만한가? 그렇지 않다는 것을 모두 알고 있다. 현대자동차 사용자가 과거에 그렇게 하지 않았기 때문이다. 무노동 무임금의 원칙이 지켜지기 위해서는 현대자동차 사용자는 '자신의 말이 신뢰할 만하다'는 것을 증명해야 한다. 그 대가는 결코 가볍지 않다.

협상을 잘하고 싶은가? 그러면 스스로에게 충실하라. 그런 뒤에야 협상의 전략들을 배워야 한다.

제2장

협상을 시작하기 전 검토해야 할 기본 요인[1]

　이제 우리는 기본적으로 협상이 무엇이고 협상력이 무엇인지를 살펴보았다. 그리고 이런 관점에서 협상이 게임이론과 밀접한 관계를 가지고 있음도 확인하였다.

　이 장에서는 협상에 들어가기 전, 보다 효과적인 협상을 위해서 필요한 것이 무엇인지를 검토할 필요가 있다. Michael Wheeler는 이것을 '협상을 시작하기 전 검토해야 할 기본적 요인mapping negotiation'이라고 불렀다.

　기본적인 요인에는 다양한 요소들이 포함될 수 있으나 마이클 휠러Michale Wheller는 다음과 같은 일곱 가지 요인을 검토하는 것이 바람직하다고 강조하고 있다.

- **BATNAs**: 상대방이 협상에 실패할 경우 무엇을 할 것인가?
- **협상에 참여하는 자**Parties: 실제 누가, 어떤 단체가 협상에 참여하는가?
- **이해관계**Interests: 그들의 근본적인 요구 혹은 우선순위는 무엇인가?
- **가치**Value: 협상에 있어서 가치는 어떻게 창조되고 획득할 수 있는가?
- **장벽**Barriers: 합의를 가로막는 장벽은 무엇이고 극복할 수 있는가?
- **힘**Power: 다양한 집단들이 어떻게 혹은 어떤 과정을 거쳐 협상의 과정에 개

---

1) 이 2장은 Michael Wheeler, "Negotiation Analysis: An Introduction," Harvard Business School, 9-801-156의 내용을 기본으로 필자가 정리한 것이다. 대부분의 내용은 이 논문을 번역 정리한 것이지만, 부분적으로 의역 혹은 필자의 의견을 첨언한 것이 있음을 밝힌다. 필자의 의견이 첨부된 것은 *로 표시하였다.

입하고 그 결과에 영향을 미치는가?

• **윤리**Ethics: 해야 할 올바른 일은 무엇인가?

1. BATNAs

BATNAsBest Alternatives To a Negotiated Agreement, 이 개념은 문자 그대로 합의된 협상 결과를 대체할 수 있는 최선의 대안을 의미한다. 달리 말해, 지금 진행되고 있는 협상 결과가 합의되지 않을 경우 당신이 선택할 수 있는 최선의 상태 혹은 대안을 의미한다.

BATNAs의 개념은 쉽지만 실제 적용하기는 쉽지 않다. 그것은 실제 이것이 무엇이 의미하는지를 협상하는 자리에서 파악하기란 쉽지 않기 때문이다. 또, 이 것이 의미를 가지기 위해서는 자신의 BATNAs와 함께 협상 상대방의 BATNAs 도 파악해야 하기 때문이다. 또, 자신의 BATNs가 분명하지 않을 경우 협상의 어느 시점에서 특정문제에 대해 합의를 해야 하는지 그렇지 않으면 협상을 실패로 간주하고 협상장을 걸어 나와야 하는지를 결정하기 쉽지 않다.

협상에서 당신과 상대방의 BATNAs를 평가하는 것은 과학과 예술의 양 측면을 가지고 있다. 과학의 측면이란 서로 받아들일 수 있는 다양한 대안적 합의를 파악하고 어느 것이 가장 바람직한 것인지를 평가하는 것을 의미한다. 예술의 측면이란 창조적인 대안들을 생각해 내는 것과 그것들의 상대적 가치를 저울질하는 것을 의미한다. 즉, 과학의 측면이란 나의 BATNAs와 상대방의 BATNAs를 비교하는 과정과 관련된 것이고, 창조적 측면이란 BATNAs 그 자체를 만들어내는 혹은 자신의 BATNAs를 비교하는 과정과 관련된 것이다.

* 이와 비슷한 개념으로 폴백을 들 수 있다. 폴백fallback이란 협상이 실패할 경우 나에게 발생하는 일 혹은 결과를 의미한다. BATNAs는 대안이라는 개념에 중점을 두는 반면, 폴백이란 협상의 실패시 발생할 수 있는 결과라는 개념에 중점을 둔다. 당연한 이야기지만, 폴백에는 나의 것이 있고 상대방의 것이 있다. 또 당연한 이야기지만 나의 폴백이 작을수록 지금 진행되는 협상에서 내가 유리한 위치에 설 수 있다(반대로, 상대방의 폴백이 클수록 내가 유리한 위치에 설 수 있다).

BATNAs를 제대로 이해하는 것, 그리고 협상을 더 이상 계속하지 않는 것

walkaway. 이 두 가지를 제대로 파악해야만 협상의 결과를 제대로 분석할 수 있다. 즉, BATNAs를 제대로 이해해야 타결된 협상이 바람직한 것인지 그렇지 않은 것인지를 알 수 있고, walkaway(협상을 그만두는 것)를 이해해야 협상을 더 이상 계속하지 않는 것이 바람직한 것인지 그렇지 않은 것인지를 이해할 수 있다.

2. 협상참여자Parties

협상에 실제 참여하는 집단 혹은 사람은 누구인가? 이 질문에 대한 답변은 명확할 수 있으나 그렇지 않을 수도 있다. 외형적으로 매우 간단해 보이는 협상에서도 협상의 과정에 실제적으로 영향을 미치는 사람 혹은 집단은 그 협상의 장소에 있지 않을 수도 있다.

이런 경우에 대한 가장 대표적인 사례는 새 차를 사러 갔을 경우에 일어난다. 세일즈맨과 매니저의 관계가 대표적이다. 세일즈맨은 고객에게 재량권을 발휘할 수 없고 사실상 협상의 실제적 결정권은 매니저가 가지고 있다. 매니저들의 경우, 세일즈맨이 오직 고객과의 협상에 집중하여 고객이 지불할 수 있는 최대금액을 밝혀내기만을 바랄 뿐, 자신들이 제시할 수 있는 가격대를 세일즈맨이 알기를 원하지 않는다.

실제의 협상에서 실질적인 의사결정권자가 누구인지 혹은 어디에 있는지를 파악하는 것은 매우 중요하다. 그리고 이런 영향력을 행사할 수 있는 집단을 파악하는 것은 종종 그 협상 자체를 재정의하는 결과를 가져오기도 한다. 즉, 지금 하고 있는 협상에 참여하고 있는 사람 혹은 집단보다는 그 이면에 있는 사람 혹은 집단과 협상을 하는 것이 더 바람직하다는 것이다. 그래서 실제 협상을 진행할 경우에는 "우리는 지금 협상에서 실제적 결정권을 가지고 있는 사람 혹은 집단과 협상을 하고 있는가?" 하는 질문을 계속해서 던질 필요가 있다.

 * 뒤에서 자세히 설명되겠지만 협상에서는 제3자의 존재를 설정하는 것이 협상에서 유리한 위치를 차지하는 하나의 방법이 될 수 있다. 제3자의 존재가 있을 경우 협상에 참여하는 당사자 혹은 일방은 협상의 진행과정 혹은 결과에 대해 이 제3자의 승인을 받을 필요가 있고, 이런 경우 제3자가 존재하지 않는 경우에 비하여 더 좋은 협상결과를 얻을 수 있다. 이런 현상을 위임의 힘이라 한다.[2]

---

 2) 이와 관련된 자세한 논의는 제3부 1장 8절을 참고하기 바란다.

3. 이해관계|Interests

핵심되는 집단의 이해관계 혹은 우선순위는 무엇인가? 이 질문도 얼핏 보기에는 분명해 보이지만 실제의 협상에서는 이런 질문에 대한 답을 명확하게 얻지 못할 수도 있다. 그래서 진행되는 협상의제의 이면에 놓여있는 이해관계를 파악하는 것probe for underlying interests이 매우 중요하게 된다. 예컨대 기업합병과 관련된 협상의 경우 단순히 기업과 기업이 합친다는 차원을 넘어, 이와 관련된 세금 문제, 시스템 합병(흡수), 기간 문제, 인수대금 지급방식 문제, 종업원 계승문제 등 다양한 문제에 대한 검토가 필요할 수 있다.

그래서 협상의 과정에서 혹은 협상을 시작하기 전에 이해관계를 측정하는 것이 중요한 문제로 부각된다. 하지만, 협상이란 새로운 것을 계속해서 발견해 나가는 과정으로 이해할 수 있고, 그런 과정에서 이해관계는 계속 변해가는데 때로는 그것이 근본적으로 변하기도 한다. 그래서 협상전략이란 변화하는 목표와 환경을 충분히 반영하고 거기에 적응하는 것이 되어야 한다.

4. 가치|Value

협상을 하는 과정에서 협상대상에 대한 가치는 어떻게 만들어지고 누가 그것을 가지게 되는가? 이 질문은 일견 간단해 보일지 모르지만 결코 간단한 문제가 아니다.

특정 물건에 대하여 판매자가 팔려고 하는 최소가격이 11만 달러이고(다시 말해 최소 11만 달러는 받아야 한다고 생각), 그 물건에 대해 구매자가 지불하려고 하는 최대가격이 14만 5천 달러라고(다시 말해 최대 14만 5천 달러까지 지불할 용의가 있다고 생각) 한다면 이 거래에는 ZOPA[3]가 있다. 즉, 3만 5천 달러라는 판매 대상에 대한 가격차이가 가치를 만들어내는 원천이 된다. 즉, 협상 대상에 대한 협상 참가자의 견해 차이가 협상에서 가치를 만들어내는 가장 중요한 원천이 된다.

---

3) ZOPA(Zone of Possible Agreement): 협상에서 상대방과 내가 동시에 받아들일 수 있는 영역을 의미한다. 하지만 실제의 협상에서 이 ZOPA의 정확한 그림을 파악하는 것은 매우 어렵다. 연속되는 제안과 역제안은 ZOPA의 진정한 영역을 동시에 측정하는 방법이다.

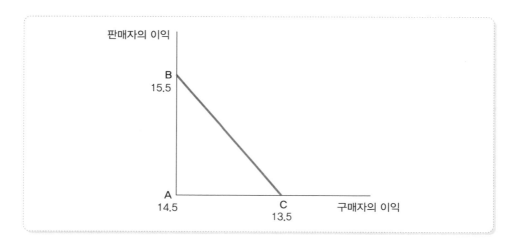

하지만, 대부분의 협상에서(협상에 참여하는 사람들 사이의 의견이 다르기 때문에) 새로운 가치를 만들어낼 수 있는 이슈는 가격 이외에도 많이 존재한다. 새로운 가치를 만들어 낼 수 있는 많은 이슈가 있다는 것은 첫째, 그 이슈를 조합하여 새로운 가치를 만들어낼 수 있는 새로운 방법을 개발할 수 있고, 둘째, 또 그 가치를 나누어 가질 수 있는 새로운 방법을 만들어낼 수 있다는 것을 의미한다. 예를 들어 위 거래에서 해당 물건이 14만 5천 달러에 매매를 하기로 결정했다고 하자. 그 뒤 이 거래가 이루어질 경우 1만 달러에 달하는 세금 감면이 있다는 것을 발견했다면 이 협상은 어떻게 진행될 수 있는가?

위 그림에서 보는 바와 같이 가로축은 구매자의 이익, 세로축은 판매자의 이익을 나타낸다. 현재 A점에서 합의가 이루어졌다. 즉, 14만 5천 달러에 거래를 하기로 한 것이다. 하지만, 이 거래가 이루어질 경우 1만 달러의 세금감면이 있는 것을 발견하였다고 하자. 만약 이 세금 감면의 혜택이 판매자에게 간다면 그는 실지로는 15만 5천 달러에 이 물건을 파는 셈이 된다. 이 세금 감면이 구매자에게 간다면 그는 이 물건을 13만 5천 달러에 사는 셈이 된다. 하지만 실제 세금 감면의 혜택이 어느 한쪽으로 치우치기 보다는 서로 나누어 가질 가능성이 높다. 위 그림에서 직선 BC는 바로 이 세금 감면을 서로 나누어 가질 가능성을 표시한 것이다. 여기서 발견할 수 있는 사항들은 다음과 같이 정리할 수 있다.

제2장 협상을 시작하기 전 검토해야 할 기본 요인 107

- 거래 양 당사자가 모두 혜택을 볼 수 있는 합의가 가능하다. 직선 BC 위의 모든 점(합의들)은 애초의 합의, 즉 점 A보다 더 낫다.
- 서로 이익을 볼 수 있는 새로운 가치를 만들어낸다고 해서 그것이 항상 그 만들어낸 가치가 양 당사자에게 골고루 분배된다는 것을 의미하지는 않는다.
- 파이를 늘리는 것, 그리고 그 파이를 나누는 것은 동일한 과정의 부분이다 Expanding the pie and dividing it are part of the same process.

하지만 이 경우 어느 한 당사자가 파이를 많이 가질려고 강하게 요구할 수 있고, 그런 과정은 협상 자체를 위협할 수도 있다. 그런 점에서 협상가는 가치를 창출하는 것과 그것을 나누는 것 사이의 긴장을 제대로 조정할 필요가 있다. 가치를 창출하기 위해서는 자신이 가지고 있는 정보를 상대방에 알릴 필요가 있고 또 경우에 따라서는 상대방의 입장에 동조할 필요도 있다. 하지만 이런 정보노출이나 상대방에 대한 공감이 오히려 자신에게 유익하지 못한 결과를 가져올 수 있다. 상대방이 그것을 이용할 수 있기 때문이다.

＊ 이 가치창출과 가치배분과 관련된 사항을 이 책에서는 협상가의 딜레마라는 용어로 설명하였다(자세한 것은 제2부 10장 3절을 참고). 즉, 협상의 과정에서 새로운 가치를 만들어내기 위해서는 상대방과 자신의 정보를 분명히 알 필요가 있고, 그 과정에서 협상의 상대방에게 자신의 정보 혹은 선호구조를 솔직하게 알릴 필요가 있다. 하지만, 협상의 상대방은 이런 태도를 악용하여, 일회적인 수인의 딜레마게임 형태와 같이, 자신의 일회적인 이익을 극대화할 수 있다. 즉, 협상을 통해 새로운 가치를 창출하려는 시도는 상대방의 태도로 인하여 성과를 맺지 못할 수도 있다는 것이다. 하지만, 협상을 통해 새로운 가치를 만들어내고, 그 만들어진 가치를 배분하는 것은 매우 바람직한 일이다.

Strategic Negotiation | 전략적 협상

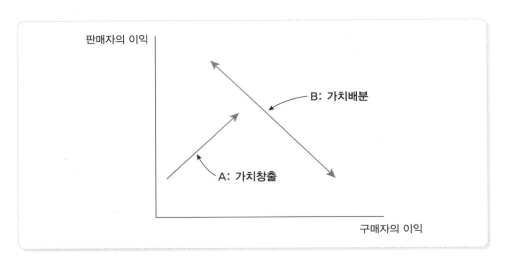

위 그림에서 보는 바와 같이 직선 A는 협상에서의 새로운 가치창출을 의미한다. 즉, 동북방향으로 진행할수록 협상에 참여하는 양 당사자가 얻을 수 있는 가치는 더 커지게 된다. 직선 B는 가치배분을 의미한다. 위로 갈수록 판매자에게 더 유리한 결과가 되고 아래로 내려갈수록 구매자에게 더 유리한 결과가 된다. 가장 중요한 것은 가치는 협상에 참여하는 사람들의 협상대상에 대한 인식과 견해의 차이difference 때문에 발생하는 것이지, 공통점 때문에 발생하는 것은 아니다. 이 차이에는 가치평가의 차이, 기대의 차이, 할인율의 차이, 위험에 대한 차이 등이 포함된다.

  * 협상에서 새로운 가치를 창출한다는 것은 매우 중요한 의미를 가진다. 그것은 바로 이런 인식을 가짐으로써 협상을 win-win의 프레임워크로 이해할 수 있기 때문이다. 많은 사람들이 협상을 win-lose의 개념으로 이해하는 것은 협상이란 새로운 가치를 창출하는 것이 아니라, 이미 만들어진 가치를 단지 나누는 것으로 생각하기 때문이다. 그리고 그런 새로운 가치의 창출은 협상에 참여하는 당사자들의 의견과 입장의 차이 때문에 가능하게 된다. 즉, 입장과 견해가 다르다는 그 사실이 새로운 가치 창출의 원동력이 된다는 것이다.

5. 장벽Barriers

어떤 종류의 장벽이 합의를 방해하거나 혹은 가치의 극대화를 방해하는가? 그리고 어떻게 이러한 장벽을 극복할 수 있는가? ZOPA가 존재하거나 서로 이득을 볼 수 있는 가능성이 있다고 해서 항상 이런 가능성이 실현되는 것은 아니다. 몇 가지의 장벽들은 이런 가능성의 실현을 방해한다.

■ 전략적 행동strategic behavior

가끔 전략적 행동이 이런 가능성의 현실화를 방해한다. 가장 대표적인 것이 과잉행동overplay이다. 자동차를 판매하는 세일즈맨은 고객이 제시한 금액에 대해서, 자신은 그것을 받아들일 용의가 있으면서도, 고객이 더 높은 금액을 지불하도록 유도하기 위하여 고객이 처음에 제시한 금액에 대하여 아주 난처하다는 표정을 지을 때가 있다. 그것이 과잉행동의 대표적 예이다.

새로운 가치를 창출할 가능성이 있을 경우, 어느 한쪽이 지나치게 양보하거나 혹은 지나치게 많은 몫을 요구할 경우 새로운 가치를 창출할 가능성 자체가 사라질 수도 있다. 그러므로 효과적인 전략을 구성하기 위해서는 그 전략이 가져다 줄 혜택과 위험성을 적절히 고려해야 한다.

■ 심리적 혹은 대인관계의 장벽

서로 상대방에 대한 신뢰가 부족하거나 커뮤니케이션 문제가 발생할 경우 이런 가치의 극대화 혹은 합의가 저해될 수 있다. 차를 파는 세일즈맨의 경우 그 사람이 본래는 정직하고 성실할 수도 있다. 하지만, 고객이 '세일즈맨은 대개 고객을 속이고 가격을 왜곡하는 성향이 있다'라고 생각하고 있다면 세일즈맨이 아무리 진지하고 좋은 제안을 하더라도 고객은 그 제안을 받아들이지 않을 가능성이 있게 된다. 이 경우 고객이 가지고 있는 세일즈맨에 대한 편견 혹은 인식이 합의를 방해하는 장벽으로 기능하게 된다. 감정 역시 이런 장벽의 하나로 작용할 수 있다. 감정은 쉽사리 격화될 수 있고 그 경우 협상에 참여하는 사람들은 그들의 실질적인 목표가 무엇이었는지를 잃어버릴 수 있게 된다.

■ 제도적 장벽

전략적 행동, 심리적 장벽 이외에 제도적 장벽도 합의를 가로막거나 가치의 극대화를 방해하는 요인으로 작용하기도 한다. 제도적 장벽을 극복하는 가장 바람직한 방법은 새로운 정책을 입안하거나 제시하는 것이다. 하지만, 이런 방식이 제대로 기능하기 위해서는 새로운 차원의 노력과 관심이 필요하다.

6. 힘Power

협상의 과정이나 결과에 다양한 집단이나 사람들은 어떤 방식 혹은 어떻게 영향을 미치는 것일까? 협상력이라는 것이 이에 대한 하나의 답이 될 수 있다.

협상력이라는 말은 비교적 친숙한 용어이지만 실제 이것이 무엇을 의미하는 지는 학자들마다 의견을 달리 한다. 협상력은 종종 협상에 참여하는 사람의 BATNAs의 강약을 의미하는 것으로 간주되기도 한다. 앞서도 말했지만 BATNAs 란 현재 합의에 이른 협상을 대신할 수 있는 가장 바람직한 대안을 말한다.

하지만 이 자체가 협상력의 강약을 의미하는 것은 아니다. 연봉 협상을 할 경우 당신이 다른 곳으로부터 좋은 제의를 받았다는 것(이것이 BATNAs이다)이 바로 지금 하고 있는 연봉협상에서 당신의 협상력을 강화시키는 것은 아니다. 마찬가지로, 이 BATNAs가 열악하다는 것이 협상에서 당신의 협상력이 약하다는 것을 의미하는 것도 아니다. 상대방이 당신의 대안을 알고 있느냐의 여부, 혹은 상대방이 당신의 대안을 어떻게 인식하고 있느냐가 사실상 협상력의 강약을 좌우할지 모른다.

* BATNAs와 협상력의 관계는 일목요연하지 않다. 위에서 설명한 바와 같이 BATNAs가 좋다는 그 자체가 바로 협상력을 높여주지 않는다. 좋은 BATNAs가 협상력 의 제고로 연결되기 위해서는 몇 가지 조건이 필요하다. 첫째, 내가 좋은 BATNAs를 가 지고 있다는 것을 상대방이 알고 있어야 한다. 연봉협상을 하는데 기업의 사장이 내가 다른 기업으로부터 좋은 제의를 받았다는 사실을 모른다면 이것이 이 연봉협상에서의 내 협상력을 높여주지는 않는다. 둘째, 협상을 시작하기 전에 이 BATNAs가 확인되어야 한 다. 그렇지 않다면 좋은 BATNAs는 그냥 하나의 좋은 정보에 불과할 뿐이다.

　＊ 은행에서 1만 불을 빌리면 당신은 문제를 가지고 있는 것이다. 하지만 은행에서 1천만 불을 빌리면 당신보다는 오히려 은행이 문제를 가지고 있는 것이다. 즉, 이 경우 많은 빚을 지고 있으면 역설적으로 당신보다는 은행이 더 난처한 입장에 놓이게 된다.

　1979년 이란의 테헤란에서 혁명적인 이란 학생들이 미 대사관을 점거한 사건이 발생했다. 미 대사관은 많은 정보를 가지고 있고, 이런 협상에서 어떻게 대처해야 할지 조언해 주는 유능한 협상 참모들을 가지고 있다. 반면, 학생들은 이란 정부와 조직적이고 체계적인 연락망을 가지고 있지 않았고 학생들 내부에서도 효율적인 의사소통, 혹은 체계적인 의사결정이 이루어지지 않는 상태였다. 이런 경우 누가 더 큰 협상력을 가진다고 할 수 있을까? 말할 필요도 없이 학생들이다.

　이런 사례들이 주는 교훈은 '외형적으로 강하게 보이는 것이 오히려 약함이고, 외형적으로 약해 보이는 것이 바로 강함'이라는 것을 역설적으로 보여준다.

　협상력에 힘 혹은 협상력이 가지는 중요성을 지나치게 생각해서 협상을 망치는 대신 차라리 협상의 기본적인 구조를 바꾸는 것이 더 협상을 유리하게 이끄는 길이 될 수 있다. 자동차 딜러에서 차를 사는 경우 협상의 기본적인 구조를 바꾼다는 것은 세일즈맨과 이야기하는 대신 매니저와 바로 협상을 하는 것이 이런 범주에 속하게 된다. 협상의 기본적인 구조를 바꾸는 또 다른 실례는 시한을 설정하는 것이다. 주지하는 바와 같이 시한을 설정함으로써 협상에 참여하는 사람들이 협상의 결과에 대한 혹은 협상이 실패로 돌아갈 경우 발생할 수 있는 사건에 대한 시각이 바뀔 수 있다.

　협상에서 힘을 행사할 수 있는 또 다른 방법은 상대방의 BATNAs를 공격하는 것이다. 자신의 BATNAs를 더 좋게 하는 대신 상대방의 그것을 더 악화시키는 것이 협상에서 유리한 고지를 차지할 수 있는 방법이 되기도 한다. 하지만 이것은 위험하고 지리한 일이다. 그럼에도 불구하고 실제의 협상에서 이런 일이 종종 발생한다. 사람들이 소송을 제기하는 것은 그렇게 함으로써 상대방을 협상의 장으로 불러내기 위해서이다.

　협상력은 복잡한 상황적 요소가 얽혀있다. 하지만 그 가장 중요한 원천의 하나는 앞으로 계속해서 설명할 인식perception의 문제이다. 당신이 훌륭한 대안을 가지고 있지 않더라도 상대방이 당신이 좋은 대안을 가지고 있다고 믿는다면 당신은 그 협상에서 유리한 고지를 차지할 수 있다. 마찬가지로 당신이 좋은 대안을 가지고 있지만 상대방이 그렇지 않다고 생각한다면 당신은 협상에서 유리한 고지를 차지할 수 없다. 따라서 BATNAs와 관련 중요한 사실은 1) 당신이 객관적으로 보아도 훌륭한 BATNAs를 마련하거나 확보해야 하고, 2) 그런 사실을 상대방이 제대로 알고 있어야 한다는 것이다. 특히, 두 번째 사항과 관련 자신의 BATNAs를 상대방에게 적절히 알리는 방법을 깊이 생각해 보아야 한다. 이것은 정보를 어떻게 흘리고 상대방이 이 정보를 어떻게 획득하게 되는지와 밀접한 관련을 가진다.

베트남이 미국과 파리에서 평화협상을 할 당시 베트남은 자신들이 본부로 쓸 건물을 임차하면서 무려 임차기간을 2년으로 설정하였다. 이 사실이 미국에 알려지자 미국 측은 베트남이 이 협상에 임하는 태도가 어떤지를 알게 되었고 그 결과 상대적으로 베트남은 협상에서 유리한 위치를 차지하게 되었다.

협상력은 역시 지식과 기술knowledge and skill이 복잡하게 반영되는 것이다. 협상의 대상에 대한 실질적인 정보를 가지고 있거나 협상대상에 대해 많은 정보를 가지고 있다면 그 협상 팀은 협상에서 유리한 위치를 차지할 수 있고, 협상을 통해 새로운 가치를 창출하거나 협상에 새로운 레버리지를 제공할 수 있다. 이와는 반대로 협상기술은 다음과 같은 사실들을 포함한다; 전략적 비전strategic vision, 창조성creativity, 설득력 그리고 자신감persuasiveness and self-confidence.

7. 윤리Ethics

협상의 과정에서 해야 할 올바른 일은 무엇인가? 협상에는 필연적으로 그 협상에 참여하는 사람 혹은 집단이 있기 때문에 실제 협상에서 사용할 전략이나 전술과 관련된 규칙 혹은 원칙이 있을 수 있다. 이와 관련 협상에서 책임 있게 행동하기 위해서 물어보아야 할 다섯 가지 질문은 다음과 같다.

- 어느 정도로 솔직해야 할 것인가?: 협상에서 단순히 침묵을 지키는 것과 과장되게 잘못 말하는 것 사이에는 분명한 구분이 있어야 한다.
- 공정성: 합의된 사항들이 어느 정도 형평성을 유지하고 있는가?
- 협상에서 어느 정도의 강압성force을 사용할 가능성이 있는가? 혹은 사용하였는가?
- 협상의 결과가 제3자에게 미치는 영향력은 어느 정도인가?
- 제3자를 위해 협상을 할 경우 발생하는 문제점: principal and agent problem

8. 요 약

지금까지 논의된 사항들은 다음과 같이 요약할 수 있다.

첫째, 효과적인 협상이 되기 위해서는 수단과 목적을 연결하는 잘 통합된 프레임워크가 필요하다.

둘째, 이 프레임워크의 가장 중요한 요소 하나는 우선 BATNAs를 정확히 파악하고 이해하는 것이다. 협상이 실패로 돌아가거나, 협상 장에서 물러날 경우 어떤 일이 발생할 것인가를 정확히 아는 것(자신에게나, 상대방에게나)은 매우 중요하다.

셋째, 그 다음 상대방의 기본적인 이해관계fundamental interests를 정확히 파악해야 한다. 이런 이해관계를 정확히 파악하는 것은 잠재적인 가치 창출의 원천이 된다.

넷째, 효과적인 협상을 위해서는 합의에 이르지 못하게 하는 장벽들이 무엇인지를 파악하는 것도 중요하다. 이와 함께 협상을 유리하게 이끌기 위해 협상의 구조적 요소들을 파악하는 것(그리하여 그 구조적 요소들을 재정의하여 협상의 가치를 재창출하는 것)도 중요하다.

다섯째, 이런 모든 과제들은 윤리적 문제와 적절히 연계되어 처리되어야 한다.

여기서는 이런 교훈들을 협상의 관점에서 파악하여 이끌어내었지만, 게임이론, 의사결정이론, 사회심리학과 인지이론 등을 통해서도 이런 교훈들을 이끌어낼 수 있다.

엄격한 협상의 분석은 협상에서의 성공을 위해 필요하다. 하지만 이것이 충분조건은 아니다. 전략은 기술과 통찰력과 함께 실행되어야 한다Strategy must be implemented with skill and insight. 경청하는 능력과 설득하는 능력 또한 중요하다. 인내심, 심지어는 유머까지 중요하다. 또, 협상에는 상대방이 있기 때문에 성공적인 협상을 위해서는 상대방의 태도 혹은 상대방의 창조적 능력도 중요한 역할을 하게 된다. 그러므로 협상 전략을 수립할 경우에는 협상 상대방의 창조적인 행동을 고무할 수 있는 전략을 수립할 줄 알아야 한다.

* 이런 면에서 이 책에서 누차 강조한 바와 같이 협상은 과학과 예술의 양면을 가지는 것이다. 그리고 이 책은 과학의 입장에서 협상을 설명하지만 예술적인 측면을 가미하고 있다.

제**3**장

협상의 3단계

협상은 크게 1) 사전협상단계, 2) 본협상단계, 3) 후속협상단계로 나눌 수 있다. 물론 이러한 단계 구분이 명확히 이루어지는 것은 아니지만, 협상을 이렇게 단계별로 구분할 경우 협상에 대한 준비를 보다 철저히 할 수 있고, 자기가 원하는 대로 협상을 이끌 수 있다.

1. 사전협상단계의 의미

사전협상단계란 본격적인 협상이 시작되기 전 예비적으로 이루어지는 모든 사전 논의를 의미한다. 어디까지가 본 협상이고 어디까지가 사전협상인지는 분명하지 않지만, 양 당사자가 자신들의 문제나 갈등을 해결하기 위해 공식적인 협상을 시작하기 전의 모든 단계를 사전협상단계로 이해할 수 있다. 흔히 말하는 예비협상도 이 범주에 넣을 수 있다.

이런 사전협상단계에서 가장 중요한 것은 무엇일까? 그것은 다름 아닌 '(본)협상이 있게 하는 것'이다. 그렇지 않은가? 만약 사전협상단계를 통해 협상 그 자체가 성사되지 않는다면 양 당사자 간의 갈등은 '협상이 아닌 다른 무엇'으로 해결될 수밖에 없다. 그것은 무역 전쟁이나 물리적 전쟁(국가 간 문제 해결의 경우), 공권력에 의한 질서 회복(사회적 갈등의 경우), 혹은 폭력이나 명령(개인적 갈등의 경우)의 형태를 띨 수밖에 없다. 무엇이 바람직한 것인지 새삼 물어볼 필요가 없다. 물론 협상이 시작된다고 모든 갈등과 이해대립을 완전히 해소할 수 있는 것은 아니지만, 협상이 시작된다면 최소한 그것들을 완화할 수 있는 가능성은 커지게 된다. 그런 점에서 국가 간의 관계이건, 사회적 갈등이건, 개인 간의 이해관계 대립이건 협상 자체를 있게 하는 것은 매우 중요하다.

개인이나 기업 간의 협상에서 사전협상단계는 예비협상으로 이해되기도 한다. 예비협상이란 본 협상이 시작되기 전 '일종의 분위기를 만드는' 의식으로 이해된다. 기업 간의 예비협상, 특히 외국기업과의 협상에서 이 예비협상은 매우 중요한 의미를 지닌다. 예비협상은 대개 협상 전날의 만찬이라는 형태를 띠게 되는데 이 만찬에서 상대방, 혹은 내가 어떻게 행동하느냐에 따라 그 다음 날의 협상이 크게 달라지게 된다. 그 행동에 따라 내가 혹은 상대방이 어떤 사람인가 하는 것이 드러나고, 그것은 협상장에서의 신뢰 문제로 연결되기 때문이다.

2. 본협상단계의 의미

본협상단계란 일반적으로 우리가 알고 있는 협상을 말한다. 즉, 우리가 협상이라고 언급할 때는 대개 이 본협상단계를 의미한다.

이 단계에서는 자기가 가지고 있는 모든 협상전략과 방법을 사용하여 자기에게 유리한 방향으로 협상을 진행하는 것이 중요하다. 하지만 협상전략을 아무런 원칙없이 사용하는 것은 매우 위험하다. 예컨대 눈 앞의 협상에서 만족할 만한 성과를 얻기 위하여 단기적인 이익을 극대화하는 전략을 채택할 경우, 그것은 장기적으로는 협상 자체의 성과를 부정하는 결과를 가져오기도 한다. 또, 특별한 경우가 아니면 상대방의 감정을 건드리거나 자존심을 상하게 하는 협상전략을 사용해서는 안된다. 따라서 본 협상에서는 우리가 알고 있는 모든 협상전략을 다 사용할 수 있으나 진행되는 협상의 성격에 따라, 사용해야 할 전략이 있고 사용하지 말아야 할 전략이 있다.

3. 사전협상단계에서 탄력적 태도와 비탄력적 태도, 어느 것이 바람직한가

우리는 어떤 경우든 탄력적으로 대처하는 것이 바람직하다는 교육을 오랫 동안 받아왔다. '상황에 유연하게 대처하라'느니, '자기의 의견을 지나치게 고집하지 마라'느니 하는 것이 대표적인 예일 것이다. 이러한 지침은 윤리적인 관점에서 보았을 때는 매우 유용한 것이라고 할 수 있다. 하지만 협상에서는 어떨까?

본격적인 협상이 시작되기 전, 다시 말해 사전협상단계에서 협상가는 탄력적인 태도를 취하는 것이 좋을까, 비탄력적인 태도를 취하는 것이 좋을까? 앞서 말한 대로 사전협상단계에서 협상가의 최대의 관심사는 협상 그 자체를 있게 하는 것이다. 협상이 시작도 되지 않았는데 어떻게 협상가가 협상력을 발휘할 수 있단 말인가? 그러면 어떻게 해야 할까?

그렇다. 본 협상이 시작되기 전, 사전협상단계에서는 탄력적인 자세를 유지함으로써 협상 그 자체를 있게 만들 필요가 있다. 검토할 수 있는 모든 것을 검토하고, 구할 수 있는 모든 정보를 구해서, 자신의 입장을 검토하고, 그리고 상대방으로 하여금 협상에 나서게 하는 것이 중요하다. 왜 탄력적인 태도를 취할 때 상대방이 협상에 나설 가능성이 높은가? 탄력적이라는 것은 수용적이라는 것이다. 상대방과 내가 왜 이런 갈등과 이해관계의 대립이 생기는지 파악하고, 상대방이 왜 이런 주장을 하는지, 나는 왜 그런 상대방의 주장을 받아들일 수 없는지 객관적으로 이해해 본다는 것이다. 상대방의 입장과 태도를 일단 수용할 수 있는 탄력적인 자세가 없다면 협상 그 자체가 이루어지기 어렵다. 협상이 시작되지도 않았는데 '네가 틀렸어'라는 단정적이고 비탄력적인 태도를 취한다면 누가 협상의 장場에 나서려 하겠는가.

4. 그러면 본협상단계에서는 어떤 태도를 취해야 하나

그러면 협상(이 단계는 본협상의 단계라고 할 수 있다)에서는 어떠한 태도를 취하는 것이 바람직할까? 협상 중에는 당연히 어떻게 하면 협상력을 높일 수 있을 것인가에 관심이 집중되어야 한다. 그러면, 탄력적인 태도와 비탄력적인 태도 중 어떤 태도를 취하는 것이 당신의 협상력을 높이는 길이 될까?

협상 중에 당신이 지나치게 탄력적으로 나올 경우, 협상의 상대방은 자신의 목적을 달성하기 위하여 무리한 요구를 할 수도 있다. 예를 들어보자. 당신이 지나치게 탄력적으로 나올 경우(이 경우 탄력적이란 말은 당신이 상대방의 요청과 요구에 대해 굉장히 수용적이고 협조적인 태도를 취하는 것을 말한다), 협상의 상대방은 자신의 목적을 달성하기 위하여 당신에게 무리한 요구를 할 수 있다. 상대방이 지나치게 무리한 요구를 할 경우, 당신은 당연히 거절을 할 것이다. 하지만 그 거절은 협상 자체를 실패로 몰아갈 위험성이 있다. 상대방은 당신이 거절할 경우 '당신은 협상에 있어서 일관성을 가지고 있지 않다'고 생각할 수 있기 때문이다. 이러한 협상 상대방의 기대 혹은 믿음은 당신이 지나치게 탄력적인 태도를 취함으로써 자초한 것이다.

어떻게 하면 좋을까? 그렇다. 본협상 중에는 적당히 비탄력적인 태도를 취하는 것이 좋다. 하지만, 비탄력적인 태도를 취하라는 것이 비타협적이나 배타적으로 행동하라는 의미는 아니다. 차라리 이 경우 비탄력적인 태도는 '원칙을 지키는 것'으로 이해되어야 한다. 자신의 원칙을 충실히 지켜갈 경우 상대방은 당신을 '원칙을 지키는 사람'으로 이해할 것이고(최소한 그런 기대가 형성될 것이고), 최소한 그 이후 원칙을 어기는 요구는 하지 않게 될 것이다. 그게 협상력이다.

5. 한국 사람은 어떻게 협상해 왔는가

우리 일반적인 한국 사람들은 어떻게 행동할까? 많은 경우 협상이 시작되기 전에는 비탄력적인 태도를 취하다 협상이 시작되고 나면 탄력적인 태도를 취한다. '도대체 내가 옳은데 왜 협상을 해야 된다는 말이야?' 하는 것이 협상이 시작되기 전 일반적인 한국 사람들이 가질 수 있는 태도이다. 상대방이 옳을 수 있다는 것과, 상대방과 자신이 부분적으로 함께 옳을 수 있다는 것을 인정하지 않는 것이다.

우여곡절 끝에 협상이 시작되면 그 때는 어떤가. 매우 탄력적인 태도를 취한다. 협상이 시작되고 나면 협상이 타결되어야 한다는 매우 불필요한 강박관념을 가지기 때문이다. 그래서 상대방의 무리한 요구를 들어주거나, 해서는 안 될 양보를 하기도 한다. 물론 협상이 시작되면 타결되는 것이 좋다. 하지만, 자기 원칙을 어기면서까지, 일방적으로 상대방에게 양보하는 그런 협상을 할 필요는 없다. 그렇지만, '협상이 타결되어야 내가 승진을 할텐데', '이거 이 협상 하나 타결 못하면 내 자존심 문제 아냐'와 같은 매우 불필요한 인식이 성급하게 협상가를 탄력적으로 내모는 것이다. 그러니 어떻게 보면 우리는 거꾸로 협상을 해 온 셈이다. 민주화가 되면서 많이 나아지기는 했지만 아직 충분하지 못하다.

6. 후속협상단계의 의미: 협상결과에 사인할 때까지는 협상이 끝난 게 아니다

후속협상단계란 본협상에서 도출되거나 합의된 결론들을 마무리하는 단계를 의미한다. 어떤 의미에서 후속협상단계가 제대로 마무리되지 않으면 협상 전체가 제대로 진행되었다고 평가하기 어렵다. 후속협상단계의 중요성을 가장 잘 나타내는 말은 '최종 협정문에 사인하기 전까지는 협상이 끝났다고 생각해서는 안 된다'는 것이다.

'이제 다 끝났군요. 내일 조인식만 가지면 됩니다.'
'그동안 수고하셨습니다. 내일 사인만 하면 되지요.'
'이제 사인만 하면 되니 오늘은 허리끈을 풀고 같이 즐기지요.'

지루한 협상 끝에 이런 말이 나오면 대부분의 협상가들은 이제 협상이 끝났구나 하고 생각하게 된다. 이런 생각이 틀린 것은 아니다. 의견 차이로 시간을 끌었던 수많은 쟁점이 해소되고 상대방과 내가 동시에 만족하는 결과를 얻었으니 이제 끝났다고 생각하지 않을 이유가 없기 때문이다. 하지만 이런 말이 나온다고 해서 협상이 다 끝난 것은 아니다. 협상의 진정한 성공은 합의결과가 이행될 때 달성되는 것이지, 쟁점에 합의했다고 달성되는 것이 아니기 때문이다. 그러므로, 어떤 의미에서는 위와 같은 말이 나온다면 그 때를 새로운 협상의 시작으로 보는 것이 바람직하다. 협상과정에서 구두로 합의한 내용들이 어떤 단어로, 어떤 형식으로 정리되느냐에 따라 협상의 결과가 완전히 달라질 수 있기 때문이다. 또, 최종 협상결과에 서명하기 전날 협상의 참여자들이 '허리끈을 풀고 같이 즐기는 장소(축하만찬 혹은 접대)'에서 어떻게 행동하느냐에 따라 협상의 성과가 달라질 수 있기 때문이다. 각각의 경우를 구체적으로 보자.

7. 후속협상단계의 중요성 1: 협상타결문에서의 문장 혹은 단어[1]

모든 협상과정이 다 그런 성격을 가지지만 국가 간의 협상인 경우 협상결과를 법률조문으로 만드는 과정에서 예기치 못한 어려움이 발생하기도 한다. 협정문 한 구절의 해석의 차이에 따라 협상의 성격이 완전히 달라져 버리기 때문이다.

다음의 사례는 실제로 일어난 일이라고 한다. A국과 B국이 지리한 협상 끝에 다음 두 가지 원칙에 합의했다: "1) 양국은 시장을 원칙적으로 개방하기로 한다; 2) 우선 시범적으로 다음 해부터 약간의 품목a handful of items에 대해 시장을 개방하기로 한다." 시장개방에 대한 원칙은 합의되었으니 본협상은 끝난 것으로 보아도 무방하다. 하지만 협상결과에 따라 개방품목의 숫자를 합의하는 과정에서 심각한 문제가 발생했다. 'a handful of items'에 대한 구절을 둘러싸고 A국과 B국이 전혀 다른 해석을 한 것이다. A국(시장을 개방하는 국가)은 이 구절을 '한 줌의 품목'이라고 해석해 B국이 많아야 20-30개 정도의 품목에 대해 시장개방을 요청할 것으로 예상했다. 하지만 B국(시장개방을 요구하는 국가)은 이 구절을 '손안에 가득 찰 정도의 품목'이라는 의미로 해석해 200개 이상의 품목에 대해 시장개방을 요청했다. 정말 어떻게 이런 일이 발생할 수 있었을까? 여하튼, 최종적으로 B국의 협상력이 조금 더 강했기에 B국의 의견이 받아들여지는 형태로 결론이 났다. 하지만 A국으로서는 전혀 예상하지 않았던 결과를 감수할 수밖에 없었다.

이 사례는 상당히 오래전 이야기이고, 현재는 협정문을 만드는 과정에서 이처럼 명백한 해석상의 차이가 나는 문장 혹은 단어를 사용하지 않는다. 하지만, 이 사례는 협상의 결과가 정리되는 과정에서 문장 하나 혹은 단어 하나가 잘못 사용됨으로써 협상 결과가 어떻게 다르게 나타날 수 있는지를 분명히 보여주고 있다.

[1] 후속협상단계의 중요성을 보여주는 두 사례는 필자의 칼럼에서 인용한 것이다.

8. 후속협상단계의 중요성 2: 문화에 대한 몰이해

또 다른 사례 하나. 역시 다소 오래전 이야기다.

프랑스에 진출한 한국 기업이 현지의 프랑스 기업과 오랜 협상 끝에 공동 투자 원칙(혹은 구매협정)에 합의했다. 지리한 협상이 끝났으므로 조촐한 축하가 없을 리 없다. 특히 협상의 상대방이었던 프랑스 기업 사장은 이 협상결과에 너무 만족해서 한국 측 협상담당자들을 자신의 집으로 초청하기까지 했다. 프랑스 사람이 외국인을 자기 집에 초청한다는 것은 참으로 극진한 손님대접이 아닐 수 없다. 하지만, 바로 그 날 국제 감각에 어두운 한국 측 협상 담당자 중의 한 분이 그 사장 집의 만찬장에서 조그만(?) 결례를 범하고 말았다(전해오는 말에 의하면 그 사장 부인이 직접 조리한 요리에 한국식으로 갖가지의 조미료를 넣어 먹고, 정성스레 준비한 와인을 소주처럼 마셨다고 한다. 지금이라면 일어날 수 없는 일이다). 그 결례를 본 프랑스 사장 부인이 매우 화가 났고, 바로 그 이유 때문에 다음 날로 예정된 협상 조인이 무기 연기되었다. 이 사례는 사소한 실수(문화적 몰이해) 하나가 오랫동안의 협상결과를 수포로 돌아가게 한 경우를 극명히 보여준다. 그리고 이 사례 역시 협상결과에 서명하기 전까지는 협상이 완전히 끝난 것이 아니라는 것을 보여준다.

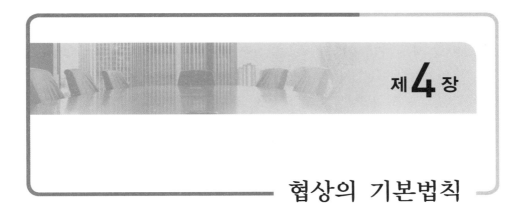

제**4**장

협상의 기본법칙

우리는 지금까지 협상이 무엇이고 어떠한 성격을 가지는지 자세히 살펴보았다. 그리고 이러한 협상이 어떠한 과정으로 진행되는지 그리고 각각 협상단계의 특징이 무엇인지 차분히 살펴보았다. 앞의 두 장은 말하자면 일종의 서론 격이다. 이제 이런 이해를 바탕으로 협상의 법칙과 협상의 전략을 하나하나 살피려 한다.

협상의 법칙과 협상의 전략은 명확히 구분되는 것이 아니지만, 대개 협상의 법칙이란 협상과정 전체를 아우르는 기본 개념을 의미하고, 협상전략은 이런 협상의 법칙이 구체적 상황에 따라 변화된 것을 의미한다. 이제 주요한 협상의 기본법칙을 간략히 살펴보자.

1. 즐겨라[1]

가장 먼저 제시하고 싶은 협상의 원칙은 정말 협상을 잘하기 위해서는 협상과 게임을 즐기는 관점이 필요하다는 것이다. 이 말은 종종 '사소한 것에 목숨을 걸지 말라'는 말로 이해되기도 한다. 정말 자기가 추구하는 것을 달성하기 위해서는 역설적으로 그 대상에 너무 많은 가치를 부여하면 곤란하다. 다시 말해 거리를 두는 것. 그것이 정말 협상을 잘하기 위한 방편이 된다. '의도된 무관심'이란 이런 상태를 표현하는 것이다. 예를 들자. 고서점에서 자기가 찾는 책을 발견

---

[1] 여기에 대한 자세한 설명 혹은 사례는 제3부 2장 2절(사랑하는 연인을 떠나 보내는 법)을 참고하기 바란다.

했을 때 그 책을 가장 싸게 살 수 있는 방법은 그 책과 관계없는 다른 책과 함께 가격을 협상하는 것이다. 어떤 경우에도 고서점 주인에게 '내가 이 책에 목숨을 걸었다'는 것을 보여주어서는 안 된다. 협상의 세계에서는 종종 온갖 속임수와 교묘한 기술이 동원되기도 하는데 아무리 숙련된 협상가라도 가끔씩은 이런 기법에 당하기도 한다. 중요한 것은 이를 가벼운 마음으로 즐기면서 받아들여야 한다는 것이다. 목숨 걸지 말고, 한 걸음 물러나 순간순간을 즐기는 것이 무엇보다 중요하다. 다음에 설명할 '사물을 있는 그대로 보라'는 것도 이런 관점에서 이해되어야 한다.

2. 사물을 있는 그대로 보라: 주눅 들지 말라

협상을 잘하기 위한 기본법칙 중의 하나는 '사물을 있는 그대로 보아야 한다'는 것이다. 사물을 있는 그대로 본다는 것은 자신이 처한 상황을 선입견이나 편견을 가지지 않고 보는 것을 의미한다. 왜, 협상을 잘하기 위해서는 협상과 관련된 상황을 바르게 보는 것이 필요할까?

개인 간의 협상인 경우 대부분 자기와 같은 위치에 놓인 사람과 협상을 하기보다는 윗사람이나 아랫사람, 혹은 협력업체나 도급업체의 사람 등 자신과는 다른 위치에 놓인 사람과 협상을 하게 된다. 그럴 경우 윗사람과 협상을 하게 될 경우는 공연히 긴장하기 쉽고, 그 반대의 경우에는 불필요한 허세가 끼어들 수 있다. 즉, 협상대상자와의 관계 때문에 협상이 제대로 진행되지 못할 수 있다는 것이다. 예컨대, 사장과 연봉협상을 한다면, 연봉결정과 관련된 요인만을 정확히 바라보고 협상을 해야지, 협상상대방의 지위(사장) 때문에 미리 위축된다면 협상을 제대로 하기 어렵게 된다는 것이다. 만약, 그 지위 때문에 '내가 감히 그런 요청을 할 수 있을까' 혹은 '사장에게 어떻게 그런 요구를 하지' 하는 생각을 하게 된다면 연봉협상에서 유리한 위치를 차지하기는 어렵게 된다. 그러니 사물을 있는 그대로 보고, 사람을 있는 그대로 본다는 것은 협상에서 정말 중요하다.

이런 원칙은 사회적 갈등을 협상할 경우에도 그대로 적용된다. 예컨대 사회적 갈등이 발생하여 그 갈등의 당사자들과 협상할 경우 그 갈등 자체가 협상의 대상이 되어야지, 그 갈등이 야기된 지역이나(예컨대 호남이냐, 영남이야, 충청도냐), 갈등과 관련된 사람의 출신지가 협상의 대상이 되거나 협상과정에 영향을 주어서는 안 된다는 것이다.

이런 법칙은 개인 간, 혹은 사회적 갈등의 협상에만 적용되는 것이 아니라, 국가 간의 협상에도 그대로 적용된다. 예컨대 미국과 개도국이 협상한다면 누가 유리할까? 당연한 말이지만 미국이 유리할 것이다. 미국이 개도국에 비해 힘이 세기 때문이다. 하지만, 미국과 쿠바가 궐련가격을 정하는 협상을 한다고 하면, 누가 더 유리할까? 미국이 경제적 혹은 군사적인 '힘'으로 밀어붙여 '위협에 가까운 요구'를 한다면 미국이 유리할 수도 있다. 하지만, 궐련이라는 특정 대상에 관한 한 쿠바는 결코 약소국이 아니다. 다시 말해 쿠바의 궐련은 세계적으로 유명하기 때문에 궐련에 관한 한 쿠바는 미국보다 강력한 힘을 가진다. 하지만, 쿠바가 미국과의 궐련 가격협상에서 유리한 고지를 차지하기 위해서는 미국과 협상한다는 사실 때문에 주눅이 들어서는 안 된다. 이 때 쿠바는 미국을 세계 최강대국이 아니라 '우리나라(쿠바)에서 궐련을 수입하기를 원하는 나라'로 인식해야 한다는 것이다.

그러니 어떤 경우라도 주눅 들지 말고 협상의 대상이나 협상 파트너를 있는 그대로 객관적으로 바라보는 것이 중요하다.

3. 상대방의 입장을 염두에 두고 행동하라: 특히 말과 행동의 경우

협상의 두 번째 법칙은 상대방의 입장을 염두에 두고 행동하라는 것이다.

상대방의 입장을 염두에 두기 위해서는 '자신의 발을 상대방의 신발에 넣어보는' 마음 자세를 유지하는 것이 좋다. 자신의 발을 상대방의 신발에 넣어본다는 것은 '입장을 바꾸어 생각해 본다'는 것, 혹은 '나라면 상대방이 한 것과 같은 말과 행동을 할 수 있는가 생각해 본다'는 것으로 요약할 수 있다.

이것은 두 가지 사실을 의미한다. 먼저 입장을 바꾸어 생각해 본다는 것. 그럴 경우 만고불변의 진리인 황금률은 그대로 적용된다. '상대방이 나에게 해 주기를 원하는 대로 상대방에게 해 주어라'. 이런 마음 자세를 가진다면, 아주 특별한 경우(의도적으로 그렇게 하는 경우)를 제외하고서는, 상대방의 감정과 자존심을 건드리는 말과 행동은 하지 않게 된다. 그럴 경우 협상은 의견과 의견의 차이만으로 좁혀지고 협상의 타결에 대한 기대를 빠르게 일치시켜 갈 수 있다.

4. 대화하라 혹은 그런 메커니즘을 만들어라

제대로 된 협상을 위해서 협상당사자 사이의 원활한 커뮤니케이션이 필요하다는 것은 지극히 당연한 말이다. 하지만, 어느 정도로 중요할까? 협상의 원활한 타결을 위해 필요한 제일 기본적인 조건 중의 하나가 대화이다.

대화는 기본적으로 '어떤 문제와 관련하여 상대방으로부터 다양한 정보와 의견을 수집하고, 그와 함께 자신의 정보와 의견을 상대방에게 제대로 전달할 수 있는 능력'을 의미한다. 그러면 어떻게 하면 대화를 잘할 수 있을까? 대화를 잘하기 위한 구체적인 실용서는 시중에서 많이 구할 수 있기 때문에 여기서는 몇 가지의 기본원리만을 이야기하기로 한다.

먼저, 대화는 가슴으로 시작하는 것이 좋다. 진정한 대화는 듣기 좋은 말로 상대방의 기분을 맞춰주는 것이 아니라 자신의 가슴속에 있는 생각을 솔직하게 털어놓는 것이 좋다. 솔직하게 털어놓는다는 것은 자신의 생각을 무턱대고 일방적으로 쏟아 붓는 것이 아니라, 대화에 참여한 자신의 의도를 분명히 하면서, 상대방의 생각을 존중하고 공통의 목적을 향해 나아가는 것이어야 한다.

당신은 주변의 사람들과 대화를 잘하는 편인가?

그렇다면 좋은 협상가가 될 소질이 있다. 그렇지 않다면 협상가는 될 수 없는가? 아니다. 그렇지 않다. 그럴 경우는 대화가 이루어질 수 있는, 혹은 대화를 하지 않으면 안되는 여건 혹은 메커니즘을 만들면 된다. 히딩크는 어떻게 했는가? 월드컵에서 한국 축구를 세계 4강에 끌어올린 히딩크는 한국 축구의 가장 고질적인 문제 중의 하나가 선후배 사이에 대화가 없는 것이라고 파악했다. 축구란 가장 좋은 위치에 있는 동료에게 공을 건네서 골대 안으로 집어넣도록 하는 것인데, 골을 넣기에 가장 좋은 자리에 있는 동료에게 공을 패스하는 것이 아니라 단지 선배라는 이유만으로 그에게 공을 패스한다면 그것은 팀워크를 망치는 것에 다름 아니다. 그래서 히딩크는 이런 문제점을 고치기 위해서 식사시간에도 선후배가 어울리도록 강제로 명령을 내렸다. 대화를 통해 의사소통이 잘되게 하고 그래서 축구 본연의 목적에 맞게 패스를 하도록 유도했던 것이다. 이 경우 히딩크가 내린 '명령'이 바로 대화를 잘 하기 위한 메커니즘에 해당된다. 그러니 대화를 잘하지 못할 경우 그런 메커니즘을 생각해내면 된다.

5. 대화하는 법을 배워라

"협상에서는 대화 기술이 중요하다."

협상 강의를 하면서 위의 말이 틀렸는지 맞는지를 물으면 한 번의 예외도 없이 강의를 듣는 청중들은 정답을 말한다. 그렇다. 맞는 말이다. 협상은 상대방과 말을 통해 진행되므로 대화가 중요하지 않을 이유가 없다. 하지만, '여러분은 정말 협상을 잘 진행할 수 있을 정도로 대화를 잘 합니까?' 하고 물으면 대부분의 경우 조용히 침묵한다. 그렇지 못하기 때문이다. 그냥 말하는 것과, 효과적으로 말하는 것은 분명 다르다. 하지만 효과적으로 말하는 것은 누구나 배울 수 있다. 그래서 위 문장에서 '대화'가 중요하다고 말하지 않고 대화 '기술'이 중요하다고 말한 것이다. '기술'이란 배울 수 있다는 것을 전제로 하는 법. 그러니 말하는 법, 대화하는 법을 배워야 한다.

앞에서 언급한 대로 진정한 대화는 듣기 좋은 말로 상대방의 기분을 맞춰주는 것이 아니라 자신의 가슴속에 있는 생각을 솔직하게 털어놓는 것을 말한다. 이렇게 말하면 꼭 이런 질문이 나온다. "협상에서는 전략과 전술을 적절하게 사용하는 것이 중요한데 '솔직하게 말한다는 것'은 전략의 측면에서 손해를 보는 것이 아닙니까?" 협상의 상대방은 바보가 아니다. 상대방은 당신이 '의도적으로' 부풀려서 이야기하는지, 아니면 상대방의 입장을 고려하면서 사실을 있는 그대로 이야기하는지 금방 알 수 있다. 당신 역시 마찬가지다. 그러니 대화하는 방법에 관한 한 전략이라는 이름하의 '잔재주'는 부리지 않는 것이 좋다.

그 다음, 대화의 방향성에 대한 것이다. 대화의 과정에서 가끔씩 대화가 전체적으로 어떻게 진행되고 있는지 파악할 필요가 있다. 대화가 진행됨에 따라 자신이 무조건 자기 주장만을 내세우고 있지는 않은지, 상대방이 거부반응을 보이거나 공격적으로 대응하고 있지는 않은지, 그래서 대화가 원래의 의도를 벗어나고 있지는 않은지 대화의 전체상황을 파악해야 한다. 대화가 협상의 중요한 수단인 것은 맞지만, 협상의 쟁점에 대해 논의를 계속해 나가다 보면 본래의 의도와는 다른 쪽으로 대화가 진행되기 쉽기 때문이다. 만약, 그렇다고 판단될 경우에는 잠시 휴식을 취하는 것이 바람직하다. 그런 뒤 협상의 본래 목적이 무엇인지를 상기하면서 원래의 주제로 돌아가는 것이 좋다.

Strategic Negotiation | 전략적 협상

다음, 대화가 제대로 되지 않는 경우에 대한 것이다. 상대방이 대화를 거부하거나 공격적인 반응을 보일 경우, 그러한 반응에 즉각적으로 대응하지 말고 그 이유가 무엇인지 분석해 볼 필요가 있다. 특히 자신이 종종 그러한 반응을 보일 경우 자신의 내면을 돌이켜 볼 필요가 있다. 상대방이 별 생각 없이 던진 말에 민감하게 반응하거나, 상대방의 말 전체 맥락보다는 단어 하나에 과민하게 반응할 경우 특히 그러하다. (대화뿐 아니라 사람이 살아가는 모든 영역에서 특별한 이유 없이 밉거나, 또는 특별한 이유 없이 좋은 사람을 만나게 되는 경우가 있다. 그럴 경우 그 사람을 미워하거나 좋아하게 되는 이유는 그 사람의 특정 행동이나 말 때문이 아니라, 자신의 마음속에 있는 어떤 메커니즘 때문일 가능성이 높다. 같은 말이라도 그런 말을 하는 사람이 누구냐에 따라 자신의 마음은 그것을 완전히 다르게 받아들이기 때문이다.) 이런 심리적 메커니즘을 이해하면 자신이나 상대방의 과민 반응을 이해할 수 있고, 다시 대화의 원래 목적으로 돌아갈 수 있다. 그런 점에서 대화에서 정작 중요한 것은 자신의 심리적 두려움을 없애는 것이라고 할 수 있다. 그러니 실제의 협상에서 별 것 아닌 말이나 행동 때문에 협상을 지연시킬 정도의 반응을 보이는 사람이 있다면 한 발자국 물러서서 '가만히' 그 사람을 지켜보는 것이 좋다. 과민반응은 시간이 지나면 가라앉기 때문이다.

'말 한 마디로 천 냥 빚을 갚는다.' 틀린 말이 아니다. 하지만 그렇게 하기 위해서는 그 말 한마디에는 '진심으로 채워진 솔직함'이 있어야 하고, '정확히 빚을 겨냥한 방향성'이 있어야 하고, '상대방의 지나친 요구나 반응에 흔들리지 않는 유연함'이 있어야 한다. 그렇다면 그 사람은 말 한마디로 천 냥 빚을 갚은 것이 아니라, 상대방의 마음을 움직이는 대화와 협상으로 천 냥 빚을 갚은 것이다.

6. 윈-윈하라

거듭 강조하고 싶다. 협상에 임하는 사람들이 잊어버리기 쉬운 것이 협상은 윈-윈win-win의 기치하에 해야 한다는 것이다. 제로섬 게임이 없는 것은 아니다. 주어진 파이를 나누기만 하는 협상에서는 어느 한쪽이 손해를 보거나 불이익을 보는 현상이 일어나기 마련이다. 하지만, 훌륭한 협상가라면 제로섬 게임에서 협상의 당사자들이 서로 만족할 수 있는 조건들을 도출해 낼 수 있어야 한다. 제로섬 게임을 윈-윈 게임으로 바꾸는 것, 혹은 대부분의 협상을 윈-윈 게임의 기치 하에 진행하는 것, 그것이 진정한 협상가의 특성이다. 달리 말하면, 협상을 끝내는 시점에서 어느 한쪽이 불만족스럽거나 '당했다'는 느낌을 가진다면 그 협상은 무엇인가 잘못된 것이라 할 수 있다.

우리는 2장에서 협상에서 가치창출이 매우 중요함을 강조했다. 그리고 그 가치창출이 바로 이 win-win과 밀접한 관련을 가짐을 강조했다. 그리고 다시 이 가치창출의 원인이 협상에 참여하는 양 당사자의 협상대상에 대한 인식과 견해의 차이임을 강조했다.

그러니 이런 말이 가능하다. 협상이란 무엇인가? 협상이란 내가 옳고 당신이 틀리다는 것이 아니다. 협상이란 나도 옳고 당신도 옳은데, 단지 입장과 견해의 차이가 있을 뿐이고, 협상이란 이런 입장과 견해의 차이를 이용해 새로운 가치를 만들어내는 것이다.

7. 창조적이 되어라[2]

서로 만족할 수 있는 협상결과를 끌어내기 위해서는 **창조적이 되어야 한다.** 창조성을 강조하는 것은, 협상에서 교착상태가 발생하는 것은 지극히 당연한 일이고, 그 교착을 벗어나기 위해서는 창조성이 필요하기 때문이다. 다시 말해, 의견의 불일치가 있기 때문에 협상이라는 과정이 필요한 것이고, 그 의견의 불일치를 서로 만족한 상태에서 해결하기 위해 창조성이 필요하다는 것이다. 협상가는 이러한 교착상태 혹은 심각한 의견의 불일치를 타개하기 위해 교착이 발생한 이면을 이해하고, 그것을 창조적으로 극복할 수 있는 능력이 있어야 한다. 사물과 사람을 다른 각도에서 보는 능력 없이는 이런 창조성을 기를 수 없다.

8. 내용보다 스타일이 중요함을 이해하라[3]

협상을 잘하기 위해서는, **협상에서는 내용보다는 스타일이 중요하다**는 것을 이해해야 한다. 앞서 설명한 바와 같이 협상에서 중요한 것은 협상 상대방의 협

---

2) 이에 대한 자세한 설명 혹은 사례는 제3부 2장 3절(백화점에서 물건 값을 깎는다고)을 참고하기 바란다.
3) 이에 대한 자세한 설명 혹은 사례는 제3부 1장 2절(협상을 잘하는 사람은 어떤 사람인가)을 참고하기 바란다.

상에 대한 '기대'를 바꾸는 것이다. 그런 기대를 자기에게 유리하게 바꾸기 위해 서는 대부분의 경우 내용보다는 그 내용을 전달하고 표현하는 '스타일'이 중요할 때가 많다. 상대방을 배려하고 조심스럽게 접근하라는 말은 이런 맥락에서 유용 하다. 그래서 협상에서는 무엇을 말하는가보다 어떻게 행동하는가가 중요하다. 대부분의 사람들은 메시지보다는 메시지를 전달하는 사람의 매너에 더 큰 영향 을 받는다.

9. 시스템을 구축하라

개인 간의 협상이 아닌 기업과 기업 혹은 단체와 단체 간의 협상인 경우 **협 상을 잘하기 위한 시스템을 구축할 필요가 있다.** 그럴 경우 협상가는 자기 자신 을 위해 협상을 하는 것이 아니라, 자기가 대변하는 집단을 위해 협상하게 된다. 그럴 경우, 협상력은 협상가 개인이 가지는 자질뿐 아니라 그 집단이 발휘하게 되는 힘에 의해서도 좌우되게 된다. 이런 상황에서는 협상과 관련된 체계적인 시스템을 구축하는 것이 효율적인 협상을 하는 지름길이 된다. 국가 간의 협상 일 경우 이런 시스템은 '내부협상시스템 구축'이라는 것으로 이해되기도 한다.[4]

---

4) 이와 관련된 자세한 설명은 제4부를 참고하기 바란다.

제 5 장

사전협상단계의 협상전략

협상전략은 대개의 경우 일단 상대로 하여금 우월감을 느끼도록 하는 방향으로 시행하는 것이 좋다. 상대방의 기대를 자기에게 유리하게 바꾸는 것이 중요한 만큼, 가급적이면 상대방이 자기에게 '베푼다'는 생각을 할 수 있는 여건을 만드는 것이 좋다. 사람들은 경쟁자를 만날 때에는 긴장하지만, 자기보다 못하다고 생각되는 사람을 만나는 경우에는 본능적으로 그 사람을 도와주려는 경향을 보인다. 그러니 쓸데없이 상대방을 긴장시키지 않는 것이 바람직하다. 그래서 어수룩한 것이 재빠른 것보다 낫고 흐릿한 것이 뚜렷한 것보다 바람직한 경우를 종종 발견할 수 있다.

1. 협상준비를 제대로 하라

사전협상단계의 가장 중요한 협상전략은 '협상준비를 제대로 하는 것'이다. 많은 경우 사람들은 협상을 잘하기 위한 특별한 비법 혹은 방법이 있는 것으로 생각하는 경향이 있다. 하지만, 그런 방법은 없다. 진부한 말이기는 하지만, 협상준비를 제대로 하는 것이 협상을 제일 잘하는 지름길이다. 그래서 간혹 협상이 시작되기 전에 어느 정도의 준비를 했는가를 보고서 협상의 결과를 미리 예측하기도 한다.

협상준비를 제대로 한다는 것은 우선 협상의 대상이 되는 문제 혹은 사안에 대해 모을 수 있는 모든 정보를 모아야 한다는 것을 의미한다. 이 정도면 되지 않을까 하는 자기만족이 이 과정에서 가장 경계해야 할 것이다. 협상의 준비를 위한 정보 수집과정에서 이런 자만이 가장 위험하기 때문이다.

정보 수집과정에서 또 중요한 것은 협상의 대상이 되는 문제가 사전에 어떠한 형태로 타결되었는지 혹은 어떻게 해소되었는지 그 전례 혹은 선례를 반드시 알아보는 것이다. 협상의 과정에서 문제가 제대로 해결되지 않을 경우, 과거에 어떠한 형태로 타결되었다는 것은 그 문제를 해결하기 위한 시금석의 역할을 하기 때문이다.

포컬 포인트focal point[1]라는 용어는 바로 이 선례 혹은 전례가 왜 중요한 지를 잘 나타낸다. 이 포컬 포인트의 사례는 다음 <협상강의노트 1>에 제시되어 있다. 이 표에서 보는 바와 같이 두 사람이 1,000원을 나누는 가장 바람직한 방법은 각각 500원씩 나누어 가지는 것이다. 따라서 자기에게 유리한 사례 혹은 전례를 발견하면 그 협상은 이미 50% 이상 자기에게 유리하게 진행된다고 판단할 수 있다.

협상강의노트 1 ● 포컬 포인트의 사례

다양한 종류의 학생들을 500명 혹은 그 이상 모아놓고, 2명씩 한조를 만든다. 그리고 각 조에 1,000원을 주고 서로 나누도록 한다. 자, 그러면 어떻게 돈을 나누는 경우가 가장 많을까?

공정하고 객관적인 환경에서 행해진 실험에 의하면 돈의 배분에 참여한 학생들은 대개 50대 50의 비율로 돈을 나누는 경향을 보여주었다고 한다. 왜 하필이면 50대 50인가? 그들에 의하면 그것이 제일 합리적인 것으로 보였다는 것이다. 만약, 돈 1,000원 대신 빵 한 덩어리를 나누기로 했다면 어떻게 했을까? 역시 50대 50의 기준을 적용했을 것이다. 그러나 빵을 나누는 경우, 돈을 나누는 경우와는 달리 정확히 50대 50으로 나누기는 매우 어려웠을 것이다. 그래서 그들은 눈대중으로 서로 비슷하게 보이는 정도로 나누었을 것이다.

이러한 경험이 보여주는 것은 두 사람이 빵과 돈을 나누는 데 있어 중요한 것은 50대 50이라는 엄밀한 잣대가 아니라, 50대 50으로 보여지는 외형적 기준이라는 것이다. 즉, 실제로는 50대 50이 아니라도 외형적으로 그렇게 보여지거나 인식될 수 있다면, 바로 그 지점에서 협상이 타결될 수 있다는 것이다. 이것은 엄밀히 말하면 공정하지 않다. 하지만 공정하지 않다는 것이 이 배분의 약점이 될 수는 없다. 두 사람이 합의할 수 있다는 사실 자체가 중요한 것이다.

---

1) 이것은 협상의 당사자들이 어떤 형태로든 합의하게 되는 합의점을 가리킨다.

협상대상에 대한 정보를 모으는 것 외에 또 다른 중요한 사항 한 가지는 협상 상대방에 대한 정보를 모으는 일이다. 협상이 오랫동안 진행될 경우 협상은 교착상태에 빠질 수 있고, 그럴 경우 협상 상대방과의 비공식적인 협의를 통해 협상을 재개할 수 있다. 그럴 경우 협상 상대방의 기호, 가족관계, 혹은 지인의 범위 등을 사전에 파악함으로써 상대방과의 비공식 협의를 보다 호의적으로 풀어나갈 수 있다. 특히, 상대방이 특정 종교나 특수한 취미를 가지고 있다면 그것을 매개로 교착상태에 빠진 협상을 풀어나갈 수 있다. 이것은, 제3부에서 설명되겠지만, 국제협상의 경우에는 더욱 더 중요해진다. 즉, 협상 상대방이 외국인일 경우 그 나라의 문화와 관습을 사전에 조사하고 이해하면 협상을 보다 바람직하게 풀어나갈 수 있다.

2. 모은 정보로 객관적 근거를 제시하라

또, 사전협상단계에서는 자신의 기본 태도를 결정하기 전, 할 수 있는 한도까지 정보를 모으는 과정이 필요하다. 정보를 모은다는 것은 자신의 입장과 태도를 설명하기 위한 객관적 근거를 확보하는 것이다. 그런 객관적 근거가 있을 경우에만 자신의 주장이 설득력을 가지는 것이다.

프로야구의 정규시즌이 끝나면 선수들은 구단과 연봉 협상을 벌인다. 그 때 프로야구단의 협상대표들이 가장 좋아하는 야구선수들은 누구일까? 1) 예의바른 선수, 2) 구단에 연봉결정을 일임하는 선수, 3) 무작정 자신의 연봉을 대폭 올리는 선수, 4) 자신의 연봉이 얼마나 올라야 할지 객관적 근거를 제시하는 선수. 여러분은 누구라고 생각하는가? 그렇다. 구단의 협상대표들은 자신의 연봉에 대한 객관적인 근거를 제시하는 선수를 제일 좋아한다. 이 말은 구단 측이 선수가 주장하는 연봉을 그대로 받아들인다는 의미는 아니다. 그 대신 그런 선수를 합리적으로 이야기할 수 있는, 협상을 진행할 수 있는 파트너로 인식한다는 것이다. 그래서 그런 선수를 '자연히' 호의적으로 대할 수밖에 없다.

협상강의노트 2 • **프로야구 선수의 연봉 협상 사례**

객관적 자료로 말하라: 구단측이 말하는 연봉의 추억

연봉협상에 임하는 구단 관계자의 한결같은 원칙은 최소의 경비로 최대의 효과를 얻자는 것이다. 하지만, 유감스럽게도 구단의 이런 요구에 순순히 응할 선수는 한 명도 없어 보인다. '말발' 센 관계자들의 노련미에 맞서 선수들 또한 협상의 요령을 조금씩 터득하고 있기 때문이다. 그래서 연봉협상 관계자들은 '앞으로 협상은 점점 더 지능화(?)된 머리싸움이 될 가능성이 크다'고 엄살을 부리기도 한다.

협상테이블에서 구단측 담당자들이 가장 싫어하는 선수는 '막무가내' 스타일이다. 일단 원하는 액수보다 '상당히' 높게 불러놓고 차츰 구단과 조율해 나가는 방법이다. 대개의 경우 구단이 선수에게 처음 제시하는 액수가 상한가가 아니라는 사실을 선수들도 익히 알고 있기에 벌어지는 일이다. 하지만 이럴 경우 서로가 생각하는 액수의 차이가 너무 크다 보니 쉽게 결론이 나지 않을 수밖에 없다.

한편 신인급이냐 아니면 베테랑이냐에 따라서 협상 분위기도 많이 달라진다고 한다. 최근 FA제도의 시행으로 선수들의 발언권이 많이 강해졌다고 하지만 그래도 신인급 선수들은 비교적 조용한(?) 편이다. 반면 대화가 잘 통하지 않거나 특별한 근거없이 목소리를 높이는 선수는 대부분 '닳고 닳은' 노장급 선수들이라고. … "사실 구단 관계자로서 가장 하기 싫은 일이 연봉을 협상하는 거다. 한솥밥을 먹는 선수들에게 구단이 아무리 잘해 준다고 해도 선수들 입장에서는 섭섭한 게 사실인데 서로 얼굴을 붉히는 일을 진행해야 하는 것도 곤욕"이라고 어려움을 토로했다.

가장 예뻐 보이는 선수는 '한 번에 도장을 찍는 선수가 아니라 자신이 요구하는 몫에 대한 정당성을 객관적인 자료로 제시하는 경우'라고 귀띔했다.

자료 일요신문의 기사를 필자의 책(2004)에서 재인용.

3. 목표를 분명히 하라[2]

협상을 시작하기 전에 해야 할 가장 중요한 것이 협상에 대한 자신의 목표를 설정하는 것이다. '이 물건을 이 가격 이상으로는 팔지 않겠다', '두 사람 사이가 최소한 더 벌어지지 않도록 하겠다', '저 아파트를 이 이상의 가격으로 사지는 않겠다', '납품가격을 이 이하로는 할 수 없다', '관세를 이 이하로 인하할 수 없

---

2) 여기에 대한 자세한 설명 혹은 사례는 제3부 2장 1절(Aim High Aim Specifice)을 참고하라.

다' 등의 목표를 설정해야 한다. 이런 목표가 없을 경우 개인이건 기업이건 국가이건 '원칙이 없는 협상'을 하기 쉽기 때문이다. 또 협상에 대한 목표가 있어야 협상을 계속해야 할지, 그렇지 않으면 협상의 결렬을 선언해야 할지 판단을 내릴 수 있기 때문이다.

그래서 협상에서 제일 위험한 것은 '어떻게 되겠지' 하는 목표상실이다. 기업의 중간 간부 이상의 사람들이 협상에 나설 때 가장 범하기 쉬운 오류가 바로 이것이다. 대개의 경우 그들은 '내가 협상에 대표로 나선 이상 반드시 협상이 타결되어야 한다'는 엉뚱한 협상목표를 갖고 있는 경우가 있다. 협상이 실패로 돌아갔다는 사실이 자기의 경력에 흠집을 낸다는 불안감을 갖고 있기 때문이다. 그래서 양보하지 않아야 할 때 양보하고, 양보해야 할 때 양보하지 못하는 실수를 저지르기도 한다.

협상의 목표를 설정하는 것과 관련해 반드시 염두에 두어야 할 사항은 가능한 그 목표를 높게 잡을 필요가 있다는 것이다. 인생 그 자체가 협상인 것처럼 자신이 꿈꾸지 않은, 자신이 생각하지 않은 것이 협상의 결과로 나타날 가능성은 매우 적다. 그래서 협상의 목표를 설정할 때는 가급적 더 높게 생각하는 것이 중요하다. 당연한 말이지만 '더 큰 것을 바라면 더 큰 것을 갖게 된다'.

또한 일단 그런 목표가 정해지면 협상의 과정에서는 항상 그 목표에 초점을 맞출 필요가 있다. 협상이란 매우 지루하고, 인간의 감정과 이성을 저울질하는 경우가 많다. 그렇다 하더라도 협상의 목표가 분명하면 협상의 본질과 무관한 부분이나 사소한 일에 감정적으로 집착하지 않을 수 있다. 만약 협상의 목표가 분명하지 않다면 지엽적인 일에 몰두하여 협상 자체가 위험에 처하는 일이 발생할 수 있다.

> **사례 1** 가격을 협상할 때 협상 초기에 대상물품에 대한 가격을 분명히, 그리고 가급적 높게(구매자의 경우에는 가급적 낮게) 밝히는 것이 유리하다. 대개 협상당사자 간의 의견이 팽팽할 때 가격은 중간 정도에서 절충되는 경향이 강하고, 그럴 경우 협상 초기에 자신의 목표가격을 높게 설정하는 것이 협상을 자기에게 유리하게 만드는 데 도움이 되기 때문이다.

4. 상황보다 상황에 대한 인식이 중요함을 알아라

협상이 무엇인지를 어느 정도 이해하고, 협상에서 목표가 갖는 중요성을 이해한다면, 그 다음으로 이해해야 할 것은 "협상에서는 사실fact보다는 인식 perception이 중요하다"는 것이다. 사실과 인식이 일치할 경우 문제가 없지만, 대부분 이 양자는 일치하지 않는다. 그리고 이 양자가 일치하지 않을 경우 인식은 사실보다 더 큰 영향을 미친다.

협상에서 중요한 것은 협상대상 혹은 상대방이 갖고 있는 협상력 자체가 아니라, 협상의 양 당사자가 각각 상대방에 대해 어떠한 생각을 하고 있느냐, 즉 어떤 인식을 하고 있느냐가 더 중요하게 된다. 예컨대 힘이란 매우 추상적인 개념이지만, A가 힘을 갖고 있다고 B가 생각할 경우에만 그 힘은 효과를 발휘한다. 달리 말하면 A가 힘을 갖고 있는 게 중요한 것이 아니라, B가 그렇게 생각하고 있느냐 그렇지 않느냐가 중요한 것이다. 상대방에게 그런 인식을 주는 것, 그게 협상의 전략이고 협상력의 척도가 될 수밖에 없다.

> **사례 2** A가 짝사랑하는 B에게 사랑고백을 한다. "내 사랑을 받아주지 않으면 죽어버리겠다." 이 사랑고백은 B에게 효과를 발휘할 수 있을까. 그 효과는 B가 이 고백을 어떻게 생각하느냐에 달려있다. B가 이 고백을 진실이라고 생각한다면 최소한 A를 죽게 내버려두지는 않을 것이다. 하지만 B가 이 고백을 허풍이나 거짓이라고 생각한다면 A의 고백은 아무런 효과를 발휘하지 못할 것이다. 그럴 경우 A는 정말 그 고백을 이행할지도 모른다. 이 전략은 'burn the bridge behind'라는 전략인데 이 전략의 성패는 전략의 사용대상이 그 전략을 어떻게 '인식'하느냐에 달려있다.

5. 협상타결에 연연해하지 말라

"내가 협상 대표로 나선 이상 실패란 있을 수 없다." 이 같은 마음가짐을 어떻게 평가해야 할까? 나의 사전에 협상실패란 없다는 마음가짐이니 정말 협상에서 좋은 결과를 가져올 수 있을까? 과연 그럴까?

■ 협상 성공은 협상의 목표가 아니다

이런 마음가짐은 상장기업 임원을 대상으로 협상에 임하는 태도를 조사했을 때 가장 많이 발견할 수 있는 태도이다. 조금 오래된 조사이기는 하지만 지금도 이런 태도를 취하는 임원들이 적지 않을 것 같다. 조금 더 물어보았다. 왜 이런 입장을 취하느냐고. 심층면접 결과 그 임원들은 다음과 같이 자신의 속내를 드러내었다. '협상에 실패할 경우 내 경력에 흠집이 될 수 있다.' 달리 말하면 이 임원들은 협상에서 큰 성과를 거두거나 가급적 회사에 유리한 협상 결과를 얻기보다는 협상에서 실패하지 않는다는 것을 목표로 삼고 있었다는 것이다. 반드시 협상에 성공해야 한다는 절박감은 거의 대부분 외부로 드러나기 마련이다. 당연한 말이지만 협상 상대방은 그런 태도를 이용한다. 평소 같으면 하지 않을 무리한 요구를 하기도 하고, 상대방에게 더 많은 양보를 강요하기도 한다. 그래서 협상의 성공에 목을 매는 당사자는 상대방의 요구에 끌려가게 마련이니 제대로 된 협상이 될 리가 없다.

■ 무리한 협상타결보다는 원칙을 지키는 것이 좋다

상장회사의 임원들만 이런 태도를 취하고 있었던 것이 아니다. 대외협상에 임하는 우리 협상가들 역시 '협상에 임하는 이상 협상을 타결지어야 한다'는 생각에 시달리고 있다. 한미 FTA 협상을 시작하면 대통령이 관심을 가지는 것이라 반드시 타결지어야 하고, 프랑스로부터 의궤를 돌려받는 협상에 임해서는 어떤 형태로든 의궤를 돌려받는 것이 바람직하다고 생각한 것이다. 협상의 타결 그 자체는 결코 나쁘지 않다. 하지만 그 결과가 협상에 임하는 우리 원칙을 저버린다거나 우리의 이익을 침해하는 것이라면 그런 협상타결은 결코 바람직하지 않다. 한미 FTA가 성공적이라고 하지만 그 이해득실의 판단은 아직 이르다. 하지만 지금까지의 경과를 볼 때 한미 FTA 역시 '반드시 협상을 타결하는 것이 좋다'는 강박감에 시달린 흔적이 여러 곳에서 드러난다. 스크린쿼터를 포함한 소위 4대 선결조건의 수용이 가장 대표적이다. 의궤반환 협상의 경우[3] 프랑스가 약탈

---

3) 이에 대한 자세한 설명 혹은 분석은 제5부 2장 3절(프랑스와의 의궤반환 협상, 무엇이 문제였나)을 참조하기 바란다.

해간 우리 문화재(의궤)는 돌려받는 것이 마땅하다. 본래 우리 것인데 프랑스가 임의로 도둑질해 간 것이기 때문이다. 하지만, 시간과 국제관계의 복잡함 때문에 '프랑스가 약탈해 간 의궤를 영구히 돌려받는 대가로 이와 상응한 가치를 가진 우리 문화재를 다시 프랑스에 빌려준다'는 어처구니 없는 합의가 이루어지기도 했다. 도둑이 훔쳐간 물건을 돌려받는 대가로 자기 물건을 다시 빌려준다는 그런 법이 어디 있는가? 다행히 이런 민간합의를 참여정부가 수용하지 않았기 때문에 의궤반환 협상은 다시 시작되게 되었다.

그러니 협상타결에 연연해하기 보다는 예상되는 협상결과가 우리 원칙을 침해하거나 우리에게 이롭지 못할 경우에는 차라리 협상을 실패로 돌리는 것이 낫다.

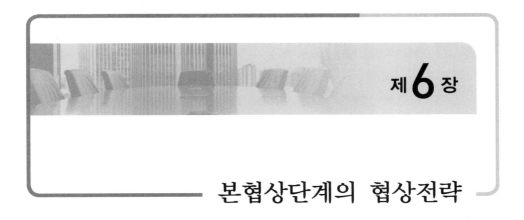

제 6 장

본협상단계의 협상전략

본협상단계에서 가장 중요한 것은 자신이 가지고 있는 협상력을 최대한 발휘하는 것이다. 그런 점에서 아래 제시된 사항들은 자신의 협상력을 높이기 위한 몇 가지 방안들을 제시한 것이다.

1. 인내하고 또 인내하라

특별한 경우가 아니라면 본협상은 예상한 만큼 짧은 시간에 끝나지는 않는다. 협상에 임하는 모든 협상가들은 자신이 수립한 협상 목표가 완전히 달성되었다는 판단이 서지 않는 한 협상장을 떠나지 않기 때문이다.

그래서 대부분의 경우 협상은 지루할 정도로 오랜 시간을 필요로 하는 경우가 많다. 그런 과정에서 반드시 명심해야 할 사실은 협상의 과정에서 갈등과 교착이 발생하는 것은 지극히 당연한 일이라는 것이다. 아주 사소한 문제를 협상하는 경우를 제외하고서는 상대방과 의견이 일치하지 않거나 상대방이 쉽게 양보하지 않는 것은 자연스러운 일이라는 것이다. 자신도 상대방이 요구하는 대로 양보하지 않고, 무조건 상대방의 의견에 따르지 않기 때문이다. 그렇기 때문에 협상에서 갈등과 교착은 결코 한숨을 쉬거나 스트레스를 받을 사항이 아니라는 것이다.

이러한 상황에서 협상가가 가져야 할 기본적인 태도는 인내하고 또 인내하는 것이다. 갈등과 교착의 상황에서 절망하거나, 실망하고, 혹은 분노하는 것은 바로 그 순간 상대방에게 협상의 주도권을 넘긴다는 것, 자신의 협상력이 그만큼 떨어진다는 것을 의미한다. 그래서 협상이 잘 진행되지 않을 경우, 밤을 새울 각오를 하거나 심리적인 여유를 가질 방법을 생각하는 것이 좋다. 우스운 이야기일지 모르나 상대의 신경을 거스를 정도로 화장실에 자주 가 손을 씻는 것도 인내하고 또 인내하기 위한 방법이 될 수 있다.

2. 협상의 대안을 준비하라[1]

협상가가 본협상에서 자신의 협상력을 높이기 위한, 그래서 협상에서 우위에 서기 위한 가장 고전적인 방법은 협상의 대안을 준비하는 것이다. 달리 말해, 지금 진행하고 있는 협상과는 다른 대안이 있다면, 이 대안은 지금 진행하고 있는 협상을 유리하게 이끌 수 있는 힘이 된다는 것이다. 고상하게 표현하면, 다른 기회가 존재한다는 것이 협상력의 원천이 될 수 있다Alternative opportunities are a source of bargaining power는 것이다.

■ 대안의 중요성

이런 원칙이 보여주는 또 다른 시사점은 **특정 협상에 목을 매고 있으면 결코 유리한 협상을 할 수 없게 된다는 것이다**Necessity never made a good bargain. 이런 원칙은 인생에서도 마찬가지다. 수능시험에 좋은 성적을 받지 못했다고 자살을 기도하는 사람이나, 연애에 실패했다고 인생을 비관하는 사람들은 인생이라는 큰 협상에서 너무 작은 것 하나에 매달리는 것으로 비유할 수 있다. 조금만 눈을 들어보면 수능시험과 연애와는 다른 대상을 발견할 수 있는데, 그러지 못한다는 것이다.

대안의 준비와 관련 또 하나 지적할 사항은, 나의 대안과 상대방의 대안 중에서 어느 한쪽의 대안이 상대적으로 불리할 경우 그 불리한 쪽이 협상에서 불리한 위치에 처하게 된다는 것이다. 즉, 협상이 실패로 끝날 경우 협상의 어느 한 당사자가 더 많은 피해를 입거나 불리한 상황에 처하게 된다면 그 당사자는 협상에서 결코 유리한 고지를 차지할 수 없다는 것이다. 여기에는 한 가지 조건이 있다. 서로 대안이 있다는 사실, 그리고 어느 한쪽의 대안이 상대적으로 불리

---

1) 여기에 대한 자세한 설명 혹은 사례는 제3부 2장 6절(사랑과 전직의 공통점은)을 참고하라.

하다는 사실이 상대방 모두에게 알려져 있어야 한다. 그렇지 않을 경우, 대안의 존재는 협상에 영향을 끼칠 수 없다.

3. 협상의 시한을 활용하라[2]

협상의 과정을 살펴보면 종종 협상이 '시한'을 앞두고 타결되는 경우가 많다는 것을 발견하게 된다. 그것은 그 시한을 경과할 경우 협상에 임하는 양 당사자 모두가 손해를 보게 된다는 것을 알고 있기 때문이다. 노사 간의 협상, 혹은 사회적 갈등과 관계된 협상이 종종 '갈 데까지 가고 난 뒤'에 타결되는 것이 이러한 사실을 보여준다. 이런 경우는 협상의 양 당사자가 모두 시한을 공통적으로 알고 있는 경우이다. 하지만, 협상의 어느 한 당사자만 시한을 가지고 있으면 어떻게 될까?

■ 시한을 가지고 있는 당사자는 당연히 불리

협상에 임하는 양 당사자 중에서 어느 한쪽이라도 협상에 대한 시한을 가지고 있다면 그 사람은 협상에서 불리한 위치에 처하게 된다. 시한 안에 협상이 타결되지 못할 경우 상대방은 입지 않는 피해를 자기만 입게 되기 때문이다. 하지만, 자기가 시한에 직면하고 있다 하더라도 그 사실을 상대방이 알지 못한다면 자기가 불리한 위치에 처할 이유가 없다. 따라서 지극히 당연한 이야기지만 자기가 시한을 가지고 있다면 상대방이 그것을 알지 못하게 하고, 상대방이 협상에 대한 시한을 가지고 있다면 그것을 반드시 알아야 한다. 소위 말하는 정보에 대한 중요성이다.

만약 상대방이 시한을 가지고 있다는 사실을 분명히 알지 못할 경우 가능한 한 협상을 지연시키는 것이 바람직할 수도 있다. 상대방이 시한을 가지고 있다면 협상의 지연에 대해 반응을 보일 수 있기 때문이다. 하지만, 이런 전략은 그다지 바람직하지 않을 수 있다. 상대방이 포커 페이스로 무표정하게 대응하거나, 상대방이 인내하고 인내하는 전략을 쓴다면 협상을 지연시키는 행위가 자신의 발목을 잡을 수도 있기 때문이다.

---

2) 여기에 대한 자세한 설명 혹은 사례는 제3부 2장 7절('만만디' 어떻게 할 것인가)을 참고하라.

■ 중국인의 지연전술

중국 사람은 한국 사람과 협상을 할 경우 한국 사람의 '조급해 하는 심성'을 활용하여 인위적으로 한국 사람에게 협상의 시한을 조성하는 전략을 취하기도 한다. 중국에 분명히 협상하러 갔는데, 그것도 중국 사람의 다급한 초청으로 협상을 하러 갔는데, 그들은 협상에는 도무지 관심을 보이지 않는다. 중국에 도착한 뒤 일주일 동안 한국 사람을 기다리는 것은 내내 지극한 향응이다. 한국 사람들은 어떠한 반응을 보일까? 대개의 경우 느긋하게 기다리지 못한다. 기다리다 못해 한국 사람이 스스로 '이제 그 문제를 이야기합시다'라고 조바심을 낸다. 이렇게 조바심을 내는 순간, 협상의 주도권은 저절로 상대방에게 넘어가고 만다.

4. 상대방의 주장 이면을 읽어라

협상의 과정에서 갈등과 교착이 발생하는 것은 당연한 일이다. 하지만 갈등과 교착이 길어질 때 아무런 조치도 취하지 않는 것은 어리석은 일이다. **그럴 경우에는 상대방과 내가 진정으로 원하는 바가 무엇인지를 다시 생각해 볼 필요**가 있다. 대개의 경우 상대방이 무엇인가를 강하게 주장할 때는 그 주장 자체보다는 그 주장의 이면에 무엇인가가 놓여 있는 경우가 자주 있다.

'안광眼光이 지배紙背를 철한다'라는 말이 있다. 눈빛이 종이 뒤를 읽어 본래의 문장이 의미하는 바를 정확히 이해한다는 말이다. 그것처럼 갈등과 교착의 이유가 된 사안 뒤에 숨어 있는 진정한 이유가 무엇인지를 파악하는 능력이 있어야 한다는 것이다. 예컨대, 기업체의 구매담당자가 필요한 물건을 사기 위해 관련 기업의 담당자와 가격협상을 하는 경우를 생각해보자. 협상이 순조롭게 진행되다 상대방이 더 이상 가격인하를 허용하지 않으려 하는 경우가 발생할 수 있다. 이런 교착상태가 발생할 때 그 협상과정을 자세히 살펴보면, 물론 정말 가격인하를 허용할 수 없는 경우도 있겠지만, 대부분의 경우 상대방의 말이나 행동에 의해 상처를 받았거나 혹은 상대방이 자기의 자부심이나 체면을 건드린 경우를 발견할 수 있다. 당연한 이야기지만, 그 진정한 이유를 해소하지 않고서는 협상의 타결을 보기란 어렵다.

5. 장기적 관점에서 협상을 하라

어떤 종류의 협상이건 그 협상을 장기적 관점에서 계획할 수도 있고, 단기적 관점에서 계획할 수도 있다. 이 글을 읽는 여러분이라면 어느 쪽을 선택할 것인가. 상황에 따라 다르다고? 맞는 말이다. 그러면 한 가지 조건을 더 추가하자. 모든 사람이 **합리적으로 행동한다면** 장기적 관점, 혹은 단기적 관점 어느 관점에서 협상에 참여하는 것이 좋을까? 이제는 답이 분명해진다. 그렇다. 장기적 관점이다. 왜 그런가?

만약, 특정 상대와 협상을 단 한 번만 하고 다시 그 상대를 만나지 않기로 한다면(일회성 협상) 어떤 일이 발생할까? 협상의 상대방이 누구이건 상대방으로부터 최대의 이익을 끌어내는 것이 합리적이다. 그래서, 최대의 이익을 끌어내기 위해 상대방을 협박하거나 위협하는 일, 혹은 상대방을 속이는 일도 마다하지 않을 것이다. 하지만, 협상의 종류를 막론하고 대부분의 협상은 일회성으로 끝나지 않는다. 한 번 협상을 한 상대와 계속 만나 관계를 맺고 유지하는 것이 우리 인생살이이기 때문이다. 그래서 대개의 경우 협상에서 단기적인 이익을 극대화하기 위해 행동하게 되면 장기적으로는 손해를 보는 경우가 많다. 가령, 단기이익을 극대화하기 위해 상대방을 속였다고 하자. 속임을 당한 그 사람은 다음번에 그 사람을 다시 만날 경우 결코 그 사람과 거래를 하지 않거나, 혹은 적절하게 보복을 하게 될지도 모른다. 협상의 상대방과 계속해서 만나게 되는 이상 눈 앞의 이익에 홀려 가까운 미래를 무시하는 것은 어리석은 일이다.

이렇게 강조를 하는데도, 판촉사원이나 세일즈맨들은 종종 이런 원칙을 무시한다. 1년 뒤 혹은 5년 뒤의 장기적 성과가 중요한 것이 아니라, 바로 이번 주 혹은 이달의 성과가 중요해 보이기 때문이다. 그들은 말한다. '알면서도 순간적인 이익이 보이면 그것에 넘어갈 수밖에 없다'고. 그렇다면 이것은 '협상' 이전의 문제가 아닐 수 없다.

6. NO라는 말에 겁먹지 마라[3]

협상을 진행하다 보면 '안 됩니다'라는 말을 종종 듣게 된다. 어떻게 하는 것이 좋을까? 그런 경우 그 말에 지나치게 의미를 부여하면 자신이 선택할 수 있는 여지는 매우 좁아지게 된다. '안 돼'라는 말이 가지는 부정적 에너지를 너무 진지하게 받아들이기 때문이다. 기억하자. 나의 제안에 대해서 상대방이 NO라고 말한다면 바로 그것을 협상의 시작으로 받아들여야 한다. 그렇지 않은가? 나의 제안에 대해서 상대방이 바로 승낙을 한다면 거기에는 협상이라는 '예술적 행위'가 끼어들 틈이 없는 것이다. 그러니 상대방이 '안 됩니다' 혹은 'NO'라고 말하면 조용히 미소지으며 아 이제 협상이 시작되는구나 하고 생각하면 된다. 그래서 'NO'라는 말은 거부의 뜻이 아니라 단지, 협상의 시작을 나타내는 의미를 가진다. 왜 그렇게 해석해야 할까? 왜 NO라는 말을 협상의 종결이 아닌 협상의 시작으로 인식해야 할까? 심리학적 관점에서 볼 때 NO라는 말과 행동은 '현재의 복잡한 상황을 일시적으로 피하고자 할 때' 가장 자연스럽게, 반사적으로 나올 수 있는 말이기 때문이다.

이 같은 원칙은 부품을 구매하거나 물건을 사는 등 모든 종류의 가격협상에서도 그대로 적용된다. 그래서 자신이 제안한 가격에 상대방이 'NO'라고 말할 때 실망하거나 슬퍼할 필요는 없다. 단지, 이제 본격적인 협상이 시작되는구나 하고 마음을 되잡아야 한다는 것이다. 상대방의 NO라는 말은 당신 자신을 부정한 것이 아니라, 당신이 제안한 가격 혹은 협상에 임하는 당신의 태도가 마음에 들지 않는다는 것을 우회적으로 나타낸 것에 불과하기 때문이다.

7. 최종책임자는 마지막에 협상에 나서라[4]

개인 간의 협상인 경우를 제외하고 협상은 대부분 누군가를 대리하여 진행되는 경우가 많다. 국가 간의 협상인 경우에는 그 국민을 대리하여 직업 외교관들

---

3) 여기에 대한 자세한 설명 혹은 사례는 제3부 1장 3절(협상은 언제 시작하는가)을 참고하기 바란다.
4) 여기에 대한 자세한 설명 혹은 사례는 제3부 1장 8절(최종책임자는 언제 나서야 하는가)을 참고하기 바란다.

이 협상을 진행하고, 사회갈등을 해소하는 협상에서는 협상의 대표들이 각각 그들이 속해 있는 단체를 대표하여 협상을 진행한다. 그래서 그들이 하는 말과 행동은 그들 자신의 것이 아니라 그들이 속해있는 단체의 견해를 대변하는 것이다. 기업과 기업의 협상도 마찬가지다. 기업의 실질적 소유자가 협상에 나서지 않는 한 협상가들은 단지 실질적 소유자의 대리인에 불과하고, 그들이 합의한 사항들은 다시 실질적 소유자의 동의를 받아야 한다. 그렇다면 기업의 경우는 시간을 절약하고 협상의 진행을 빨리 하기 위해 실질적 소유자, 일반적으로는 최종책임자가 바로 협상에 나서는 것이 바람직하지 않을까? 그 답은 '그렇지 않다' 이다.

우선 최종책임자가 협상과 관련된 훈련을 받지 못했을 경우 그가 만족스럽게 협상을 진행할 수 있다고 장담할 수 없다. 아무리 협상책임자라도 협상이 무엇인지, 협상력이 무엇인지 제대로 이해를 하지 못할 경우 제대로 협상을 진행해 나가기란 어렵다. 또 다른 이유는, 최종책임자가 직접 협상에 나서지 않는 경우 직접 협상에 나설 경우에 비하여, 실제 협상을 담당하는 자가 때때로 강력한 협상력을 발휘할 수 있기 때문이다. 예컨대, 상대방이 가격인하를 요구해올 경우 협상담당자는 '내가 최종책임자가 아니라 그렇게 할 수 없다'는 말로 거절할 수 있다. 하지만, 최종책임자가 바로 협상에 나설 경우 이런 핑계를 제시할 수 없다. 그래서 이런 경우는 바로 협상력의 저하로 연결될 수 있다.

국가 간의 통상협상에서도 이런 실례를 찾아볼 수 있다. 미국이 가장 대표적이다. 미국은 무역상대국의 요청에 대하여 '의회가 동의하지 않기 때문에 어렵다'는 말로 종종 곤경을 빠져나가곤 한다. 미국의 통상협상에 관한 한 의회가 실질적인 최종책임자의 역할을 한다고 할 수 있다.

기업 간의 협상에서 최종책임자가 마지막에 나서는 것이 좋은 또 다른 이유는 협상의 진행과정을 살피면서 협상의 일선에 서 있는 사람보다 협상의 경과를 더 객관적으로 볼 수 있기 때문이다. 그래서 협상과 관련한 중요 결정을 내려야할 경우 협상의 실무자보다 더 객관적이고 합리적인 판단을 내릴 수 있다. 물론, 협상이 교착상태에 빠져 더 이상의 진전이 어렵다고 판단할 때 최종책임자가 나서 그 협상의 매듭을 풀어야 한다.

8. 문서로 작성하라[5)]

한 가지 궁금한 점이 있다. 왜 사람들은 재래시장에서는 당연하다는 듯이 물건 값을 깎으면서 백화점에서는 물건 값을 깎지 않는 것일까? 다양한 답이 나올 수 있다. 하지만, 가장 많이 나오는 답은 '백화점에서는 정찰제이기 때문에 그렇다'라는 답이다. 그렇지만 재래시장에서도 간혹 정찰제를 시행하는 곳도 있기 때문에 이것은 완벽한 답이 될 수 없다. 그 이유는 무엇일까?

인지심리학에 의하면 사람이 정보를 받아들이는 경로는 크게 두 가지라고 한다. 눈과 귀, 즉 청각과 시각이 그것이다. 하지만, 청각보다는 시각으로 받아들인 정보의 가치를 더 크게 평가하는 경향이 있다고 한다. 귀로 듣는 것보다는 눈으로 보는 것에 더 큰 가치를 부여한다는 것이다. 백화점에 가면 모든 물건의 가격이 종이에 인쇄되어 있다. 정찰제 표시라는 것이다. 이와는 달리 재래시장에서는 많은 경우 '아저씨, 이것 얼마예요?' 하고 물으면 '5만원' 하는 형태로 말로써 가격정보가 전달된다. 백화점에 가면 당연히 종이에 표시된 대로 지불해야 된다고 생각하는 사람들이 재래시장에 가서는 '아이, 아저씨. 5만원이면 너무 비싸지 않아요?' 하고 가격협상을 시작한다. 이게 문서로 인쇄된 정보의 힘이다.

그렇다면 여기서 중요한 협상 전략을 이끌어낼 수 있다. 본협상의 단계에서 상대방과 다양한 의견과 입장을 교환할 때 아무리 작은 제안이라도 말로 하는 것이 아니라 문서로 만들어 전달하는 것이 바람직하다는 것이다. 물론 말로 전달하나 문서로 전달하나 전달되는 정보의 양이나 질은 큰 차이가 없을 수 있다. 하지만, 그것을 받아들이는 입장에서는 문서로 된 것이 더 큰 힘을 발휘하게 된다. 무의식적으로 그렇다는 말이다.

개인 간의 작은 협상에서도 이런 전략은 그대로 적용된다. 어젯밤, 남편 혹은 아내와 심한 부부싸움을 했다. 화해를 하고 싶은데 어떻게 하는 것이 좋을까? 그냥 전화를 걸어 미안하다고 말하기 보다는, 미안하다는 내용을 담은 편지 한 장을 써서 한 송이 꽃과 함께 건네주는 것이 효과적이다. 다 아는 것이라고 할지 모르나, 이 경우의 핵심은 한 송이 꽃보다는 차라리 그 편지에 있다.

---

5) 여기에 대한 자세한 설명 혹은 사례는 제3부 3장 1절(듣는 것과 보는 것 무엇이 중요할까)을 참고하라.

9. 상대방의 약점을 건드리지 말라

'김상무, 다리 좀 떨지 마소.' 노사협상을 시작하는 상견례 자리에서 노동자 측 대표가 갑자기 사용자 대표 중의 한 사람을 향하여 이렇게 고함을 지른다. 물론 다리를 떠는 행위가 유쾌할 리 없고 신경에 거슬릴 수 있다. 하지만 협상의 상견례 자리에서 이런 지적을 하는 것은 다른 목적이 있다. 그것은 앞으로 있을 노사협상에서는 기선을 제압하기 위한 것이다. 이런 전략의 유효성은 차치하고, 노동자 대표로부터 이런 지적을 당한 김상무는 기분이 유쾌할 리 없다. 비록 상견례 자리에서 노동자 측이 다소 우위를 차지했을지는 모르나, 자신의 약점 아닌 약점을 지적당한 김상무는 쉽게 넘어갈 리 없다. 아니나 다를까, 다음 협상에서 김상무는 자신의 약점을 지적한 노동자 대표를 향해 격한 공격성을 드러내게 된다. 그러니 상대방의 약점을 지적하거나 이용하는 것은 아주 바람직하지 못한 방법이다.

또, 누구든지 세일즈맨들이 찾아와 특정 상품을 장황하게 설명하는 것을 들어본 적이 있을 것이다. 그 경우, 처음에는 분명히 그 상품을 사고 싶은 마음이 없었는데, 세일즈맨들의 설명을 듣고 난 뒤에는 자기도 모르는 사이에 그 상품을 사버린 적이 있을 것이다. 상품의 설명이 지극히 합리적이어서 자신의 구매 욕구를 자극한 것이라면 아무 문제가 없다. 하지만, 세일즈맨들이 돌아가고 난 뒤 '아 내가 또 당했구나' 하는 생각이 든다면 그것은 십중팔구 세일즈맨들이 자신의 심리적 약점을 건드려 물건을 사지 않을 수 없도록 만든 것이다. 특히 지금은 거의 사라졌지만 과거의 경우 가정을 방문하여 화장품을 판매하는 외판원들이 이런 방식을 많이 사용했다. 화려한 말에 휩쓸려 화장품을 샀는데 나중에 정신을 차리니 '내가 이것을 왜 샀을까' 하는 후회가 든다는 것이다. 협상의 기본 법칙에서 이미 설명했지만 이런 방식은 단기적으로 이익을 극대화할 수 있지만 장기적으로는 결코 바람직하지 않다.

10. 섣불리 말을 하지 말라[6]

협상에서는 말이 중요하다. 누구나 다 공감하는 원칙이다. 하지만, 나는 이 말을 협상에는 '말하는 기술'이 중요하다는 형태로 바꾸고 싶다. '기술technology'이라는 표현을 쓴 것은 말 그 자체도 중요하지만, 같은 말이라도 그 말을 어떤 방식으로 하느냐에 따라 그 효과는 매우 큰 차이가 난다는 것이다. 또, 기술 혹은 테크닉을 지적함으로써 협상에서 자신의 생각을 잘 전달하기 위한 방법이 있다는 것을 다시 강조하고 싶은 것이다. 입이 있다고 말을 잘하는 것이 아니라, 말을 잘하기 위해서는 그 방법을 배울 필요가 있다는 것이다.

■ 침묵의 의미를 배워라

말과 관련된 기술 중 가장 역설적인 것 중의 하나는 자신이 무슨 말을 해야 할 지 잘 모르는 경우, 혹은 어떻게 대답해야 할지 잘 모를 경우, 차라리 침묵을 지키는 것이 낫다는 것이다. 자신의 입장을 어떻게 표현해야 할지 모른다면 입을 다물고 상대방이 하는 말을 끝까지 들어줌으로써 자신이 할 말을 선택할 수 있다는 것이다. 그냥 상대방의 말에 고개만 끄덕거려 줌으로써 자신이 백 마디 말을 하는 것보다 더 큰 효과를 거둘 수 있다. 당신도 그렇지 않은가? 어떤 사람이든 말을 듣기보다는 하기를 좋아한다. 그러니 당신이라도 차라리 말을 하기보다는 말을 듣는 쪽을 택하도록 하라. 그게 정말 좋다.

일 대 일 협상이 아니라, 단체와 단체의 협상인 경우 섣불리 말을 하지 않는 것은 정말 중요하다. 구성원 중의 한 사람이 자칫 잘못 말을 하게 되면 그 날의 협상은 완전히 엉망이 되는 경우를 경험하게 된다. 그럴 경우, '무엇이라고 말을 해야 할지 모른다면' 차라리 침묵을 지키는 것이 좋다. 위에서 말한 대로 상대방의 말에 간혹 고개를 끄덕여 공감을 표시하거나, 고개를 가로저어 다소의 의문을 표시하는 것으로 충분히 이 쪽의 입장을 나타낼 수 있다. 그런 의미에서 단체와 단체의 협상인 경우 그 구성원들끼리 어떻게 말을 해야 할지, 누가 말을 해야 할지, 치밀하게 순서와 내용을 미리 결정해 두는 것이 바람직하다.

---

6) 여기에 대한 자세한 설명 혹은 사례는 제3부 2장 5절('좋은 놈, 나쁜 놈' 전략은 어떤가)을 참고하라.

■ 협상전략으로서의 사과

그렇다면 이런 의미에서 잘못 말한 말 혹은 행동을 사과하는 것도 하나의 협상의 전략이 될 수 있다. 가령 bad guy-good guy 전략을 이런 차원에서 사용할 수 있다.

절도 혐의가 있는 피의자를 체포했다. 하지만 심증은 가는데 물증이 없다. 그럴 경우 형사 A는 그 피의자를 거칠게 다루면서 협박한다. '빨리 고백하는 게 좋을 것'이라고. 그러면서 탁자를 치거나 심지어는 체형을 가하면서 그 피의자를 몰아부칠 수 있다. 하지만 피의자는 쉽게 고백을 하지 않는다. 그럴 때 형사 B는 정반대의 방법으로 피의자에게 접근한다. '저 사람 말이야 본래 나쁜 사람은 아닌데, 무엇인가 스트레스를 받은 모야이야. 너무 심각하게 생각하지 마.' 이렇게 말하며 넌지시 담배 한 대를 권하면 피의자는 부지불식간에 마음이 풀어질 수 있다. 이런 상황에서 형사 B는 다음과 같이 말한다. '그런데 말이야. 아무리 봐도 자네가 훔친 것 같은데 그냥 솔직히 말하면 어때. 그러면 우리도 선처할 수 있을 것 같은데 말이야.' 어떨까? 피의자는 형사 A의 거치른 태도에 지치다 못해 이런 권유에 넘어갈 수 있다. 많은 실험 결과 이런 일이 발생한다. 재미있는 것은 피의자들은 두 형사가 암암리에 계획을 세워 역할 분담을 한다는 사실을 알고 있으면서도 형사 A의 이런 태도에 순순히 자백을 하는 경향을 보인다는 것이다. 이게 흔히 말하는 good guy-bad guy 전략이다.

그러니 사과를 하거나, 말을 하거나, 어떤 행동을 하는 것도 계획을 세워서 그 범위 안에서 진행할 필요가 있다.

11. 화를 내지 마라: 직접적인 감정의 표출을 삼가라

지금은 많이 달라졌지만, 협상장에서 큰 소리를 지르거나 화를 내는 것이 협상을 유리하게 진행하는 방법이라고 생각하기도 했다. 특히 자기와 동등한 지위에 있지 않은 사람들과 하는 협상일 경우 이 방법은 매우 유용하다고 생각해 왔다. 화를 냄으로써 상대방에게 위협을 가할 수 있다는 것이다. 하지만 결론부터 말하자. 협상에서는 어떠한 경우에도 화를 내지 않는 것이 좋다. 화를 낸다는 것은 스스로 나는 내 감정을 절제할 줄 모르고, 당신에게 협상의 주도권을 넘긴다는 말과 다름없다. 특히 화를 낸다는 것은 주어진 협상의 과제에 이성적으로 대처할 능력이 없다는 것을 자인하는 것과 같다. 이 얼마나 슬픈 일인가.

포커페이스. 누구나 다 아는 말이다. 그렇다. 협상장에서는 일반적으로 이 포커페이스를 취하는 것이 바람직하다. 알아도 모른 척, 몰라도 아는 척, 전혀 표정에 그 특징이 드러나지 않는 것이 협상을 유리하게 이끄는 지름길이 된다는 것이다. 하지만 협상가도 사람인 이상 어느 순간에 감정에 사로잡힐 수 있고, 자신도 모르는 사이에 그 감정을 드러낼 수 있다. 그런 경우에는 가급적 빨리 포커페이스라는 본연의 자세로 돌아오는 것이 좋다. 만약, 부지불식간에 화를 내었다면 재빨리 사과하고 가급적 그 사실을 빨리 잊어버리는 것이 좋다. 화를 내었다는 것이 협상에 나쁜 영향을 미쳐서는 안되기 때문이다.

하지만, 어떤 경우에는 적절히 계산된 감정의 표출이 협상에 이로울 수도 있다. 정말 화를 내어야 할 상황인데 화를 내지 않는다면, 참으로 기막힌 일을 당했는데도 조금의 변화도 없다면 상대방은 인간이 아니라 돌이나 나무와 협상을 한다고 생각할지 모르기 때문이다. 그리고 그런 경우 협상가들 사이의 관계 형성에 좋지 않은 영향을 끼칠 수도 있기 때문이다.

그래서 협상에서는 원칙적으로 감정을 드러내지 않아야 하는데, 그 원칙을 다소 벗어나야 할 때가 있다. 그런 점에서 중요한 것은 언제 감정을 드러내야 하고, 언제 감정을 드러내지 말아야 하느냐는 것이다. 그것은 전적으로 협상에 임하는 당신의 판단에 맡길 수밖에 없다. 그런 판단은 협상과 관련된 책을 많이 읽는 것과 같은 단순한 지식의 축적에 의해서 이루어지는 것이 아니라, 경험과 지식이 혼합된 통찰력에서 생기는 것이다. 이런 점에서 협상은 분명히 예술의 속성을 가진다.

12. 양보하지 마라, 하지만 적절히 양보하라

'오랫동안 협상을 진행해 왔는데 아무런 진전이 없습니다. 그래서 여러분은 내가 조금 양보를 하면 저 쪽에서도 조금 양보를 하겠지 하고 생각하면서 조금 먼저 양보를 합니다. 어떻게 생각합니까?': 1) 협상타결을 위한 좋은 계기이다; 2) 상황에 따라 판단을 달리 해야 한다; 3) 어리석은 짓이다; 4) 아주 협상타결이 어려운 경우에나 이런 태도를 취해야 한다. 이 글을 읽는 여러분은 이 질문에 대한 답이 무엇이라고 생각하는가?

대부분의 사람이 '2) 상황에 따라 판단을 달리해야 한다'를 선택한다. 아주 적절하게 보이기 때문이다. 하지만 협상의 법칙이라는 관점에서 볼 때 이 답변은 전혀 적절하지 못하다. 자신의 협상 원칙에 대한 답변이 없을 때 택하는 답이기 때문이다. 1) 협상타결을 위한 좋은 계기라고 답한 사람들은 참으로 훌륭한 사람들일지 모른다. 상대방이 양보하기도 전에 '스스로' 양보를 하면서 협상이 타결되기를 기다리기 때문이다. 이런 세상이면 정말 좋다. 내가 먼저 양보를 하면, 상대방도 덩달아 양보도 하고, 그래서 모든 일이 순조롭게 풀리기만 한다면 얼마나 좋을까. 하지만 우리는 그런 세상에 살고 있지 않고, 스스로 먼저 양보할 경우 상대방이 더 많은 것을 요구하는 세상에 살고 있다. 그렇지 않은가. 그래서 1)번은 답이 아니다. '4) 아주 협상타결이 어려운 경우에나 이런 태도를 취한다'를 선택한 사람들은 다소 현실적인 사람들이다. 쉽게 양보를 해서는 안 되지만 아주 협상이 꼬일 경우에는 양보할 수도 있다는 것이다. 좋은 사람들이다. 하지만 이 역시 1)을 선택한 사람들과 다를 바 없는 경험을 하게 된다. 그렇다. 정답은 3)이다. 어리석은 일이다. 협상에서는 아무리 작은 것이라도, 자기가 협상의 대가를 전부 상대방에게 줄 각오가 되어 있지 않는 한, 자신이 먼저, 스스로, 아무런 대가 없이 양보를 해서는 안 된다. 협상은 상호의존성을 특징으로 하고 있기 때문에, 아무런 대가 없이 먼저 양보를 할 경우 십중팔구 상대방은 더 많은 것을 요구해 오기 때문이다.

■ 하지만 적절히 양보하라

이런 협상의 원칙과 관련 한 가지 명심해야 할 것이 있다. 협상과정에서 상대방이 일방적인 양보를 할 경우 어떻게 대처해야 하느냐는 것이다. 이런 질문 자체가 우스울 수 있다. 상대방이 양보를 하고 있는데, 그것도 강요된 양보가 아닌데 무엇을 걱정하느냐는 시각이 그것이다. 상대방이 양보를 하면 그것은 자신의 협상력이 높다는 것을 의미하기 때문에 그대로 받아들이면 된다는 것이다.

하지만 아무리 훈련된 협상가일지라도 그 역시 인간인 것은 분명하고, 따라서 가끔씩 자기가 무슨 말을 하는지 무슨 제안을 하는지 제대로 이해를 하지 못할 수도 있다. 그래서 아무리 봐도 상대방이 할 수 없는 양보를 한다고 판단될 경우 선뜻 그 양보를 받지 말고 하루 정도 시간적 여유를 두는 것이 좋다. 그럴 경우 하루 정도의 시간은 '자신이 어떠한 양보를 했는지' 객관적으로 파악할 수 있게 해 주기 때문이다. 또, 하루 정도의 시간 여유를 준다는 것은 '나는 최소한 당신의 약점을 이용하지는 않는다'는 메시지를 상대편에게 전달하는 효과를 가진 다. 당연한 이야기지만 하루 정도의 시간이 지났는데도 동일한 양보를 한다면 이제는 흔쾌히 받아들이면 되는 것이다. 상대방이 자기가 해서는 안 되는 양보 를 했다는 것을 뒤늦게 깨달을 경우, 상대방은 재협상을 요구할 수도 있다. 재협 상은 협상의 과정을 더 번거롭게 하는 것이므로, 재협상의 가능성을 두기 보다 는, 상대방이 자신의 양보를 객관적으로 검토할 수 있도록 하루 정도의 시간적 여유를 주는 것이 낫다.

나는 양보하지 말 것을 강조해 놓고, 다시 적절히 양보할 것을 주장한다. 모 순이 아니라, 양보가 그만큼 협상에서 중요하다는 것을 의미한다. 하지만 언제 상대방의 양보를 적절히 수용할 것인지 아는 것. 그것은 또 다른 훈련을 필요로 한다.

13. 진지한 협상을 위해서는 전화를 이용하지 않는 것이 좋다[7]

협상은 여러 가지 방식으로 진행될 수 있다. 가장 일반적인 면 대 면面對面, face to face 방법을 시작으로 이메일을 통한 협상, 조금 오래되기는 했지만 팩스를 통한 협상, 전화를 통한 협상, 혹은 이 모든 방법들이 서로 결합된 형태로 진행 되는 협상이 있다. 하지만, 바람직한 협상결과를 얻을 수 있는 가장 바람직한 방 법은 직접 얼굴을 맞대고 진행하는 면 대 면 방식의 협상이다. 서로 오가는 말 뿐 아니라 얼굴 모양, 제스쳐 하나하나가 협상을 위한 의사전달의 통로로 사용 될 수 있기 때문이다. 그런 점에서 팩스, 전화, 이메일을 통한 협상은 그리 권장 되지 않는다. 특히 이메일은 그 편리함에도 불구하고 일방적인 의사전달 수단에 불과한 것으로 협상을 위한 적합한 도구는 아니다. 팩스 역시 마찬가지다.

하지만 전화는 어떨까? 전화 역시 면 대 면 방식보다는 그 효율성이 크게 떨 어진다. 그렇지만 협상을 진행하는 과정에서, 특히 협상이 교착상태에 빠졌을 때 는, 전화를 통해 협상을 재개하거나 자신의 의견을 알리는 과정이 필요할 수 있

7) 여기에 대한 자세한 설명 혹은 사례는 제3부 2장 8절(사랑고백은 어떻게 하나)을 참고하라.

다. 자 그렇다면, 그런 경우에 전화를 먼저 하는 것이 좋을까, 아니면 상대방의 전화를 기다리는 것이 좋을까? 10년 전만 해도 이런 질문을 하면 후자, 즉 상대방의 전화를 기다려야 한다는 응답이 매우 많았다. 먼저 전화를 하는 것은 자존심의 문제라는 것이다. 그러나 협상에서 정말 좋은 방법은 먼저 전화를 하는 것이다.

제 7 장

후속협상단계의 협상전략

지금까지 사전협상단계와 본협상단계의 협상전략을 하나하나 설명해 왔다. 이제 이런 협상의 결과를 마무리하는 후속협상단계의 협상전략을 설명하기로 한다. 후속협상단계란 본협상에서 타결된 결과를 확인하고 그 협상의 결과가 이행될 수 있는 여건을 만드는 단계를 의미한다. 뒤에 자세히 설명되겠지만 후속협상단계가 순조롭게 진행되지 않을 경우 협상 그 자체가 실패로 귀결될 수 있다. 앞서 협상과정을 설명하는 단계에서의 후속협상과 다소의 중복이 있지만, 그 중요성 때문에 그대로 제시한다.

1. 진정한 협상의 끝

'이제 다 끝났군요. 내일 조인식만 가지면 됩니다.'
'그동안 수고하셨습니다. 내일 사인만 하면 되지요.'
'이제 사인만 하면 되니 오늘은 허리끈을 풀고 같이 즐기지요.'

이런 말이 나오면 대부분의 협상가들은 이제 협상이 끝났구나 하는 생각을 하게 된다. 이런 생각이 전혀 틀린 것은 아니다. 협상과정에서의 수많은 쟁점이 합의되고 상대방과 내가 동시에 만족하는 결과를 앞에 두고 만족하지 않을 사람은 없기 때문이다. 그러나 이런 말이 나온다고 해서 협상이 다 끝난 것으로 생각해서는 안 된다. 협상의 궁극적인 목표는 합의 결과가 이행되어야 달성되는 것이지, 쟁점에 합의했다고 해서 달성되는 것이 아니기 때문이다. 그래서 어떤 의미에서 이런 말이 나온다는 것은 새로운 협상의 시작을 알리는 것으로 보아도 생각해 볼 수 있다.

진정한 협상의 끝은 공식적인 서명이 이루어지는 순간이다. 따라서 그 때까지 결코 긴장을 풀어서는 안 된다. 협상의 쟁점에 다 합의하고서도 협상의 타결을 축하하는 비공식석상에서의 조그만 실수로, 혹은 조그만 단어 하나를 소홀히 취급함으로써 협상 그 자체가 실패로 끝날 수도 있다. 위에서 제시된 두 사례가 이런 사실을 명확히 보여준다. 그러므로 협상의 결과를 조문화하고 그 조문에 협상의 대표자들이 사인을 하기 전까지는 결코 협상이 끝난 것이 아니다. 오히려 '축하합니다. 이제 다 끝났군요'라고 말하는 그 순간 진정한 협상이 시작된다고 생각해도 무방하다.

2. 재협상의 가능성을 염두에 두어라[1]

협상 결과에 대한 서명이 끝날 경우 대개의 경우 재협상이란 없다. 시기의 차이는 있겠지만 (그 즉시이건 혹은 일정 시간이 지난 뒤이건) 서명된 협정문이 효력을 발휘하면 그 자체로 협상은 완성되기 때문이다.

하지만, 세상사가 그런 것처럼 협상도 완성되었다고 생각하는 바로 그 순간 새로운 가능성이 전개될 수도 있다. 어느 정도의 시간이 흐른 뒤 혹은 협정문의 잉크도 마르지 않은 상태에서 상대방이 재협상을 요구할 수 있기 때문이다. 혹은 우리 자신이 재협상을 요구할 수도 있기 때문이다. 협상의 어느 한쪽이 재협상을 요구한다고 해서 바로 재협상이 시작되는 것은 아니다. 재협상 자체가 불가능할 수도 있고, 상대방이 재협상을 거절할 경우 재협상을 강요할 수단은 없기 때문이다.

국가 간의 협상인 경우 재협상의 가능성은 희박하다. 하지만, 최종 협정문에서 무엇인가 잘못이 발견될 경우 짧은 경과 기간을 가진 뒤 다시 협상에 들어갈 수도 있다. 이 경우 재협상의 가능성은 전적으로 두 나라의 외교적 관계, 혹은 더 축소해서 이야기하면 협상가들의 개인적인 친밀도에 달려있다고 할 수 있다. 기업 간의 협상에서도 마찬가지다. 협상 담당자끼리 깊은 신뢰관계가 형성되어

---

1) 여기에 대한 자세한 설명 혹은 사례는 제3부 2장 9절(협상이 '예술'의 성격을 가지는지 아는가)을 참고하라.

있거나 협상 외적인 문제까지 나눌 정도의 비공식 관계를 유지하고 있다면, 사소한 문제 정도는 경과 기간을 두지 않고 바로 재협상에 들어갈 수도 있다.

그래서 국가의 운명을 결정하는 중요한 협상이 아닌 이상 협상의 결과에 혹은 협정 조문에 재협상의 여지를 남겨두는 것이 장기적으로 이로울 수 있다. 특히, 일회적으로 끝나는 협상이 아니라 협상 상대방과의 관계가 계속되는 것일 경우 이러한 재협상의 가능성은 필수라고 할 수 있다. 만약, 그렇지 않을 경우 상대방의 사소한 실수를 악용한다는 말을 들을 수 있기 때문이다. 그런 점에서 장기적 관점에서 협상의 상대와 지속적으로 친밀한 관계를 맺는 것이 중요하다. 서로 신뢰하면서 친밀한 관계가 유지될 때 어느 쪽이건 사소한 문제의 재협상을 둘러싼 분쟁을 피할 수 있기 때문이다. 그런 의미에서 협상이 끝난 뒤의 사후관리가 협상 그 자체보다 중요할 수 있다. 구태여 말할 필요가 없는 것이지만, 상대방은 어떻게 행동할지라도 우리 스스로는 본협상의 과정에서 완벽하게 협상을 끝냄으로써 재협상을 요구하지 않도록 하는 것이 바람직하다.

3. 관계형성으로서의 협상

후속협상단계를 고려할 때, 특히 재협상의 가능성을 고려할 때 협상은 협상에 참여하는 당사자들 간의 관계가 매우 중요함을 알게 된다. 그런 점에서 협상은 협상에 참여하는 당사자들의 관계형성Relationship Building으로 이해할 수도 있다.

이런 관계형성의 중요성은 수인의 딜레마게임(PD게임)을 통해서도 다시 확인할 수 있다. 주지하는 바와 일회성 PD게임일 경우 이 게임에 참여하는 누구도 상대방과의 약속을 지키려하지 않는다. 상대방과의 약속을 지키지 않고 배신하는 것이 자기의 payoff를 극대화하기 때문이다. 하지만, 일회성이 아니라 무한히 반복되는 PD게임일 경우 상대방과의 약속을 지키는 것이 내쉬균형의 하나가 될 때가 많다. 물론 이 경우에도 약속을 지키는 것과 배신을 하는 것의 payoff를 비교해야 하지만, 일회성 PD게임과 비교할 때 약속을 지키는 것이 매우 중요하게 된다. 이렇게 무한히 반복되는 게임의 경우 상대방과 어떤 관계를 형성하는 가 하는 점이 균형에 매우 큰 시사점을 주게된다. 관계형성으로 협상을 이해할 경우 이렇게 PD게임을 통해서도 그 중요성을 알게 된다.

제8장

돈 나누기 협상

아래 돈 나누기 협상의 과제는 그냥 읽어 나가지 말고 가능한 한 옆의 사람과 실제로 협상을 진행해 나가기를 권한다. 특히 과제 2에 집중해서 협상을 진행해나가기 바란다.

> **과제 1** "자 이제 두 사람에게 돈 만원을 드리겠습니다. 그러니 이 돈을 협상을 통하여 적절하게 나누시기 바랍니다."

> **과제 2** "이 게임에서 여러분의 보스(원장, 회장, 총장)가 반드시 6,000원 이상을 받아오라고 합니다. 그렇지 않으면 해고한다고 합니다. 여러분은 어떻게 하겠습니까?"

그 뒤, 두 사람이 진행한 협상결과를 두고 아래 글을 읽으면서 비교해 나가기를 원한다. 이 작은 협상사례를 통해 지금까지 설명한, 협상의 정의, 협상의 전략, 협상력 등을 한 번 점검하기 바란다.

■ 돈 나누기 협상의 과제

"자 이제 두 사람에게 돈 만원을 드리겠습니다. 그러니 이 돈을 협상을 통하여 적절하게 나누시기 바랍니다." 협상교육에 참석하여 두 줄로 앉은 사람들에게 이렇게 부탁한다. 그러면 대부분의 사람들은 주저하지 않고 5,000원 씩 나누기로 결정한다. 왜 그럴까? 공정해 보이기 때문이다. 50대 50으로 나누는 것 이상의 공정한 해결책은 없는 것으로 보이기 때문이다. 협상이론에서는 이것을, 지금까지 여러 번 설명하고 강조해온 바와 같이, 포컬 포인트focal point(렌즈로 햇빛을 모으는 것처럼 의견의 일치를 볼 수 있는 점이라는 의미)라고 한다. 이제 이런 게임을 이런 식으로 바꿔본다. "이 게임에서 여러분의 보스(원장, 회장, 총장)가 반드시 6,000원 이상을 받아오라고 합니다. 그렇지 않으면 해고한다고 합니다. 여러분은 어떻게 하겠습니까?" 이런 질문을 하면 반드시 웅성웅성하는 소리가 들리기 시작한다. 자 여러분이라면 어떻게 하겠는가?

■ 다양한 해결책

우선 상대방을 '설득'하는 방법이 있다. "우리 원장이 이렇게 명령하니까 나에게 6,000원만 주기 바라네." 상대방이 이해심이 많은 사람이라면 이런 부탁을 들어 줄 수도 있다. 다음, 자신이 상대방에 비하여 우월적인 지위에 있거나 아니면 물리적 위협을 가할 수 있는 여건이 된다면 6,000원 이상을 달라고 '협박'할 수 있다. 이런 협박은 가끔씩 통하기도 하지만, 두말할 필요 없이 가급적 사용하지 말아야 한다. 아니면 조금 난처하기는 하지만 슬픈 표정으로 상대방에게 6,000원 이상을 달라고 눈물로 '호소'할 수도 있다. 상대방의 약한 마음을 겨냥하는 것이니 마음이 터프한(?) 사람이나 모진 사람을 만나면 통하지 않는다.

설득, 협박, 호소. 이런 방식들은 성공할 수도 있고 성공하지 않을 수도 있다. 하지만 조금 흔쾌히 사용할 수 있는 방식은 아니다. 어딘지 모르게 자신을 굽히거나 부자연스러운 측면이 있기 때문이다.

더 좋은 방법은 없을까? 이런 방식은 어떨까? "나에게 6,000원을 준다면 그 대가로 자네에게 일주일간 직장으로 카풀을 해 주겠네." "나에게 6,000원을 준다면 그 대가로 열흘간 자네의 어깨를 풀어주도록 하겠네." 작은 사례들이지만 상대방이 나에게 조금 더 많은 돈을 주는 대가로 나 역시 상대방에게 좀 더 많은 혜택을 주기로 하는 것이다. 이 경우 상대방에게 주는 혜택은 비금전적인 것이다. 혹은 "자네가 나에게 6,000원을 준다면 자네가 나에게 더 많이 준다고 생각하는 1,000원에 대해서는 다른 방식으로 보상하도록 하겠네." 그래서 주유할인권 같은 혜택을 상대방에게 줄 수 있다면 서로 만족할 수 있는 방법이 된다. 아니면 이렇게 말하면 어떨까? "이번에 자네가 나에게 6,000원을 준다면 다음에 이런 일이 발생할 경우에는 이와 비슷한 정도로 자네에게 혜택을 주도록 하겠네."

이 경우 이런 혜택은 주로 금전적인 것이다.

이 같은 방법들은 1,000원을 적게 받음으로써 상대방이 느끼는 불공정성(내가 6,000원을 가져감으로써 상대방은 4,000원밖에 받지 못함)을 비금전적 혹은 금전적 보상을 통하여 해소하는 것이다. 이런 방식의 혜택을 side payment라고 한다. 협상의 대상인 만 원 이외의 혜택들이 오고 가기 때문이다. 이런 side payment가 반드시 통한다는 보장은 없지만 상대방이 필요로 하는 것을 정확히 파악할 수만 있다면 설득, 협박, 호소보다는 훨씬 나은 방법이다. 문제를 해결하는 과정에서 자신을 지나치게 굽힐 필요도 없고 부자연스러운 측면도 없기 때문이다.

■ 문제를 달리 볼 줄 알아야 한다

이런 방식으로 문제를 해결하는 것의 요체는 무엇일까? 그것은 다름 아닌 문제 해결의 시각을 바꾸는 것이다. 즉, '어떻게 하면 내가 상대방보다 2,000원 많은 6,000원을 가져올 수 있을까?'에서 '어떻게 하면 협상타결의 범위를 늘려서 내가 6,000원을 가져가는 것에 대한 상대방의 불이익을 해소할 수 있을까?'로 관점을 바꾸는 것이다. 이렇게 관점이 바꾸기 위해서는 두 가지의 마음상태가 필요하다. 첫째, 만 원이라는 협상대상에 목매지 않아야 한다. 협상의 대상인 만 원에 목을 맨다면 상대방과 내가 동시에 만족할 수 있는 해결책을 발견하기 힘들다. 둘째, 협상타결의 범위를 늘려야 한다. 만 원이라는 제약을 넘어 협상타결의 범위를 늘리게 되면 금전의 형태가 아니라 비금전적 보상을 통해서도 상대방의 불이익을 해소할 수 있다는 것을 알게 된다.

이렇게 설명하면 1,000원 가지고 뭘 그렇게 심각하게 생각하냐는 반론이 들어오기도 한다. 하지만, 이런 게임의 대상이 만 원이 아니고 10억 혹은 100억이라면 어떨까? 혹은 상대기업과 1조가 걸려 있는 협상을 해야 하는데 좋은 해결책 하나로 1,000억 원이 왔다 갔다 한다면 어떨까? 거듭 말하지만 금액의 다과와 관계없이 문제 해결의 본질은 전혀 다르지 않다. 협상의 대상에 목매지 않고, 협상 타결의 범위를 늘려가는 것이다. 1조 원이 걸린 기업 간의 협상이라면 금융기관에서 대출받는 자금의 이자율을 유리하게 조정해 주는 것, 중도금과 잔금의 지급비율을 조정해주는 것, 혹은 건설공사라면 건설에 필요한 기계나 중장비를 상대방 회사에서 제공하도록 하는 것 등을 들 수 있다.

그러니 문제가 풀리지 않는다고, 협상이 진전이 없다고 고민할 필요는 없다. 현재의 협상이 아무리 크고 중요해도(사실 이런 것에 주눅들지 말아야 한다) 문제를 보는 관점을 달리하면 모든 사람이 만족할 수 있는 해결책을 쉽게 찾을 수 있다.

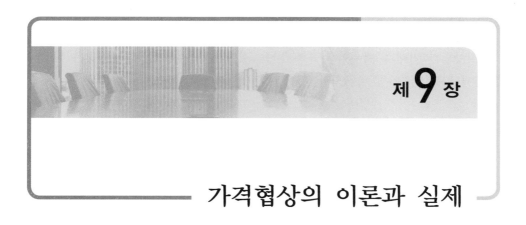

제 **9** 장

가격협상의 이론과 실제

아래 제시되는 과제는 매우 작은 사례일지 모르나 가격협상과 관련된 매우 기본적인 전략을 다 포함하고 있다. 책을 읽기 전에 반드시 자신의 답을 생각해 보기 바란다.

> **과제** 거실에 오랫동안 놓아두었던 중고 피아노를 팔려고 내어놓았다. 어느 사람이 관심을 가지며 물어온다. 여러분이라면 어떻게 하겠는가?
> 1) 당신이 받을 수 있다고 생각하는 최대의 가격을 부른다.
> 2) 팔기 위하여 최대한 가격을 낮춰 부른다.
> 3) 상대방이 염두에 둔 가격이 얼마인지 물어본다.
> 4) 와이프의 핑계를 대며 최소한 얼마는 받아야 한다고 둘러댄다.

자 이제 이 과제의 기본성격을 살펴보자. 이 협상은 '중고 피아노'를 '팔려고' 내어놓은 협상이다. 다시 말해, 새 피아노를 사기 위한 협상이 아니라는 것이다. 협상의 대상은 중고 피아노이고 목적은 팔아 치우는 것이다. 자 그러면 위에서 제시한 네 가지 전략 중 가장 바람직한 것은 무엇인가?

여기서 하나 언급할 것은 엄밀히 말하면 위 네 가지 전략 중, 중고 피아노를 팔아 치운다는 점에서, '정답'은 없을 수도 있다는 것이다. 다시 말해, 어떤 전략을 취하더라도 상황에 따라서는 중고 피아노의 거래가 이루어질 수 있다는 것이다. 파는 사람이 가격과 상관없이 파는 그 자체를 목적으로 삼는다면 아무 생각 없이 가장 낮은 가격을 제시함으로써 중고 피아노를 팔아 치울 수도 있고, 아무 생각 없이 가장 높은 가격을 부르더라도 사는 사람이 그 가격을 수용한다면 중고 피아노의 거래가 이루어질 수 있다는 것이다. 여기서 강조하는 것은 협상의 관점에서 볼 때 '가장 바람직한' 전략은 무엇일까 하는 점이다.

■ 최대의 가격을 부른다

당신이 생각할 수 있는 최대의 가격을 부른다. 왜 최대의 가격을 부를까? 파는 사람은 자신이 처음 부르는 가격대로 중고 피아노가 팔릴 수 있는 가능성이 낮으니까 우선, 목표를 높게 잡기 위하여(이 책의 앞에서 분명히 목표는 높게 잡는 것이 바람직하다고 강조했다), 최대의 가격을 부른다. 그 뒤, 사는 사람이 가격에 대한 협상을 시작하면 조금 낮춰주면 될 거라는 생각을 한 것이다.

하지만, 문제는 무엇이 최대의 가격인가 하는 점이다. 중고 피아노에 대한 적정 가격이 얼마인지 모를 수도 있다. 하지만, 인터넷이 발달한 지금 몇 번의 검색만 하면 지금 팔려고 나와 있는 중고 피아노의 적정가격이 얼마인지 쉽게 알 수 있다. 물론 사용연수와 모델에 따라 조금의 편차는 있겠지만, 중고 피아노의 하한가와 상한가 정도는 쉽게 알 수 있다. 중고 피아노를 살려고 하는 사람은 당신에게 관심을 나타내기 전에 인터넷을 통해 그 가격을 대충이라도 알고 당신에게 가지 않겠는가?

적정가격이 80만 원에서 120만 원 정도라고 가정하자. 이런 상태에서 당신은 상대방이 관심을 나타내니까, 목표를 높게 잡으라는 교훈을 의식해서, 그리고 추가 협상의 여지를 생각해서 120만 원보다 조금 높은 130만 원이라고 부르기로 결정한다. 당신의 의도는 협상을 통해 10만 원 정도는 깎아 주리라 생각한 것이다.

그러면 상대방은 어떻게 생각할까? 피아노건 자동차건 중고 물건을 거래할 때 최고가격에 거래가 이루어지는 것은 거의 드물다. 왜냐하면 '중고' 물건이기 때문이다. 상대방은 인터넷을 통해서 이 물건의 가격이 어느 정도인지 그 정보를 알고 왔는데 당신은 터무니없이 높은 가격을 부른다. 이 경우 구매자의 가장 보편적인 반응은 무엇일까? 즉시, 가격협상에 들어갈까? 그럴 수도 있다. 구매자가 중고 피아노가 당장 급하고, 가격에 그다지 관심이 없는 사람이라면 120만 원 아니 130만 원을 지급하더라도 중고 피아노를 구매할 수 있다. 하지만, 일반적인 구매자의 경우 가장 보편적인 반응은 '와 너무 비싸다' 하는 것이다. 조금 극단적으로 말하면, 구매자는 돌아서면서 '이거 순 강도 아니야'라는 불평을 할 수도 있다. 중고 물건에 대한 개략적인 정보를 알고 왔는데 지나치게 높은 가격을 부른다는 것이다. 여기서 가격협상과 관련한 한 가지 전략을 제시한다.

전략 1: 상대방의 제안이 마음에 들지 않을 경우, 그 반응을 분명히 제시하는 것이 좋다. '그냥 비싸다' 하는 반응보다는 '와, 이거 너무하다. 믿을 수 없다' 와 같이 조금 호들갑스럽게 반응하는 것이 좋을 수 있다. 이런 반응은 상대방으로 하여금 자신의 제안이 잘못되지 않았을까 혹은 지나치지 않았을까 하는 생각을 불러일으키게 한다. 그 결과, 다소 위축된 상태로 다음 단계의 협상으로 나아갈 수 있다.

결론은 무엇일까? 지나치게 높은 가격을 부를 경우 협상 그 자체를 없애는 효과를 발휘할 수 있다. 10만 원을 깎아 줄 생각을 하고 130만 원을 불렀지만, 구매자는 그런 의도 자체에 거부감을 보이는 것이다. 그러니 처음부터 지나치게 높은 가격을 부르는 것은 좋은 협상 전략이 아니다.

■ 팔기 위하여 최대한 가격을 낮춰 부른다

위에서 언급한 대로 중고 피아노를 '팔려고' 한다. 그래서 당신은 상대방이 관심을 나타내니까 서둘러 가장 낮은 금액인 80만 원이라고 한다. 물건을 사려고 하는 사람은 거듭 강조한 바와 같이 이 중고 피아노의 개략적인 가격을 알고 있다. 자기가 생각하고 있는 최저 가격이 나올 경우, 구매자는 이 중고 피아노가 특별한 하자가 없는 한, 사기로 결정할 수 있다. 왜냐하면 자신이 생각하는 가장 낮은 가격이기 때문이다.

문제는, 파는 사람이 80만 원이라고 할 경우 당신은 어떻게 하겠는가? 그냥 그 자리에서 사기로 결정을 내리겠는가, 아니면 조금 더 유리한 조건으로 피아노를 사기 위해서 협상을 하겠는가? 당연히 후자가 아닐까? 여기서 가격협상과 관련한 한 가지 전략을 제시한다.

전략 2: 상대방의 첫 번째 제안에 절대로 예스라고 하지 말라. 이 책에서도 여러번 강조하고 있지만, 협상은 윈-윈win-win의 형태로 끝나야 한다. 그런데 상대방의 첫 번째 제안이 너무 좋아서 그 자리에서 수락할 경우 상대방은 '이거 내가 너무 서둘렀던 것이 아닐까? 조금 더 나에게 유리한 제안을 할 수도 있었을 텐데' 하는 후회를 할 수도 있다. 그러니, 상대방의 첫 번째 제안이 아무리 좋더라도, 그 느낌을 외부로 드러내지 않은 채, '글쎄요. 한 번 생각해 봅시다'와 같이 반응하는 게 좋을 수 있다.

가격협상과 관련한 용어 중 시작가격anchoring price이라는 개념이 있다. 배가 닻을 내리듯 가격협상이 시작되는 가격으로서 이 가격은 든든한 지지대의 역할을 할 수 있다. 위에서 말한 대로, 당신이 80만 원이라고 하면, 상대방은 속으로는 좋을지라도 그것을 표정에 나타내지 않은 채, 조금 더 가격협상을 하려고 할 수 있다. 그럴 경우 가격협상의 출발점은 80만 원이다. 협상을 계속하면 이 가격이 올라갈까, 내려갈까? 그 결과는 분명하다. 80만 원에서 내려갈 수는 있어도, 그 이상으로 올라가기는 어렵다. 당신이 중고 피아노를 팔려고 최저가격인 80만 원에 내어놓았는데 누가 더 높은 가격을 주고 그것을 살려고 하겠는가? 그러니 이 경우 80만 원이 시작가격이 된 셈이다.

결론을 말하면, 최대한 가격을 낮춰 부르면, 그 낮춘 가격에 거래가 성사되는 것이 아니라, 그 낮춘 가격이 가격협상의 출발점이 되고, 그 결과 더 낮은 가격에 중고 피아노의 거래가 이루어질 가능성이 높다. 그러니 최대한 가격을 낮춰 부르는 것은 좋은 협상 전략이 아니다.

■ 상대방이 염두에 둔 가격이 얼마인지 물어본다

상대방의 관심 표명에 대하여 오히려 상대방이 염두에 둔 가격이 얼마인지 물어보는 것은 일견 좋은 전략인 것으로 보여진다. 협상은 상호의존적인 성격을 가지기 때문에, 자신의 입장을 결정하기 전에 상대방의 입장을 알아보는 것은 바람직한 태도로 볼 수 있기 때문이다. 하지만, 이런 전략은 어디까지나 상대적이다.

가격협상의 경우 협상대상에 대한 정보가 분명한 경우와 그렇지 않은 경우로 구별된다. 즉, 협상대상이 부실채권이 뒤덮인 기업인 경우 그 기업의 정확한 가치를 산정하는 것이 어려울 수 있다. 그럴 경우 그 기업을 팔려고 하는 채권단은 그 기업을 사려고 하는 구매자들에게 그 기업을 어느 정도의 가격에 사려고 하는지 물어볼 수 있다. 특히, 구매자가 많을 경우 예비입찰이라는 형태를 취함으로써 구매자들이 매각대상 기업의 가치를 어떻게 평가하는지 가늠할 수 있다. 이럴 경우 상대방이 염두에 둔 가격이 얼마인지 물어보는 것은 좋은 전략이다. 이런 전략을 통해 매각대상 기업의 가치를 가늠할 수 있고, 원매자들이 어느 정도의 가격으로 기업을 사려고 하는지 헤아릴 수 있기 때문이다. 즉, 협상대상에 대한 정보가 없거나 부족할 경우 구매자에게 협상대상에 대한 정보를 물어보는 것은 바람직한 전략일 수 있다. 하지만, 협상대상에 대한 정보가 많거나 분명한 경우는 그렇지 않다. 이 경우 상대방이 염두에 둔 가격이 얼마인지 물어보는 것은 앞서 말한 바와 같이 시작가격anchoring price을 결정하게 하는 효과를 가져올 수 있기 때문이다. 즉 상대방이 시작가격을 결정하게 하면 자연히 협상의 주도권은 상대방에게 넘어가게 된다. 그러니 협상대상에 대한 정보가 많은 경우에는 상대방이 염두에 둔 가격이 얼마인지 물어보는 것은 좋은 협상전략이 아니다.

중고 피아노의 경우에는 앞서 말한 바와 같이 인터넷을 통해 조금만 검색하면 가격정보를 찾을 수 있다. 그러니, 이 경우 상대방이 염두에 둔 가격이 얼마인지 물어보는 것은 상대방으로 하여금 시작가격을 결정하게 함으로써 협상의 주도권을 잃어버리는 결과를 가져올 수 있다.

전략 3: 협상에 대한 정보가 부족한 경우 협상이 시작될 때 가급적 상대방이 먼저 입장을 취하도록 하는 것이 좋다. 협상 상대방이 생각하고 있는 협상의 대상에 대한 정보를 얻어야 자신의 협상전략을 수립할 수 있기 때문이다. 그래서 가능한 한, 상대방이 먼저 태도(협상대상에 대한 태도)를 밝히도록 유도해야 한다. 특히 가격에 대한 협상을 할 경우에는 이 점이 매우 중요하다. 상대방이 가격을 말할 경우 자기가 목표로 설정한 가격과 비교하여 범위설정bracketing(자기가 원하는 가격을 얻을 수 있도록 가격협상의 범위를 결정하는 것)이 가능해진다. **하지만, 협상에 대한 정보가 충분한 경우에는 자신이 먼저 입장을 밝히는 것이 바람직하다.** 시작가격을 설정함으로써 협상의 주도권을 가질 수 있기 때문이다.

■ 와이프의 핑계를 대며 최소한 얼마는 받아야 한다고 둘러댄다

와이프의 핑계를 대는 것은 바람직하지 않다는 관점이 있을 수 있다. 파는 사람이 남자라면 여자인 아내의 핑계를 대는 것이 조금은 꺼려질 수 있기 때문이다. 하지만, 중요한 것은 아내가 아니라 내가 아닌 제3자의 핑계를 댄다는 것이다. 제3자를 협상에 포함시키는 것이 왜 중요할까?

하나의 예를 들자. 협상에 전권을 가지고 가는 것이 유리할까? 아니면 제한된 권한을 가지고 가는 것이 유리할까? 물론 이런 권한 유무에 대한 정보는 협상에 참여하는 모든 사람에게 공개된 것이어야 한다. 일견 협상에 대한 전권을 가지는 사람이 유리해 보이지만, 사실은 그렇지 않다. 제한된 권한을 가지고 있는 사람은 상대방의 제안이 자신에게(혹은 자기 회사에게) 불리하게 보일 경우 언제라도 '이것은 내가 결정할 권한이 없습니다. 회사에 돌아가 사장님께(혹은 위원회에) 가부를 물어야 합니다.' 하고 말할 수 있다. 얼마나 편리한가? 조금이라도 자신에게 혹은 자기 기업에게 불리하다고 생각되면 제3자를 핑계되며 그 제안을 거부하거나 연기할 수 있기 때문이다. 반면, 전권을 가지고 있다면 그리고 그 사실을 상대방이 알고 있다면, 협상하는 그 자리에서 바로 수락여부를 결정해야 한다. 굉장히 힘들고 피곤한 일이 아닐 수 없다. 역설적이지만, 더 많은 힘을 가지고 있다는 사실이 오히려 협상력을 저해하는 경우가 있을 수 있다. 이것은 국가 간의 협상에서도 마찬가지다. 미국의 경우 의회와 행정부가 역할 분담을 함으로써 교묘하게 협상력을 높이고 있다. 미 행정부는 의회의 핑계를 대면서, '우리는 당신에게 이 부문의 시장개방을 요구하고 싶지 않지만 그럴 경우 우리 의회가 가만있지 않는다'고 말한다.

전략 4: 실제의 협상에서 가급적이면 제3자의 존재를 만들어두는 것이 협상에서 유리한 위치를 차지할 수 있다. 박찬호와 추신수 같은 프로야구 선수가 구단과 직접 연봉협상에 나서지 않고 스캇 보라스와 같은 에이전트를 협상의 대리인으로 선정하는 것이 바로 이런 이유 때문이다. 나아가 국가의 관료제도도 국민을 상대로 협상을 할 경우 제3자의 존재에 해당된다.

중고 피아노의 경우, 상대방이 관심을 표하니 이렇게 말한다. 우선 당신이 원한다면 "한 130만 원 …"이라고 말할 수 있다. 당신의 말이 채 끝나기도 전에 상대방의 표정이 변하는 것을 눈치챌 수 있다. 120만 원이 최대가격인데 당신은 10만 원이나 높게 불렀기 때문이다. 가장 중요한 것은, 상대방이 이런 반응을 보일 기미를 보이지 말자, 재빠르게 다음과 같이 수정해야 한다는 것이다. '아, 아니고, 그 가격은 우리 와이프가 말하는 가격이고, 나는 한 110만 원이면 돼.'

어떤가? 조금 진중하지 못하게 보일지 몰라도 이런 전략은 다음 두 가지 효과를 기대할 수 있다. 첫째, 일단 높은 가격을 부를 수 있다. 이 가격에 대한 반응이 좋지 않으면 즉각 제3자의 평계를 대면서 가격을 조정할 수 있기 때문이다. 둘째, 가격을 조정하면서 상대방과 다시 한 번 가격협상을 할 수 있는 기회를 가진다. 정말 중요한 것은 이 두 번째 관점이다. 상대방이 미리 가격을 알고 오더라도 어느 정도의 가격에서 거래가 성사될지는 알 수 없기 때문에 이런 전략을 통해서 상대방의 수용범위를 어느 정도 파악하는 것이 가능하기 때문이다.

그러니 협상 전략의 관점에서 볼 때는 이 전략이 가장 바람직하다.

제 10 장

좋은 협상가

1. 좋은 협상가란 협상력의 원천이 자신임을 아는 사람이다

협상에 대한 자문을 하거나 협상에 대한 강의를 할 때 가장 많이 접하게 되는 질문 또는 오해는 '협상을 잘하는 특별한 전략 혹은 비법'이 있으면 일목요연하게 말해달라는 것이다. 이 책에서 설명한 바와 같이 좋은 협상전략이라는 것이 없는 것이 아니지만, 그 좋은 협상전략의 본질도 찬찬히 따져보면 결국 '그 사람이 어떤 사람인가'로 귀착되고 만다.

허튼 소리가 아니라, 인생이 그러한 것처럼 협상에 있어서도 이것은 출발점이다. 가령, 당신이 어느 분야의 전문 강사로서 성공하기를 꿈꾼다고 하자. 그리고 그 성공의 척도가 강사로서의 시간당 강의료라고 하자. 전문 강사로서 성공하기 위해서는 그 분야에서 제일가는 전문가가 되는 것이 중요하다. 하지만, 시간당 강의료는 그 분야에 대한 지식의 전문성만으로 결정되지 않는다. 자신의 강의에 대한 자신의 평가 혹은 자신감이 자신의 강의료를 결정할 수 있다. 저급하거나, 자신을 전문가로 대우하지 않는 강의 요청은 거절하는 것, 대신 자신을 평가하는 곳의 강의 요청에 대해서는 최고의 강의를 제공하는 것. 그게 최고의 강의료를 받을 수 있는 첩경이다. 다시 말해, 자신을 믿고, 자신의 가능성을 믿고, 자신의 선택을 믿을 때 최선의 결과를 기대할 수 있다. 협상도 마찬가지다.

저자의 개별적인 경험이긴 하지만, 협상에 나설 때 저자가 가장 낭패를 당하는 것은 협상과 관련한 내 자신의 태도가 명확하지 못할 때이다. 아무리 목표가 분명하고 좋은 협상전략을 가지고 있어도 그것을 능동적으로 사용해야 할 나 자신이

의기소침해 있고, 갈팡질팡하고 있다면 그 협상은 성공할 가능성이 줄어들 수밖에 없다. 이럴 때는 우선 자신과의 내면적인 협상을 거칠 필요가 있다. "적을 만나고 보니 바로 나 자신이었어"라는 우스개 소리는 결코 우스개가 아니다.

그래서 저자는 협상에 대한 강의를 할 경우 항상 '진정한 협상력의 원천은 바로 자신에게 있다'는 것을 강조함으로써 강의를 마무리하게 된다. 그리고 반드시 다음과 같은 사실을 언급한다: "우리가 협상전략을 배울 수 있지만, 그 협상전략에 대한 성과는 사람마다 차이가 난다. 어떤 사람에게는 탁월한 효과가 있지만 그렇지 않은 사람도 있다. 왜 그럴까? 그 협상전략을 사용하는 사람이 다르기 때문이다." 그래서 어떤 사람이 되느냐 하는 것이 사실 더 중요한 문제일 수 있다. 하지만, 그렇다고 연습하는 것을 게을리해서는 안 된다. 협상전략은 몸에 배는 것이지 머리로 읽고 이해하는 것이 아니기 때문이다.

2. 좋은 협상가란 다음과 같은 사실을 지키는 사람이다

그래서 좋은 협상가란 다음과 같은 요건을 갖춘 사람이라고 할 수 있다.

먼저 위에서 본 바와 같이 진정한 협상력의 원천이 자기 자신임을 이해하는 사람이다. 이런 사람일수록 협상을 할 때 협상 상대방으로부터 최초 대면 30분 이내에 존경을 받을 수 있는 능력을 갖추게 된다. 역설적이지만, 협상전략이나 협상의 법칙 몇 가지를 그대로 암기하기 보다는, 인격적으로 존경을 받을 수 있는 사람이 훌륭한 협상가가 될 가능성이 높다. 이 시리즈에서 누차 설명한 바와 같이 협상이란 결국 상대방의 마음을 움직여 협상에 대한 기대를 자기에게 유리하게 바꾸는 과정이기 때문이다.

둘째, 좋은 협상가란 상대방의 입장에서 생각을 하고 대처할 수 있는 능력을 갖춘 사람이다. 협상의 개념을 설명하는 자리에서 강조한 바 있지만 협상의 기본핵심은 '상대방의 입장에서 문제를 이해하는 것'이다. 즉 역지사지易地思之의 태도가 그것이다. 그래서 자신의 입장이나 태도를 결정하기 전에 그 입장이나 태도에 대해서 상대방이 어떤 반응을 보일지를 예상하고 거기에 맞추어 자신의 입장과 태도를 재조정하는 것이 정말 중요하다. 협상의 이런 기본 핵심을 파악하고 있다면 구태여 아주 세부적인 협상전략을 습득하는 데 많은 시간과 노력을 할애할 필요가 없을 수도 있다.

셋째, 좋은 협상가란 의사소통능력talking the same language을 갖춘 사람을 의미한다. 협상의 대부분은 자신의 입장과 의견을 말로 표현하는 과정을 통해 진행된다. 그래서 자신의 견해를 상대방이 오해하지 않게 정확하게 전달할 수 있는 능력이 좋은 협상가가 되기 위한 필수요건이다. 그래서 말로써 자신의 의사를 효과적으로 전달할 수 있는 방법을 배우는 것은 좋은 협상가가 되기 위한 필수조건이다.

넷째, 창의력이 풍부한 사람이다. 좋은 협상가가 되기 위한 조건으로 창의력을 거론하면 많은 사람이 고개를 갸웃거린다. 왜 창의력이 필요한가? 협상은 협상에 참여하는 두 당사자 혹은 당사자 그룹의 서로 상반된 의견을 서로가 만족할 수 있는 상태로 유도하는 것으로 이해할 수 있다. 그리고 그 과정에서 창의력을 통해 두 당사자가 서로 만족할 수 있는 제3의 영역을 발견할 수 있는 것이다. 그래서 정말 협상을 잘하기 위해서는 문제를 새롭게 보는 능력, 즉 창의력이 중요한 위치를 차지하지 않을 수 없다.

다섯째, 좋은 협상가란 협상 결과에 관계없이 협상 파트너를 동료로 만들 수 있는 능력을 갖춘 사람을 의미한다. 이것은 협상력의 원천은 결국 자기 자신이라는 말의 연장선상에서 이해할 수 있다. 협상은 결국 사람과 사람의 관계 문제이고 그 관계를 어떻게 유지하고 형성하는 것이 협상의 진행에 중요한 위치를 차지하게 된다.

여섯째, 이런 논리의 연장선상에서 좋은 협상가란 협상 후 협력관계를 지속적으로 관리할 능력이 있는 사람을 의미한다. 협상이란 좋은 결과를 이끌어내는 것도 중요하지만, 그 결과가 이행되는 것도 그 이상으로 중요하기 때문이다. 즉, 진정한 협상의 종결이란 그 결과가 이행되는 것이고 그런 의미에서 협상 후 협력관계를 지속적으로 관리할 능력은 매우 중요하게 된다.

3. 하지만 협상가도 딜레마에 봉착한다

협상은 윈-윈win-win 게임이 되어야 한다. 협상이 끝난 뒤 어느 한쪽이 불만족을 느낀다면 그 협상은 무엇인가 잘못된 것이라고 할 수밖에 없다. 그래서 협상에 참여한 사람들은 자기 자신과 함께 상대방도 만족할 수 있는 방안을 찾아야 한다.

이 책을 꾸준히 읽어 온 독자라면 위와 같은 말에 분명히 공감할 것이다. 그래서 아무리 힘들고 오래 걸리더라도 이런 방향으로 협상이 끝나도록 노력할 것이다. 하지만 세상이 그런 것처럼 협상도 항상 이렇게 끝나는 것은 아니다.

■ 협상가의 딜레마 1

원-윈win-win 협상이 되기 위해서는 협상에 참여하는 두 사람의 이해관계가 일치되어야 한다. 예컨대 파는 사람은 중고 피아노를 80만 원에 팔겠다고 하는데 사는 사람은 60만 원이 아니면 안사겠다고 한다. 하지만 어떤 과정을 통해(그 과정이 바로 협상력이 발동하는 과정이다) 중고 피아노를 70만 원에 사고팔기로 했다면 그 거래를 통해 두 사람 모두 새로운 가치를 발견했음에 틀림없다.

그래서 협상을 조금 공부한 사람이라면, 혹은 이 책을 꾸준히 읽어 온 사람이라면 협상할 때 '어떻게 하면 원-윈하기 위해 새로운 가치를 발견할 수 있을까(혹은 만들 수 있을까)' 하고 고민하지 않을 수 없다. 이렇게 진지하게 고민해야 한다. 하지만 기억하자. 그런 사람일수록 의견과 견해가 엇갈리는 협상의 과정에서 자신의 속내를 가감 없이 털어놓는 경향이 있다. 그 생각은 단순하다. 새로운 가치를 만들기 위해서는 서로의 이해관계를 분명히 알 필요가 있고, 그러기 위해서는 자신이 먼저 자신의 이해관계를 풀어놓는 것이 바람직하다는 것이다.

독자 여러분은 어떻게 생각하는가? 역설적이게도 이런 태도를 취하면 취할수록 상대방은 여러분의 이런 태도를 이용하려는 경향이 있다. 자신의 이해관계를 밝히는 상대방의 태도가 진실이라고 생각하는 순간 그것을 '살짝' 이용하기만 하면 그 협상에서 더 많은 몫을 가져갈 수 있다. 유혹이다. 조건에 따라 다르기는 하지만 대개의 경우 그 유혹을 이기지 못한다. 그 결과 상대방을 이용해버리게 되고, 상대방은 협상 결과를 두고 'lose'와 관련된 심리 상태를 느끼게 된다.

원-윈하기 위해 진지한 태도를 취하면 취할수록, 오히려, 원-윈하지 못하는 경우가 발생하니, 이 어찌 협상가의 딜레마가 아닐 수 있겠는가.

■ 협상가의 딜레마 2

이런 협상가의 딜레마를 방지하기 위하여 '협상에서 일방적인 양보란 있을 수 없다'고 강조해 왔다. 그래서 협상을 '조금 더' 공부했다면 이번에는 무조건 원-윈하기 위해 자신의 속을 털어놓지도 않고, 상대방의 양보가 담보되지 않는 한 어떠한 양보도 하지 않는다. 정말 우등생이다.

하지만, 바로 여기에서 새로운 문제가 발생한다. 대개의 경우 협상이란 상대방과의 관계를 만들어가는 것이다. 여러분의 형제, 부모, 친구, 동료들이 모두 그러한 상대가 아닌가. 그런데 한두 번 원-루즈win-lose를 경험했다고 이번에는 마음의 문을 닫고, 아주 공격적인 협상의 전술tactics을 사용한다. 블러핑bluffing을 한다든지, 상대방의 약점을 지적해서 심리적 주도권을 쥔다든지, 상대방을 위협하는 태도가 대표적이다.

그 결과는 어떨까? 그렇다. '지지lose' 않았을 뿐 결코 '이기지win' 못하게 된다. 심리적인 방어기제로 무장한 상태에서는 상대방과 동시에 만족할 수 있는 새로운 방안을 발견하기란 어렵다. 그래서 협상을 통해 상대방과 가치를 만들어가기 어려운 상태에 놓이게 되고, 자연히 한정된 협상의 파이를 거칠게 나누는 약탈적인 거래가 되어버린다. 당연히 원-원하지 못하게 된다.

과거의 학습을 통해 루즈lose하지 않기 위해서 지난 번과는 다른 태도를 취했을 뿐인데도 역시 원-루즈라는 굴레에 갇혀 버리게 된다. 또 하나의 협상가의 딜레마가 아닐 수 없다.

■ 과정과 관계를 함께 고려

협상가의 딜레마에서 벗어나기 위해서는 협상의 과정Process과 함께 협상 상대방과의 관계Relationship를 고려하려는 노력이 따라야 한다. 그 구체적 내용은 다음과 같다.

원-원하려는 협상가는 협상의 과정에서 '개방적인' 태도를 유지해야 한다. 하지만 여기에는 한 가지 원칙이 있다. 그 개방적인 태도는 어디까지나 상대방이 자신을 이용할 수 없는 수준에서 멈추어야 한다. 그렇지 않고서는 그 개방적인 태도는 상대방에게 자신의 것을 다 내어주는 어리석은 행위에 불과하다. 그래서 개방적인 태도는 상대방과 '함께' 단계적으로 이루어져야 한다. 단계적으로 이루어지는 것을 확인하기란 어렵지 않다. 자신이 속내를 드러낼 때 상대방도 자기와 비슷한 수준으로 속내를 드러내는지를 판단하기만 하면 된다. 그렇지 않다면 상대방과의 관계는 호혜적인 것이 아니라 뺏고 빼앗는 적대적인 것으로 변해갈 수밖에 없다.

사람들은 말한다. '나는 솔직한 사람을 좋아한다.' 그렇다. 나도 좋아한다. 하지만, 지나치게 솔직한 것은 어떨까? 다시 한 번 생각해 봐야 하지 않을까?

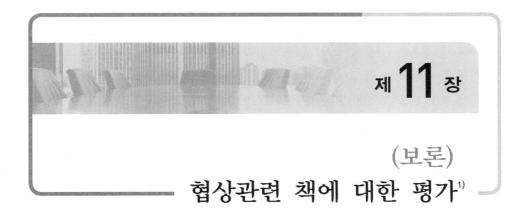

제 11 장

(보론)
협상관련 책에 대한 평가[1]

* 시중에는 협상과 관련한 많은 책들이 나와 있다. 도움이 되는 책이 있고 그렇지 않은 책이 있을 수도 있다. 이 보론 11장은 협상과 관련된 책의 평가와 관련된 것이다. 이 평가를 통하여 협상을 보는 시각을 얻을 수도 있다.

1. 들어가는 말

최근 협상의 중요성을 반영하면서 협상에 대한 많은 책들이 발간되었다. 이런 책들에서 우리는 무엇을 배울 수 있을까?

Inc 잡지(2003년 8월호)에서 롭 워커Rob Walker는 "Take It or Leave It: The Only Guide to Negotiate You Will Ever Need"라는 제목의 좋은 논문을 기고하였다. 그에 따르면 협상에 대한 고전적인 책들은 모두 다음과 같은 공통점을 가지고 있다고 한다. 1) 협상을 잘하기 위해서는 철저한 준비thorough preparation가 필요하고, 2) 협상에서는 말하기 보다는 듣기doing more listening than talking가 중요하다는 것이다.

더 나아가 성공적인 협상가들은 아주 인상적인 개성이나 누구나 암기할 수 있는 특출한 협상기법에 의존하기 보다는 특정한 존재적 특징a specific state of being에 의존하고 있다고 한다. 여기에 포함되는 것으로는 자기존중self-respect, 높은 자부심high self-esteem, 자신의 가치self-worth, 그리고 분명한 선명성utter clarity 등이

---

1) 이 보론은 Michael Wheeler(2006), "Negotiation Advice," Harvard Business School 9-905-059의 내용을 기본으로 필자의 의견을 첨가한 것이다. 필자의 의견을 밝힌 부분은 *의 부분으로 정리해 놓았다.

다. 이런 특징들은 단순히 책을 읽기만 한다고 해서 얻어지는 것은 아니다.

하지만 Walker는 협상에 대한 고전적인 책들은 종종 서로 상충하는 충고를 담고 있다는 것을 발견하기도 했다. 그것은 이 책들이 저마다 접근하는 방법이 다르기 때문이다. 어떤 책들은 심리적인 연구로부터 출발하기도 하나, 어떤 책들은 결정이론decision theory이나 게임이론으로부터 출발하기 때문이다.

하지만 필자Michael Wheeler는 이런 다양한 협상 책들이 어느 정도 유용한지를 판단하는 기준으로 다음과 같은 요인을 들고 있다: 1) 좋은 반응good reaction, 2) 논리적 일관성logical consistency, 3) 이런 책들이 제시하는 협상의 방법 혹은 테크닉들이 과연 경험에 의해서 뒷받침되고 있는 것인지, 4) 스스로 이 방법들의 타당성을 검증한 것인지의 여부.

협상에 대한 고전적인 책들을 간략히 검토하기 위해 이 책들을 다음과 같은 한 다섯 가지 카테고리로 분류하려 한다. 당연한 이야기지만 일부의 책들은 여러 카테고리에 걸쳐있다.

- 윈-윈 혹은 서로 이득을 보는 협상win-win or mutual gains negotiations
- 협상분석Negotiation analysis
- 관계협상Relational negotiation
- 맥락에서 본 협상Negotiation in context
- 강한 조언을 주는 협상학파The school of hard knocks

2. 윈-윈 혹은 서로 이득을 보는 협상win-win or mutual gains negotiations

＊ 이런 범주에 속하는 협상 책들은 협상을 윈-윈 혹은 서로 이득을 보는 것으로 간주하는, 혹은 그래야 한다고 주장하는 책들이다. 크게 보면, 저자의 책도 이 범주에 속하는 것이다. 하지만, 현재 협상이 윈-윈이 되어야 한다는 시각 혹은 관점은 널리 받아들여지고 있다.

— *Getting to yes: Negotiating Agreement without giving in*, by Roger Fisher, William Ury and Bruce Patton, 1991.

윈-윈 협상이라는 용어는 위의 책에서 강조되었다. 사실 이 책에서는 윈-윈이라는 용어는 나오지 않지만 원-원의 핵심적인 아이디어 혹은 개념은 이 책을 일관하고 있다.

이 책에서 저자들은 불필요하게 높은 제의offer와 역제의counter-offer를 되풀이하는 대신, 자신의 우선순위에 관심을 둔 건설적인 교환을 통해 더 나은 결과를 얻을 수 있음을 강조하고 있다.

이 책에서 말하는 서로 이득을 얻을 수 있는 세 가지 원칙은 다음과 같다.

- 이해관계 혹은 이득에 집중해야지 입장에 집중해서는 안 된다Focus on interests, not positions.
- 서로 이득을 얻을 수 있는 옵션 혹은 대안을 개발하라Invent options for mutual gains.
- 객관적인 기준을 사용할 것을 주장하라insisit on using objective criteria: 일반적으로 받아들일 수 있는 기준 혹은 원칙. 예컨대 부동산을 사고파는 사람들은 누가 먼저 양보하는 가를 주장할 것이 아니라 어떤 기준에 의해서 그 부동산의 가치를 파악할 것인지 그 기준을 의논하는 일이 바람직하다.

— *Getting Past No: Negotiating with Difficult People*, by William Ury, 1991.

윌리엄 유리William Ury는 이 책에서 협력하지 않으려 하는 사람들과 어떻게 협상해야 하는지 설명하고 있다. 그는 무엇보다 경청deep listening의 중요성을 강조한다. 나아가 상대방이 자신의 체면을 세울 기회를 줄 것을 강조한다. 협상을 잘하는 사람들은 '발코니로 감go to the balcony' 능력이 있다고 한다. 이것은 그들이 충분히 자기 중심적이기는 하나center stage 즉, 자신의 이해관계와 입장과 견해를 열정적으로 설명하기는 하나, 자신들의 견해나 협상에 무관심한 사람들을 분리시킬 수 있는 능력이 있다는 것을 말한다.

— *Difficult conversations*, by Douglas Stone, Bruce Patton and Sheila Heen, 1999.

이 책에서는 성공적인 윈-윈 협상을 위하여 다음과 같은 조언을 한다.

- 사람과 문제를 구분하라separate the people from the problem는 기존의 명제를 보다 더 자세히 설명
- 협상에 있어서의 대화는 종종 세 가지 차원에서 이루어진다; 1) 사실에 기분을 둔 대화factual, 2) 감정적인 대화emotional, 3) 사람과의 관계에 기반을 둔 대화interpersonal. 문제를 제기하거나 클레임을 제기하는 것은 종종 사실에 기반을 두기 보다는 그 이면에 숨어 있는 화, 상처 혹은 부끄러움과 관련을 가진다.
- 치열한 논쟁이 오가는 대화에서 취해야 할 태도
  1) 감정의 주도권을 가져라Have your feelings(or they will have you).
  2) 그들의 의도를 섣불리 넘겨짚지 마라Don't assume they meant it: disentangle intent from impact.
  3) 제3의 스토리로 시작하라Begin with the third story(the account that a dispassionate observer would offer).

이런 류의 협상에 대한 훈련을 받은 사람들은 주로 법, 노사분쟁, 그리고 이문화가 개입되는 외교협상과 관련된 업무에 종사하는 사람들이다.

3. 협상의 분석Negotiation analysis

＊ 이 부류에 속하는 협상 책들에서는 협상과 관련한 구체적인 전략을 제시하기 보다는 협상을 분석하기 위한 방법론적인 분석도구를 주로 제시한다. 의사결정이론, 게임이론, 인지론 등에 기초하고 있다. 필자의 이 책도 기본적으로는 게임이론에 근거해서 협상을 설명하고 있다. 하지만, 게임이론으로 협상의 기본구조를 설명하는 것(이것은 제1부, 제4부와 관계된 것이다) 외에도 구체적인 협상의 전략을 제시하려고(이것은 제2부와 관계된 것이다) 노력하였다.

— *The Art and Science of Negotiation*, by Howard Raiffa, 1984.

이 책은 의사결정이론decision theory 혹은 게임이론에 바탕을 둔 책이다.

전 항에서 살핀 상호이득 협상이 주로 협상의 과정process에 중점을 두었다면 이 책으로 대표되는 일련의 학파들은 협상의 구조에 관심을 둔다: the structure of negotiation. 즉, 한 가지 이슈를 가진 협상과 두세 개의 이슈를 가진 협상이 어떻게 다른지, 단 한 번 진행되는 협상과 무수히 반복되는 협상이 어떤 차이를 가지는지, 두 사람 혹은 집단 사이에서 진행되는 협상과 많은 사람 혹은 집단 사이에서 진행되는 협상이 어떤 차이를 가지는지 분석한다.

이 책에서 거듭 강조하고 있는 것은 "새로운 가치를 만들거나 제시하는 것이 무엇보다 중요하다creating and claiming value are inextricably bound in negotiation"는 것이다. 이 책에서 저자는 어떻게 파이를 확대하느냐 하는 것이 그 파이를 나누고 공유하는 것에 영향을 미친다고 주장한다. 그는 이것을 협상가의 딜레마로 설명한다. 협상가의 딜레마the negotiator's dilemma란 새로운 가치를 창출하기 위하여 사용되는 전략 혹은 기술들이(즉, 자신의 이해관계를 솔직히 밝히는 것 등) 오히려 자신을 불리하게 만드는 것을 말한다. 상대방이 자신의 이해관계를 알면 그것을 이용할 수 있기 때문이다. 반면 블러핑bluffing과 같은 아주 거치른 전략은 효율적인 의사교환을 방해함으로써 상호이득이 되는 결과 창출을 저해할 수 있다.

 * 본문 가운데서 여러 번 설명된 협상가의 딜레마도 기본적으로 여기서 제시된 개념과 같은 맥락이다.

 — *The Manager as Negotiator*, by David A. Lax and James K. Sebenius, 1986.

저자들은 이 책에서 공통의 관심사가 아니라 서로의 차이differences를 이해하고 찾음으로써 오히려 건설적인 협상을 진행할 수 있다고 주장한다. 즉, 협상에 임하는 당사자들이 서로의 선호, 기대, 위험에 대한 태도, 그리고 시간 선호의 차이를 거래함으로써 새로운 가치를 창출할 수 있다는 것이다.

 * 협상에 있어서 상대방과 내가 서로 다르다는 것이 새로운 가치를 창출할 수 있는 원천이라는 개념은 이제 널리 받아들여지고 있다.

 — *Negotiating Rationally*, by Max H. Bazerman and Margaret A. Neal,

1992.

이 책에서 저자들은 효과적인 협상을 저해하는 인지적인 편의bias를 지적하고 있다. 예컨대 어느 한쪽이 이익을 얻기 위해서는 다른 한쪽이 반드시 손해를 보아야 한다는 인식이 그런 편의의 대표적 사례이다.

그들에 의하면 다음과 같은 질문을 함으로써 협상에서 효과적인 의사결정을 할 수 있다고 주장한다.

1) 초기의 결정을 정당화하기 위하여 예정된 행동을 따르고 있는 것은 아닌 가 are you pursuing a negotiated course of action only to justify an earlier decision?

2) 진행되는 협상에 전혀 다른 관점을 부과하는 프레임워크는 없는가 Is there another frame that would put a different perspective on the negotiation?

3) 현재 입수 가능한 정보에만 관심을 가지고 다른 정보는 무시하고 있지는 않은가?

4) 상대방의 결정을 충분히 고려하고 있는가?

이런 입장은 개인의 정신적 의사결정과정을 분석하는 것으로서 앞의 윈-윈 협상의 맥락과 동일한 관점에서 파악할 수 있다.

4. 관계협상Relational Negotiation

＊ 협상을 이런 관점에서 이해하는 것은 사회심리학이나 조직행동론의 통찰을 적용하는 것과 비슷하다. 즉, 사람과 사람 혹은 사람과 집단 사이에 적용되는 원칙과 법칙을 협상의 관점에서 이해하는 것이다.

— *Everyday Negotiation*, by Deborah Kolb and Judith Williams, 2003.

이 책에서 저자들은 협상에 있어서의 힘 혹은 권력이 가지는 효과를 검토하고 있다how power is often the subtle subtext of negotiation. 나아가 이 책에서 앞서 설명한 협상가의 딜레마에 대한 새로운 버전을 제시하고 있다. 즉 저자들은 다음과 같은 상태를 새로운 협상가의 딜레마로 제시하고 있다: 자기 자신의 원칙과 입장을 유지하려는 마음과 비협조적이고 존경할 수 없는 상대방과 좋은 관계를 유지하려고 하는 필요성 사이의 딜레마.

— *Strategic relationship*, by leonard Greenhalgh, 2001.

이 책에서 저자는 관계란 실질적인 협상을 진행해나가기 위한 수단이 아니라 그것 자체가 하나의 목적이 되어야 한다고 주장한다. 즉, 협상에 참여하는 사람들과의 관계가 손상되면, 그 관계가 고객이건, 입찰자이건 혹은 동료이건 그 손상된 관계는 협상에 상당한 손실을 초래한다고 주장한다.

— *Beyond winning by Robert Mnookin*, Scott Pepptt, and Andrew Tulumello, 2000.

저자들은 협상에 참여하는 자들의 관계에 대해 두 종류의 긴장을 언급하고 있다. 첫 번째는 agent and principal 문제(특히 법률가와 그 대리인의 문제에 관심을 집중)이다. agent와 principal과의 잘 정비되지 못한 인센티브가 이런 종류의 긴장관계를 불러일으킨다고 설명하고 있다. 두 번째 긴장관계로는 자신의 이해관계 혹은 입장을 주장하거나 유지하는 것과 상대방의 상황에 공감하는 것 사이의 긴장관계를 들고 있다. 자기 자신의 입장을 지속적으로 유지하는 것standing up for themselves은 때때로 관계를 위태롭게 하지만, 상대방의 입장에 공감하는 것은 가끔 자신의 입장을 대변하는 것self-advocacy을 위태롭게 한다는 것이다.

하지만, 저자들은 이런 긴장관계가 반드시 발생하는 것은 아니고 상대방의 입장에 공감하는 것이 오히려 협상을 더 유익하고 효과적이게 할 수 있다고 주장한다. 그리고 자신의 입장을 유지하는 것과, 상대방과의 공감을 유지하는 것 사이의 균형을 유지하기 위해서는 다음과 같은 입장을 취하는 것이 도움이 될 수 있다고 제시한다.

1) 너 자신을 알아라. 특히 당신이 어떤 관점 혹은 영역에서 갈등을 느끼는지 알아야 하고, 그 갈등이 어떤 경우 자신의 마음속에서 터져 나오는지

알아야 한다.

2) 상호주의적인 절차를 협상하라Negotiate a reciprocal process.

3) 당신의 관점을 공유하도록 하라Share your perspective.

4) 상대방에 대한 호기심을 가져라.

5) 만약 원하지 않는다면 동의하지 마라.

— *Bargaining for advantage*, by Richard shell, 2000.

저자는 이 책에서 협상을 다음 세 가지로 구분하고 있다.

1) 일종의 게임이라고 생각하는 생각'it's game' poker school

2) 손해를 볼지라도 옳은 일을 하자는 이상주의적 생각'do the right thing even it hurts' idealistic school

3) 오는 대로 하자는 실용적 생각'what goes around comes around' pragmatic school

그 다음 협상에 들어서서는 자신의 가장 핵심적인 가치core value를 먼저 확인하고, 그 다음 협상테이블에서 깨어있을 것to be alert을 주장한다. 구체적으로는 다음과 같은 태도를 취할 것을 강조한다.

1) 가격이 가장 중요한 이슈이고 협상의 상대방을 미래에 만나지 않을 경우에는 현재 진행되고 있는 거래transactions를 관찰하라.

2) 가능한 한 관계에 의존하라.

3) 탐구하고, 탐구하고 또 탐구하라.

4) 긍정적이고 공정성을 강조하라.

5) 너 자신의 기준을 유지하고 상대방의 기준을 따르지 말아라.

5. 다양한 협상Negotiation in context

* 이 범주에 속하는 책들로는 협상과 관련된 일반적인 프레임워크를 제시하는 책들을 들 수 있다. 하지만, 이 책들이 포괄하는 주제는 매우 다양하지만, 주로 국가 간의 협상과 관련된 사항들을 많이 취급하고 있다.

- *Making global deals*, by Jeswald Salacuse, 1991.

이 책의 저자는 국가 간의 협상과정을 분석하고 있는데, 국가 간의 문화적 차이에 집중하는 기존의 책들과는 달리, 협상의 과정에 영향을 미치는 사회적 규범social norms을 집중적으로 검토한다. 저자는 효과적인 국가 간의 협상을 위하여 다음과 같은 체크 리스트를 제시하는데 이들은 국가 간의 협상이 아닌 경우에도 그대로 적용될 수 있다.

1) 협상의 목적이 계약인가, 아니면 관계형성인가?
2) 협상에 임하는 태도가 윈-루즈win-lose인가, 아니면 윈-윈win-win인가?
3) 협상가의 스타일은 형식적인가, 비형식적formal or informal인가?
4) 의사소통 방식은 직접적인가, 간접적인가?
5) 협상은 시간과 밀접한 관련이 있는가, 그렇지 않은가time sensitivity?
6) 합의는 일반적인가, 구체적인가?

- *Dealing with an angry public*, by Lawrence suskind and Patrich Field, 1996.

저자들은 환경과 공공정책의 협상에 대한 분석에 집중한다. 그러나 이런 협상과 관련 그들이 제시하는 조언은 좀 더 일반적이다. 다시 말해 이런 조언은 제1항에서 다룬 상호이득이 되는 협상의 조언과 비슷하다.

1) 상대방의 관심을 인정하라.
2) 함께 사실을 확인하는 작업을 하라.
3) 손해를 최소화하는 제안을 하라.
4) 책임을 받아들이고, 실수를 인정하고, 힘을 나누어라.
5) 항상 신뢰감 있게 행동하라.
6) 장기적 관계를 설정하는 데 초점을 둬라.

6. 강한 조언을 주는 학파 The school of hard knocks

* 이와 관련된 학파가 가장 논란거리이다. 이에 해당되는 책들은 실제적인 협상에 도움을 주는 전략, 전술들을 주로 설명하고 있다. 이중의 몇 가지 책은 한국에서도 발매되어 많은 판매부수를 올리고 있기도 하다. 이들 책은 독자들의 관심을 끄는 것이 많지만, 그만큼 위험한 면도 많이 가지고 있다.

그 다음 일련의 협상책들은 자신의 경험을 내세워 '미국 최고의 협상가'와 같은 표현을 내세우기도 하나 이런 책들은 에피소드 중심으로 서술을 하며 협상전략의 일관성을 가지고 있지 않다. 그럼에도 불구하고 몇 권의 책은 흥미롭다.

– *Start with no*, by Kim camp, 2002.

이 책은 『getting to yes』와 같은 책을 비판한다. 즉, 이런 책들은 독자들에게 패배주의적 마인드를 심어주어 효과적인 협상을 저해한다는 것이다. 저자는 그래서 상대방의 처음 제안에 대해서는 no라고 말하고 자신의 제안을 높게 설정하는 것 making high demands himself이 바람직하다고 주장한다. 자신의 제안에 대해 아니오 no라는 반응을 얻는 것은 좋은 일이지만, 예 yes라는 반응을 얻는 것은 일종의 트릭이고, 아마도 maybe라는 반응을 얻는 것은 애매모호한 일이라고 지적하고 있다 Getting 'no' for an answer is fine. By contrast, an early 'yes' is a likely trick and 'maybe' is a response that gets the parties nowhere.

하지만 장기적인 관계가 형성되는 협상에서도 이런 방식이 효과를 발휘할 수 있는지는 검토될 필요가 있다.

– *You can negotiate anything*, by Herb cohen, 1980.

이 책은 윈-윈 협상을 가르친다고 주장하고 있으나 이 책의 내용은 실제로는 마키아벨리 뺨치는 내용과 전략들로 가득 차 있다. 즉, 책의 목적과 내용에 일관성이 결여되어 있다Invokes Jesus Christ and Socrates as people who deliberately used many of the collaborative techniques I will teach in this book. However, that optimistic message is nearly lost in a book laced with enough manipulative ploys to make Marchiavelli nervous.

* 이 책은 한국에서도 번역되어 많이 팔린 책이다. 하지만 이 책에 대한 저자Michael Wheeler의 평가는 그리 호의적이지 않다. 마키아벨리적이라는 표현이 이를 잘 대변하고 있다. 이런 평가가 나오는 것은 좋은 협상책이 어떤 책인가를 제시하는 것과 무관하지 않다. 그래서 좋은 협상책을 선택하는 것은 쉬운 일이 아니다.

7. 마지막 에필로그

그래서 협상책을 선택하면서 반드시 던져보아야 할 질문들은 다음과 같다.

- 책에서 말한 협상의 처방들이 일반적으로 타당한 것인가?
- 특별한 처방이나 원칙들이 서로 충돌하는 것은 없는가?
- 왜 몇 가지 처방들을 실행에 옮기는 것이 그리 어려운가?
- 위에서 제시된 요약에 포함되지 않은 전략 혹은 전술은 무엇인가?

하지만, 단지 책을 읽는다고 해서 그 사람이 효과적인 협상가로 변신하는 것은 아니다. 이를 효과적으로 검토하기 위해서 다음과 같이 네 그룹을 구성하여 실험을 했다.

- 단순히 윈-윈과 관계되는 이론과 실제에 관한 설명을 읽은 그룹
- 이와 함께 시뮬레이션을 하고 그 의미를 되새긴 그룹
- 유사한 상황에 노출된 그룹
- 단순히 다른 그룹이 협상을 하는 것을 관찰한 그룹

이 중 첫 번째 그룹이 가장 바람직하지 못한 성과를 나타내었다. 다시 말해 책을 읽고 이론과 실제에 대한 설명을 들었다는 것으로는 좋은 협상성과를 나타내기 어려웠다는 것이다. 그래서 가장 바람직한 조언은 실제 협상의 장에서 이것들을 연습하는 것이다: The ideas we encounter must be linked to experience, past and anticipated.

하지만, 협상에 관한 책을 읽음으로써 우리가 살고 있는 이 현실세계의 복잡함을 단순화시킬 수 있고 그럼으로써 이 현실세계를 보다 잘 이해할 수 있다. 그렇지만, 바로 그런 정신적인 모델이 바로 우리의 비전을 제약할 수도 있다. 하지만, 그럼에도 불구하고 좋은 이론은 역시 필요하다. There's nothing as practical as theory.

제**3**부

협상, 어떻게 할 것인가

사례와 실전편

Strategic Negotiation

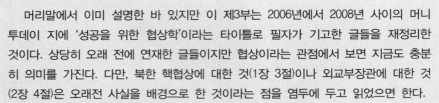

제3부를 활용하는 법

머리말에서 이미 설명한 바 있지만 이 제3부는 2006년에서 2008년 사이의 머니투데이 지에 '성공을 위한 협상학'이라는 타이틀로 필자가 기고한 글들을 재정리한 것이다. 상당히 오래 전에 연재한 글들이지만 협상이라는 관점에서 보면 지금도 충분히 의미를 가진다. 다만, 북한 핵협상에 대한 것(1장 3절)이나 외교부장관에 대한 것(2장 4절)은 오래전 사실을 배경으로 한 것이라는 점을 염두에 두고 읽었으면 한다.

신문에 연재한 이 칼럼들을 '협상에 대한 이해(1장)', '협상의 기본원칙에 대한 이해(2장)', '협상의 전술(테크닉)에 대한 이해(3장)'로 나누어 재정리했다. 자세히 읽어보면 이해하겠지만 사실 이 1, 2, 3장은 동전의 양면에 지나지 않는다. 서로 연결된다는 것이다.

제3부를 읽기 위해서는 제1부와 제2부를 반드시 읽을 필요는 없다. 신문에 연재된 칼럼들이기 때문에 순서에 구애받지 않고 읽을 수 있기 때문이다. 하지만, 제3부를 읽는 전후에 제2부를 읽으면 협상과 관련된 큰 그림을 그릴 수 있을 것이다. 시간이 없는 독자들이나, 이론 부분이 다소 지루하다면 (사실 지루하지 않을(?) 것이다) 바로 제3부를 읽어도 좋다. 사실 제3부와 제2부는 부분적으로 중복이 되기도 하지만, 강조를 위해 다소의 중복은 그대로 두기로 했다. 그리고 제3부의 내용도 어느 부분이나 바로 읽어도 좋다. 제목이 마음에 든다면 바로 그 칼럼을 읽으시길.

여기에 실린 대부분의 글들은 이 책의 기본기조인 게임이론과 전략의 관점에서 이해하고 분석한 것들이다. 하지만, 독자들에게 부탁하고 싶은 것은 1장 9절에 실린 '과정'으로서의 협상과 '구조'로서의 협상이라는 글에 대해서는 각별한 관심을 가져달라는 것이다. 사실 개인이나 단체의 협상은 '과정'으로서의 협상을 분석하는 게 매우 중요하다. 하지만, 개인을 벗어나 국가라는 집단이 대상이 될 때에는 '구조'로서의 협상이 매우 중요하다. 제4부와 제5부에는 이 점을 조금 자세히 설명하기로 한다. 아무리 협상을 잘한다 하더라도 특정 구조에 갇혀버리면 제대로 된 협상력을 발휘하기 어렵기 때문이다.

마지막으로 강조하고 싶은 질문은 이것이다. '협상을 잘하기 위한 비법이란 없는 것인가?' 이 질문에 대한 답은 독자들이 이 제3부를 자세히 읽으면 찾을 수 있을 것이다.

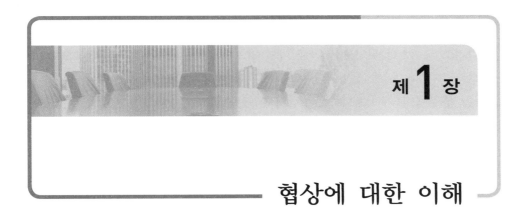

제 1 장

협상에 대한 이해

1. 협상은 주고받는 것일까?

– 협상과 흥정의 공통점과 차이점 –

"협상은 흥정의 다른 말이다. 이 말이 맞습니까? 틀렸습니까?" 협상에 대한 강의를 할 때 가장 먼저 물어보는 말 중의 하나이다. 과연 이 양자의 관계는 어떨까? 우선 다음과 같은 사례를 생각해 보자.

> **사례** 1991년에 시작된 프랑스와의 의궤(한국의 문화재) 반환 협상은 2001년 '프랑스가 가지고 있는 의궤를 한국에 영구임대의 형태로 들여오고, 그 대가로 그와 동등한 가치를 가지는 의궤들을 프랑스에 임대하기로' 결정하는 형태로 타결되었다. 이런 합의가 '반환'이 아닌 '교환'이라는 비판이 무성하자 협상안에 서명한 한국민간대표는 다음과 같이 말했다. "프랑스가 병인양요 때 약탈해간 297책 의궤를 돌려받는 것은 협상의 문제다. 협상은 전쟁과는 달리 대화를 요구한다. 따라서 **주고받는 것이 원칙이다.**… (반드시 돌려받아야 한다는) 명분론에 철저하려면 어떠한 협상도 해서는 안된다. 협상은 어차피 **주고받는 게임**이기 때문이다."

이 민간대표의 협상에 대한 인식은 정확한 것일까? 그렇지 않다. 우리 민간협상 대표는 협상과 흥정이 무엇인지 제대로 이해하지 못하고 있었다. 아쉬운 일이지만 협상은 흥정의 다른 말이 아니다. 협상에는 흥정의 요소가 있지만 정말 협상을 잘하기 위해서는 흥정을 해서는 안 될 경우가 있다. 그러면 도대체 흥정이란 무엇인가? 흥정의 기본적인 속성은 '주고받는 것'이다. 흥정은 결코 일방적이지 않고, 그것이 물밑에서 이루어지건, 물위에서 이루어지건 상호주의적 요소를 가지고 있다. 네가 양보한 만큼 나도 양보하지만, 네가 양보하지 않으면 나도 양보할 수 없다. 이게 흥정이다. 그래서 '주고받는 게임'으로 협상을 이해한다면 그것은 흥정에 불과하다. 때로는 주지 않거나 받지 않는 것이 협상에서는 필요하고 또 그것이 예상 외로 좋은 결과를 가져올 수도 있기 때문이다.

약탈해 간 의궤를 돌려받기 위해 우리 의궤를 프랑스에 다시 대여하기로 한 협상결과는 '주고받는다는' 원칙 아닌 원칙에 지나치게 집착한 결과다. 빼앗긴 것을 돌려 받아야지 왜 다시 우리의 것을 빌려주어야 한단 말인가? 그러니 의궤를 돌려주는 대가로 프랑스가 우리의 문화재 대여를 다시 요구했다면 그 요구에 응하지 말아야 했었다. 다시 말해 이 경우 '주고받지 않는 것'이 협상을 가장 잘 한 것이 된다. 무슨 말인지 아는가? 프랑스와의 협상을 실패로 끝내는 것이 가장 협상을 잘 한 것이 된다는 것이다.

이와 유사한 사례는 도처에서 살필 수 있다. IMF 경제위기 뒤 대우그룹의 워크아웃 협상과정에서 한국의 오홍근 대표는 외국 채권단이 '워크아웃 참여대신 자신들의 채권을 보장해달라'고 무리한 요구를 해 왔을 때 이 요구를 단호히 거절했다. 워크아웃이 성사되지 않을 위험을 감수하고서도 그런 결정을 내렸다. 만약 외국 채권단의 무리한 요구를 '흥정의 형태로' 수용했을 경우 다른 기업의 워크아웃 과정에서 나쁜 선례로 작용할 수도 있었기 때문이다. 국내외를 가리지 않고 채권단을 동등하게 취급하겠다는 원칙을 오홍근 대표는 지켰다. 하나의 워크아웃을 성사시키기 위하여 외국 채권단과 흥정을 하지 않았다는 것이다. 그러면 독도 문제는 어떨까? 역설적으로 독도 문제는 일본과 협상을 하지 않는 것이 가장 협상을 잘하는 것이 된다. 독도 문제는 흥정의 대상이 아니라는 것이다.

협상과 흥정을 이렇게 구분하고, 협상에서 원칙을 지키는 것의 중요성을 강조하면 꼭 들어오는 질문이 있다. '그러면 원칙만 제대로 지키면 협상을 제대로 하는 것이냐'고. 거듭 강조하지만, 협상에는 대부분의 경우 흥정의 요소가 있다. 협상이 타결에 이르기 위해서는 그 대상이 무엇이건 서로의 의견을 조율하면서 밀고 당기고 주고받는 과정(서로의 기대를 일치시키는 것)이 필요하다. 그 과정은 앞으로의 이 제3부에서 하나씩 살피기로 하자. 하지만, 이렇게 흥정과 협상을 구분하는 것은 독자들이 '무조건 주고받는 것이 협상'이라는 착각 아닌 착각을 하지 않도록 하기 위해서다.

2. 협상을 잘 하는 사람은 어떤 사람인가?

– 내용보다 스타일이 중요할 때가 많다 –

어떤 사람들이 협상을 잘 할까?

협상에 대한 강의에는 반드시 직접 협상하도록 하는 과정이 있다. 이론만으로 협상을 잘 할 수 없기 때문이다. 학생들의 협상결과를 분석해보면 의외로 어리숙하게 보이는 사람들이 정말 멋진 협상을 하는 것을 종종 발견할 수 있다. 왜 그럴까?

심리학에서는 다음과 같이 말한다. 사람들은 경쟁자를 만날 때에는 잔뜩 긴장하지만, 자기보다 못하다고 생각되는 사람을 만나는 경우에는 본능적으로 그 사람을 도와주려고 한다. 그래서 쓸데없이 상대방을 긴장시키지 않는 것이 좋다. 어수룩한 것이 재빠른 것보다 낫고 흐릿한 것이 뚜렷한 것보다 바람직하다는 것이다. 협상에서도 이러한 원칙이 그대로 적용된다. 어리숙하게 보이면 대개의 경우 상대는 무의식적으로 우월감을 느끼게 된다. 그 우월감은 자연히 상대방에게 무엇인가 '베풀어야 한다'는 보이지 않는 의무감으로 연결된다. 쉽게 말해 어리숙함은 상대방의 무장을 해제하여 상대방의 자발적인 양보를 이끌어낸다는 것이다.

그래서 **협상에서는 내용과 함께 내용을 전달하는 스타일도 중요하다.** 제2부에서 말한 바와 같이 협상에서 중요한 것은 협상 상대방의 협상에 대한 '기대'를 바꾸는 것이다. 그런 기대를 자기에게 유리하게 바꾸기 위해서는 협상과 관련된 내용을 전달하고 표현하는 '스타일'에 깊은 관심을 가져야 한다. 상대방을 배려하고 조심스럽게 접근하라는 말은 이런 맥락에서 유용하다. 찔러도 피 한 방울 안 나오는 이미지보다는 어리숙한 이미지가 낫다는 것도 이런 맥락에서 한 말이다. 『You can negotiate anything』이란 책을 쓴 허브코헨Herb Cohen도 협상과 설득에 있어서 스타일의 중요성을 다음과 같이 요약하고 있다.

사례 허브 코헨은 미국에서 정치인, 경영인, 영업사원 등 설득에 능한 사람들의 특징을 다음과 같이 요약한다: 상대가 선택하기 쉽도록 복잡한 개념을 쉬운 말로 풀어 설명한다; 미래에 대한 낙관적인 생각을 가지고 있다; 이웃집 아저씨나 아가씨 같은 평범한 사람의 이미지를 가지고 있다; 다정다감하고 겸손하며 가식이 없다; 자신을 낮출 줄 아는 유머감각이 있고 인간미가 넘친다. 이런 특징들은 우리가 일반적으로 생각하는 훌륭한 협상가의 이미지와 다소 거리가 있을 수 있다. 하지만, 협상의 진정한 목적 중의 하나가 협상의 결과에 서로 만족하는 것이라는 점을 고려할 때 이런 태도들이 시사하는 바는 매우 크다.

협상에서 스타일이 중요한 또 다른 이유는 상대방의 협상스타일이 협상의 결과에 대한 관점을 바꿀 수 있기 때문이다. 주어진 파이를 나누기만 하는 협상에서는 어느 한쪽이 손해를 보거나 불이익을 보는 현상이 일어나기 마련이다. 하지만, 훌륭한 협상가라면 제로섬 게임에서 협상의 당사자들이 서로 만족할 수 있는 조건들을 도출해 낼 수 있어야 한다. 제로섬 게임을 서로가 만족하는 게임으로 바꾸는 것, 혹은 대부분의 협상을 서로가 만족하는 방향으로 진행하는 것, 그것이 진정한 협상가의 특성이다. 달리 말하면, 협상을 끝내는 시점에서 어느 한쪽이 불만족스럽거나 '당했다'는 느낌을 가진다면 그 협상은 무엇인가 잘못된 것이라 할 수 있다. 그런 느낌을 가지지 않도록 하는 것, 혹은 불만족스러운 협상의 결과를 완화시키는 것. 그것이 바로 협상에서 스타일이 감당해야 할 몫이다.

tip   협상의 스타일과 관련해 다음과 같은 방법은 눈여겨 볼만한 것이다. 첫째, 협상이 끝날 때 가급적이면 상대방이 '자기가 잘했다'고 생각하게 만드는 것이 좋다(이제 독자 여러분은 그 방법을 알고 있어야 한다). 둘째, 상대방의 요구를 들어줄 때는 단번에 들어주기 보다는 조금 주저하는 것이 좋다. (왜 그런가?) 셋째, 같은 맥락에서 항상 상대방을 칭찬하는 것도 좋은 방법이다. (왜 상대방을 칭찬하는 것이 좋은 방법인가?)

세상의 진리는 서로 통하기 때문에 협상이라는 프리즘을 통해서도 세상을 움직이는 방식의 하나를 발견할 수 있다. 그 하나는 다음과 같다. **"어떻게 행동하는가가 무엇을 말하는가보다 중요하다."** 대부분의 사람들은 메시지보다는 메시지를 전달하는 사람의 매너에 더 큰 영향을 받기 때문이다.

3. 협상은 언제 시작하는가

- 'NO'에 겁먹지 말라 -

북한이 6자 회담에 복귀하기로 했다. 반가운 일이다. 특히 아무런 전제조건 없이 6자회담에 복귀하기로 했다는 것은 다소 이례적이다.

10월 초 북한이 핵실험을 했을 때만 해도 북한이 이렇게 빨리 협상의 자리에 복귀하리라 누가 감히 예측할 수 있었을까? 북한의 핵실험에 모두들 '벼랑 끝 전술'을 거론하면서 겁먹었다. 하지만, 협상의 관점에서 볼 때 북한이 협상의 자리에 나서기로 한 것은 결코 예측 불가능한 것은 아니었다.

그것은 협상에서 NO라는 말이 가지는 의미와 깊은 관계가 있다. 북한의 핵실험은 미국에 보내는 (미국의 금융제재에 대한, 양자회담에 나서지 않는 미국의 태도에 대한) NO라는 아주 강력한 사인이었다. 유엔의 대북 제재안에 대한 북한의 반응(어떠한 추가적인 제재도 선전포고로 간주한다)도 NO를 조금 강하게 말한 것에 불과하다. 그러니 이 행동과 말에 겁먹어서는 안 된다. NO라는 말과 행동에 낙담을 한다면, 혹은 겁을 먹는다면 그는 협상이 무엇인지 모르는 사람이다.

그래서 필자는 최근 한 월간지에 다음과 같이 썼다. "NO라는 말은 협상의 시작을 알리는 말이다. 문제가 풀리지 않을 때, 해결책이 보이지 않고 천지가 암흑으로 덮였을 때 그 때가 협상을 시작할 때다. 그러니 지금은 **다시**(북한과 미국이) 협상을 시작할 때다. 외형적으로 진퇴양난의 시기지만, 가장 중요한 반전 혹은 합의는 이런 극한 대처에서 나온다." 6자 회담의 결과를 낙관하기에는 이르다. 하지만 북한의 NO에 겁먹지 않았던 사람들 덕분에 협상은 다시 시작되었다.

핵협상과 같은 심각한 협상에만 이런 말이 적용되는 게 아니다. 사랑하는 여자에게 데이트 신청을 했는데 매몰차게 거절을 당했다. "NO." 그 아픈 마음, 모르는 바 아니다. 낙담하는 것이 당연할 수도 있다. 하지만, 그녀를 정말 사랑한다면 그 매정한 대답에 절대 물러서지 않아야 한다. 끈질기게, 정말 끈질기게 그 여자의 마음을 돌리려 노력해야 한다. 만약 너무 빠르게 낙담한다면 그는 인생이 무엇인지, 협상이 무엇인지 모르는 사람이다. 좋아하는 여자가 'NO'라고 할 때는 '이제 드디어 여자의 마음을 돌리기 위한 협상이 시작되는구나' 하고 생각해야 한다. 그렇지 않은가.

이뿐 아니다. 부품을 구매하거나 물건을 사는 등 모든 종류의 가격협상에서도 이 같은 원칙이 적용된다. 자신이 제안한 가격에 상대방이 'NO'라고 말할 때 실망하거나 슬퍼할 필요는 없다. 단지, 이제 본격적인 협상이 시작되는구나 하고 마음을 되잡아야 한다. 상대방의 NO라는 말은 당신 자신을 부정한 것이 아니다. 당신이 제안한 가격 혹은 협상에 임하는 당신의 태도가 마음에 들지 않는다는 것을 우회적으로 나타낸 것에 불과하다.

그래서 'NO'라는 말을 두려워해서는 안 된다. 협상에서 '아니오'라는 말은 거부의 뜻이 아니다. 단지, 협상의 시작을 나타내는 말일 따름이다. 왜 그럴까? 왜 NO라는 말을 협상의 종결이 아닌 협상의 시작으로 인식해야 할까? 심리학적 관점에서 볼 때 NO라는 말과 행동은 '현재의 복잡한 상황을 일시적으로 피하고자 할 때' 가장 자연스럽게, 반사적으로 나올 수 있는 말이기 때문이다.

tip 이 칼럼에서 말한 내용과 같은 맥락에서 한 가지 더 말해야 할 것이 있다. 대부분의 협상에서 상대방의 처음 제의에 즉석에서 'Yes'라고 해서는 안 된다는 것이다. 좋아하는 남자가 데이트 신청을 한다고 해서 여자는 그 자리에서 Yes라고 하지는 않는다. 거의 본능적이다. 그렇게 하는 것이 자신의 가치를 높인다는 것을, 남자가 더 적극적으로 자기에게 매달리게 한다는 것을 알기 때문이다. 물건을 사고파는 경우도 마찬가지다. 아파트를 사고파는 경우를 보자. 사는 사람이 '3억에 삽시다'라고 제안했다. 그럴 경우 파는 사람은 '이게 웬 횡재냐' 하는 생각이 들어도(파는 사람은 2억 5천에라도 팔 생각이 있다) 그 자리에서 선뜻 '그럽시다'라고 말해서는 안 된다. 뜸을 들여야 한다. '한 번 생각해 보지요' 이 정도가 정답이다. 파는 사람이 그 자리에서 선뜻 동의할 경우 사는 사람은 매우 불행하게 된다. 사는 사람은 다음과 같이 후회를 하기 때문이다. '조금 더 낮은 가격에 제안을 할 걸' 혹은 '내 제안을 선뜻 받아들이는 것을 보니 무슨 문제가 있는 것이 아닌가'. 협상은 어떤 형태로든 협상에 참여하는 사람이 만족해야 하기 때문이다.

4. 무엇이 협상력을 좌우하는가

– 당신은 믿을 만한 사람인가 –

'무노동 무임금 원칙을 반드시 지키겠다.' 노조가 파업을 결행할 때 사용자가 내세울 수 있는 가장 강력한 원칙이다. 파업기간에는 일을 하지 않으니 당연히 임금을 주지 않겠다는 것이다. 당연하지 않은가? 하지만 이 당연한 원칙이 파업의 현장에서 그대로 지켜지지 않는다. 대부분의 노조는 사용자의 이 말을 일종의 엄포로 들을 뿐이다. 왜? 파업이 끝난 뒤 격려금, 생산성 향상, 지원금 등 다양한 형태로 파업기간에 지불되지 못한 임금이 지급되어 왔기 때문이다. 우리나라의 모든 노사관계의 고질이 바로 이 관행이다.

현대자동차. 글로벌 5를 바라보는 이 회사가 최근의 노조 파업에 대해 다시한 번 이 원칙을 천명했다. 여론과 정치권, 심지어는 시민들의 지원까지 등에 업고서 '이번에는 반드시 이 원칙을 지키겠다'고 약속했다. 당신은 이 원칙이 지켜지리라 믿는가? 50%의 확률이다. 만약 지켜진다면 현대는 향후의 노사안정을 위해, 현재로서는 매우 괴롭지만, 엄청난 투자를 한 셈이다. 이 원칙만큼 노동자의 파업 의욕을 저해하는 것은 없기 때문이다. 그렇지 않다면 또 적당한 선에서 타협을 했음에 틀림없다.

Commitment. 약속 혹은 확약確約이라고 번역한다. 단언적으로 내세우는 혹은 최종적으로 제시하는 조건 혹은 약속을 의미한다. 그러니 적당한 한국어를 찾지 못할 수도 있다. 이런 확약은 대개 '받아들이든지 말든지take it or leave it'의 형태를 띤다. 예컨대, '당신이 나의 사랑을 받아주지 않으면 죽어버리겠다', '내가 거짓말을 한다면 내 성을 갈겠다', ' 100만원 이하로 저 중고 자동차를 팔면 내 가게를 내어 놓겠다', '테러범과 협상을 하면 정권을 내어 놓아야 한다'는 것과 같은 형태다. 즉, 최후 통첩 혹은 더 이상 물러설 수 없는 한계선을 제시하는 것이다. 협상의 상대방이 이 확약을 진실한 것이라고 믿어준다면 바로 이 확약의 수준에서 협상이 타결된다. '내가 없으면 살지 못할 정도로 나를 사랑하는 구나', '자신의 성을 바꾼다는 것은 자신의 명예를 건다는 것인데 그러면 거짓말을 하는 것이 아니구나', '자동차 한 대 팔려고 자신의 가게를 내어 놓지는 않을 것이기에 저 자동차는 정말 100만원 정도 하구나', '정치가가 정권을 내어놓을 생각은 하지 않을 것이기에 아하 우리 테러범과 협상은 하지 않겠구나'.

그렇다. 확약의 효과는 자신이 한 말이 '얼마나 믿을 만한가'에 달려있다. 그러니 자신이 한 확약의 효과를 보장하는 가장 좋은 방법은 자신의 퇴로를 차단하는 것burn the bridge behind이다. 자신을 스스로 옭아매는 것이다.

하지만, 이 확약을 상대방이 믿어주지 않는다면 모든 것은 공수표가 되고 만다. '흥, 죽을 정도로 나를 사랑한다고? 어디서 거짓말 하는거야?' 그러면 '한 번 죽어봐. 뭐 성을 갈겠다고? 성 정도 바꾸는 것이 무슨 큰 일이라고 자신을 믿어라는 거야', '가게를 내어 놓겠다고? 자신의 이름으로 되어있지 않은 가게를 내어 놓는 것이 무슨 큰 일이야', '정권을 내어 놓겠다고. 도대체 그런 규정이 어디 있는거야(만약 헌법에 이런 규정이 있다면 테러범들은 이 확약을 믿을 수밖에 없다)?' 무슨 말인가? 그렇다. 이 확약들은 도대체 '믿을 만하지 않다는' 것이다. 바꾸어 말해 자신의 퇴로를 효과적으로 차단하지 않았다는 것이다.

이런 관점에서 고전적 협상론의 기본 토대를 구축한 토머스 셸링Thomas Crombie Shelling은 다음과 같이 이야기한다. **"상대방을 꼼짝 못하게 제약할 수 있는 힘은(그래서 상대방의 믿음을 변화시킬 수 있는 힘(협상력)은) 스스로를 구속할 수 있는 힘에 의존한다."** 스스로를 구속할 수 있는 힘. 무슨 말인가? 스스로를 구속한다는 것은 자신의 말과 행동이 거짓이 아니라는 것, 혹은 돌이킬 수 없다는 것을 의미한다. 오직 그럴 경우에만 상대방의 믿음을 변화시킬 수 있다. 자기가 한 말이 '상대방에 의해 진실되게 받아들여지지 않는다면' 협상에서 우위를 차지하기를 기대하지 말라는 것이다. 쉽게 말해 자신이 어떠한 사람인가 하는 것이 협상력의 기초라는 것이다.

'무노동 무임금 원칙을 지키겠다.' 노조가 이 말을 믿게 하기 위해서는 사용자는 '자신의 퇴로를 효과적으로 차단'해야 한다. 현대를 포함한 우리의 많은 기업들은 그렇게 하지 않았다. 엉거주춤하게 타협해온 과거의 관행들이 이 원칙을 '엉터리 협박'으로 믿게 했던 것이다. 어떻게 하면 노조로 하여금 이 원칙을 믿게 할수 있을까? 공장 하나를 폐쇄할 정도로, 흑자가 적자로 반전될 정도로 타협하지 않고 이 원칙을 밀고 나간다면 성공할 수 있다. 과연 그렇게 할 수 있을까?

그 이전에 당신은 당신의 말에 대해서 주위 사람으로부터 어느 정도의 신뢰를 받고 있는가? 다시 말해 당신은 믿을 만한 사람인가?

5. 사상 최강의 협상가란

- 아이들이 가지는 힘 -

"싫단 말이야. 왜 나보고 그걸 하라는 거야?" 몸에 나쁜 패스트 푸드 대신 청국장이나 비빔밥을 먹으라고 하거나, 공부할 시간을 확보하기 위해 인터넷 게임을 하지 말라고 하면 아이들은 즉각 반발을 한다. 사춘기에 접어들면 이처럼 불평만 하는 것이 아니라 '왜요?' 하고 저항하기도 한다. 자식 이기는 부모 없다. 맞는 말이다. 달리 말하면 사상 최강의 협상가는 바로 아이들이다. 왜 아이들은 협상을 잘할까? 그 이유는 매우 간단하다.

우선 아이들은 자신들이 원하는 바를 분명히 알고 있다. '부모가 무어라고 하건 나는 햄버거를 먹겠다.', '5,000원짜리 블루클럽에서 절대로 머리를 자르지 않겠다.', '어떤 일이 있어도 인터넷 게임을 해야 한다'. 아이들의 협상목적은 대부분 명료하다. 하지만 일반인들은 그렇지 않다. 협상강의를 할 때 협상의 경험이 어느 정도 있느냐고 물으면 50% 이상이 '협상 경험이 별로 없다'고 대답한다. 협상이 무엇인지 모르기 때문에 자신이 협상을 하고 있는지 그렇지 않은지 모른다는 것이다. 당연한 이야기지만 그래서 협상에서 자신이 무엇을 원하고 있는지 알지 못한다. 그냥 '대충' 넘어간다. 하지만 인생의 8할이 협상인데 자신이 원하는 바를 알지 못하니 바람부는 대로 물결치는 대로 흘러가게 마련이다. 아이들은 그렇지 않다.

둘째, 자신의 목적이 분명하기 때문에 그 목적이 달성되지 않는 한 좀처럼 양보하지 않는다. 나이가 어릴수록 이런 경향은 더 심해진다. 최씨 가문의 이야기다. 어린 손자 최홍기가 콜라를 사 달라고 마구 떼를 쓴다. '콜라는 어린 아이들이 자라는 데 도움이 되지 않는다. 자꾸 보채면 맞는다.' 홍기의 아버지가 이렇게 타일러도 말을 듣지 않는다. 그래서 할 수 없이 한 대 때린다. 보통의 아이는 어른이 이렇게 말하고 한 대 때리면 자신의 요구를 접는다. 하지만 최홍기는 한 대를 맞은 뒤 자신의 요구를 접기는커녕 오히려 '자신의 머리를 벽에다 마구 찧는다'. 콜라를 사 달라는 요구에 자신을 올인한 셈이다. 홍기의 아버지가 오히려 기겁을 한다. 애 다칠까 서둘러 요구를 들어준다. '최고집'이란 그래서 빈 말이 아니다. 최씨 가문의 아이들은 자신이 원하는 바가 있을 때 양보하지 않고 고집을 부리는 것이 유리하다는 것을 경험으로 습득한 셈이다.

셋째, 아이들은 부모가 결국은 자신들을 이기지 못한다는 것을 알고 있다. 협상의 상대방을 정확히 파악하고 있다는 것이다. 아이들에게 있어서 부모는 그치지 않는 샘의 원천이고, '마르지 않는 자동현금 인출기'이다. 세 살 먹은 꼬마가 일요일 아침 부모님 침대에 기어오르며 한마디 한다. "아빠 나 좋아해?" 생글생글 미소를 지으며 하는 이 말에 부모는 그냥 '뽕 가 버린다'. 흐뭇한 미소를 지으며 '그럼' 하고 말하는 순간 아이의 요구가 나온다. "아빠 나 초코렛 먹고 싶어." 당신이라면 이런 아이의 요구에 대하여 어떻게 반응하겠는가? 아이들은 고집을 부릴 줄만 아는 것이 아니라 적절히 상대방을 띄우는 것이 자기에게 유리하다는 것을 경험으로 안다.

그래서 아이들은 부모와의 협상에 관한한 최강의 협상가다. 하지만, 그 아이들도 자라면서 변한다. 부모와의 협상에 있어서는 막강하지만 학교에 나가면, 사회에 나가면 그렇지 않다는 것을 알게 된다. 고집을 부릴 때 상대방도 고집을 부리면 얻을 수 있는 것은 하나도 없고 갈등만 커진다는 것을 알게 된다(최홍기가 콜라를 사 달라고 머리를 벽에 찧는다면 다른 아이들은 경찰이나 병원에 신고한다). 자신의 목적이 아무리 분명해도 그 목적이 합리적이지 않을 경우 가끔씩 그 목적을 달성하기 어렵다는 것을 경험하기도 한다. 햄버거를 먹어야 한다는 자신의 고집이 뚱뚱한 몸매로 인해 무산되기도 하고, 인터넷 게임을 해야 한다는 고집이 떨어진 성적 때문에 저절로 철회되기도 한다. 삶의 현실을 알아갈수록 어릴 때 가지던 고집과 맹목이 점차 약해진다.

하지만, 정작 협상이 무엇인가를 배워야 할 때는 이 때부터다. 맹목적인 부모와의 관계에서 행하던 협상 경험을 잊어버리고 협상이 무엇인지를 아는 '합리적인' 협상가로 거듭나야 한다. 합리적인 협상가는 사상 최강의 협상가가 사용하는 전략보다는 협상이 이루어지는 '맥락'에 관심을 두는 사람이다. 예컨대, 양보해야 할 때와 그렇지 않을 때, 원칙을 지켜야 할 때와 그렇지 않을 때, 목표를 고집할 때와 그렇지 않을 때를 구별할 줄 안다는 것이다. 하지만, 정말 역설적인 것은 어른이 된 뒤에도 '사상 최강의 협상가'가 사용하는 협상전략이 종종 위력을 발휘한다는 것이다. 그래서 정말 그래서, 협상은 즐겁다.

6. 협상스타일은 중요한가

– 협력적인 스타일과 공격적인 스타일 –

서로 상대방을 잘 알지 못하는 사람 열 명이 원탁 테이블에 앉아 있다. 어떤 사람이 들어와 다음과 같은 제안을 한다. "여러분의 맞은 편에 앉아 있는 사람을 일어나게 해서 당신의 의자 뒤에 서도록 설득한다면 설득에 성공한 그 사람에게 10만원을 주도록 하겠다. 단 처음으로 성공한 두 사람에게만 주기로 한다."

여러분이 이 테이블에 앉아 있다면 어떤 태도를 취하겠는가? 지문을 읽기 전에 자신이라면 어떻게 할 것인지 조금 생각해 보기 바란다. 1) 말도 안 되는 제안이라고 생각해 관심을 두지 않는다. 2) 상대방에게 자기 의자 뒤에 서면 10만원을 나누어 가지겠다고 제안한다. 3) 자기가 먼저 상대방의 의자 뒤에 서면서 '돈을 나누어 가집시다'라고 제안한다. 4) 재빠르게 우선 상대방에게 자신의 의자 뒤에 서라고 부탁하면서 돈은 나중에 나누겠다고 제안한다. 이것은 리처드 셸 교수의 사고실험thought experience을 다소 변형한 것인데 이런 제안에 반응하는 태도가 자신의 협상스타일 혹은 사물과 사람을 대하는 태도를 나타낸다.

먼저 첫 번째는 문제를 회피하는 스타일이다. 문제를 만들기도 싫고 그 문제를 풀기도 싫어하는 유형이다. 협상이 무엇인지 별로 관심도 없고 협상을 하라고 하면 두려워하거나 싫어하는 사람들이 이 유형에 속한다. 항상 그런 것은 아니지만 조금 게으른 사람들에게서 많이 볼 수 있다. 두 번째는 협력적이고 타협적인 스타일이다. 실험에 의하면 이런 유형의 사람들이 제일 많다. 적절한 선에서 합의를 보기를 바라고 정보를 공유하고 문제를 풀어나가기를 원한다. 당연히 당신도 여기에 속할 가능성이 높다. 세 번째는 수용적이고 능동적인 스타일이다. 다른 사람에게 문제 해결을 제시하거나 강요하기 전에 스스로 답을 말하고 그대로 실행해 버리는 유형이다. 흔히 착한 사람이라고 칭송을 받는 사람들이 이 유형에 속한다. 네 번째는 공격적이고 일방적인 스타일이다. 이것은 얼핏 보기에 두 번째와 비슷하다. 하지만 협력적이고 타협적인 스타일의 사람은 상대방에게 무엇을 요구하기 전에 자신의 제안을 먼저 밝히는데 반하여(즉, 10만원을 서로 나누어 가지자), 이런 스타일의 사람은 자신의 제안을 구체적으로 밝히지도 않고(즉, 단지 돈을 나누어 가지겠다고 말할 뿐 '어떻게' 나누게 될지는 말하지 않는다) 해결책을 먼저 제시하는 유형이다. 자수성가한 CEO에서 가장 많이 발견할 수 있는 유형이다.

비슷한 유형의 사람들끼리 협상을 하면 미리 약속이나 한 듯이 문제가 잘 풀린다. 심지어는 공격적인 성향의 사람들끼리 만나더라도 서로 상대방이 공격적인 성향인 것을 알게 되면 문제를 순조롭게 풀어나간다. 가장 문제가 잘 풀리지 않는 경우는 협력적인 성향의 사람이 공격적인 성향의 사람과 협상을 하는 경우이다. 협력적인 성향의 사람은 문제를 해결해나가기 위해 정보를 공유하고 의견을 나누기를 원하는데, 공격적인 성향의 사람은 그런 태도를 협상에서 우위를 차지하기 위한 전략의 일환으로 간주하고 색안경을 끼고 보는 것이다. '저는 이 문제를 이렇게 생각하는데 당신은 어떻게 생각합니까?' 이런 상대방의 질문을 자신의 입장을 파악하기 위한 전략으로 이해하고 '지금 이 단계에서 당신이 이 문제를 질문하는 의도를 이해를 못하겠습니다' 하고 반박한다면 그 협상의 진로는 참으로 험난할 수밖에 없다.

어느 유형이 가장 성공적인 협상을 하게 될까? 사람들을 한 가지 유형으로 나눌 수 있는 것이 아니기 때문에 단언적으로 말하기는 힘들다. 하지만, 유럽의 경우 협상을 잘하고 믿을 만하다는 평판을 가지고 있는 변호사의 과반수가 협력적인 스타일을 가지고 있다는 것은 한 번 되새겨 볼 만하다.

하지만, 협상스타일이 중요하다고 협상의 법칙, 전략, 전술을 무시하는 것은 좋은 태도가 아니다. 모든 경우에 적용될 수 있는 협상의 법칙과 전략 전술이 없는 것처럼, 협상 결과가 협상스타일 하나에만 좌우되는 것은 아니기 때문이다. 협상의 스타일이란 '내가 실제의 협상에서는 이러한 방향으로 생각하고 반응하는 경향이 있구나' 하는 것을 자각하게 해주는 것으로 충분하다. 스타일이란 변할 수 있고 또 변해야 하기 때문이다. 수용적이고 능동적인 사람에게 공격적인 스타일로 대한다면 '폭거'가 되기 쉽고, 공격적인 사람에게 문제 회피적인 스타일로 대한다면 그것은 '자진 항복'과 다르지 않기 때문이다. 상황에 대한 정확한 인식은 그래서 중요하다.

7. 이길 수 없는 협상이란

- 때로는 포기하는 것도 좋다 -

"왜 야단을 치느냐? 내가 뭘 잘못 했느냐?" 제2의 사춘기에 접어든 고등학생 아들이 반기를 들고 일어났다. 잔소리만 하고 잘못만 지적하는 아빠(혹은 엄마)의 태도가 참을 수가 없단다. 이 험난한 세상을 제대로 살아가기 위한 자세 하나 잡아주려는 부모의 태도가 영 고까운 모양이다. 그러니 주장한다. "나는 다 컸다. 내 인생은 내가 알아서 하니 간섭하지 말아 달라."

도널드 트럼프의 비전을 현실에서 펼친 그의 반려자 조지 로스Ross George H.는 그의 협상경험을 살려 다음과 같이 말한다. '이제 겨우 2살로 접어드는 아기들은 탁월한 협상가들이다.' 왜 그럴까? 당연하지 않은가? 아기들은 자신들이 원하는 것을 얻을 때까지 울고 투정하는 것을 멈추지 않는다. 제대로 된 부모라면 이 아기들을 얼르고 달래 그들이 원하는 것을 주지 않을 수 없다. 몸 하나 제대로 가누지 못하는 어린 아이들을 종일 울게 내버려 두면 혹 잘못되지 않을까 두렵기 때문이다. 그러니 아기들의 그 연약함이 아기들로서는 가장 큰 협상력의 원천이 되는 셈이다.

달리 말하자. 아기들이 자신들이 원하는 것을 얻을 때까지 울고 투정부리는 것은 일종의 벼랑 끝 전술이다. 줄 때까지 울어 젖히니까. 이 벼랑 끝 전술이 성공하기 위해서는 벼랑 끝에 발생할 결과를 두려워하는, 그런 일이 발생해서는 안 된다고 믿는 상대방이 있어야 한다. 그러니 아기들의 벼랑 끝 전술이 성공하기 위해서는 아기들의 울음을 애처롭게 여기는, 혹시 울다 탈이 날까 두려워하는 부모가 있어야 한다. 행인지 불행인지 세상의 모든 부모는 그것을 두려워한다. 그러니 아기들은 항상 이긴다. 국가 간의 협상에서는 어떨까? 역시 마찬가지다. 상대방의 벼랑 끝 전술이 가져올 결과를 두려워하는 협상의 또 다른 상대방이 있다면 상대방의 벼랑 끝 전술은 효력을 발휘한다. 협상의 또 다른 상대방은 그런 일이 생겨서는 안 된다고 내심 두려워하기 때문이다. 북한이 미국의 클린턴 행정부를 상대로 벼랑 끝 전술을 사용해서 성공한 것은 북한이 바로 이런 구조를 이해하고 있었기 때문이다. 하지만 벼랑 끝 전술에 상대방이 바로 벼랑 끝 전술로 대응해오면 애초의 벼랑 끝 전술은 성공하지 못한다. 북한이 부시 행정부에 전전긍긍한 것은 바로 이 때문이다.

사춘기에 접어든 고등학생들은 어떨까? 야단을 치지 말라고, 간섭하지 말라고, 내가 뭘 잘못했냐고, 방문을 쾅 닫고 들어가고, 무례하기 짝이 없는 행동을 일삼고, 도저히 이해할 수 없는 행동을 하는 아이들은 어떻게 해야 할까? 달래야 한다. 그렇게 말한다. 하지만 달랜다고 들을까? 아이들은 부모가 야단을 치는 그 행위에 대해서 반기를 들지만 자신들의 '행위'에 대해서는 눈을 감아버린다. 그럴 수도 있는 거지 뭐. 그런 거다. 어떻게 해야 하나? 아주 강력하게 나무라야 한다. 그렇게 말하기도 한다. 하지만 반기를 든 상태에서 또 나무라면 어떤 반작용이 일어날까? 아이들은 아무 대책 없이, 자신의 앞일에 어떤 일이 벌어질지도 모르면서, 집을 나가버린다. 벼랑 끝 전술이다. 자신의 인생과 앞일에 대한 고려보다는 야단치고 잔소리하는 부모가 그냥 못 견디게 싫은 거다. 기분 같아서는 독하게 마음먹고 장딴지 만한 회초리 하나 준비해서, 동서양의 금언과 사례를 인용하여 설득하고 싶지만, 아이들에게는 쇠귀에 경 읽기다. '웃기지 마라'다. 부모들은 이 지경이 되면 아이를 나무라지 못한다. 아이들의 벼랑 끝 전술이 가져올 결과를 두려워하기 때문이다. 그러니 이런 구조하에서는 사춘기에 접어든 아이들에게 부모는 자기들 밥이다.

어떻게 해야 할까? 하나밖에 방법이 없다. 포기하는 것이다. 속이 문드러져도, 망발을 일삼더라도 그저 못 본 척 도를 닦듯 넘어가는 것이다. 불가능하다고? 가능하도록 해야 한다. 세상을 좀 살았고 사람 살이의 인과관계를 조금 아는 부모가 제 살 도려내듯 포기하는 수밖에 다른 도리가 없다. 그래서 어느 날, 문득 자기들이 부모가 되어 제 자식들이 자기들에게 덤벼들 때 그제서야 자기들의 사춘기 시절 부모가 어떤 마음으로 자신들을 견뎠는지 이해할 것이다.

아! 아니라고 한다. 문드러지도록 참지 말고 자기들이 벼랑 끝 전술을 쓰면 부모도 동시에 벼랑 끝 전술을 사용해야 한다고 말한다. 위험을 무릅써야 아이들이 사람이 된다는 것이다. 집을 나가서, 이 세상 어디에 자기들의 투정을 받아줄 데가 있는지, 이 세상 어디에 자신들의 철없는 짓을 용납하는 데가 있는지 가슴 시리도록 확인해야 한다고 말한다. 그렇게 할 수 있을까? 정말 그렇게 모질게 몰아붙일 수 있을까? 가정의 달이라는 이 찬란한 5월에 내 지인은 새삼 이 협상 아닌 협상에 눈물까지 글썽이고 있었다. 아하, 이 세상살이의 괴로움이여!

8. 최종책임자는 언제 나서야 하는가

- 위임의 법칙이 가지는 중요성 -

당신은 기업을 운영하고 있다. 부품조달을 위해 관련기업들과 수많은 협상을 해야 하기 때문에 협상을 전담하는 담당자를 지정했다. 그런데 이 담당자의 협상 태도가 영 마음에 들지 않는다. 협상을 질질 *끄는*가 하면, 상당한 재량권을 부여했음에도 불구하고 사사건건 당신에게 보고하고 의논하기 때문에 매우 피곤하다. 그래서 당신은 차라리 '내가 협상의 전면에 나서 볼까?' 하는 생각을 한다. 이런 태도에 대해 당신은 어떻게 생각하는가? 1) 그럴 수도 있다. 2) 최종책임자가 전면에 나서는 것은 좋지 않다.

주지하는 바와 같이 협상의 성격이 어떠하건 협상은 혼자 하는 것이 아니다. 국가 간의 협상인 경우에는 외교관들이 협상을 주도하는 것처럼 보이지만 그들이 하는 협상은 내부적으로 합의된 국민들의 의견을 넘어서기 어렵다. 그래서 역설적으로 국가 간 협상의 최종책임자(혹은 승인자)는 대통령이 아니라 국민이라고 할 수 있다. 사회갈등을 해소하는 협상은 어떨까? 협상에 나서는 사람들은 그들이 속해 있는 단체의 견해를 대변하는 것에 지나지 않는다. 그래서 협상의 최종책임자(혹은 승인자)는 그 단체의 구성원, 혹은 그 단체의 최종의사결정자가 된다. 기업 간 협상의 경우도 마찬가지다. 기업의 실질적 소유자가 협상에 나서지 않는 한 협상가들은 실질적 소유자의 대리인에 불과하고, 그들이 합의한 사항들은 다시 실질적 소유자의 동의를 받아야 한다.

그래서 어떤 형태의 협상이건 협상의 결과를 최종적으로 승인받기 위해서는 최종책임자의 승인 혹은 동의가 필수적이다. 그렇다면 이 모든 경우 차라리 협상가 대신 최종책임자가 협상에 나서는 것이 효율적이지 않을까? 특히 기업의 경우에는 더 그렇지 않을까? (국가 간 협상이나 큰 사회단체가 개입된 경우에는 국민 혹은 구성원 전부(이들이 최종책임자다)가 직접 협상에 나서는 방법이 없기 때문에 협상의 대리자가 필요하다. 하지만, 기업의 경우에는 그렇지 않다.)

다시 위의 질문으로 돌아간다. 협상을 하도록 위임했는데 제대로 협상을 하지 못한다. 그래서 당신은 최종책임자가 협상에 나설 수 있다는 첫 번째 답을 택한다. 과연 그럴까?

Strategic Negotiation | 전략적 협상

우선 최종책임자가 협상과 관련된 훈련을 받지 못했을 경우 만족스럽게 협상을 진행할 수 없다. 아무리 협상책임자라도 협상이 무엇인지, 협상력이 무엇인지 제대로 이해를 하지 못할 경우 제대로 협상을 진행해 나가기란 어렵기 때문이다. 또, 역설적으로, 최종책임자가 직접 협상에 나서지 않는 경우에 실제 협상 담당자가 때때로 강력한 협상력을 발휘할 수 있기 때문이다. '위임의 법칙'이 작용하기 때문이다. 예컨대, 기업협상의 경우 상대방이 가격인하를 요구해올 경우 협상담당자는 '내가 최종책임자가 아니라 그렇게 할 수 없다'는 말로 거절할 수 있지만, 최종책임자가 직접 협상에 나설 경우 이런 핑계를 제시할 수 없다. 그래서 최종책임자가 협상에 나서지 않는 경우 협상가가 더 큰 협상력을 발휘할 여지가 생긴다. 이런 위임의 법칙은 국가 간의 협상에도 그대로 적용되는데, 미국이 이런 법칙을 가장 잘 이해하고 활용한다. 예컨대, 통상협상에서 협상 파트너가 미국의 양보를 요청할 경우 미국의 협상가는 종종 이렇게 말한다. '나는 협상가로서 당신의 요구를 들어주고 싶지만 의회의 반발 때문에 그렇게 할 수 없다.' 그러니 미국의 통상협상에 관한 한 의회가 실질적인 최종책임자의 역할을 한다. 또, 사회갈등을 해소하는 협상에서도 여전히 이런 법칙이 적용된다. 노조를 대표하는 협상가는 '당신(사용자측)의 요구를 들어주고 싶어도 우리 노조원들이 반대하기 때문에 그렇게 할 수 없다'고 말한다. 참으로 멋진 말이 아닌가.

그래서 위의 질문에 대한 답은 2) 최종책임자가 전면에 나서는 것은 좋지 않다 가 된다. 특히, 기업 간의 협상에서는 가급적 최종책임자가 전면에 나서지 말고, 협상의 마지막에 나서는 것이 좋다. 그것은 최종협상자의 경우 협상의 일선에 서 있는 사람보다 협상의 경과를 더 객관적으로 볼 수 있기 때문이다. 하지만, 예외가 있다. 협상의 실무자가 협상을 더 이상 진전시키지 못하고 교착상태에 빠져 있을 때다. 그럴 때는 최종책임자가 나서 그 협상의 매듭을 풀어야 한다. 최종책임자의 역할은 그런 것이다.

9. 협상에도 한계가 있는가

- '과정'으로서의 협상과 '구조'로서의 협상 -

어떻게 하면 협상을 잘 할 수 있습니까? 협상에 대한 강의를 하거나 개별적인 상담을 할 때 흔히 나오는 질문이다. 이런 질문에는 이렇게 말하곤 한다. '협상에 대한 준비를 철저히 하는 것 이상의 비법은 없습니다.' 진부한 말이기는 하지만 틀린 말이 아니다. 하지만, 여기에 다음과 같은 한마디를 더 보태는 것이 정말 옳은 답일 것이다. '협상을 잘하기 위해서는 현재 진행 중인 협상이 '과정'의 성격이 강한 것인지, '구조'의 성격이 강한 것인지 파악해야 한다.' 머리 아프게 웬 과정, 웬 구조?

과정process으로서의 협상이란 협상 상대방과 가격을 주고받는 과정, 혹은 협상을 진행해 나가는 과정을 말하며, 자신의 몫은 그 과정에서 자신이 발휘하는 협상력에 의하여 결정된다. 다시 말해, 자신의 협상력과 상대방의 협상력이 이 몫을 결정할 뿐 그 외의 요인은 중요한 역할을 하지 않는다.

가령, 해외여행 중 당신은 선물을 사러 기념품 가게에 들어선다. 둘러보다 마음에 드는 수공예품을 발견한다. 하지만 가격이 너무 비싸다. 협상을 강조하는 이 칼럼이 기억나 당신은 드디어 협상하기 시작한다. 흔히 볼 수 있는 광경이다. 당연히 이런 협상은 '과정'으로서의 성격을 띠게 된다. 그래서 당신은 다양한 협상전략을 구사한다. 상대방의 가격을 듣고 일부러 놀라는 표정을 지어도 좋고, 다른 곳에서는 더 싼 가격에 팔더라는 거짓 정보(?)를 흘려도 좋고(사실 거짓이 아닐 경우가 많다), 언짢은 표정을 지으며 이 가격에는 살 수 없다고 말해도 좋고(가급적 퉁명스러워야 한다), 여러 개 살테니 깎아 달라고 해도 좋다(전형적인 패키지 딜이다). 하지만 어떤 경우든 당신의 협상력이 이 수공예품의 가격을 결정할 따름이다. 물건을 파는 상인이 더 노련하고 협상에 능하다면 당신은 비싼 가격을 지불할 수밖에 없다.

마음에 드는 여인을 발견했다. 저 여인의 마음을 사로잡기 위해서는 무엇을 어떻게 해야 할까? 당신은 신세대이니 우선 소울 핸드폰을 선물할 수도 있고, 섹시 웨이브를 연출함으로써 그녀의 이목을 끌 수도 있고, 페라리 차를 렌트하여 '야 타!' 하면서 귀여운 객기(?)를 부릴 수도 있고, 아니면 고전적인 꽃 선물로 그녀의 마음을 사로잡을 수도 있다. 그녀의 마음을 사로잡건, 그렇지 못하건 그건 전적으로 당신 하기 나름이다. 다시 말해 이것은 협상 '과정'의 문제다. 선수 버금가는 협상력을 가지고 있다면 그녀의 마음을 사로잡을 확률이 높아질 수 있다. 그렇지 않은가? 오직 당신만이 문제일 따름이다.

하지만 어떨까? 당신이 대한민국을 대표하여 미국의 외교관과 자동차 시장개방 문제를 협상한다고 하자. 어떻게 생각하는가? 협상을 다룬 다양한 칼럼이나 책에서 다룬 현란한 협상전략을 발휘한다면 당신은 이 협상에서 원하는 결과를 얻을 수 있을까? 물론이다. 하지만 한계가 있다. 당신이 아무리 협상을 잘한다 하더라도 그것은 '과정'으로서의 협상에 대한 것일 뿐, 이 협상의 근본 '구조 structure'를 바꿀 수 없다. 이 협상의 근본 구조는 '미국이 한국에 자동차 시장개방을 요청했고, 한국이 어떤 형태로든 미국의 요구를 수용하지 않으면 안 된다'는 것이다. 그래서 미국이 한국에 자동차 시장개방을 요청하는 협상에서 당신이 아무리 '과정'으로서의 협상에 능란하다 하더라도 자동차 시장개방을 하지 않는 결과를 얻기는 거의 불가능에 가깝다. 할 수 있는 최대의 성과는 시장 개방의 폭을 가급적 우리에게 유리하게 조절하는 것 뿐이다. 한국과 미국의 자동차 시장개방이라는 '구조'가 당신이 협상의 '과정'에서 사용할 수 있는 협상력의 효과를 제약하기 때문이다. 협상의 과정에서 당신이 사용하는 협상력이 중요하지 않다는 것이 아니라, 그 협상력마저도 협상구조의 제약을 받을 수밖에 없다는 것이다.

그러면 이것은 어떨까? 마음에 드는 여인을 발견했다. 그런데 알고보니 부유한 명문가의 외동딸이다. 자 당신은 어떻게 할까? 당신은 여자 문제에 관한 한 선수 버금가는 협상력을 가지고 있다고 자부한다. 그래서 '과정'에는 자신 있다. 하지만, 상대는 당신이 감히(?) 범접할 수 없는 영역에 있다. '구조'적으로는 치명적인 한계가 있다는 말이다. 이 칼럼대로라면 당신은 '구조'적 제약 앞에 눈물을 머금고 돌아서야만 한다. 하지만, 인생살이가 그런 것처럼 협상에도 예술의 측면이 있지 않은가. 그 구조적인 제약에도 불구하고 간혹 그 구조를 뛰어넘는 사례가 발견된다. 미국과의 협상에서 한국도 드물게는 그 구조를 뛰어넘는 경우도 있는 것처럼 말이다. 하지만, 당신이 그런 주인공이 되고 싶다면 그 구조를 뛰어넘는 힘이 무엇인지는 스스로 생각할 일이다. 그게 무엇일까?

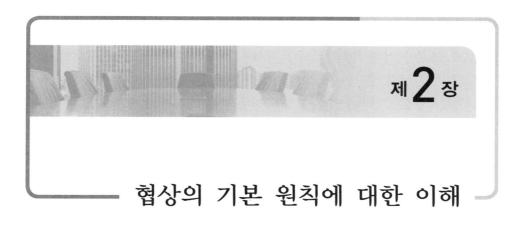

제 2 장

협상의 기본 원칙에 대한 이해

1. AIM HIGH, AIM SPECIFIC

— 협상의 목표를 분명히 하라 —

"내가 할 수 있는 최선을 다하겠다."

"알았다. 내가 직접 가서 어느 정도 가능한지 알아보겠다."

프로젝트의 사활이 걸려있는 가격협상을 선임부장에게 위임하였다. 직원들의 기대를 한 몸에 안고 떠나면서 위와 같은 말을 한다. 여러분이라면 이런 마음가짐 혹은 태도에 대해서 무어라고 말하겠는가?

'최선을 다하겠다.' 혹은 '어느 정도 가능한지 알아보겠다.' 이런 표현은 개인적으로 볼 때 나무랄 데 없다. 훌륭하다. 자기가 할 수 있는 최선을 다하겠다는데, 그리고 가능한 수준이 어느 정도인지 알아보겠다는데 딴지(?)를 걸 사람은 아무도 없다. 하지만, 협상을 하러 떠나는 사람이, 혹은 기업이나 조직의 사활이 걸린 협상 대표자가 이런 말을 한다면, 미안하지만 당장 그 사람을 바꿔야 한다. 왜 그럴까? 심리학적으로 볼 때 '최선을 다하겠다'고 말하는 사람의 내면에는 '내가 잘 못하더라도 이해해 주겠지' 혹은 '이건 정말 어려운 일이므로 주위 사람들을 실망시키지 않는 선만 지키면 돼' 하는 생각이 놓여있다. 다시 말해 최선을 다하겠다는 말은 대개의 경우 자신이 없다는 말의 다른 표현에 지나지 않는 경우가 많다. '어느 정도 가능한지 알아보겠다'는 말도 마찬가지다. 가능성의 영역을 자신이 스스로 정하는 것이 아니라 '상대방의 태도와 입장을 보고' 알아보겠다는 것이다. 무의식적으로 소극성 혹은 수동성을 강하게 발산하고 있는 것이다.

그러면 어떻게 하는 것이 좋을까? 우선 두루뭉술하고 코에 걸면 코걸이 귀에 걸면 귀걸이 식의 목표설정이나 다짐은 피해야 한다. '우리가 결정한 가격에서 120% 이상의 성과를 내고야 말겠어.' 혹은 '우리가 결정한 가격을 기필코 달성하고야 말겠어.' 하는 입장 표명이 바람직하다. 쉽게 말해 목표는 분명해야 한다.

그리고 또 한 가지, 목표는 목표답게 높아야 한다. 가격협상에 임하는 사람들은 대개 두 가지의 가격대를 설정한다. 하나는 최저가격이고, 또 다른 하나는 목표가격이다. 최저가격은 자신 혹은 자신의 부서가 더 이상 양보할 수 없는 가격을 의미하고, 목표가격은 스스로 설정한 가격을 의미한다. 가령 A라는 상품을 톤 당 1,000만 원에 판매하면 손해는 보지 않지만 톤 당 1,200만 원에 판매하면 더 많은 이익을 남길 수 있다. 이 경우 1,000만 원은 최저가격이고 1,200만 원은 목표가격이다. 재미있는 것은 최저가격에 너무 집착하는 사람은 대부분의 경우 그 최저가격에 협상을 끝내게 된다. 최저가격이란 '다른 사람에게 원망을 듣지 않는 가격'이고 '자신이 최선을 다했다는 것을 증명할 수 있는 가격'이기 때문이다. 실제 협상의 과정에서 가격이 중요한 이슈가 되면 알게 모르게 '이 협상이 실패로 끝나서는 안 된다'는 생각에 사로잡히기 쉽고 그 경우 대단한 자기 다짐이 없다면 최저가격에 협상을 매듭짓고 싶은 심리가 강하게 된다. 하지만 최저가격 대신 목표가격에 집중하는 사람은 최저가격에 집중하는 사람보다 더 높은 성과를 거두는 경향이 강하다. 목표가 높다는 것은 스스로 도전할 수 있는 과제를 제시하는 것을 의미하고 그럴 경우 의식적 혹은 무의식적으로 그 높은 목표를 달성하는 쪽으로 자신이 가지고 있는 모든 자원을 활용하기 때문이다.

우스운 말일지 모르나 우리 인생도 자신과 자신이 겨루는, 혹은 자신과 이 세상이 겨루는 하나의 협상으로 볼 수 있다. 어떤 각도에서 보건 인생이라는 협상에서 바람직한 성과를 거두기 위해서는 자신이 인생에서 무엇을 바라는지 그 목표를 구체적으로 정할 필요가 있다. 10년에 10억이라는 목표 하나 정하지 않았는데 10억이라는 돈이 하늘에서 굴러 떨어질 가능성은 없지 않은가. 그러니 "AIM HIGH"라는 슬로건은 비행기 조종사에게만 필요한 것이 아니라, 이 세상을 살아가는 모든 사람에게 필요한 것이다. 그러니 다시 한 번 강조한다.

AIM HIGH and AIM SPECIFIC!

2. 사랑하는 연인을 떠나 보내는 법

– 목숨 걸지 마라 –

"사소한 것에 목숨 걸지 말라Don't sweat the small stuff." 지금도 여전히 유명한 리처드 칼슨의 책 이름이다. 원래 제목보다 한글로 번역한 제목이 더 멋있다. 하지만 이 말은 여전히 우리의 심금을 울리는 경구警句다.

사소한 것에 목숨을 걸지 말라! 그러면 협상에서는? 역시 그렇다.

내 지인의 이야기다. 우연히 들른 고서점에서 조선시대에 발행한 희귀 고문서를 발견했다. 먼지를 뒤집어쓰고 있었지만 대번에 그 가치를 알게 된다. 자. 그 고서점 주인도 이런 고문서를 제법 사고판 사람이지만, 보아하니 이 고문서의 가치는 제대로 모르고 있는 것 같다. 이 고문서를 좀 싸게 사고 싶은데 어떻게 해야 할까? 내 지인은 그 고문서를 있던 자리에 놓아두고 짐짓 일제시대에 발행된 평범한 책 한 권을 흥정했다. 그러다 넌지시 이 고문서를 끼어 넣었다. 그 평범한 책 한 권을 조금 비싸게 사는 대가로(그래 봤자 주인이 부르는 가격을 약간 적게 깎은 것에 불과한 것이다) 이 고문서를 거저 얻은 것이다.

다 아는 이야기다. 하지만, 자신이 그런 경우에 처했을 때 정말 그렇게 할 수 있을까? 정말 자기가 원하는 것을 얻기 위해서는 때때로 — 아니 대부분의 경우 — 그 대상에 집착하지 않을 필요가 있다. 어떤 경우에도 그 고서점 주인에게 '내가 이 책에 목숨을 걸었다'는 것을 보여주어서는 안된다. 그 주인이 내가 그 책에 거는 기대를 알게 되면 그 주인 역시 자신의 기대치를 높일 수밖에 없기 때문이다.

협상에서 자기가 불리한 위치에 처해있을수록 딴짓(?)을 하는 여유가 필요한 것도 이러한 맥락에서 이해할 수 있다. '이 집을 꼭 팔아야 해', '이 거래를 반드시 성사시켜야 해', '이 계약은 반드시 따야 해' 역설적이지만 마음이 이런 절박한 생각으로 가득 차 있을 때는 결코 협상에 나서지 않는 것이 좋다. 상대방이 그런 당신의 모습과 상태를 모를 것 같은가? 얼굴에 줄줄이 쓰여 있는데. 그러니 급할수록 돌아가라.

사랑하는 연인이 이별을 선언해 가슴이 터질 것 같다. 하지만 '당신이 아니면 나는 살 가치가 없어. 정말이야. 제발 떠나지마' 이렇게 말하기 보다는 '그동안 즐거웠어. 잘 가. 하지만 넌 참 좋은 남자야' 하고 말하는 것이 남자가 돌아올 확률 (?)이 높지 않을까? 돌아오지 않는다면? 그것도 우리 삶과 협상의 일부가 아닌가.

그래서 정말 협상을 잘하기 위해서는 협상을 즐길 줄 알아야 한다. 협상을 즐길 줄 알아야 정말 사소한 것에 목숨을 걸지 않게 된다. 협상의 대상이 사소한 것이 아닐지라도 그것을 사소한 것으로 볼 줄 아는, 그래서 거기에 목숨을 걸지 않는 그런 마음가짐이 되어야 정말 자기가 원하는 것을 얻을 수 있다. 사소하지 않은 것을 사소한 것으로 볼 수 있어야 한다니 얼마나 모순되는가? 하지만, 그 모순이 정말 협상을 매혹적인 것으로 만든다.

협상을 즐길 줄 알아야 되는 또 다른 이유는 한 번의 협상 결과에 일희일비 -喜一悲해서는 제대로 된 협상을 할 수 없기 때문이다. 협상을 잘하는 사람이라고 모든 협상에서 만족스러운 결과를 얻는 것은 아니다. 하지만 정말 협상을 잘하는 사람이라면 한 번의 협상실패에 휘둘리거나 연연하지 않는다. 사랑하는 연인이 돌아오지 않는다. '아 그런가' 하고 받아들일 줄 알아야 한다. 그래야 더 나은 사랑을 얻을 수 있다. 한 번의 거래에서 치명적인 실수를 해서 사업이 휘청거릴지라도 '아 그런가' 하고 받아들일 줄 알아야 한다. 그래야 다음 사업, 다음 거래를 준비할 수 있다. 받아들일 줄 안다는 것은 사물을(협상의 결과를 혹은 협상의 대상을) 있는 그대로 볼 줄 안다는 것이고, 그것은 바로 모든 사건과 일을 하나의 과정으로 '즐길 수 있다'는 것을 의미한다.

목숨 걸지 말고, 한 걸음 물러나 거리를 두고, 모든 것을 사소한 것으로 볼 수 있는 그런 마음가짐으로, 순간순간을 즐기는 것. 그게 협상을 잘하는 길이다.

3. 백화점에서 물건 값을 깎는다고

– 편견과 고정관념을 넘어서라 –

원고 한 장에 5,000원입니다. 출판사에서 원고청탁(원고 10장)을 해오면서 자기네 원칙이라고 하면서 슬쩍 덧붙이는 말이다. 한 장에 10,000원이 아니면 원고를 쓰지 않습니다. 원고청탁을 받은 사람도 자신의 원칙을 내세운다. 한쪽은 원고 한 장에 5,000원을 주겠다고 하고, 한쪽은 10,000원이 아니고서는 원고를 쓸 수 없다고 한다. 어떻게 결말이 났을까?

어떤 종류의 협상에서건 협상에서 교착상태가 발생하는 것은 지극히 당연한 일이다. 의견의 불일치가 있기 때문에 협상이라는 과정이 필요한 것이다. 하지만, 교착상태를 타개하기란 그리 쉽지 않다. 원칙과 원칙이 부딪힐 경우에는 더욱 그러하다. 위 사례에서 보는 바와 같이 5,000원과 10,000원의 간격을 어떻게 좁힐 수 있는가? 서로 양보해서 7,500원. 그럴 수 있다. 하지만, 양 쪽 다 '원칙'이라는 것에 무게를 둔다. 원칙은 지키기 위해 있는 것. 그러니 외형적으로 볼 때 위 원고청탁은 성립할 수 없다.

하지만, 예술로서의 협상은 바로 여기서 출발한다. 그 출발점은 문제를 다르게 보는 것이다. 즉, 5,000원과 10,000원이라는 금액의 '차이'에 관심을 두는 것이 아니라, 그 원칙을 지키면서 양쪽이 모두 '실질적으로 만족'하는 방안에 관심을 두어야 한다. 접근은 그런 방향으로 이루어질 필요가 있다. 출판사가 필자에게 현금으로 50,000원을 지급하고, 그 외 출판사가 발행한 책 중 필자가 원하는 책을 100,000원 정도 별도로 주는 조건이면 어떨까. 출판사는 어차피 홍보를 위해 무상으로 책들을 기증하니 조금 더 기증하더라도 큰 손해는 없고, 필자로서는 실질적으로 150,000원의 혜택을 보는 셈이니 만족스러운 셈이다.

협상에서 의견의 불일치가 일어나는 것은 지극히 당연하다. 중요한 것은 그 의견의 불일치가 발생한 이면을 이해하고, 그것을 창조적으로 극복할 수 있어야 한다는 것이다. 그러니 창조성은 정말 협상을 잘 하기 위해서 필요한 능력이 아닐 수 없다. 창조성은 문제와 사건을 다르게 볼 줄 아는 능력에 의존한다. 또, 모든 사람이 아무 의심 없이 받아들이는 사실에 의문을 표시하는 능력에 의존한다.

백화점에서 물건 값을 깎아 본 사람이 있는가? 그렇게 많지는 않을 것이지만 분명 있을 것이다. 재래시장에서는 어떨까? 아마 물건 값을 깎아보지 않은 사람은 없을 것이다. 왜 그럴까? 왜 재래시장에서는 물건 값을 깎는 것을 당연하게 생각하는데 백화점에서는 그렇게 하지 않는가? 정찰제. 그럴 수 있다. 재래시장은 정찰제가 아니고 백화점은 정찰제이니 가격을 흥정할 수 없다는 것이다. 하지만, 백화점에서 물건 값을 깎은 사람은 어떻게 해서 가격을 깎을 수 있었을까? 그들은 '정찰제'라는 선입견 혹은 고정관념에 사로잡히지 않았다. 대신 '가격은 언제든지 조정할 수 있다'는 보다 큰 안목을 가지고 있었다.

문제를 다르게 볼 줄 알게 되면 거기에서 창조성이 싹트게 된다. 편견과 고정관념은 작으면 작을수록 좋다. 다음은 거기에 대한 또 다른 사례이다.

> **사례** 부품조달협상에서 일어난 일이다. 구매자는 톤 당 1000만원, 판매자는 1100만원을 계속하여 주장한다. 100만원의 간격을 메꾸지 못하면 그 협상은 실패로 돌아간다. 그러니 협상은 교착상태에 빠진 셈이다. 그 교착상태를 해결하기 위해서는 양자가 주장하는 금액의 이면을 파악하는 능력을 가져야 한다. 즉, 정말 그 가격 아래로는 팔 수 없고(톤 당 1100만원), 그 가격 이상으로는 살 수 없는 것인지(톤 당 1000만원), 그렇지 않으면 다른 이유가 있는지. 후자의 경우 즉, 다른 이유가 있다면 그 이유를 적절히 공략함으로써 협상을 성공시킬 수 있다. 예컨대, 판매자가 1100만원을 주장하는 것이 현재 판매자가 심각한 유동성 위기에 몰려 있고 그래서 판매액으로 받은 어음을 할인해야 정상적인 영업을 할 수 있기 때문이라고 하자. 그리고 구매자 측이 그 사실을 확인했다고 하자. 그러면, 구매자는 판매대금을 전액 현금결제를 하고 나아가 구매자가 필요로 하는 자금을 저렴한 비용으로 조달할 수 있게 도와줄 수 있다. 그러면 판매자는 1100만원을 고집해야 할 이유가 없어지고, 구매자는 원하는 대로 톤 당 1000만원에 계약을 체결할 수 있게 된다.

4. '서희' 이후 한국의 협상가

— 자신을 낮추고 겸손하라 —

'내가 반기문과 함께 외통부를 이끌게 되다니.' 2000년 1월 임명된 제29대 외통부장관은 자신의 임명 소식을 묻는 기자의 질문에 이같이 자신의 느낌 일부를 털어놓았다. 장관의 소회인 즉 반기문 씨가 외통부 차관으로 자신을 도와준다니 그렇게 든든할 수가 없다는 것이다. 모나지 않은 성격, 치밀한 일처리, 탁월한 어학실력, 외통부 주요 현안에 대한 파악능력. 이런 사람이 차관이 되어 자신과 팀을 이룬다니. 더 이상 좋을 수 없지 않은가. 이런 말이다.

북한의 핵실험으로 소란스러운 이 때 반기문 장관의 UN 사무총장 피선은 한 가닥 희소식이 아닐 수 없다. 어떤 형태로든 차기 UN 사무총장으로서의 그의 영향력과 역할을 기대할 수 있기 때문이다. 그런 기대는 일차적으로 그의 지위에서 오는 것이지만, 지금까지 그가 보여온 '협상가'로서의 능력 때문에 그런 기대는 더 커지게 된다.

직간접적으로 경험한 그의 협상가로서 가장 뛰어난 능력 중의 하나는 '겸손'이다. 자신을 내세우지 않는다. 모든 현안을 파악하고 있으면서도 기다린다. 상대방과 의견이 다를지라도 적으로 만들지 않는다. '미끄러운 뱀장어'라는 말을 들을지언정 서로 다른 의견을 하나로 모으는, 공통분모를 찾는 협상가로서의 기본태도를 잃지 않는다. 그러니 흥분하지 않는다.

2004년에 필자는 『서희, 협상을 말하다』라는 책에서 고려시대의 서희 장군이 가지는 협상력을 분석한 적이 있다. 주지하는 바와 같이 서희 장군은 협상으로써 거란의 침략을 물리치고, '세 치 혀로써' 강동 6주를 회복하였다. 필자는 그 때 서희의 협상력을 다음과 같이 분석하였다: 뛰어난 대화능력, 탁월한 국제감각, 사물을 있는 그대로 보는 능력, 실익과 명분을 구분하는 능력. 그렇게 분석하다보니 지금 대한민국에서 과거 서희와 버금가는 두 사람의 협상가를 발견할 수 있었다. 이 책의 서문에 두 사람의 이름을 밝히지 않은 채 그런 사실을 적어놓았더니 그 사람의 이름을 밝히라는 압력을 제법 받았다. 그래서 개정판(2006년 8월)에서는 그들이 누군지 짐작할 수 있는 단서를 슬며시 풀어놓았다. 그렇다. 그 중의 한 사람이 반기문 장관이다.

또, 다른 한 사람은 이제 현역에서 은퇴하신 분으로, 내가 상당기간 옆에서 그 활동을 지켜보았다. 미국과의 통상협상에 오랫동안 종사하신 분이다. 호랑이처럼 무서운 분이라 미국 사람들은 그를 '타이거 박'이라 불렀다. 평소에는 온화한 성품인데 실제 협상에 들어가게 되면 전혀 다른 사람처럼 치밀하고 끈질기고, 상대방을 압박하는 논리로 문제를 풀어나간다. 거기에다 탁월한 어학실력, 문제를 파악하는 능력, 모나지 않은 성격은 기본이다.

하지만, 이 분과 일하면서 받게 되는 가장 강력한 인상은 그 '겸손'이다. 내가 그 분을 도와드릴 때 나는 까마득한 후배였지만 그는 한 번도 "어험"하는 태도를 보이지 않았다. 깍듯했지만 부드러웠다. 그래서 누구나 그를 좋아했다. 공직을 그만둔 뒤 민간기업의 CEO로 활동하다, 지금은 타국에서 전혀 새로운 인생을 살고 계신다. 타이거 박이라는 그의 별명을 이야기했으니 눈썰미 좋은 사람은 그가 누구인지 이미 감을 잡았을 것이다. 하지만 여기서는 그 본명만은 밝히지 않으려 한다.

'겸손하라'는 화두를 꺼낸 것은 1차적으로 이 두 분의 삶, 2차적으로는 반기문 차기 UN 사무총장의 협상가로서의, 외교공무원으로서의 인생여력에 대한 통찰 때문이다. 반기문 장관의 협상경력을 전부 살핀 것은 아니지만, 그의 일처리와 주변 사람들의 태도에서 그가 주어진 과제와 현안을 어떻게 해결해 나오고 있었는지 이해할 수 있었다. 오죽했으면 라이스 미 국무장관과의 관계에 대해서 '그 둘 사이에는 무언가가 있다'는 말이 나오겠는가. 남녀관계에서 오는 무언가를 말하는 것이 아니다. 미국의 외교실무책임자가 한국의 파트너를 '각별히' 대하기 때문에 나온 말이다. 대단하지 않은가. 그러니 고려 시대의 서희 장군처럼 이 분이 북한의 핵문제에 대한 돌파구를 제시해주기를 기대해도 되지 않을까.

그러니 겸손하라. 주어진 일상의 작은 협상과제에서 원하는 결과를 얻기 원한다면, 겸손하라. 자신을 낮출 때 상대방이 너를 돕는다. 그와 함께 인생이라는 긴 마라톤에서 자신이 원하는 목표를 달성하기 원한다면, '더욱 더' 겸손하라. 자신의 모자람을 알 때 하나님이 당신을 돕는다.

5. '좋은 놈Good Guy, 나쁜 놈Bad Guy' 전략은 어떤가

— 말, 사과, 감정까지도 계획하라 —

영화와 드라마에 출연하는 배우들은 사전에 대본을 받는다. 거기에는 자기가 해야 할 말, 심지어는 동작 하나까지 자세히 표시되어 있다. 그러니 임기응변으로 아무렇게나 말하지 않는다. 인터뷰는 어떨까? 마찬가지다. 그래서 사전에 질문의 내용이 자세하게 정해지지 않으면 인터뷰에 응하지 않는 사람도 있다. CNN의 래리 킹 라이브. 그 쇼에서도 래리 킹은 아무 계획 없이 말하는 것이 아니다. 그 역시 질문의 순서와 질문의 내용을 치밀히 계획하고 있다. 심지어는 '잠시 뜸을 들이고' 하는 순간까지 계획되어 있다.

협상에서는 어떨까?

협상에서 말과 대화가 자신의 입장을 전달하고 상대방의 태도를 파악하는 중요한 수단임은 두말할 나위 없다. 그래서 협상을 제대로 하기 위해서는 말하는 능력과 기술을 습득하는 것이 필요하다. 이와 관련 가장 중요한 원칙은 아무리 작은 말이라도 사전에 치밀히 계획될 필요가 있다는 것이다. 협상가가 하는 말은 협상의 목표를 향해 고도로 절제된 것이어야 한다. 심지어는 언제 휴식을 취할 것인지, 어떤 방식으로 말을 할지도 미리 계획되어야 한다.

하지만, 역설적으로 협상을 정말 잘하기 위해서는 섣불리 말을 하지 않는 것이 필요하다. 가장 강력한 협상도구인 말이 적절히 사용되지 않을 경우 그것은 곧바로 자신에게 부메랑이 되어 돌아오기 때문이다. 그렇기 때문에 협상의 과정에서 농담조의 불필요한 말을 하는 것은 좋은 태도가 아니다. 할 말이 생각나지 않거든 차라리 침묵을 지키는 것이 좋다. 특히, 단체 협상을 하는 경우 자기 팀원의 서투른 말 하나가 협상 분위기를 저해하고 결국 자기 팀의 협상력을 떨어뜨리는 일을 초래할 수 있다.

그러나, 협상가도 말에서 실수할 수 있다. 어떻게 하면 좋을까? 가장 바람직한 것은 자신이 잘못 말한 사실을 인정하고 사과하면 된다. 그러면 협상은 그대로 진행될 수 있다. 조심해야 할 것은 말실수를 너무 자주 해서는 안 된다는 것이다. 아주 드물게 말실수를 하는 경우와 상습적으로 말실수를 하는 경우, 그것이 협상에 미치는 효과는 매우 다르다. 가령, 협상의 쟁점에 대해 실수로 자신의 입장을 잘못 말했을 경우, 잘못을 인정하고 사과를 하면 넘어갈 수 있다. 하지만, 그런 일이 반복된다면 협상 상대방은 당신의 말을 신뢰하지 않게 된다. '그게 정말입니까' 하는 비아냥이 섞인 반문이 돌아올 수도 있다. 그러므로 말의 실수를 번복할 수 있다고, 함부로 말을 하는 것은 자신의 협상력을 떨어뜨릴 따름이다.

그렇다면 역설적으로 '의도적으로 거칠게 말한 뒤 사과하는 것'을 협상 전략의 하나로 고려할 수 있다. bad guy-good guy 전략이 대표적인 경우다. 가령, 협상에 여러 사람이 참여할 경우 한 사람은 강경파, 또 한 사람은 온건파의 역할을 맡을 수 있다. 협상이 교착상태에 빠질 경우 강경파가 의도적으로 거친 말을 한다. 그러면 온건파는 즉시 그 사실을 지적하면서 강경파에게 사과하도록 한다. 어떤 일이 발생할까? 협상의 상대방은 강경파보다는 온건파와 대화를 하고 싶은 마음이 생긴다. 그럴 경우 온건파는 그 상황을 이용하여 자신의 협상의도를 관철시킬 수 있다. 다 알고 있는 것이지만, 협상에서는 이런 전략이 의외로 효과가 있다.

그 외, 말 이외에도 협상가가 느끼고 표현하는 감정들 즉, 절망, 실망, 분노까지도 협상의 과정에서는 잘 계획되어, 협상 전략의 하나로 사용될 수 있어야 한다. 상대방이 협상에서 당사자의 감정에 지나치게 즉각적이고 민감한 반응을 보인다면 그것은 두 가지로 해석할 수 있다. 첫째, 상대방이 아직 협상가로서 준비가 덜 되어 있다는 것이다. 감정에 휩쓸리는 것은 협상의 기본 목표에 아직 제대로 집중하지 않고 있다는 증거이기 때문이다. 둘째, 감정에 민감하게 반응하지 않을 사람인데도 아주 민감하거나 감정적으로 반응한다면 그것은 그 반응을 통해 협상에 어떤 영향을 미치기를 원한다는 것이다. 그 반응 자체가 협상전략의 하나라는 것이다.

tip 말과 대화의 작은 원칙 하나; 협상과정을 지켜보면, 협상이 진행될 때 상대방의 질문에 대하여 무심코 답변하는 경우가 의외로 많다. 질문에는 답변을 해야 한다는 생각이 무의식 속에 스며있기 때문이다. 하지만, 무심코 준 답변이 자신의 입장과 위치를 정확히 밝히는 사례를 흔히 발견할 수 있다. 그러니 상대방의 질문에는 반문하는 형태로 다시 한 번 질문을 던지는 것이 좋다. 예컨대, '나이가 몇 살입니까?' 하는 물음에는 '왜 물으시는데요' 하고 반문하는게 좋다.

6. 사랑과 전직轉職의 공통점은

─ 대안代案을 준비하라 ─

'네가 없는 세상은 살아갈 가치가 없다. 네가 떠나버린 지금 나의 인생은 이 것으로 끝이다. 그러니 모든 사람이여, 안녕.' 어느 노래 가사에서나 나올 법한 말이다. 하지만, 우리 모두 20대 그 격랑의 시대를 지날 때 이런 말을 하거나, 아니면 들어보곤 했을 것이다. 사랑하는 여인이(혹은 그이가) 나를 떠났으니, 아! 아!, 나에게 남아있는 유일한 길은 나의 생을 마감하는 것이다. 공감하는가? 그 럴 수도 있다. 사랑은 그토록 위대한(?) 것이니까.

하지만 협상의 관점에서 보면(인생도 협상이다. 이것을 기억해야 한다) 이 사람은 자신의 인생과 협상을 '아주' 잘못하고 있다. 대안을 확보하지 않고 자신의 모든 것을 한 곳에 쏟아 부었기 때문이다. 명심해야 한다. 어떤 종류의 협상을 하든지 현재 자신이 하고 있는 협상(혹은 협상의 결과)에 대한 대안을 확보하고 있거나, 대안을 확보할 가능성을 가지고 있어야 한다. 대안의 가능성이 있을 때, 역설적 으로, 현재 하고 있는 협상에서 자신의 협상력을 높일 수 있기 때문이다.

사랑하는 여인과의 관계에서 대안을 확보하라고? 그러면 동시에 여러 사람을 사귀어야 한다는 말일까? 그렇지는 않다. 이 경우의 대안이란, 죽음에 이를 정도 로 괴로워하는 그 감정과 열정을 다른 방향에서 바라보는 것이다. 그 여인이 자 신의 인생에서 가지는 중요성, 의의를 한 번만 더 생각해 보라는 것이다. 맹목盲 目에 사로잡힌 사람에게는 이 말이 다가설 여지가 없을 수도 있다. 하지만, 아주 조그마한 틈이라도 있으면 그것을 잡아보라고 권하고 싶다. 그래서 실연의 고통 을 넘어선 자신의 모습을 잠시라도 그릴 수 있다면, 석양에 물든 하늘과 바다의 아름다움이 잠시라도 눈에 들어온다면, 지나가는 아이의 웃음소리가 조금도 변함 없이 자신의 마음을 뒤흔드는 것을 느낄 수 있다면, 의심하지 마라, 다시 일어설 수 있다. 그게 대안이다.

40대 중반이 가까워 오면 누구나 한 번 고민을 한다. 전직轉職을 해야 되는 것이 아닐까? 이 직장이 과연 나의 평생직장이 될 수 있는가? 한 살이라도 적을 때 빨리 직장을 나가 독립해야 되는 것이 아닌가? 어떻게 하는 것이 좋을까? 협 상의 관점에서 보면 그 대답은 매우 평범하다. 역시 대안을 마련하는 것이다. 이 말을 오해하지 말자. 대안을 마련하라는 것이 평소에 전직의 가능성을 두고 두 가지 일을 한꺼번에 하거나, 새로운 자격증을 마련하기 위해 새벽이나 한밤중에 눈을 비비고 책과 씨름하라는 말을 의미하는 것이 아니다. 물론 이런 노력을 과소평가하는 것은 아니다. 하지만, 이 경우 진정한 대안을 마련하기 위해선 자신의 인생에서 자신이 진정으로 하고 싶은 일이 무엇이고, 지금 하고 있는 일이 가지는 의미가 무엇이고, 자신이 앞으로 무엇을 하고 싶은가를 다시 한 번 자신에게 물어보아야 한다. 그런 자문자답 끝에 어떤 결론이 나온다면 그게 진정한 대안이 될 수 있다. 명심하라. 당장의 호구를 위해, 눈앞의 어려움을 해결하기 위해, 학원가를 전전하거나 섣불리 사업을 하기로 결정한다면 그것은 긴 인생 내내 후회할 빌미를 자신에게 주는 것이다. 이런 말을 하면 꼭 나오는 말이 있다. '교수님, 현실을 너무 모르는 말입니다. 목구멍이 포도청인줄 몰라요?' 안다. 충분히 안다. 하지만 사람은 목구멍을 만족시키는 것만으로는 살아가지 못한다. 기쁨을 느끼지 못한다. 목구멍을 포도청으로 생각하고 그것을 상전으로 모시는 한 당신은 인생과의 협상에서 그리 성공할 가능성이 높지 않다. 당신의 인생은 기껏해야 포도청을 만족시키는 수준에서 끝나버릴 테니까.

그러므로 협상의 교과서는 거듭 강조한다. 협상가가 자신의 협상력을 높이기 위한 가장 좋은 방법은, 그래서 협상에서 우위에 서기 위한 가장 고전적인 방법은 협상의 대안을 준비하는 것이다. 달리 표현하면, 다른 기회가 존재한다는 것이 협상력의 원천이 될 수 있다Alternative opportunities are a source of bargaining power는 것이다. 인생이라는 협상에서는 특히, 어떤 대안을 마련해 두느냐에 따라 인생의 품격과 성공이 좌우된다. 그래서 유능한 협상가들은 거듭, 거듭 말한다. '지금 진행되고 있는 협상에 목을 맨다면 결코 유리한 협상을 할 수 없다Necessity never made a good bargain'. 그러니 실연失戀에 목매지 말고, 직장에서의 은근한 압력에 기죽지 말라.

7. '만만디' 어떻게 할 것인가

- 시한을 활용하라 -

협상은 언제 타결되는 경향이 강할까? 양 당사자의 협상대상에 대한 기대가 일치하면 타결되는 것 아닌가? 맞는 말이다. 그래서 이렇게 대답한다면 이 책을 열심히 읽은 독자임에 틀림없다. 하지만, 문제는 '그 기대가 일치하는 시점은 언제가 될 경우가 많은가' 하는 점이다.

'지하철노조 극적인 협상타결' 혹은 '모 기업 임금협상 파업 일보 전에 타결'. 이런 기사를 종종 본 경험이 있을 것이다. 즉, 많은 경우 협상이 파국으로 치닫기 일보 전에 협상이 타결되는 경우가 종종 발생한다. 지하철 운행을 하지 않기로 한 전날의 자정 무렵 협상이 타결되거나, 파업을 시작하기로 한 날의 새벽무렵 가까스로 협상이 타결되는 경우를 종종 볼 수 있다는 것이다.

왜 그럴까? 다 아는 바와 같이 협상에서는 양 당사자의 의견이 팽팽히 맞서는 경우가 대부분이다. 그래서 자신의 입장을 관철하기 위해서 파업을 한다고, 공장폐쇄를 한다고, 지하철 운행을 중지한다고 위협을 한다. 하지만 그러면서도 내심으로는 그런 위협이 실현되지 않았으면, 위협이 실제로 옮겨지지 않고 협상이 타결되었으면 하고 바란다. 위협이 실현될 경우 양 측 모두 손해를 입을 수밖에 없기 때문이다. 그래서 그 위협이 실현되는 마지막 순간까지 힘겨루기를 하다 자신들이 설정한 '받아들일 수 있는 최저한계'를 넘어서면 협상을 타결짓고 만다는 것이다.

이 경우 질문 한 가지. 이런 패턴을 알고 있다면 이같은 협상에서는 어떠한 전략을 취하는 것이 바람직할까? 그렇다. 협상을 빨리 끝내려 하기 보다는 협상을 지연시켜 양 측이 알고있는 시한deadline까지 밀어붙이는 전략이 바람직할 수 있다. 게임이론에서는 이 경우 그 시한이 되기 직전에 마지막 제안을 하는 측이 협상이익의 대부분을 가져가는 것을 보여주고 있다. 말하자면 이런 식이다. 협상을 하는 둥 마는 둥 시간을 보내다 협상이 만료되는 시한 직전에 상대방의 유보가격reservation price(위에서 말한 '받아들일 수 있는 최저한계'의 개념)을 제시하면 상대방은 파국으로 치닫기 보다는 이 유보가격을 받아들일 수밖에 없다는 것이다. 하지만 여기에는 두 가지가 전제되어야 한다. 시한이 알려져 있어야 하고(최소한 유보가격을 제시하는 측에서는 이 시한을 알아야 하고), 유보가격을 유추할 수 있어야 한다는 것이 그것이다.

　나는 상대방의 시한을 알고 있는데 상대방은 나의 시한을 모른다면 누가 협상에서 유리할까? 당연한 말이지만 내가 유리한 것은 틀림없다. 그래서 다음과 같은 전략이 나올 수 있다. 협상에 임할 경우 상대방이 그 협상에 대한 시한을 가지고 있는지를 알아낼 필요가 있고, 혹 내가 협상에 대한 시한이 있다면 상대방이 그것을 알지 못하도록 할 필요가 있다는 것이다. 소위 말하는 정보전에는 이런 시한을 둘러싼 치열한 경쟁도 당연히 포함된다. 만약 상대방이 시한을 가지고 있다는 사실을 확신하지 못할 경우 가능한 한 협상을 지연시키는 전략을 취해볼 수도 있다. 상대방이 시한을 가지고 있다면 협상의 지연에 대해 반응을 보일 수 있기 때문이다.

　이런 시한時限을 실제 협상에 가장 잘 활용하는 국민은 누구일까? 짐작하는 바와 같이 중국 사람들이다. 중국 사람은 특히 한국 사람과 협상을 할 경우 한국 사람의 '조급해 하는 심성'을 활용하여 협상에서 우위를 차지하는 경우가 많다. 다시 말해 그들은 자신들의 '만만디 적'인 행동을 통해 '빨리빨리' 움직이는 한국 사람들에게 인위적으로 협상의 시한을 조성한다는 것이다. 가령 이런 경우다. 중국에 협상하러 갔는데, 그것도 중국 사람의 다급한 초청으로 협상을 하러 갔는데, 그들은 협상에는 도무지 관심을 보이지 않는다. 중국에 도착한 뒤 일주일 동안 협상의 'ㅎ' 자도 나오지 않은 채 내내 지극한 향응만이 한국 사람들을 기다린다. 이럴 경우 한국 사람들은 어떠한 반응을 보일까? 대개의 경우 느긋하게 기다리지 못한다. 심지어는 기다리다 못해 한국 사람 스스로 '이제 그 문제를 이야기합시다'라고 조바심을 낸다. 짐작하는 바와 같이 이렇게 조바심을 내는 순간, 협상의 주도권은 저절로 상대방에게 넘어가고 만다.

　그래서 명심하자. 협상에서 자신이 무엇인가에 쫓긴다는 인상을 주는 순간, 그 협상에서의 협상력은 약해진다. 그러니 10분 뒤까지 협상이 타결되지 못하면 큰 손해를 보더라도 즉 협상의 시한이 10분밖에 남지 않았다 하더라도 결코 서두르지 말아야 한다. 아직 10분이나 남아 있지 않은가.

8. 사랑고백은 어떻게 하나

- 편지를 보내지 말고 만나서 하라 -

"야 너 도대체 왜 답장을 안 해 주는 거야?"

남자는 얼굴이 심하게 상한 채로 그러나 흥분을 감추지 못하고 저 쪽에서 다가오는 여자에게 큰 소리로 외치고 있었다. 도대체 왜 저러는 거야? 주위에서 수군거리는 소리가 한층 높아지만 남자는 도대체 그런 소리는 안중에도 없다. "내가 싫다면 거절하면 될 거 아니야. No라고 하면 될 텐데 왜 아무 답변도 안 해주는 거야?"

나중에 자초지종을 안 즉 사연은 이렇다. 오랫동안 여자를 사랑하던 이 남자, 차마 만나서 사랑고백을 하지 못하고 하필이면 이메일로 사랑고백을 했다. 그리고 1주일 동안 답변을 기다렸는데 답장이 오지 않았다. 그러니 스스로 이 생각 저 생각을 한 끝에 자포자기에 빠져 상대방에게 화를 낸 것이다. 하지만, 재미있게도 여자는 남자로부터 이메일을 받은 적이 없다고 한다. 이럴 수가?

만나서 하라. 사랑의 고백은 반드시 만나서 해야 하고, 상대방에게 중요한 말을 할 경우에는 반드시 만나서 해야 하고, 중요한 협상일수록 전자 기기를 이용하지 말고 만나서 해야 한다. 자신의 의사를 전달하거나 협상을 할 때 자신이 하는 '말'만으로 상대방과 의견을 교환하는 것이 아니다. 말과 말 사이에 숨어 있는 다양한 자세와 얼굴 모양, 몸짓이 '말' 이상의 것을 전달한다. 상대방이 보여주는 반응 역시 단순히 '말' 이상의 의미를 가진다. 그러니 중요한 일일수록 전화, 팩스, 이메일을 사용하지 말고 직접 찾아가라. 모두 다 알고 있다. 전화로 상대방을 연결해 이것저것 시시콜콜한 일을 의논할 수 있을지라도 글로벌 기업의 CEO는 중요한 일인 경우 반드시 상대방을 찾아간다. 상대방이 외국에 있으면 전세기를 이용해서라도 하늘을 건너 찾아간다. 상대방의 눈을 보면서, 상대방과 와인 잔을 마주치면서, 가끔씩 상대방의 어깨를 툭 치는 작은 몸짓 하나를 통해 '말' 이상의 것을 전해줄 수 있고, 또 받을 수 있기 때문이다.

그러면 왜 이메일은 협상의 도구로서 좋지 못한 것일까? 지금은 다양한 소프트웨어가 개발되어 상대방이 내 이메일을 받았는지 그렇지 않은지 확인할 수 있다. 하지만, 아직도 이메일 서버에 따라서는 이런 소프트웨어가 기능하지 않는 경우가 더 많아 상대방의 수신여부를 확인할 수 없다. 그렇지만 이메일을 보낸 사람은 '당연히' 상대방이 이메일을 받았으리라는 가정하에 자신의 생각을 발전시킨다. 그리고선 자신의 생각의 함정에 빠진다. 사랑의 고백을 한 남자, 역시 마찬가지다. 이메일을 보낸 뒤 시간이 경과할수록 이 남자의 생각은 다음과 같이 변한다. '지금쯤 깊이 생각하고 있겠지(하루 뒤).', '빨리 답장을 해 주면 좋겠는데 … 하지만 조금 생각을 할 시간을 주어야지(이틀 뒤).', '너무 오래 생각을 하는데. 빨리 답장을 주면 좋겠는데(사흘 뒤).', '아니 사람을 뭘로 알고 아직까지 답장도 안 주나. 아니다 참고 기다려야지(나흘 뒤).', '이거 진짜 사람을 뭘로 알고 아직 답장도 안 해주나(닷새 뒤).', '안 되겠다. 직접 만나서 따져야지(일주일 뒤).' 위에서 말한 것처럼 상대방 여인은 이메일을 받지도 못했다.

그러니 이메일은 일반적인 정보를 알리거나 소수의 사람들에게 특정 사항을 공지하거나, 그렇지 않으면 많은 사람들에게 답변을 기대하지 않고 자신의 의사를 밝힐 때(예컨대, 이임사, 취임사가 이런 예에 속한다) 사용하는 것이 바람직하다. 팩스는 아직도 중요한 의사 전달수단이다. 하지만, 기업의 협상과정에서 팩스를 중요한 도구로 사용하던 시기는 이미 지났다. 팩스가 사용된다 해도 그것은 실제 협상과정에서 '마땅히 가져와야 할 중요한 사항을 놓치고 가져오지 않았을 경우' 본사로부터 그 정보를 얻기 위해 사용하거나, 아니면 이메일이 사용될 수 없는 환경에 처해 있을 때 팩스를 사용한다.

가장 의견의 일치를 보기 어려운 것이 전화다. 전화협상? 그렇게 할 수도 있다. 전화로 협상을 한다는 것은 일견 실용적이고 효율적이고 산뜻하기까지 하다. CEO 등 최고의사결정자일수록 자신의 합리성과 효율성을 강조하기 위해 중요한 것은 전화로 보고하고 시간을 아끼라고 한다. 잘 새겨들어야 한다. 전화는 '보고'하고 상대방에게 알리는데, 그리고 그 알리는 정보에 대하여 짧은 의견을 듣기 위해 사용하는 것이지, 중요한 사항을 의논하기 위하여, 협상하기 위하여 사용하는 것은 아니다. '말 이외'의 것이 더 중요한 경우 반드시 만나서 의논해야 한다. 모두 다 아는 사실이다. 미국의 부시 대통령은 외국 정상들과 '전화'로 이야기하는 것을 즐긴다. 하지만, 정말 중요한 일일 경우 상대방을 백악관으로 오게 하고, 정말 정말 중요한 일일 경우에는 상대방을 백악관 대신 자신의 산장인 캠프 데이비드로 오게 한다. 그리고 정말 다 아는 일이지만, 아무리 마음 약한 남자라도 사랑의 고백은 만나서 하는 것이 낫지 않은가?

9. 협상이 '예술'의 성격을 가지는지 아는가

- 재협상의 가능성을 생각하라 -

품위 있게 정장을 차려입은 두 사람이 제 각기 앞에 놓인 서류에 사인을 한다. 그리고는 만면에 웃음을 머금은 채 악수를 하는데 사진기의 조명이 쉴 새 없이 터진다. 대개 호텔 등 화려한 자리에서 이루어지는 이런 모임은 협상의 종료를 공식적으로 확인하는 행사다. 양 당사자가 서명을 했으니 이제야 협상은 '마침내' 끝난 셈이다. '휴' 하는 안도의 한숨이 나올 만하다. 하지만, 정말 그럴까? 그렇지 않을 수도 있다.

쉽게 말하자. 협상 결과에 대한 서명이 끝나면 대개의 경우 다시 협상을 해야 할 일은 없다. 시기의 차이는 있겠지만(그 즉시 이건 혹은 일정 시간이 지난 뒤이건) 서명된 협정문이 효력을 발휘하면 그 자체로 협상은 완성되기 때문이다. 그렇지만, 세상사가 그런 것처럼 협상도 끝났다고 생각하는 바로 그 순간 새로운 가능성이 전개될 수도 있다. 어느 정도의 시간이 흐른 뒤 혹은 협정문의 잉크도 마르지 않은 상태에서 상대방이 재협상을 요구할 수 있기 때문이다. 혹은 반대로 우리 자신이 재협상을 요구할 수도 있기 때문이다.

협상의 어느 한쪽이 재협상을 요구한다고 해서 바로 재협상이 시작되는 것은 아니다. 재협상 자체가 불가능할 수도 있고, 상대방이 재협상을 거절할 경우 재협상을 강요할 수단은 없기 때문이다. 역설적이지만 '예술'로서의 협상의 진가는 여기서부터 드러난다. '과학'으로서의 협상은 협상에 참여한 사람들의 협상 타결에 대한 기대가 일치하는 순간 끝나버리지만, 예술로서의 협상은 바로 이 순간부터 새로 시작된다. '예술'로서의 협상은 말 그대로 무한한 가능성을 가지기 때문이다. 하나하나 따져보자.

먼저 국가 간의 협상. 이 경우 재협상의 가능성은 희박하다. 극히 드물기는 하지만, 최종 협정문에서 무엇인가 잘못이 발견될 경우, 혹은 비준을 앞두고 협상의 과정에서 살피지 못한 새로운 쟁점이 발생할 경우 재협상에 들어갈 수도 있다. 재협상이 진행될 경우 새로운 협상 결과에 대한 두 나라의 이해득실이 조화될 수 있도록 각별히 조심해야 한다. 한 국가에 편파적인 협상결과는 결국 두 나라의 관계를 치명적으로 해칠 수 있기 때문이다. 그래서 협상의 결과에 혹은 협정 조문에 재협상의 여지를 남겨두는 것이 장기적으로 이롭다.

다음, 기업 간의 협상. 미국이나 유럽과는 달리 한국 사람들은 협상결과에 서명하고 난 뒤에도 '문구를 잘못 보았다', '내가 잘못 보았다', '사정이 바뀌었다'와 같은 핑계를 대면서 재협상하기를 요청하는 사례가 있다. 어떻게 해야 할까? 앞서 언급한 대로 원칙적으로 재협상은 있을 수 없다. 하지만, 협상 담당자끼리 깊은 신뢰관계가 형성되어 있거나 협상 외적인 문제까지 나눌 정도의 비공식 관계를 유지하고 있다면, 사소한 문제 정도는 경과 기간을 두지 않고 바로 재협상에 들어갈 수 있다. 특히, 일회적으로 끝나는 협상이 아니라 협상 상대방과의 관계가 계속되는 것일 경우 이러한 재협상의 가능성은 필수적이다. 그렇지 않을 경우 상대방의 사소한 실수를 악용한다는 말을 들을 수 있기 때문이다. 그러니 기업 간의 협상일 경우 장기적 관점에서 협상의 상대와 지속적으로 친밀한 관계를 맺는 것이 중요하다(이것은 모든 종류의 협상에 적용될 수 있는 말이다). 서로 신뢰하면서 친밀한 관계가 유지될 때 어느 쪽이건 사소한 문제의 재협상을 둘러싼 분쟁을 피할 수 있기 때문이다.

그러면 개인 간의 협상은 어떨까? 개인 간 큰 이해관계가 걸려있는 경우에는 기업 간 재협상의 경우를 그대로 적용할 수 있다. 하지만 대개의 경우 개인 간의 협상은 공식적인 문서가 없이 말로써 약속을 하는 형태로 이루어진다(명심하라. 이 약속도 협상이다). 당신은 이 약속을 항상 지키는가? 그리고 이 약속이 잘못되었다는 것을 알 경우 어떻게 하는가? 답은 나와 있다. 개인 간의 경우에도 재협상의 가능성은 항상 열려있다. 하지만, 재협상이 가능한지 그렇지 않은지는 전적으로 당신이 평소에 그 약속의 상대와 어떤 관계를 유지하고 있는지에 달려 있다. '과학'으로서의 협상은 약속을 하는 순간에 끝나버리지만 '예술'로서의 협상은 과학이 끝나는 그 자리에서 바로 시작되는 것이다. 그러니 아쉬울 때 손가락 빨지 말고 평소에 잘하자는 말은 결코 빈말이 아니지 않은가.

10. 스타 강사가 되는 법

- 새로운 기회를 만들어라 -

스타 강사가 되기를 원하는 A씨. 기업체나 학원에서 강의를 할 기회를 잡으려 하는데 좀처럼 기회가 오지 않는다. 어느 날 드디어 A씨에게 한 기업체의 강의 의뢰가 들어왔다. 단, 강의 의뢰자는 A씨가 아직 업계에 알려지지 않은 인물이니 시간당 강사료는 10만 원밖에 줄 수 없다고 한다. A씨는 심각한 고민에 빠졌다. 이 기회를 잡고 싶기는 하나 강사료가 너무 저렴하다는 것이다. 강의 의뢰자는 A씨에게 이렇게 말한다. '이번에는 저렴하게 강의를 하지만 강의가 업계에 알려지면 더 높은 강사료를 받을 수 있다.' 그러니 수락하라고 한다. 자 여러분이 A씨라면 어떻게 하겠는가? 1) 강사료가 저렴하니 강의를 할 수 없다고 한다. 2) 강사료가 너무 저렴하니 좀 더 올려달라고 한다. 3) 시작이 반이니 일단 이 강사료로 강의를 시작한다. 4) 비록 알려지지 않은 상태지만 좋은 강의를 할테니 강사료를 두 배 이상으로 해 달라고 한다. 독자 여러분은 조금 생각한 뒤에 이 글을 계속 읽기 바란다.

첫 번째 응답은 거절하는 것이다. 자신은 어느 정도 이상의 강사료가 아니면 강의를 하지 않으니 고민 끝에 거절할 수밖에 없다는 것이다. 이 책에서 여러 번 설명했지만 자신의 원칙을 지키는 것은 결코 나쁜 태도가 아니다. 그래서 강사료에 관한 자기 원칙이 있고 그것을 지키기를 원한다면 거절하는 것이 좋을 수 있다. 하지만 A씨의 경우 아직 강의 기회가 많은 상태가 아니기 때문에 이런 태도는 바람직하지 않을 수 있다. A씨가 거절할 경우 강의 의뢰자가 더 높은 강사료로 다시 강의를 의뢰할 가능성은 높지 않기 때문이다. 그는 아직 무명이다.

두 번째 응답은 강사료를 올려달라는 것이다. 이 역시 나쁜 태도는 아니다. 자신이 원하는 강사료를 달라는 것은 강의를 의뢰받은 사람의 권리일 수 있다. 하지만 한 가지만 더. A씨는 아직 저명한 강사가 아니고 강의 기회도 많지 않다. 그런데 왜 무작정 강사료를 올려달라고 해야 하나. 최소한 왜 강사료를 더 받아야 하는지 이유라도 말해야 하지 않을까. 달리 말하면 무명인 A씨에게 아무런 이유 없이 강사료를 더 줘야 할 이유가 없으니 이 역시 A씨로서는 최선이 아니다.

Strategic Negotiation | 전략적 협상

　　세 번째 응답은 모든 걸 감수하고 그냥 강의하는 것이다. 이 역시 하나의 방법일 수 있다. 무명이라는 것을 인정하고 자신의 실력이 인정받을 때까지 그냥 저렴한 가격으로 봉사하는 것이다. 강의를 할 수 있다는 점에서는 만족스러울 수 있으나 결코 행복한 결과는 아니다.

　　마지막, 네 번째 응답은 조건부 제의다. '당신이 맞다. 나는 무명이다. 하지만 강의 내용은 결코 다른 강사보다 떨어지지 않을테니 최소한 두 배의 강사료를 달라.' 조금 당당한 태도다. 하지만 협상론의 관점에서 볼 때는 가장 바람직한 태도다. 우선 상대방의 제의를 반박하지 않았다. 무명이라고 인정했다. 그리고 무작정 강사료를 더 달라고 한 것이 아니라 좋은 강의를 한다는 것을 전제로 강사료 인상을 요청했다. 조건을 단 것이다. 강의 의뢰자의 입장에서는 한 번 생각해 볼 수 있는 여지가 생긴 셈이다. 어차피 강의는 해야 되기에 조금 저렴한 가격에 강사를 섭외했는데, 강의 자체보다 강의의 내용이 중요하다면 A씨의 요구를 한 번 생각해 볼 수 있는 셈이다. 만약 강의 의뢰자가 거절한다면 A씨는 다시 선택할 수 있다(저렴한 강사료로 강의를 하던지, 아니면 거절하든지). 그러니 A씨로서는 선택의 여지가 더 커졌다. 정말 바람직하지 않은가?

　　한 가지만 더 말하자. 여기서 네 번째 태도가 가장 바람직하다고 한 것은 협상론의 관점에서 말한 것이다. 달리 말하면 A씨가 네 번째 태도를 선택하지 않고 다른 태도를 선택하더라도, 조금 시간은 걸릴지언정, 그가 스타 강사가 될 가능성이 없는 것은 아니다. 그가 '자신의 가치를 높이는 데 전력을 기울이기만' 한다면 말이다. 하지만 네 번째 선택이 바람직한 것은 이 방법이 그를 '지혜롭게' 스타 강사가 될 수 있게 하기 때문이다(당연한 말이지만 이 경우에도 그는 '자신의 가치를 높이는 데 전력을 기울여야' 한다). 이 경우 지혜라는 표현은 그가 자신이 처한 상태에서 자신을 무작정 희생하지 않고(저렴한 강사료로 강의를 시작하는 것은 자기 희생의 의미를 조금 담고 있다), 가장 상대방과 자신이 함께 공감하고 만족할 수 있는 방법을 택한다는 의미다. 상대방과 자신이 함께 공감하고 만족한다는 것. 어디서 많이 들어본 말이 아닌가. 협상의 목표가 바로 그것이다. 그러니 고객을 사로잡는 일을 하건, 자신을 알리는 일을 하건, 혹은 자신이 속한 기업 혹은 국가를 위해 일을 하건, 가장 중요한 것은 서로 만족하면서 한 번 더 생각하고, 한 번 더 선택할 수 있는 기회를 만들어내는 것이다.

11. '니블링nibbling'에 대처하는 법

- 마지막 순간을 조심하라 -

'60일 어음으로 해도 괜찮죠?' 상대방과의 지리한 매매협상을 거의 마무리지었다. 그래서 당신은 느긋하게 협상 결과를 담당 상무에게 보고하려는데, 느닷없이 상대방이 한마디 던져온다. 가격 조건에 합의했으니 이제 그 가격을 현금이 아닌 60일 어음으로 지급하겠다는 것이다. 그러면서 한마디 덧붙인다. '우리 업계에서는 늘 이런 식으로 하고 있으니 이해하셔야죠.' 자 당신은 어떻게 대처하는 것이 좋을까? 1) 상대방이 관행이라고 주장하니 어쩔 수 없이 들어주어야 한다. 2) 한마디로 절대 안 된다고 거절한다. 3) 60일 어음으로 할 경우에는 계약 조건을 수정해야 한다고 구체적으로 말한다. 이 글의 나머지를 읽기 전에 독자 여러분은 어떻게 해야 할지 한 번 생각해 보기 바란다.

계약체결을 앞둔 마당에 상대방이 대금지급 조건에 약간(?)의 융통성을 부여해달라고 부탁한다. 들어주자니 영 불편하고 들어주지 않자니 협상 자체가 무효로 될까봐 불안하기 짝이 없다. 그래서 무심결에 이렇게 묻는다. '정말 그거 관행 맞아요?' 만약, 당신이 이렇게 물었다면 상대방은 솟아오르는 스프링처럼 이렇게 답할게 틀림없다. '그럼요. 틀림없으니 확인해 봐요.' 마음 약한 당신. 관행이라니 어쩔 수 없지, 하는 마음으로 받아들이고 만다. 하지만, 담당 상무에게는 이렇게 말한다. '우리에게 유리하게 계약했습니다. 단, 대금은 업계의 관행대로 60일 어음으로 받기로 했습니다.' 어디선가 많이 들어본 말이 아닌가. 그러니 당신의 부하가 이렇게 보고한다면 그 협상에는 무엇인가 문제가 있을지 모른다.

그 다음 두 번째 대응. 협상과정에서는 일언반구 말도 없이 가격조건에 다 합의해 놓고서는 느닷없이 60일 어음으로 하자니 이것은 말도 안되는 요구 아닌가. 그래서 당신은 단호하게, 한마디로 거절한다. 자, 거절한 것은 틀린 행동이 아니다. 하지만, 협상이란 상대가 있는 법인데 비록 상대방의 요청이 다소(?) 어처구니 없더라도 지나치게 단호하게 말하는 것은 재고해봐야 하지 않을까. 더구나 곧 계약서에 서명을 앞두고 있는 판이니 말이다. 더 나아가 상대방과의 거래가 이번 한 번으로 끝나는 것이 아니라 계속 이어질 것이라면 60일 어음으로 하자는 상대방의 제의를 무차별하게 거절한 것은 조금 지나치다. 다시 말해, 거절한 것은 맞지만 그 방법은 다시 한 번 생각해야 한다.

그러니 답은 절로 나오지 않을 수 없다. 그렇다, 답은 세 번째다. 계약을 앞두고 대금지불 조건을 관행이라는 명분하에 바꾸려 하는 것은 협상과정 자체를 부인하는 것으로 볼 수 있다. 그러니 당연히 '안 된다'고 해야 한다. 하지만 만면에 웃음을 띠면서 말해야 한다. 웃으면서 만약 60일 어음으로 결제하려면 계약조건을 바꿀 수밖에 없지 않느냐고 말해야 한다. 그게 협상이다.

이처럼 쉬운 사례를 드는 것은 이런 일이 협상의 마지막 단계에서 종종 일어나기 때문이다. 즉, 협상의 마지막 단계에서 상대방이 협상의 기본 골격은 바꾸지 않으면서 사소한 몇 가지를 자기에게 유리하게 바꾸려는 시도를 할 때가 종종 있기 때문이다. 이것을 니블링nibbling이라고 한다. 사소하게 하나씩, 혹은 조금씩 합의를 갉아먹는 것이다. 양복을 사면서 느닷없이 넥타이 하나를 추가로 달라고 하는 것, 한 달 용돈이 5만원인데 아들 녀석이 느닷없이 이번 달은 휴일이 없기 때문에 차비로 5,000원 더 달라고 하는 것 등이 이런 사례다. 더 크게 말하면 전투기를 사기로 약속하고선, 계약단계에서는 미사일 하나만 선물로 달라고 말하는 것이다.

모든 것을 선의로 해석하는 사람이라면, 다시 말해 협상가가 착하고 좋은 사람일수록, 이 니블링은 치명적인 독약이 될 수 있다. 협상이 타결된 마당에 작은(?) 것 하나 정도야, 저렇게 요청하는데, 들어줄 수 있는 것 아닌가 하는 생각이 결국에는 협상의 기본골격 자체를 무너뜨린다는 말이다. 떡을 가득해 놓고 어머니가 오기만을 기다리는 자매의 방문 앞으로 호랑이가 와서 말한다. '떡 하나만 다오.' 어머니가 오기를 기다려야 하기 때문에 자매는 당연히 호랑이에게 떡을 준다. 호랑이는 자꾸 요구하고 자매는 자꾸 떡을 주고…… 자매가 떡을 다 주고 나면 마지막에는 무엇을 주어야 하는지 우리는 이미 알고 있다.

협상의 쟁점에 기분 좋게 합의한 마지막 순간, 상대방이 혹시 니블링을 하지 않을까 조심해서 살펴야 한다. 무슨 제의를 하건, 그것이 니블링의 냄새가 나거든 가급적 이빨이 훤히 보일 정도로 (이게 참으로 중요하다) 웃어라. 그러면서 말하라. '그건 곤란한데요.'

제3장

협상의 전술(테크닉)에 대한 이해

1. 듣는 것과 보는 것 무엇이 중요할까

– 문서로 제안하라 –

"백화점에서 물건 값을 깎아본 적이 있습니까?" 협상 강의 중 이런 질문을 하면 손을 드는 사람은 그리 많지 않다. 많아야 서너 사람. 하지만, 질문을 바꾸어 "남대문 시장이나 동대문 시장 등 재래시장에서 물건 값을 깎아본 적이 있습니까?"하고 물으면 어떨까? 그렇다. 손을 들지 않는 사람이 거의 없다. 왜 그럴까?

가격표price tag. 바로 그것 때문이다. 백화점에서는 대부분 가격표를 붙여 물건을 팔지만, 재래시장에서는 가격표가 없는 경우가 많다. 그러니 심리적으로 재래시장에서는 쉽게 가격을 깎을 수 있다고 생각하지만, 백화점에서는 그렇지 못하다. 이것은 특정한 정보를 말로 들을 때와 눈으로 보게(문서로 알게) 될 때 우리가 그 정보의 의미를 달리 인지하게 된다는 것을 의미한다. 대부분의 경우 정보를 말로 들을 때는 그 정보를 변경 가능한 것으로 생각하지만, 눈으로(문서로) 얻을 때는 그 반대로 생각하는 경향이 있다. 보다 정확히 말하면 우리의 뇌가 정보를 인식하는 방향이 그런 경향을 띤다는 것이다.

그래서 협상이 중요한 국면에 접어들었을 경우에는 자신의 제안을 문서로 정리하여 상대방에게 제시하는 것이 좋다. 문서로 제시할 경우 말로 제시하는 경우에 비하여 상대방은 일종의 심리적 압박을 받게 된다. 협상의 쟁점 역시 문서로 정리하는 것이 좋다. 협상이 상당히 경과하게 되면 처음의 쟁점이 흐려지거나 쟁점과 쟁점이 뒤섞여 전체적인 윤곽을 파악하기 어려운 경우가 발생할 수 있다. 그럴 경우 협상에서 합의된 사항, 아직 합의되지 않은 사항을 정리하여 문서로 정리하고 그것을 상대방에게 제시하면 협상을 보다 효율적으로 진행할 수 있다. 협상이 최종단계에 접어들 경우에도 문서는 역시 중요한 의미를 가진다. 대부분의 협상결과는 문서로 정리되고, 그 정리된 문서에 협상의 양 당사자가 서명함으로써 협상은 끝나게 된다. 그래서 협상 결과가 문서로 정리되는 과정은 협상의 과정보다 더 중요하다. 말로 합의된 사항이 어떤 단어나 어떤 문장으로 표현되느냐에 따라 협상의 결과가 실질적으로 뒤바뀔 수도 있기 때문이다. 그래서 훌륭한 협상가는 협상의 결과를 스스로 작성하려 한다. 상대방에게 맡기지 않는다. 당연하다.

　이런 관점에서 훌륭한 협상가는 협상과정에서 항상 메모를 하는 습관을 가지고 있다. 기록이 가지는 중요성을 알고 있기 때문이다. 기록을 하게 되면 상대방이 입장과 태도가 어떻게 변하는지, 자신의 제안에 대해 상대방이 어떻게 반응하는지 그 경과를 관찰할 수 있다. 이런 기록이 누적되면 그것을 통해 협상 상대방의 정보를 얻어낼 수 있다.

　문서와 기록.

　협상에서 정말 중요한 요소다. 하지만 정말 협상을 잘하는 사람은 문서가 가지는 장벽 혹은 힘에 굴복하지 않는다. 문서로 작성되었음에도 불구하고 그것이 가지는 힘을 뛰어넘을 수 있다. 어떻게 그럴 수 있을까? 중요한 것은 '문서로 된 것(price tag)은 바꿀 수 없다'는 고정관념에 사로잡히지 않아야 한다는 것이다. 예컨대, 가격표에 가로막혀 점원과 가격협상이 되지 않을 경우 '매니저를 불러달라'고 하는 것이 제일 바람직하다. 점원은 가격표price tag의 벽에 막혀 자기 마음대로 가격을 조정하지 못하지만, 매니저는 점원보다는 큰 재량권을 가진다. 그래서 자신의 여건(물건을 여러 개 산다)을 활용하여 매니저의 재량권을 움직일 수 있다면 가격표에 구애없이 물건 값을 깎을 수 있다.

　이런 경우 위에서 말한 가격표라는 문서가 가지는 효과 혹은 힘이 없어진 것인가? 그렇지는 않다. 문서가 가진(뇌의 인지) 효과가 없어지는 것이 아니라 '가격표는 흥정할 수 없다'는 고정관념이 허물어지는 것이다. 그러니 정말 모든 것이 협상가능하다Everything is negotiable. 하지만, 그렇다고 이 글을 보는 즉시 백화점에 가서 물건 값을 깎자고 하지는 말기 바란다. 경우와 때가 있기 마련이다.

2. 패밀리 레스토랑에서 생긴 일

- 목적과 감정의 조화 -

"아니 이게 뭐야." 이름만 대면 아는 유명한 패밀리 레스토랑에 지인과 함께 식사하러 갔을 때의 일이다. 음식을 주문하는데 종업원이 불친절하기 그지없다. 스파게티를 주문했는데 식어버린 것을 가져왔다. 어처구니가 없어 망연자실하고 있는데 음료수마저 엉뚱한 것을 가져왔다. 마침내 불만이 폭발할 수밖에 없다. 여러분이라면 어떻게 하겠는가?(이게 협상이라는 것을 이해할 수 있어야 한다) 1) 화를 내면서 그 자리에서 종업원을 나무란다. 2) 먹지 않고 두말없이 그 레스토랑을 빠져나온다(음식 금액은 당연히 내지 않는다). 3) 오늘 운이 없구나 생각하고 그냥 그대로 먹는다. 4) 매니저를 부른다.

제일 많이 볼 수 있는 유형은 첫 번째이다. 가져온 음식을 물리칠 용기는 없으니 불친절한 종업원에게 화풀이를 하고 그냥 가져온 음식을 먹는다. 그 종업원이 조금 센스가 있으면 서비스 음식을 가져다줄지 모른다. 하지만 당신의 기분은 그리 유쾌하지 않다. 제법 용기가 있다면, 아니 정말 화가 났다면 두 번째와 같은 결정을 내릴지 모른다. 하지만, 그 레스토랑이 '음식을 시켜놓고 그냥가면 어떡합니까' 하고 이의를 제기하면 그 때 당신은 일전(一戰)을 불사할지 모른다. '이게 음식이라고 가져온 것이야?' 그 싸움에서 당신이 이길지 모르나(그럴 확률이 높다) 지인과의 유쾌한 저녁은 물 건너간 셈이다. 당신이 운명에 순종하는 사람이라면(세 번째의 선택) '오늘은 내가 운이 없구나' 하고 체념하면서 식어 빠진 스파게티를 그대로 먹을 수밖에 없다. 그렇다면 당신은 항상 운이 없는 편에 속하게 될 것이다.

가장 바람직한 방법은 네 번째 방법, 즉 매니저를 부르는 것이다. 하지만, 매니저를 불러 무엇을 어떻게 할 것인가? 매니저에게 화를 내는 것도 하나의 방법이다. 당신의 기분은 풀릴지 모르나 그렇다고 음식이 더 좋아지는 것은 아니다. 나 역시 매니저를 불렀다. 하지만 화를 내기 위해서 부른 것은 아니다. 화를 참고 '매니저 여기 음식을 한 번 보시오. 이런 음식을 어떻게 먹을 수 있습니까? 그리고 음료수도 우리가 시킨 것과 다릅니다.' 이렇게 말하니 매니저 역시 내가 무엇을 말하는지 알아들었다. 죄송하다는 사과와 함께 음식을 새로 가져다 주었다. 더 놀란 것은 그날 저녁 음식 값을 받지 않겠다고 한 것이다. 이 정도면 만족스럽지 않은가?

거래를 하거나, 토론을 할 때 심지어는 전화통화를 할 때 상대방의 반응과 태도에 따라 화가 날 때가 있다. 자연스러운 일이다. 사람인 이상 어찌 그렇지 않을 수 있겠는가? 하지만 그럴 때 정말 기억해야 할 한 가지가 있다. '화를 내는 것이 나의 목적 혹은 목표에 어떤 영향을 미치는가.' 화를 내는 그 자체가 목적이라면 다시 할 말이 없다. 하지만 대개의 경우 화를 내는 그 자체가 목적인 경우는 드물다. 예컨대, 위에서 예를 든 패밀리 레스토랑에서의 목적은 '원하는 음식을 지인과 함께 유쾌하게 먹는 것'이다. 화를 내는 것이 자신이 설정한 목적 (지인과의 유쾌한 저녁) 달성에 도움이 되지 않는다면 화를 내는 것은 어리석은 일이다. 그렇지 않은가. 정말 화를 참을 수 없다면 화를 내는 대신 '매니저 나, 지금 엄청나게 화가 나 있어요'라고 자신의 상태를 그대로 알리라. 말로 자신의 상태를 알린 다음에는 감정을 폭발시키지 말아야 한다. 그런 다음 다시 자신의 목적에 집중해야 한다.

거듭 말하지만, 화는 내지 않는 것이 좋다. 하지만, 정말 화를 내어야 할 상황인데 화를 내지 않는다면, 참으로 기막힌 일을 당했는데도 조금의 미동도 없다면, 성인(聖人)이 아닌 바에야 그건 조금 문제가 될 수 있다. 가령 위에서 예로 든 레스토랑의 경우 매니저가 '충분히 먹을 만한 음식인데 왜 시비입니까?' 한다면, 그 때는 정말 마음을 먹고 화를 한 번 낼 필요가 있지 않을까? 감정의 일단을 드러내도 무방하다는 말이다.

그러면 그 경계는 어디쯤일까? 어떤 경우에 감정을 드러내어야 하고, 어떤 경우에는 감정을 드러내지 말아야 할까. 그것은 전적으로 협상가 자신의 판단에 맡길 수밖에 없다. 그리고 그런 판단은 단순한 지식의 축적에 의해서 이루어지는 것이 아니라, 경험과 지식이 어우러진 통찰력에서 생기는 것이다. 그런 점에서 협상은 예술과도 비슷하다.

3. '승리'와 '성공'의 차이

— 여우를 조심하라 —

"내가 보내 드릴게." 1년 전쯤 가족 중의 1명이 부모님 해외여행을 보내드리 겠다고 제안했다. 당연히 이야기를 꺼낸 본인이 비용을 부담하는 줄 알고 다른 가족들 모두 마음 한 번 참 착하게 쓴다고 대견스러워했다. '참 기특하다'는 말 이 저절로 나왔다. 부모님이야 덩달아 좋아하고 기다리는 것이야 너무 당연하지 않은가. 그런데, 공언한 여행날짜가 다 되어 가기에 언제쯤 가느냐고 연락을 하 니 돌아오는 질문이 참 재미있다. "여행경비 같이 부담할거지?"

가정과 직장을 막론하고 어느 조직에서건 이런 유형의 사람은 반드시 있다. 우선 깔끔하다. 똑 부러진다. 그리고 다소의 이해가 걸린 거래, 흥정(이건 협상이 아닐 수도 있다. 독자들은 이제 이것을 이해해야 한다), 우격다짐의 과정에서 거의 대 부분 손해를 보지 않는다. 여기에 대해서는 조금 설명을 해야 한다.

우선 '손해를 보지 않는다'는 부분. 이런 부류의 사람들은 물건을 사러 가면 반드시 흥정을 한다. 파는 사람이 제시하는 가격을 결코 그대로 받아들이는 법 이 없이 얼마인가 반드시 깎으려고 한다. 웃으면서 '아줌마 조금만 깎아줘요' 하 고 말하면 상대방은 다소 얼마라도 깎아준다. 거듭 말하지만 이런 태도는 매우 바람직하다. 주고받는 과정을 거치는 것이(제시된 가격을 그대로 수용하는 것보다) 협상을 잘하기 위한 방법임은 두말할 나위 없다. 하지만 상대방이 자기가 원하 는 만큼 가격을 할인해주지 않으면 그만 샐쭉해지면서 실망감을 드러내기도 한 다. 실망감을 드러내는 것은 협상하는 당사자들에게 'win-win'의 분위기를 조성 하지 않는다. 그래도 상관하지 않는다. 자기 위주이기 때문이다. 하지만 평균적 으로 말하면 이런 부류의 사람은 각종의 협상에서 자기 실익을 챙기는 사람이 다. 평균 이상의 협상력을 몸에 가지고 있다는 말이다.

그 다음 '거의 대부분'이라고 표현한 부분. 이런 사람은 대부분 깍쟁이라는 소리를 들을 정도로 자기의 이익을 밝히기는 하지만, 정작 자기보다 한 수 위의 사람이 '자신이 깍쟁이라는 사실'을 알기 쉽게 설명해주면 금새 눈물을 글썽거리 며 후회하기도 한다. 여기서 중요한 것은 '한 수 위의 사람'이 그렇게 해야 한다 는 것이다. 한 수 아래의 사람이 그렇게 할 경우 '됐다' 혹은 '아 알았어' 하고 말하며 치고 빠진다. 한 수 위의 기준은 나이가 아니다. 그 기준은 깍쟁이 같은 기질에 현혹되지 않는 냉정함, 혹은 그 깍쟁이의 행동을 압도할 수 있는 카리스마이다. 재미있는 것은 이런 부류의 사람은 상대방이 자기보다 한 수 위인지, 아니면 한 수 아래인지 아는 재능을 본능적으로 가지고 있다.

이런 유형의 사람을 동물에 비유하면 여우와 같다. 그리고 미안한 이야기지만 남자보다는 여자에게서 이런 유형의 사람을 더 많이 발견한다. 이런 여우의 희생양이 되는 사람은 '참 대책없이 순진한 사람'이거나 '아무런 준비 없이 이들과 대화하거나 거래하는 사람'이다. 이야기를 하다, 거래를 하고 난 뒤 돌아서고 나면 '아 내가 또 당했구나' 하는 감정을 경험하게 된다. 재미있는 것은 이런 여우형의 사람은 그 상황을 마무리하는데도 탁월한 재능을 가지고 있다는 것이다. 당했다는 감정을 가진 사람이 이의를 제기하거나 그런 감정을 표현하면 또 다른 말이나 행동으로써 그 사람을 '일시적으로' 어루만져준다. '에이, 그런 거 가지고 뭘 그래', '아니, 교수님이 그런 일에 기분이 나빠지면 어떻해요?', '오빠 아니야. 오빠한텐데 뭘'. 두 손들어야 되지 않는가.

역설적이지만 협상을 잘하기 위해서는 일차적으로 이런 여우의 기법과 수법을 배울 필요가 있다. 이들은 어떻게 하는 것이 협상에서 자신의 이익을 더 크게 하는 것인지 알고 있기 때문이다. 하지만 이들은 협상에서 '승리'할 따름이지 '성공'하는 것은 아니다. 협상을 정말 잘하기 위해서는 승리보다는 성공을 목표로 해야 한다. 상대방의 기분과 감정, 느낌까지 어루만지면서 자신의 목표를 자신의 이익을 확대하는 것이 바람직하기 때문이다. 흔히 말하는 'win-win'의 협상이 바로 이를 두고 하는 말이다. 그러니 여우를 알되 여우를 따라하지는 말고, 여우를 피하지는 말되 조심해야 한다.

"여행경비 같이 부담할거지?" 자 당신이라면 이 얌체 같은 질문에 어떻게 답할까?

4. 호텔 방이 마음에 들지 않는다면

- 정확하게 요구하라 -

핀란드의 헬싱키에서 런던에 도착하니 벌써 늦저녁이다. 히드로 공항에서 지하철을 타고 런던 시내의 예약한 호텔(인터넷으로 예약, 숙박료 100불)로 들어오니 시계는 밤 11시를 넘고 있다. 카운터에 예약 브로셔를 제시하니 한참을 보다 방키 하나를 준다. 런던의 호텔 사정이 열악한 것을 이미 알고 있기에 100불 짜리 방이 그다지 좋지 않으리라는 것은 각오를 하고 있었다. 하지만 들어간 방은 방이라 말하기 어려웠다. 지하에 있는 방이라 아예 창문은 보이지를 않고, 천장은 허리를 쭉 펴고 일어설 수 없는 지경이다. 게다가 이 방은 낡은 침대 하나와 불결한 책상 하나로 이미 차서 내 가방을 내려놓을 공간도 없다. 피곤하지만 피곤함에 앞서 우선 화가 나기 시작했다. 이건 방이 아니라 방의 모양을 한 작은 창고에 불과하다.

어떻게 하는 것이 가장 바람직할까? 1) 방이 마음에 들지 않는다고 냉정하고 간략하게 말하고 방을 바꾸어 달라고 한다. 2) 이 방이 얼마나 더럽고 비좁은지 장황하게 설명하고서 방을 바꾸어 달라고 한다. 3) 이런 방을 준 매니저에게 화를 내고 빨리 다른 방을 달라고 요구한다. 4) 아예 포기하고 다른 호텔에 방이 있는지를 알아본다.

우선 네 번째 방안. 아예 포기하고 다른 호텔의 방을 알아볼 수도 있다. 현재 들어가 본 방에 엄청나게 실망을 했으니 더 이상 이 호텔에 기대할 것이 없다고 생각한 것이다. 그러니 매니저와 싸우기도 싫고 우선 피곤하니 다른 호텔에 방이 있다면 그 곳에 가겠다는 결정을 할 수도 있다. 하지만, 다른 호텔에 방이 있는지 없는지 어떻게 알 수 있는가? 네 번째 방안을 제외하고는 모두 매니저에게 방을 바꿔달라고 요구하는 것이다. 어떤 방법으로 말하는 것이 가장 효과적일까? 앞의 세 가지 방안은 비슷한 것 같지만 그렇지 않다. 첫 번째 안은 감정을 배제하고 방을 바꾸어 달라고 요구하는 것이고, 두 번째와 세 번째는 다소 감정을 싣고서 요구하는 것이다. 당연히 세 번째가 가장 자신의 감정을 잘 드러내는 것이다.

이제 독자는 이 경우의 해답을 알아야 한다. 그렇다. 두말할 것도 없이 첫 번째다. 매니저는 내가 말하지 않아도 내 방 번호만 보고도 그 방이 얼마나 열악한지 잘 안다. 그리고 이 협상의 목표는 '방을 바꾸는 것'이다. 그러니 간결하게 말하는 것이 제일 좋다. 혹, 2)와 3)을 혼합하여 방이 얼마나 더러운지를 강조하고 화를 내는 것이 제일 좋다고 생각할지 모르나 그럴 경우 매니저가 '다른 방이 없다'고 하면 달리 대처할 방안이 없다. 인터넷으로 이미 지불을 끝냈으니 그리고 예약한 날짜에 이 호텔에 도착했기 때문에 이미 환불이 되지 않는다. 게다가 늦게 도착했다. 당신이 아무리 화를 내더라도 매니저가 어깨를 한 번 으쓱해 버린다면 당신의 항의는 구경거리에 불과하게 된다. 냉정하게 '방이 마음에 들지 않으니 바꾸어 달라'고 하는 것이 답이다. 물론 이 때도 매니저는 '방이 없다'고 할 수 있다. 그럴 때도 다시 한 번 감정을 배제한 체 '나는 이 방이 마음에 들지 않는다. 바꾸어 달라'고 하라. 명심하라. 목표를 달성하기 전까지는 결코 감정을 싣지 마라. 대신 정확하게 요구하라. 방이 더럽고 좁으니 바꾸어 달라고. 그래도 매니저가 같은 말을 되풀이할 경우에는 '총 지배인general manager'을 불러라. 무슨 말인지 이제 이해를 했을 것이다. 총 지배인에게는 왜 내가 방을 바꾸고 싶은지 그 이유를 '웃으면서' 이야기할 수 있다. '매니저가 나에게 방을 준 줄 알았는데 들어가 보니 가축이 사는 우리를 잘못 준 것 같다.' 이 한마디면 된다. 나의 경우는 총 지배인을 부를 필요도 없었다. '방이 없다'는 매니저의 답변이 돌아왔을 때 그 때 체크 아웃을 하는 사람이 있었다. 3층의 좋은 방이었다. '이봐 이 방이 있지 않은가?' 매니저는 아무 말도 못하고 그 방을 줄 수밖에 없었다.

하지만, 그래도 당신은 분이 풀리지 않은가? 그러면 새로운 방 키를 가지고 떠나면서 매니저에게 한 마디 해도 된다. '이 봐 당신들은 지하에 있는 방이 정말 방이라고 생각하나?' 이때는 다소 감정을 실어도 된다.

그러나 정말 그렇게 하고 싶은가?

5. 노트북을 파는 방법

- 함부로 일방적으로 양보하지 마라 -

새 컴퓨터를 마련했기에 2년 전에 구입한 노트북을 팔려고 한다. 인터넷을 뒤져보니 이 정도 노트북은 대개 65만원 정도에 판매되고 있는 것을 발견했다. 그래서 당신은 이 노트북을 팔기위해 다음과 같이 광고를 한다. '사용한지 2년 된 노트북을 70만원에 팝니다. 단, 가격은 조정 가능합니다.' 65만원 정도에 팔리고 있으니 우선 70만원이라는 가격을 제시했고, 관심이 있는 사람의 흥미를 유발하기 위하여 '가격은 조정가능'하다는 메시지를 던졌다. 협상전략으로서 어떨까?

결론부터 말하면 65만원 정도 받을 것이라고 예상(이 가격을 기대가격, 혹은 유보가격이라 한다)하고 70만원이라는 가격을 제시한 것은 나쁘지 않다. 제시한 가격 그대로를 사려고 하는 사람은 그리 많지 않기 때문이다. 하지만 가격이 조정 가능하다는 메시지는 첨부하지 않는 것이 좋다. 가격이 조정가능하다는 말은 '내가 제시한 70만원 이라는 가격은 내가 절대 받을 마음이 없는 가격입니다'라고 말하는 것과 다르지 않다. 이 메시지를 본 잠재고객이 협상이 무엇인지 조금이라도 이해를 하고 있다면 그는 빙그레 미소지을 것이다. 그리고서는 당신에게 전화를 해서 노트북에 관심이 있다고 하면서 가격협상을 시작할 것이다. 그 사람이 당신에게 얼마의 가격을 제시할 것 같은가? 그 사람이 5만원 정도 낮은 65만원에 사겠다고 할 것 같은가?

협상에서 가장 쟁점이 되는 사항이 바로 양보에 대한 것이다. 어느 협상가는 '양보는 예술이다'고 주장하면서 협상을 제대로 진행하기 위해서는 타이밍에 맞게 양보를 해야 한다고 주장한다. 반면 다른 일군의 협상가는 '가급적 양보하지 않는 것이 좋고, 양보에는 반드시 상응하는 대가를 받아야 한다'고 주장한다. 양보하지 않기 때문에 협상이 깨어질 가능성이 높다는 비판을 받더라도 그들은 양보란 함부로 하는 것이 아니라고 주장한다. 어느 쪽이 맞을까? 일도양단一刀兩斷의 선택은 좋지 않지만 굳이 하나를 선택해야 한다면 나는 후자의 입장이 맞다고 본다.

당신이 성인군자처럼 훌륭한 사람일 수 있다. 의견이 팽팽히 맞서거나 협상 대상에 대한 가격차이가 너무 커서 좀처럼 협상이 진행되지 않는다. 그래서 당신은 생각한다. '협상의 진행을 위해서 내가 조금 양보를 하면 상대방은 내 호의를 이해해서 자기도 조금 양보를 하겠지.' 정말 그렇다고 생각하는가. 당신이 양보를 하면 할수록 상대방은 당신에게 더 많은 양보를 요구한다. 당신이 1% 물러서면 2% 물러서라고 요구할 것이고, 2% 물러서면 다시 5%를 물러서라고 요구할 것이다. 상대방이 자신의 호의를 이해해줄 것이라고 기대한다면 그것은 어리석은 일이다.

국가 간의 협상에서도 마찬가지다. 한미 FTA 협상에서 우리 한국은 협상도 한 번 해보지 않고서 투자자-국가 간 제소(ISD: Investor-State Dispute) 조항이 포함된 협정초안을 미국에 제시했다. 복잡하고 힘난한 갈등을 거쳐 이 조항의 수용을 결정했다면 그에 상응하는 대가를 미국에서 받았을 수도 있지만, 아무런 전제 없이 이 조항의 수용을 결정했기 때문에 미국으로부터 가시적인 양보를 받지 못했다. 한국이 한미 FTA의 조기타결을 지나치게 원하고 있었기 때문에 이런 양보를 한 것이다. 그래서 개인 간의 협상이건 국가 간의 협상이건 일방적인 양보는 하지 않는 것이 좋다. 그것이 아무리 사소한 것이라도 자신의 양보에 대해서 그에 상응하는 상대방의 양보를 받아내지 못한다면 양보하지 않는 것이 좋다. 터프하게 행동하라는 것이다. 하지만, 그 터프하다는 것이 고함을 지르거나 화를 낸다는 것을 의미하는 것은 아니다. 오히려 얼굴 가득히 미소를 지으면서 상대방의 요구에 'No'라고 말하는 것을 의미한다.

그럼 노트북을 65만원 정도에 팔려면 어떻게 광고하는 것이 좋을까? 제일 바람직한 것은 '2년이 지났지만 거의 새 것과 같은 컴퓨터를 75만원에 팝니다' 혹은 '2년된 컴퓨터 단돈 70만원'이 훨씬 낫다. 잘 안 팔리면 어떻하냐고? 그렇게 자신이 없다면 다음과 같이 광고하는 것도 하나의 방법이다. '좋은 컴퓨터를 단돈 70만원에 팝니다. 단 선착순입니다.' 어느 경우에도 가격조정이라는 말은 하지 말라. 광고를 낸 이상 상대방이 가격을 조정하려 할 것은 너무나 당연한 일이기 때문이다.

6. 왜 그 곳에서 그 시간에 해야 하니

- 장소와 시간을 잘 택해야 한다 -

"나는 그런 조건에서는 절대 협상을 할 수 없어." 한때 알고 지내던 중소기업 사장님은 협상과 관련 평소의 부드러움과는 달리 가끔씩 완강한 태도를 보이곤 했다. 그것은 협상을 시작하기 전 협상의 장소와 시간을 어떻게 결정하느냐는 문제가 걸릴 때였다. 그 분은 '협상을 어디에서 하고, 어느 시간에 하느냐는 것이 종종 협상의 결과에 중대한 영향을 미친다'고 주장하곤 했다.

조금 자세히 말해보자. A라는 상품을 판매하는 여러분의 회사는 강북에 위치해 있다. 하지만, 그 물건을 구입하고자 하는 상대방의 회사는 강남에 위치해 있다. 어디선가 만나서 협상을 시작해야 한다. 여러분이라면 어디서 협상을 하겠는가? 1) 당연히 강북에 위치한 여러분의 회사에서 해야 한다. 2) 물건을 팔기 위해서는 상대방의 회사가 위치한 강남에서 하는 것이 낫다. 3) 강남도 아니고 강북도 아닌 제3의 장소에서 해야 한다. 4) 어디에서 하건 관계없다. 먼저 '어디에서 하건 관계없다'고 하는 답을 택한 사람. 이런 사람은 십중팔구 상대방의 회사가 위치한 강남에서 협상을 하는 것을 택하게 된다. 쉽게 양보해 버리기 때문이다. 하지만, 강남에 위치한 상대방의 회사에 들어서는 순간 자신의 결정이 잘못되었다는 것을 알아차리게 된다. 협상장의 분위기가 협상의 결과에 영향을 끼치는 정도는 미미할지 모르나, 가장 결정적인 순간 상대방 회사의 '분위기' 때문에 결정적인 양보를 할 가능성은 여전히 존재한다. 그래서 가급적 협상은 여러분의 회사가 위치한 강북에서 하는 것이 낫다. 상대방이 그것을 완강히 거부할 경우는 제3의 장소를 택해야 한다. 국제협상이라고 다를리 없다. 그러니 한미 FTA 마지막 협상이 한국에서 진행된 것은 그 결과와 관계없이 올바른 장소선택인 것이다. 국제분쟁을 해결하기 위한 협상이 양 당사국이 아닌 제3국에서 진행되는 것도 바로 이런 이유 때문이다.

협상을 하는 시간은 언제가 좋을까? 이것에는 일반적인 법칙이 없다. 대개의 경우 협상은 오전에 시작하는 것이 좋다. 맑은 정신으로 빠르게 협상을 타결지을 수 있기 때문이다. 그리고 오전에 협상을 시작할 경우, 협상과정에서 첨예한 의견대립이 발생하더라도 점심을 같이함으로써 부드럽게 의견을 조율할 수 있는 기회가 있기 때문이다. 그렇지만, 전략적으로 협상을 오후에 시작하는 것이 좋을 수도 있다. 예상되는 문제가 많고 협상 상대방과의 의견 조율에 많은 시간이 걸릴 것으로 예상되는 경우가 그렇다. 쟁점이 많을 경우 협상은 자연히 오래 걸리게 되고, 종종 자정을 넘기는 경우도 발생한다. 그럴 경우, 협상에 참여하는 사람들은 체력적으로 힘들 수 있고, 사람의 심리적 특성상 아주 선명히 의견이 대립되는 것이 아닌 이상 적절한 선에서 이견을 해소하려는 경향을 보이게 된다. 협상을 늦게 시작함으로써 오히려 협상의 타결을 촉진시키는 것이다. 노사협상이나 심각한 이권이 걸린 협상의 경우 종종 자정을 전후하여 협상이 타결되는 것이 이런 경향을 반영하는 것이다. 단, 이런 목적으로 협상을 오후에 시작하기 위해서는 자신의 체력에 자신이 있어야 한다. 그렇지 않다면 오히려 오후에 협상을 시작하는 것이 자신의 협상력에 나쁜 영향을 줄 수 있다.

외국에 가서 협상을 하는 경우는 어떨까? 위에서 말한 중소기업 사장님은 종종 다음과 같이 말하곤 했다. "내가 미국에 도착한 다음 날 상담을 하자고 나서는 사람을 나는 결코 좋아하지 않는다. 시차 때문에 내 판단력이 흐려진 것을 이용할 의도가 없지 않기 때문이다." 지금은 누구도 이런 방식으로 협상을 진행하지는 않는다. 시차를 극복할 여유를 주는 등 기본적인 배려를 하기 때문이다. 혹은, 협상의 날짜가 미리 정해진 경우는 현지에 조금 일찍 도착해서 시차에 적응한 뒤 협상에 임하는 것이 올바른 방법이다.

하지만, 이와는 달리 우리 기업인들 중에는 시간을 절약하기 위하여 상대방이 배려를 해주는데도 불구하고 서둘러 협상을 하자는 사람이 없지 않았다. 작고하신 SK의 고 최종현 회장, 한때 세계를 호령했던 대우의 김우중 회장이 이런 경우에 속한다. 이분들은 아예 시차라는 것을 인정하지 않고 협상하고 활동했다. 그분들에게는 시차라는 것이 사치스러운 것이었다. 하지만, 당연한 이야기지만, 그것을 일반적인 협상관행에 적용해서는 안 된다.

7. 부부싸움은 어떻게 푸는가

– 먼저 전화하라 –

'어제 저녁에 치열한 부부싸움을 했다. 그냥 감정이 격해서 해야 할 말, 하지 말아야 할 말 가리지 않고 해버렸다. 아침에 출근을 하기는 했는데 영 기분이 찜 찜하다. 어떤 식으로든 와이프와 화해를 하기는 해야겠는데 어떻게 하면 좋을까?'

협상강의를 하면서 이런 사례를 제시한다. 그리고선 수강생들이 어떻게 대처 했는지 물어본다. 뾰족한 답이 있는 것은 아니지만 나오는 대답이 영 시원찮다. '머 시간이 지나면 풀리는 거 아닌가' 하는 류의 답변이 제일 많다. 웃으면서 '먼 저 전화를 하는 것이 제일 좋습니다' 하고 답을 말한다. 하지만 그 말을 수용하 기 보다는 즉각 반박이 나온다. '아니 내가 전화를 하면 내 전화에 대고 다시 부 부싸움을 할 준비를 하는데 어떻게 전화를 해요?' 그래도 먼저 전화를 해야 한다 고 강조한다. 왜 그럴까?

두 사람 사이에 갈등관계가 존재할 경우 가장 중요한 것은 그 갈등관계의 존 재를 인정하고 그것을 풀기 위해 먼저 움직이는 것이다. 왜 먼저 움직이는 것이 중요할까? 먼저 움직이면 우선 상대방에게 무어라고 말할지 준비할 수 있고, 상 대방의 예상되는 반응에 대하여 다시 어떻게 대응하면 좋을지 그에 상응하는 준 비를 할 수 있다. 다시 말해 대화의 이니셔티브를 쥘 수 있다는 것이다. 모든 관계에서 주도권을 쥘 수 있다는 것은 자신의 협상력이나 힘을 높이는 결과를 가져온다. 그렇다고 갈등이 단 시간에 풀어지는 것은 아니지만 갈등 그 자체를 적절히 관리할 수 있는 여유는 가질 수 있다.

하지만 한 가지만 더 명심하자. 먼저 이니셔티브를 취한다고 항상 상대방도 갈등을 풀려는 방향으로 나오는 것은 아니다. 예컨대, 부부싸움에서 화해하기 위 하여 아침에 먼저 와이프에게 전화를 했는데 그 반응이 영 좋지 않다. '왜 전화 를 했는데?', '어 가만히 생각해 봤는데 어제 그 싸움 말이야 내가 잘못한 것도 있는 것 같아서…' 이렇게 말꼬리를 흐리고 넘어가려는데 잽싸게 나온다. '그래 잘못한 것 많지. 구체적으로 무엇을 잘못했는데?', '그냥 …' 이러면 다시 공격적 으로 나온다. '잘못했으면 사과부터 해야지 지금 장난치는 거야?' 이러면 다시 부 부싸움이 시작될 수 있다. 하지만, 그 와중에서도 한 가지만 기억하자. 전화를 하는 남편에게 가시 돋힌 소리를 하더라도 와이프는 속으로 영 기분이 안 좋은 것은 아니다. 최소한 '이 남자가 그래도 미안한 마음이 있으니까 전화를 하는구나' 혹은 '어제 싸움을 심하게 한 것은 맞지만 그래도 이 남자가 나와의 관계를 더 악화시키려는 것은 아니구나' 하는 생각을 하기 마련이다. 달리 말하자. 전화를 받은 와이프가 뭐라고 말하건, 일단 당신이 먼저 전화를 했다는 사실은 당신이 와이프를 생각하고 있다는 사실에 대한 신호signal이다. 그래서 그 신호를 보내는 한 당신 부부의 관계는 좋아질 수 있다.

협상에서도 마찬가지다. 협상이 계속되다보면 심각한 의견대립이 발생할 수 있고 자칫 의견대립이 감정의 대립으로 발전할 수도 있다. 머리를 식히기 위해, 혹은 협상의 쟁점을 다시 검토하기 위해 잠시 휴식을 취한다는 것이 협상을 그만두는 것으로 발전할 수 있다. 특히, 다소 감정이 상한 상태에서 협상의 휴지기를 가진다면 그 협상의 휴지기는 협상의 사실상 종료를 의미할 수도 있다.

그럴 때는 다른 것 생각하지 말고 먼저 전화를 해야 한다. 먼저 협상을 재개하는 것이 어떠냐고 상대방에게 물어야 한다. 상대방의 감정이 많이 상했다면 당신이 먼저 전화를 하더라도 당신의 협상 재개 요청에 응하지 않을 수도 있다. 하지만 그렇더라도 당신이 전화를 했다는 사실은 '이 상태로 협상을 끝내고 싶지 않다'는 강력한 신호를 보냈다는 것을 의미한다. 협상과 갈등 관리를 조금이라도 이해하는 사람이라면 그 의미를 모를 리 없다. 하지만, 조심해야 할 것은 먼저 전화를 할 경우 어떤 식으로 무엇을 말할지 그리고 상대방이 어떤 식으로 반응을 보일지 미리 예상하고 그에 대해 대비를 해야 한다는 것이다.

어제 부부싸움을 했는가? 그러면 지금 전화를 걸어 이렇게 말하라. '조금 생각해 봤는데 내가 조금 지나친 면이 있는 것 같더라. 미안하다.' 와이프가 안 받아주면 어떻게 하느냐고? 그건 전적으로 당신에게 달려있다. 당신이 어떻게 준비를 하고, 어떤 톤으로 말하냐에 달려있다. 그렇지 않은가?

8. 무서워서 피하나, 더러워서 피하지

- 적절하게 반응하라 -

"나는 절대 그런 제안을 받아들일 수 없어!" 상대방의 제안이 터무니없을 경우 나올 수 있는 말이다. '절대'라는 표현이 조금 강하기는 하지만 단호하게 자신의 의사를 표시한 것으로 이해할 수 있다. 하지만 이런 말은 어떤가? "당신이 그런 제안을 하다니 당신 회사는 어떻게 된 것이 아니야?" 듣기만 해도 슬그머니 기분이 나빠지지 않는가? 드물기는 하지만 협상의 과정에서 인신공격성 뉘앙스를 띠고 있는 이 같은 말이 나올 수도 있다. 협상의 분위기가 더 험악해진다면 '화'를 실은 더 격한 말이 오고 갈 수도 있다. 특히 상호신뢰가 형성되어 있지 않은 노사 간에는 더욱 그렇다. 당신이 이런 말에 직면한 협상의 당사자라면 어떻게 대처하는 것이 좋을까?

대략 다음과 같은 세 가지 방향에서 대처반응을 생각할 필요가 있다.

첫째, 상대방은 나와는 전혀 다르게 생각하고 행동하는 사람이라고 생각되는 경우이다. 사실 세상에는 그런 사람이 많다. 만약, 그렇다고 판단될 경우에는 심각하게 반응할 필요가 없다. 웃어넘기면 되는 것이고, 그런 사실로 협상에 영향을 미치는 반응을 선택할 필요가 없다. 혹은 그런 행동이 본인에게는 자연스러운 것이라고 판단되는 경우에도(그런지 아닌지는 잘 보면 안다) 그냥 웃어넘기면 된다. 예를 들어 '무한도전'의 '하찮은' 씨가 경우도 모르게 버럭버럭 지르는 고함에 일일이 반응할 필요는 없다는 것이다. 가볍게 무시하면 상대방은 오히려 스스로 제 풀에 주저앉아 버린다. 당신은 그저 가벼운 미소를 띠면서 몇 번 고개만 끄덕거리면 된다.

둘째, 과거의 경험을 돌이켜 볼 때 나와 전혀 다르게 생각하는 사람이 아니라고 판단되는 경우이다. 그럴 때에는 적절한 반작용이 필요하다. 그렇지 않으면 상대방은 그런 행동과 말로써 협상의 주도권을 쥘 수 있기 때문이다. 어느 정도의 반응을 보여주는 것이 좋을까? 가장 바람직한 것은 '상대방이 당신에게 한 그대로 상대방에게 해 주는 것'이다. 이런 태도가 바람직한 것은 상대방의 반응에 어느 정도의 대응을 하는 것이 바람직한지 순간적으로 판단하기 어려울 수 있기 때문이다.

이런 대응방식이 너무 지나치다고 생각할지 모른다. 하지만, 협상에서는 이런 태도를 유지하는 것이 협상력을 잃어버리지 않는 기본이 된다. 다음과 같은 예가 이런 경우다. 나오는 음식마다 흠을 잡는 희대의 독설가가 있었다. 그 사람이 어느 귀족의 집에 초대를 받았다. 모든 사람이 음식 맛을 칭찬하는데 이 사람만 '음식 맛이 왜 이래. 이건 개가 먹는 음식이 아닌가' 하고 불평한다. 어떻게 대응하는 것이 좋을까? 다음과 같은 답이 가장 적절하다. '그래요. 정말 개가 먹는 음식 같습니까? 그렇다면 몇 그릇 더 드려야겠네요.' 그 독설가가 개라는 것이다.

도덕적으로야 '왼쪽 뺨을 때리거든 오른쪽 뺨을 다시 내어주는' 행위가 바람직할지 모르나, 협상에서 이런 태도는 바람직하지 않다. 오른 쪽 뺨을 내어주는 인격적 행위로 상대방을 감화시키기 위해서는 상당히 오랜 시간이 필요하다. 그리고 그 시간을 견딜만한 인내와 인격적인 힘이 있어야 한다. 그렇지 않을 경우 이런 방법은 매우 부적절하다. '무한도전'에서 '메뚜기'가 심한 말을 하면 '하찮은' 씨는 반드시 대든다. 자신의 주도권을 내어주기 싫다는 것이다.

셋째, 어느 경우에 해당되는지 잘 판단이 서지 않을 경우이다. 이럴 경우에는 앞서 말한 두 가지의 가능성을 모두 고려할 필요가 있다. 하지만 협상에서 이런 태도를 취하는 것은 결코 바람직하지 않다. 아무런 태도를 취하지 않는 것도 하나의 입장이고 태도이기 때문이다. 그래서, 계속하여 그런 태도를 취하게 되면 상대방은 당신의 그런 태도를 '마음대로' 오해할 여지가 생겨나고, 그 결과 협상에서 주도권을 상실할 가능성도 있다. 거듭 강조하고 싶다. 상대방이 자신의 마음에 들지 않는 반응을 보일 경우, 당신은 반드시 자신의 행동과 태도를 선택해 상대방에게 적절히 반응할 필요가 있다. 그렇지 않을 경우 상대방은 당신을 '상대하기 쉬운' 사람으로 생각해서 협상에서 단번에 우위를 차지할 수도 있기 때문이다.

이런 대응방안을 설명하면 반드시 나오는 반응이 있다. 무얼 그리 힘들게 생각하느냐! '똥이 무서워서 피하나 더러워서 피하지.' 그래서 그 자리를 피해버리면 문제가 해결되지 않느냐는 것이다. 하지만, 피한다고 똥이 사라지는 것도 아니고, 똥이 사라지더라도 그 냄새는 남는다. 그걸 감내하기를 원하는가? 이런 이해득실의 판단이 힘들고 귀찮을 수도 있다. 하지만, 때로는 그런 판단을 내려야 하는 것이 여러 사람이 어울려 사는 세상에서 당신이 해야 할 일이다.

9. 요구하는 대로 들어주어야 하나

- 주도권을 잃지 마라 -

기업에서 자기 제품을 판매하든, 할인점이나 일반 가게에서 물건을 판매하든 가장 중요한 것 중 하나는 가격을 결정하는 것이다. 여러분이 어떤 상품을 판다고 가정하자. 심사숙고해서 가격을 제시했는데 상대방은 불만이 이만저만 아니다. 비싸다는 것이다. 그러면서도 구체적으로 어떻게 해달라고 요구를 하지 않는다. 오히려 그런 가격을 제시한 여러분이 난처하게 되었다. 여러분이 이런 처지에 놓였다면 다음 중 어떤 대응을 선택하겠는가? 1) 신중히 생각해서 결정한 가격이니 깎아 줄 수 없다고 말한다. 2) 물건을 파는 것이 좋으니 고객의 입장을 생각해서 조금 가격을 깎아 준다. 3) 고객에게 어느 정도로 가격을 깎아주면 좋은지 물어본다. 4) 여러분이 제시한 가격을 왜 마음에 들어하지 않는지 그 이유를 물어본다. 더 읽기 전에 스스로 답을 한 번 생각해 보자.

이것은 협상을 가르치는 과정에서 흔히 거론되는 사례를 다소 변형한 것이다. 자 정답은 몇 번일까? 먼저 첫 번째 태도. 고객이 아주 강력하게 불만을 나타내는데 여러분은 가격을 깎아 줄 수 없다고 말한다. 그러면 어떤 일이 발생할까? 여러분의 단호한 태도에 상대방 고객은 매우 기분이 상할 수 있고 그러면 십중팔구 물건을 팔지 못하게 될 것이다. 두 번째 태도. 가장 많은 사람들이 선택하는 답이다. 고객이 아주 강하게 불만을 표시하니, 물건을 팔기 위해서라도 조금 낮은 가격을 제시하는 것이 낫지 않느냐는 것이다. 일리가 있다. 손해가 가지 않는 범위에서 가격을 깎아주는 것은 문제가 되지 않을 수 있기 때문이다. 하지만, 고객의 입장에서 생각해보자. 강한 불만을 제시했더니 가격을 깎아준다? 그러면 그 가격을 그냥 수용하겠는가 아니면 더 많은 가격 인하를 요구하겠는가? 아마, 협상을 조금 이해한다면 후자를 선택할 것이다. 그러면 여러분의 가격협상은 다시 시작되게 된다.

세 번째 태도. 고객이 구체적으로 이런 저런 요구를 하지 않으니 여러분이 오히려 그 고객에게 물어본다. 어느 정도 깎아주면 좋은지. 협상 교육에서 두 번째로 많은 사람들이 선택한 답이다. 요즘 하도 고객만족을 강조하니, 고객의 입장에 서서 고객을 이해하려는 것이다. 바람직할 수 있다. 하지만, 여러분이 그 고객이라면 속으로 '옳거니' 하고 쾌재를 불러야 한다. 판매자가 이렇게 물어온다면 '이론적으로' 협상의 주도권은 고객에게 넘어간 셈이기 때문이다. 그러니 물건을 파는 사람이 이런 식으로 물어보는 것은 좋은 태도가 아니다. 숙련된 세일즈맨은 결코 고객에게 이런 식으로 묻지 않는다. 만약, 이런 질문을 한다면 그것은 그 거래를 끝내기 위한 명분을 얻기 위해 짐짓 물어보는 것에 지나지 않는다. 네 번째 태도. 고객에게 왜 그 가격이 마음에 들지 않는지 물어본다. 아마 이 단계에서 판매자가 취할 수 있는 가장 바람직한 방법이 아닐까. 고객이 그 가격을 마음에 들어 하지 않는 이유를 알아야 단순히 가격을 깎아주는 것으로 거래를 할 수 있는지, 아니면 가격은 핑계일 뿐 다른 부대조건이 마음에 들지 않는 것인지를 판단할 수 있다. 그런 판단이 내려져야 가격을 조금 깎아 물건을 팔든지, 아니면 가격인하를 거절하고 그 거래를 끝낼 수 있다.

하지만 한 가지 단서를 두자. 네 번째가 정답이라는 것은 이런 태도를 취해야 반드시 거래가 성사된다는 것을 말하는 것이 아니다. 앞서 언급한 세 가지 태도를 취해도 거래가 이루어질 가능성은 여전히 존재한다. 예컨대 가격을 깎아줄 수 없다고 했더니(위 1번) 고객은 울며 겨자먹기로 처음에 제시한 가격대로 그 물건을 살 수 있고, 또 고객에게 어느 정도 가격을 깎아주는 것이 좋은지 물어보았을 때(위 3번) 고객이 제시한 가격이 합리적이라고 생각되어 그 가격에 물건을 팔 수도 있다는 것이다.

그러니 이 사례를 통해 강조하고 싶은 것은 네 번째 태도, 즉 고객이 왜 그 가격에 만족하지 않는지, 그 이유를 알아보는 단계를 일단 거치는 것이 서로가 만족할 수 있는 협상을 하기 위한 전제가 된다는 것이다. 왜 그럴까? 우리는 상대방이 보이는 반응을 '자기가 가지고 있는 기존의 관념'에 의해 판단하는 경향이 있기 때문이다. 눈에 넣어도 아프지 않은 사람이 있는가 하면, 백만금을 준다고 해도 같이 있기 싫은 사람이 있을 수 있기 때문이다. 있는 그대로 보지 않고서는 정확하게 대처하기 어렵다는 것이다. 더 중요한 것은 그렇게 상대방의 반응이 가지는 의미를 이해해야 협상에서 자신이 주도권을 잃지 않기 때문이다. 위 3번의 반응은 아예 주도권을 넘겨주는 것이고, 위 2번의 반응 역시 부분적으로 상대방의 요구를 무조건으로 수용한 것이다. 이해가 되는가?

10. 바람부는 대로 흐르지 마라

- 포기하지 않고 실수를 두려워하지 말아라 -

당신은 중고차 거래인이다. 어느 날 중고차를 팔러 나온 고객으로부터 차를 사기위해 오랫동안 이야기를 나눴다. 당신은 100만원 정도의 가치밖에 없다고 생각하는데 고객은 기어이 150만원은 받아야 한다고 주장한다. 설득하다 지친 나머지 당신은 마음속으로 이렇게 결정한다. '저 사람과는 협상의 여지가 없으니 포기하는 것이 낫다.' 그리고선 100만원 이상은 줄 수 없다고 말한다. 실망한 고객은 그냥 되돌아 가고 만다.

자, 두 가지 질문을 던진다. 첫째, 협상의 여지가 없으니 포기하는 것이 낫다고 생각하는 중고차 거래인의 태도를 어떻게 보아야 할까? 1) 맞는 태도다, 2) 틀렸다, 3) 틀릴 때도 있다. 여러분은 조금만 생각한 뒤 이 글을 계속 보기 바란다. 먼저, 맞는 태도라는 입장. 이론적으로는 그럴 듯하다. 협상의 여지가 없으니까 당연히 포기해야 한다. 하지만 한 번 물어보자. 무엇 때문에 협상을 하는가? 상대방과 내가 의견이 다르고 생각이 다르기 때문에 그것을 조정하고 조화시키려 협상을 하는 것이 아닌가? 그런 점에서 협상의 여지가 없다고 포기하는 것은 맞지 않다. 협상의 여지가 없다고 판단하기 전에 왜 고객이 150만원 이상을 요구하는지 자세히 알아보아야 하지 않을까. 그래서 이 문제의 답은 '틀렸다'는 것이다. 협상의 여지가 없다고 포기하는 것은 협상을 진행하기 위한 좋은 태도가 아니다. 난처한 것은 '틀릴 때도 있다'는 답변이다. 틀릴 때도 있다는 것은 달리 말하면 맞을 때도 있다는 것이니, 이것은 말 그대로 상황론자에 불과하다. 재미있게 말하면 자신이 무엇을 말하고 있는지도 모르는 셈이다. 협상을 포기해야 하는 경우는 자신의 원칙에 맞지 않게 협상이 진행되거나, 혹은 자기가 수용할 수 있는 범위를 벗어나서 협상이 진행되는 경우다. 하지만, 그럴 때도 추가협상의 여지는 남겨두는 것이 좋다.

두 번째 질문. 그 고객을 돌려보내고 말았는데 그 장면을 지켜보고 있던 다른 사람이 한마디 한다. '아니 저 차는 한정 제작된 차라 중고차지만 200만원 이상의 가치가 있는 차야.' 중고차를 팔러 온 고객이 아닌, 당신이 협상대상의 가치를 잘못 파악한 것이다. 어떻게 해야 할까? 이에 대한 해답은 분명하다. 당신의 직업이 중고차를 매매하는 것이라면 재빨리 거리로 나가 실망하여 돌아가는 고객을 붙잡아야 한다. 그렇지 않은가? 하지만 그 뒤 무엇이라 말하며 다시 협상을 시작하는 것이 좋을까? 1) 그냥 이유를 대지 않고 한 번 더 의논하자고 말한다, 2) 자신이 차의 종류를 잘못 파악했다고 말하고 다시 의논하자고 말한다, 3) 왜 150만원을 요구했는지 정말 궁금하다며 다시 한 번 물어본다. 첫 번째 응답. 만약 아무런 이유를 대지 않고 한 번 더 의논하자는 말에 고객이 응한다면 당신은 이 협상에서 성공할 수 있다. 하지만 만약 고객이 협상을 조금이라도 이해한다면 당신의 그런 태도에서 고객 자신이 유리한 고지를 차지할 수 있는 가능성을 읽을 수 있다. 두 번째 응답. 만약 당신이 이렇게 말한다면 당신은 참 멋있는 사람이다. 하지만 중고차를 더 이상 유리한 가격에 살 생각은 하지 않는 게 좋다. 마지막 세 번째 응답. 당신은 꽤 영리한 사람이다. 그리고 이렇게 말한다면 아무런 손해를 보지 않고 협상을 다시 시작할 수 있다.

질문 하나만 더. 만약, 그 고객이 우연히 들른 사람이 아니고 자신과 앞으로 자주 만날 정기고객이 될 가능성이 있다면 어떻게 하는 것이 좋을까? 그렇다. 그럴 경우는 두 번째 응답처럼 차라리 자신의 잘못을 솔직히 시인하는 게 낫다.

협상가가 협상의 과정에서 할 수 있는 실수는 크게 두 종류로 나눌 수 있다. 우선 위에서 본 바와 같이 협상의 대상 자체에 대해 그릇된 정보를 가지거나 잘못 알고 있을 경우다. 이런 경우는 위에서 본 바와 같이 협상 상대가 누군지에 따라 자신의 태도를 적절히 조절할 필요가 있다.

하지만 협상에서 자주 볼 수 있는 실수는 이런 것보다는 말의 실수, 행동의 실수, 혹은 제안의 실수와 같이 '협상과정'과 관련된 실수이다. 가격을 잘못 말했다느니, 말 실수를 했다느니, 적절하지 못한 행동으로 상대방의 감정을 손상시켰다느니 하는 것들이 이런 예에 속한다. 사람이 불완전한 것처럼 협상가 또한 사람이기 때문에 실수할 수 있다. 아니 실수를 하지 않는다는 것이 오히려 부자연스럽다. 훌륭한 협상가를 판단하는 하나의 기준은 이런 실수를 했을 때 그것을 처리하는 능력에 달려있다. 그러므로 협상에서 말이나 행동에서 실수를 했다면 그 자리에서 그 사실을 인정하고 사과하는 것이 좋다. 하지만, 정말 강조하고 싶은 것은 자신이 실수했다는 사실, 또 그것을 사과했다는 사실을 가능한 한 빨리 잊어버리고 그것이 자신의 협상에 영향을 주지 않도록 해야 한다는 것이다. 자그만 실수에도 불구하고 협상은 계속하여 진행되기 때문이다.

제4부

한국과
한국인의 협상

이론편

Strategic Negotiation

제
4
부
를
활용하는
법 /

제4부는 기본적으로 국가 간의 협상에 대한 것이다. 그래서 국가 간의 협상이 제 2, 3부에서 설명한 일반적인 협상과 어떻게 다른가를 중점적으로 설명했다. 우선 1장 에서는 국가 간의 협상을 설명하기 전에 한국과 한국인의 협상 행태 혹은 협상에 대한 이해가 어떤지를 간략히 정리하였다. 다소, 우려스럽지만 한국과 한국인의 협상에 대한 이해와 행태는 아직 협상력 차원에서 계발할 소지가 매우 많다. 물론 과거와 비교하여 많이 나아진 것은 사실이지만 아직 갈 길이 멀다. 2장은 국가 간 협상을 설명하기 이전에 흔히 말하는 국제협상이 무엇인가를 설명한 것이다. 본문에서 자세히 설명하고 있지만 국제협상은 국가 간의 협상까지 포괄하는 개념이다. 여기서는 문화적인 측면을 언급하는 형태로 국제협상을 간략히 설명했다. 국제협상을 설명하기 위해서는 또 다른 분량의 책을 필요로 하기 때문이다.

3장부터 7장까지는 말 그대로 국가 간의 협상을 이해하기 위한 이론적 기반을 정리한 것이다. 우선 이 3, 4, 5, 6, 7장의 내용은 본서를 위해 별도로 집필한 것이 아니라 지금까지 연구하고 분석해 온 것들을 총 망라한 것이다. 더 자세히는 3, 4, 7장의 내용은 졸저(2012) 제3부의 내용들을 약간의 수정을 거친 뒤 재구성한 것이다. 5장과 6장의 내용은 필자가 학회지에 발표한 내용을 대폭적인 수정을 거쳐 그대로 가져온 것이다. 물론 독자의 편의를 위해 딱딱한 내용들을 다소 완화하기는 했지만, 1, 2장보다는 딱딱하다는 인상을 숨길 수 없다. 그리고 이들에 포함된 내용들은 일관되게 내부협상, 외부협상, 입장, 과정, 그리고 구조의 중요성을 강조하기 때문에 부분적으로 중복되는 것도 없지 않다. 하지만, 중복되는 것을 완전히 제거하기 보다는 중요한 개념을 다시 복습하라는 의미로 다소의 중복은 허용하였다.

국가 간의 협상을 분석하고 따지는 것에 흥미가 없는 독자라면 제4부에서는 1장만을 읽는 것으로 충분할지 모른다. 하지만, 현실세계에서 일어나는 한국과 한국인의 협상이 왜 만족스럽지 못한지를 이해하기 원한다면 3, 4, 5, 6, 7장을 꼼꼼하게 읽기를 권한다. 물론 필자의 견해가 반드시 옳다는 것은 아니지만, 현재 한국과 한국인의 협상 관행에 하나의 시사점은 던질 수 있다고 생각한다. 그리고 좀 더 흥미를 가진다면 제5부를 읽기 바란다.

제5부는 재미있다.

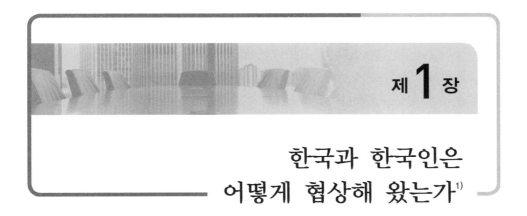

제 **1** 장

한국과 한국인은 어떻게 협상해 왔는가[1]

1. 좋은 성과를 거두지 못하는 한국인의 협상, 왜

한국인은 왜 항상 협상에서 지는가? 이런 질문을 던진다면 너무 지나친 말일까? 그렇다면 다음과 같은 협상을 돌이켜 보자. 하나하나의 협상을 떠올리며, 우리가 무엇을 어떻게 했는가를 한 번 생각해 보기로 하자.

"독도 문제의 어정쩡한 처리로 쟁점이 되어 온 한·일 어업협상"

"오랫동안 논쟁이 되어 온 한미 FTA 협상"

"돌려받아야 될 문화재를 빌려보게 된 한·불 외규장각 도서반환 협상"

"협상 결렬로 인한 쌍용 자동차 노사 간의 극심한 분쟁"

"미국과의 쇠고기 시장개방 협상"

조금만 생각해봐도 우리의 마음을 답답하게 하고 심지어는 분노마저 느끼게 하는 협상들을 떠올릴 수 있다. 단순히 협상의 결과만을 두고 하는 말이 아니라 협상의 과정, 협상타결 결과를 국민에게 전달하는 절차, 협상관련 후속조치의 시행과 관련된 미숙함들이 우리의 가슴을 아프게 한다. 왜 우리는 이런 협상에서, 그리고 그 협상의 이행과정에서 항상 만족스럽지 못한 결과만을 얻게 되는 것일까?

이런 사회적 이슈만이 우리의 관심사가 아니다. 한국 국민들이 일상에서 경험하는 갖가지의 경험들에서 우리는 어느 정도로 만족스런 협상을 하고 있을까?

---

1) 이 1장에 포함된 내용은 과거 필자가 여러 월간지와 신문에 게재한 내용들을 발췌 요약한 것이다.

갈등과 의견의 차이를 대화가 바탕이 된 협상으로 풀고 있는지, 그렇지 않으면 지위와 위계가 포함된 강제력으로 풀고 있는지, 아니면 끝내 협상으로 풀지 못하고 물리적 힘을 동반하고 있지나 않은지? 상대방을 배려하고 의견과 입장의 차이를 존중하면서 문제를 해결하는 대신 정반대의 방법을 사용하고 있지는 않은지? 왜 그럴까?

2. 훈련된 협상가가 없다

가장 먼저 지적해야 할 사실은 우리에게는 제대로 훈련을 받은 협상가가 없다는 것이다. 어업협상과 농업협상 그리고 사회의 갈등을 조정하는 협상 등 어떤 협상에서건 관련 부처의 실무담당자가 우리의 협상대표가 된다. 하지만 애석하게도, 이들은 공무원이지 협상가가 아니다. 공무원이라고 협상가가 되지 말란 법은 없지만 이들 공무원은 제대로 된 협상교육을 받은 적이 없다. 이런 상태에서 협상에서 좋은 결과를 기대한다는 것은 '연목구어緣木求魚: 나무에서 고기 구하기'에 다름 아니다. 공무원이 협상에 나설 경우 또, 문제로 지적되는 것은 전문성에 대한 것이다. 어느 분야건 협상을 제대로 하기 위해선 그 분야의 전문지식을 가져야 하는데 순환보직이라는 공무원의 특성상 전문지식 습득이 결코 쉽지 않다는 것이다. 협상 교육도 제대로 받지 않은 상태인데, 협상대상에 대한 전문성도 떨어진다는 것이다.

민간이라고 다를 바 없다. IMF 뒤 이루어진 일련의 기업매각협상에 참여한 우리의 민간전문가는 최근 비공식적으로 이런 말을 한 적이 있다. "기업매각협상이 뭔지 알 리가 있었겠습니까? 하지만 이제야 뭔지 감이 잡힙니다." 그러나 '감'을 잡기 위해 IMF 후 3-4년간 지불한 수업료는 지나치게 비쌌다. 헐값 매각을 충당하기 위해 들어간 공적자금이 어디 한두 푼인가.

우리 일반인도 마찬가지다. 거의 매일 자신의 일상 생활에서 실제적으로 협상을 하고 있음에도 불구하고 자신을 협상가라고 생각하는 사람도 없으며, 협상교육의 필요성을 느껴 협상에 대한 체계적인 공부의 필요성을 절감하는 사람도 없다. 그러니 협상이 무엇인지 제대로 이해를 하고 있을 리가 만무하지 않은가?

3. 협상에 대한 이해가 부족하다

몇 번의 협상 경험이 있는 사람들(민간이건 공무원이건) 사이에서도 종종 협상에 대해 정확히 이해하지 못한 경우를 발견할 때가 있다. 제2부에서 설명한 바와 같이 협상은 보통 "협상에 참여하는 양 당사자(당사자들)가 협상의 타결에 대한 서로의 기대를 일치시켜가는 과정"으로 정의된다. 쉽게 말하자면 협상은 서로의 이해를 조정하는 과정이고, 그 과정에서 자기 의견 혹은 입장을 관철하기 위해 상대방에게 적절한 영향력을 행사하기 위해 고도로 계산된 행동을 취하기도 한다는 것이다. 그러니 협상에서는 주고받는 교환이 일어날 수가 있다. 이해를 조정해야 하니까. 하지만 반드시 주고받아야 하는 것은 아니다. 자기의 입장을 관철하기 위해 상대방에게 절대로 양보하지 않는 것이 훌륭한 협상전략일수도 있기 때문이다. 경우가 다를지 모르지만, 북한의 '막가파'식 태도(폭언을 퍼붓거나 어이없는 생떼를 쓰는 것)가 가끔 효력을 발휘하는 것은 이런 태도가 자신의 확고한 태도를 표현하는 데 매우 유용하기 때문이다. 그래서 '주고받는 게임'으로 협상을 이해한다면 그것은 흥정에 불과하다. 때로는 주지 않거나 받지 않는 것이 협상에서는 필요하고 또 그것이 예상 외로 좋은 결과를 가져올 수도 있기 때문이다.

하지만 한국 사람의 경우(민간이건 공무원이건 가릴 것 없이) 협상을 주고받아야만 하는 것으로 이해하고, 협상을 성공적으로 타결짓지 못하면 자신이 무엇인가 잘못한 것이 아닌지 자책하는 경우를 흔히 볼 수 있다. 거듭 말하지만 협상을 잘하기 위해서는 주고받는 것을 잘해야 하지만(이것은 대단히 중요하다), 협상 자체를 성공하기 위해서 반드시 주고받아야 할 필요는 없다.

■ 협상에 대한 이해의 부족으로 협상을 제대로 하지 못한 사례[2]

협상에 대한 이해와 관련 가장 대표적인 사례로는 2001년 7월에 타결된 한국과 프랑스의 외규장각 문화재 반환협상을 들 수 있다. 주지하는 바와 같이 이 협상에선 빼앗긴 문화재를 돌려받기는 커녕 '프랑스에게서 빌려 보기로 하고, 그

---

2) 여기에 대한 자세한 사례분석은 제5부 1장 6절을 참고하기 바란다.

대신 한국의 문화재를 다시 프랑스에 빌려주기로' 약속했다. 이와 관련, 이 협상에 참여한 우리 민간협상 대표는 협상에 임했던 자신의 태도를 다음과 같이 밝혔다.

"프랑스가 병인양요때 약탈해간 297책 의궤를 돌려받는 것은 협상의 문제다. 협상은 전쟁과는 달리 대화를 요구한다. 따라서 **주고받는 것이 원칙이다.** … (반드시 돌려받아야 한다는) 명분론에 철저하려면 어떠한 협상도 해서는 안 된다. 협상은 어차피 **주고받는 게임**이기 때문이다."

우리측 민간대표의 이 같은 협상관은 얼핏 보면 아무런 문제가 없는 것처럼 보인다. 협상의 타결을 위해선 주고받을 수도 있기 때문이다. 하지만, 협상에서 주고받는 것은 '원칙'이 아닌데, '주고받아야' 한다는 것에 너무 집착한 나머지 다시 한국의 문화재를 빌려준다는 어리석음을 저지르고 말았다. 빼앗긴 것을 돌려받아야지 왜 다시 우리의 것을 빌려주어야 한단 말인가? 그러니 의궤를 돌려주는 대가로 프랑스가 우리의 문화재 대여를 다시 요구했다면 그 요구에 응하지 말아야 했었다. 다시 말해 이 경우 '주고받지 않는 것'이 협상을 가장 잘한 것이 된다. 무슨 말인지 아는가? 프랑스와의 협상을 실패로 끝내는 것이 가장 협상을 잘한 것이 될 수 있다는 것이다.

4. 협상은 혼자서 하는 것이 아니다

그러면 제대로 된 협상 교육을 받고, 그래서 협상이 무엇인지를 잘 이해한다고 해서 항상 협상에서 유리한 결과를 기대할 수 있을 것인가? 그렇지는 않다. 협상은 협상가들만이 하는 것이 아니기 때문이다.

한미 FTA 협상을 예로 들자. 겉으로 드러나기엔 한국과 미국의 협상가들이 마주 앉아 시장개방 문제를 논의한 것 같지만 사실은 그게 아니다. 협상가들이 자기 마음대로 협상을 하지 않는 한 협상가는 각각 논의의 대상이 된 산업, 더 크게는 자기 나라 국민전체의 입장을 대변할 따름이다. 그러니 FTA 협상이란, 사실은 그 사회 구성원의 집약된 의견을 반영한 데 지나지 않는다. 의약분업이나 노사문제와 같은 사회적 갈등을 해결하기 위한 협상도 마찬가지다. 협상으로 사회적 갈등을 얼마나 해결할 수 있는가는 그 사회가 협상을 어느 정도 수용하고 있으며, 협상에 필요한 대화분위기, 합리성의 존중 등 그 사회가 문화적으로 어느 정도 협상을 뒷받침하느냐에 달려있다.

그래서 협상은 그 사회의 협상문화, 즉 협상을 가능하게 하는 혹은 어렵게 하는, 혹은 협상을 어느 정도 지원하느냐 하는 사회적 구조와 밀접한 관계를 가진다. 개인적인 협상의 경우에는 사회적 구조와 함께 사회적 분위기도 협상에 심각한 영향을 미친다. 그렇다면 협상을 제대로 하기위해서는 협상과 관련된 사회적 구조와 함께 협상과 관련된 한국의 사회적 분위기를 이해할 필요가 있다.

5. 대외협상을 지원하지 못하는 협상문화

한국의 협상문화와 관련한 가장 큰 문제점은 한국의 협상문화(구체적으로는 협상과 관련된 사회적 구조)가 한국의 대외협상을 지원하지 못한다는 것이다. 조금 더 자세히 살피기로 하자.

앞서 말한 바와 같이 FTA 협상과 같은 대외통상협상은 협상가만 하는 것이 아니다. 우리의 의견과 태도가 협상과정과 전략수립에 반영된다는(반영되어야 한다는) 점에서 사실상 우리 모두가, 즉 우리의 국회, 언론, 사회단체, 이 글을 읽는 독자들도 협상에 참여한 것이나 마찬가지다. 하지만, 이런 단체와 개인들이 대외협상에 실제적으로 기여를 한 적이 있던가?

먼저, 우리의 국회. 우리의 국회는 한미 FTA 협상을 포함한 어떤 통상 협상에서도 우리 협상가들의 어깨를 가볍게 해 준 적이 있었던가? 미국처럼 신속협상권한과 같은 입법과정을 이용하거나 상대국이나 특정 협상의제에 대한 대정부건의안을 채택하여 협상가의 입지를 도운 일이 몇 번이나 있었는가? 도움은커녕 방해만 하지 않았는가. 지금도 다르지 않다. 협상이 끝나고 난 뒤 관련 장관 특히 농림부장관을 불러 협상과정의 문제점과 향후의 구조조정 계획을 따지는 대신 '왜 제대로 하지 못하느냐'고 윽박지르거나 '당장 재협상하라'는 어처구니 없는 말이나 하고 있지 않은가? 협상의 구조와 협상에 영향을 끼치는 방법을 제대로 알지 못하고 있기 때문에 발생하는 일이다.

언론도 이런 범주에 당연히 속한다. 언론은 대외통상협상과 관련된 사태의 본질을 냉철한 시각으로 분석하기는커녕, '거짓말'이니 '은폐'니 하는 말초신경을 자극하는 단어를 쓰면서 국민을 오도하고 있지는 않았는가? 언론은 국민의 다양한 의사를 수렴하고 결집한다는 점에서 협상의 과정에서 참으로 중요한 위치를 차지한다. 이런 의견 수렴과정을 통해 대외통상협상에 대한 우리의 협상력이 강화될 수 있기 때문이다. 하지만, 과거의 통상협상을 보도한 언론의 태도는 이런 위치에 버금가는 역할을 결코 하지 못했다. 심지어는 특정 문제에 정통하지 못한 '비전문가가 작문하듯' 쓴 기사가 없지도 않았다. 무역에 목을 걸 수밖에 없는 나라에서는 필요한 경우 언론마저 전략적으로 보도를 할 필요가 있다. 그래서 누구의 말대로 한국 언론의 보도태도 또한 우리 국회의 수준을 넘지 못한다는 비판은 참으로 새겨들을 만 하다.

일반 시민이라고 이런 비판에서 자유로운 것은 아니다. 개인의 의견과 생각이 대외협상에 영향을 미칠 수 있다는 점을 고려할 때, FTA나 통상협상과 같은 대외협상에 조금 더 적극적으로 자신의 의견을 개진하는 노력이 필요하다. 이런 점에서 시민단체의 활동은 재정의될 필요가 있다. 미국의 경우 자신들의 이해관계가 걸린 통상협상이 시작될 경우 주민들과 단체는 이 통상협상을 진행하는 외교관이나 부서에 편지, 전화, 팩스, 방문, 항의 등 다양한 방법으로 자신들의 의견을 개진한다. 그 의견들은 종종 대외협상에 그대로 반영되곤 한다.

6. 비합리적인 한국의 협상문화[3]

개인적인 협상과 관련 한국의 협상문화를 규정하는 가장 대표적인 말은 '비합리적'이라는 단어이다. 도대체 어떤 속성들이 내재되어 있길래 한국의 협상문화가 비합리적이라는 평가를 받을까?

우선 '어른(혹은 선배) 말은 무조건 들어'라고 우기는 장유유서를 들 수 있다. '무조건 나를 따르라'고 외치는 권위주의도 이에 속한다. '내 편을 들지 않으면 너는 나의 적이다'라는 흑백논리도 당연히 이 범주에 속한다. 지금의 사회 분위기는 장유유서, 권위주의, 흑백논리의 잔재가 많이 사라졌지만 아직도 이런 관행은 사회 내부의 협상문화를 저해하는 요인으로 작용한다. 특히 기업의 경우 CEO가 이런 관행의 문제점을 인식하고 위에서 자발적으로 이 관행의 철폐를 시행하지 않는 한 기업문화가 협상에 우호적인 것으로 변하기는 매우 어렵다.

---

3) 여기에 대한 자세한 설명은 필자의 저서(2002)를 참고하기 바란다.

한국 사회에서 정작 가장 큰 문제로 지적되는 것은 '목소리 큰 놈이 이긴다'는 우격다짐이다. 이 우격다짐은 문제를 조폭식으로 해결하는 것과 밀접한 관계를 가진다. 조폭식 해결방법에는 논리와 합리 대신 큰 목소리나 힘 등의 억지가 끼여들기 때문이다. 이 우격다짐의 방식이 문제가 되는 것은 간혹 이런 방식으로 문제를 제기하지 않고서는 사회적 관심을 끌 수 없는 경우가 발생하기 때문이다. 그래서 이런 문제의 근본적 해결을 위해서는 큰 소리를 외치지 않아도 그 문제의 심각성을 이해하고 관심을 가져주는 태도 또한 필요하다.

마지막으로, '우리가 남이가' 하고 외치는 지역주의와 연고주의를 뺄 수 없다. 혈연, 지연, 학연이 개입되면 그 순간 합리성은 사라지고 만다. 지역주의와 연고주의는 비단 협상문화와만 관련된 문제가 아닐지 모른다. 하지만, 지역주의와 연고주의는 합리적인 협상의 관행, 혹은 협상의 진행을 심각하게 방해하는 요소다. 협상에 참여한 뒤 첫 번째 가지는 회식에서 오가는 대화의 가장 중요한 부분은 '어느 학교를 나왔는가?', '고향이 어디인가?'라는 질문이다. 물론 친밀감을 느끼게 하는 부분도 없지 않지만 이런 질문은 그 밑바닥에 지역적 배타성을 내재하지 않을 수 없다.

7. 협상문화는 중요하다

그런데 이렇게 물어볼 수 있다. 협상문화가 정말 그렇게 중요하냐고? 정말이다. 서두에서 문제제기의 형태로 말했지만, 개인이 아무리 협상에 대한 이해가 뛰어나다 하더라도 조직에서, 기업에서, 사회에서 이런 개인의 협상 마인드를 받아주지 않는다면 그 개인의 협상 능력이 꽃피기는 어렵기 때문이다.

한국 사회에서 사회적 문제를 협상에 의해 해결하려던(해결했던) 사람들은 한두 번씩 '당신은 도대체 누구 편'이냐는 욕을 먹는다. 왜 그럴까? 분명히 협상은 편 가르기가 아니지만 우리는 종종 '내 편을 들어주지 않으면 당신은 저쪽 편'이라고 주장하는 사람들의 말을 접하곤 한다. 이 책에서 강조하고 있는 바와 같이 협상은 서로 다른 두 편의 의견과 입장이 하나로 만날 수 있는 제3의 선택 혹은 지점을 찾는 행위로 이해할 수 있다. 그리고 그렇게 하기 위해서는 협상에 참여한 양 당사자의 입장에 좌우되지 않고 중립적 위치를 지킬 필요가 있다. 어느 한쪽에 치우쳐서는 양 당사자가 동시에 만족하는 대안을 찾기 힘들기 때문이다.

하지만, 흑백논리의 분위기에 익숙한 사람들에게는 이런 중립적 위치는 기회주의적인 것으로 비치기 십상이다. 적 아니면 동지라는 양분론적 시각이 그들의 인식을 좌우하기 때문이다. 그래서 사회적 갈등이건, 개인적 갈등이건, 이런 갈등을 협상의 방법에 의해 해결하려 했던 사람들은 종종 회색분자라는 말을 듣기도 한다. 하지만, 진정한 회색분자가 되지 않고서는 양 당사자의 갈등을 객관적으로 조정하기 어렵다. 그런 점에서 한국 사회에서 아직 협상가가 설 자리는 그리 넓지 못하다. 달리 말해, 양 당사자의 이해를 조정하기 위해서 협상가는 어느 쪽에도 치우치지 않고, 가끔은 황희 정승처럼 "당신도 옳고 자네도 옳네"라는 태도를 취해야 한다. 그런데 이런 태도를 우리는 못 견뎌한다. 정말 진지하게 노사협상을 중재했던 어느 정치가는 이런 욕을 먹었다.

"자식 혼자서 잘난 척 하네".

어느 단체, 조직, 기업, 사회, 국가이건 이런 문화가 주류를 이룰 경우 갈등이나 의견을 협상에 의해 풀려는 관행은 생겨날 수 없다. 그런 점에서 이런 문화를 어떻게 바꿀 수 있는지 진지하게 고민할 필요가 있다.

협상강의노트 3 ● **한국의 협상문화**

"협상가는 회색분자다." 한국사회에서 사회적 문제를 협상에 의해 해결하려던 사람들은 한두 번씩 이런 욕을 먹는다. '당신은 도대체 누구 편'이냐는 것이다. 협상은 편가르기가 아닌데. 하지만, 협상의 당사자는 '내 편을 들어주지 않으면 당신은 저쪽 편'이라고 주장한다. 전형적인 흑백논리다. 1970년대와 80년대의 한국 사회에서 흑백논리는 민주화를 추진하는 원동력의 하나였다. 민주세력의 결집을 이루었기 때문이다. 하지만 이제는 아니다. 21세기 정보화 시대에 흑백논리로는 첨예한 이해관계를 조정할 수 없기 때문이다.

협상 분위기를 저해하는 것은 이뿐 아니다. '어른의 뜻이야'라는 말 한마디가 가지는 위력을 우리는 안다. '어린 놈이 왜 말이 많아'라는 말이 가지는 의미도 안다. 그래서 유교적 이념에 근거한 장유유서와 권위주의는 아직도 결정적 순간에 효력을 발휘한다. 많이 약해지기는 했지만 유교적 이념이 완전히 사라지지 않았기 때문이다. 간혹, 장유유서는 사회적 갈등을 해소하는 수단으로 사용될 수도 있다. '나이가 많은 사람의 뜻'에 따라 문제가 해결되기 때문이다. 하지만 이것은 '갈등의 해소'가 아니라, '갈등의 미봉'에 불과하다. 또 있다. 목소리 키우기다. 사소한 자동차 접촉

사고가 있을 때 누가 잘못 했는가는 그리 중요하지 않다. 다짜고짜, '야!' 하면서 목소리를 키우는 것이 매우 중요하다. 그래서 자조적으로 이야기한다. '한국 사회에서 살아남기 위해서는 목소리를 좀 키워야 해'. 이런 문제 해결 패턴은 조폭組暴의 문제해결과 매우 흡사하다. 논리와 합리 대신 '억지'라는 속성이 끼어 들기 때문이다. 주위를 한 번 둘러보자. 은연 중 이를 조장하는 풍토가 있는 것은 아닌가. 신은경의 돌려차기(조폭 마누라), 집단 패싸움(신라의 달밤), 그리고 이제 고마해라(친구)에 이르기까지….

결국 이런 모든 현상은 한국 사회 저변에 비합리성이 매우 만연되어 있다는 것을 의미한다. 제대로 된 협상문화가 정착되기 위해서는 사람과 사람의 관계, 사람과 일의 관계, 그리고 일과 일의 관계가 합리적으로 이루어질 필요가 있다.

하지만, 사람과 사람 사이, 사람과 일 사이, 일과 일 사이의 비합리성은 명확히 구분되는 것은 아니다. 사람과 사람 사이의 관계가 뒤틀리게 되면 나머지 두 종류의 관계 역시 뒤틀리기 때문이다. 그런 점에서 사람과 사람 사이의 비합리성을 만연시키는 '우리가 남이가(지역주의)'와 '아우 먼저 형님 먼저(연고주의)'는 한국의 협상문화 확산을 저해하는 치명적인 병폐이다.

자료 필자의 책(2004)에서 인용.

제2장

국제협상, 어떻게 볼 것인가[1]

1. 국제협상을 바라보는 시각

국제협상이란 협상에 임하는 양 당사자(혹은 당사자 그룹)가 같은 국가에 속한 사람이 아닌 경우를 총체적으로 부르는 말이다. 즉, 국내인과 외국인의 협상이 가장 대표적인 것이다. 이 경우 협상의 대상은 국내에 있을 수도 있고, 외국에 있을 수도 있다. 그러니 가장 중요한 것은 협상에 참여하는 사람의 국적이다. 따라서 국제협상은 개인 간의 협상이 될 수도 있고, 기업 간의 협상, 혹은 국가 간의 협상이 될 수도 있다.

이런 국제협상이 관심의 대상이 되는 것은 협상에 참여하는 자들의 국적이 다를 경우 제2부에서 설명한 협상의 법칙과는 다른 법칙이 작용되지 않을까 하는 우려 혹은 관심 때문이다. 가장 대표적인 시각이 외국인 간의 협상에서는 두 나라의 문화 차이가 협상결과를 좌우하는 가장 중요한 요인이라는 것이다. 결론적으로 이런 시각은 완전히 틀린 것은 아니지만 완전히 맞는 것도 아니다. 조금 자세히 설명을 할 필요가 있다.

국제협상에서 문화가 차지하는 비중은 결코 작지 않다. 제2부 3장 8항에서 설명한 사례처럼 프랑스의 문화에 대한 몰이해가 협상 전체를 위험에 빠뜨리는 일도 발생한다. 기독교를 믿는 사람과 이슬람교를 믿는 사람과의 협상에서는 상대편의 종교에 대한 이해가 부족하다면 협상의 본질과 관계없는 종교적 문제 때

---

1) 이 2장의 내용은 이 '제4부를 활용하는 법'에서 밝힌 바와 같이 졸저(2012, c)의 제3부 1장을 작은 수정을 거친 뒤 그대로 옮긴 것이다.

문에 협상 자체가 어려움을 겪을 수도 있다. 중국인과의 협상에서는 아래 <협상강의노트 4>에서 제시된 특성을 잘 알지 못한다면 실제 협상에서는 상당한 난관에 처할 수도 있다. 일본인과의 협상에서는 혼네와 다테마에(속마음과 겉마음)라는 일본인 특유의 문화에 대한 이해가 없다면 일본인들과 효과적인 의사소통이 어렵게 될 수 있다. 와인을 즐겨 마시는 유럽인들과의 협상에서 와인에 대한 탁월한 지식이 협상을 더 원활하게 진행시키는 윤활유 역할을 하기도 한다. 이런 면에서 국제협상에서 문화가 차지하는 비중은 과소평가할 수 없다. 그러니 협상에 참여하는 상대국의 문화 전반을 이해하려는 노력이 중요함은 두말할 나위 없다. 그런 점에서 국제협상에서 문화가 중요하다는 시각은 틀린 것은 아니다.

하지만, 협상에 참여하는 사람들의 문화가 아무리 차이가 난다 하더라도 협상의 본질 — '협상이란 협상에 참여하는 양 당사자(혹은 당사자 그룹)가 협상의 타결에 대한 기대를 일치시켜 가는 과정' — 은 변함이 없다. 협상의 대상은 분명히 존재하고, 협상에 참여하는 사람들은 협상의 타결에 이르기를 원하고, 그렇게 하기 위해서는 협상타결에 대한 기대를 일치시켜야 하고, 그런 결론에 도달하기 위해서는 상당히 오랜 시간을 필요로 한다. 달리 말해, 외국인과의 협상에서도 내가 원하는 것을 상대방이 가지고 있고, 상대방이 원하는 것을 내가 가지고 있고, 그것을 적절히 교환하여 합의에 이르기 위해서는 나와 상대방의 협상대상에 대한 기대expectation를 적절히 변화시킬 필요가 있다는 것이다. 그런 점에서 국제협상도 제2부에서 제시한 협상의 관점에서 접근해야 한다. 그래서, 문화적 차이가 중요하지 않은 것은 아니지만, 그보다는 협상의 본질이 더 중요하다는 것이다.

그러면, 이런 국제협상에서 문화의 차이가 가지는 요소는 어떻게 이해해야 할까? 그것은 협상대상에 대한 기대를 변화시키는 측면에서 이해해야 한다. 앞서 제2부에서 협상력을 '협상대상에 대한 상대방의 기대를 나에게 유리한 방향으로 변화시키는 능력'으로 정의한 바 있다. 이런 협상력의 정의에서 상대방의 기대를 나에게 유리한 방향으로 변화시키기 위한 도구 혹은 요인으로서 문화를 이해하는 것이 바람직하다. 달리 말해, 문화에 대한 이해는 협상력의 한 측면 혹은 도구로 이해될 수 있는 것이지 그 자체가 협상의 본질을 좌우하는 것은 아니다. 하지만, 실제 협상에서 상대방을 지나치게 불쾌하게 할 경우 협상이 결렬되는 사례가 없지 않은 만큼, 상대방의 문화에 대한 몰이해가 협상 그 자체를 위협하는 경우도 없지 않다(역시 아래의 <협상강의노트 4> 참조). 또, 제2부에서 협상전략의 하나로서 철저한 준비를 강조한 바 있는데, 상대방의 문화를 미리 알아두는 것이 이런 협상전략의 일환으로 이해될 필요가 있다. 결론적으로 문화적인 접근은 그 자체로서 중요하지 않은 것은 아니지만, 그보다는 협상의 본질이 더 중요하다고 할 수 있다.

협상강의노트 4 ● **중국인의 여덟 가지 협상스타일**

다음은 대부분의 서구인들이 겪게 될 중국인의 협상스타일에 대한 여덟 가지 중요한 요소들이다.

Guanxi(개인적인 관계)

미국인들이 네트워크, 정보와 기관 및 제도에 우선순위를 두는 반면 중국인들은 그들 집단의 친구들, 친척들과 가까운 동료와 같은 개인들의 사회적 자산을 우선시한다. Guanxi의 역할이 사람들의 잦은 이동과 일부 중국인의 사업 관행의 서구화로 인해 어느 정도 퇴색되어 감에도 불구하고 그것은 여전히 중요한 사회적 힘으로 남아있다. 빈번히 최상의 Guanxi를 가진 사람이 승리한다. 좋은 Guanxi는 즉각적인 이익을 위한 미국 스타일인 상호주의를 의미하지 않는다. 중국에서는 오래 계속되는 농경생활의 리듬처럼 서두름이 없다. 호의는 거의 항상 기억되고 지금 당장은 아니라도 보답을 받는다. 이런 장기간의 상호주의는 개인 관계를 지속하게 만드는 초석이다. 중국에서 상호주의를 간과하는 것은 단지 예의가 없는 것이 아니라 부도덕 한 것으로 치부된다. 만약 어떤 사람이 wàng ēn fù yì忘恩负义(은혜를 잊고 의리를 저버리다)로 낙인을 찍히면 그것은 장래 모든 사업을 위한 우물에 독약을 뿌리는 것과 같다.

Zhongjian Ren(중개인)

미국인은 중개인이 없다면 중국에서 사업할 수 있는 기회를 잡지 못한다. 미국에서는 의심의 근거가 없다거나, 혹은 의심받을 근거가 있을 때까지 상대방을 믿는 경향이 있다. 하지만 중국에서는 이방인과의 모든 만남을 결정짓는 요인은 의심과 불신이다. 대신, 신뢰는 개인적인 관계를 통해 전달된다. 협상에서 가장 첫 번째 단계는, 당신이 목표로 하는 중국기관이나 중국 사업가와의 개인적인 관계를 형성하는 것이다. 지연과 학연 및 이전의 사업관계를 통해 개인적인 관계가 형성될 수 있다. 첫 만남 이후에도 그 중국 중개인은 반드시 필요하다. 종종 양측은 상대방에게 할 수 없는 말을 중개인에게 솔직히 얘기한다. 그래서 중개인은 협상의 진행을 위해 토론이 필요한 안건들을 제기하고, 의견의 차이를 해결해주는 역할을 한다.

Shehui Dengji(사회적 지위)

서양인들은 중국 사업가들의 사업상 형식을 이해하는 데 어려움을 느낀다. 형식에 연연 하지 않는 미국의 방식은, 존중과 복종을 중요시하는 유교의 가치를 가진 나라의 기업 상급자에게 좋은 효과를 볼 수 없다. 중국인은 상대가 보여 주는 진지함으로 그들의 관계를 평가한다. 그리고 고위층 간의 미팅은 놀랄 만한 것을 만들어 낼 수도 있다.

Renji Hexie(대인관계의 조화)

"웃음이 없는 사람은 개업을 해서는 안 된다." 그리고, "상냥한 마음과 친근감은 돈을 끌어 온다."라는 중국속담은 사업 파트너 간 조화의 중요성을 잘 보여 준다. 존경과 책임감은 계급조직의 관계, 우호, 호감 등의 관계를 이어 주는 역할을 한다. 미국에서 "nontask sounding"(사업 외적으로 정세를 판단하는 것)은 불과 몇 분이 소요되지만, 중국에서는 며칠, 몇 주, 심지어 몇 달간 지속되기도 한다. 미국회사와 중국회사의 최고 경영자 간의 협상이 있기 하루 전날, 중국대표는 최고의 연회장에서 열리는 호화스러운 저녁만찬을 열어 미국대표를 초대한다. 그리고 중국대표는 서로간의 우호와 협력을 외치며 건배를 제의한다. 만약 그 자리에서 취하지 않는다면 다음날의 계약성사는 불투명하다. 중국에서 충분한 대인관계를 확립하지 않고 사업을 하려는 시도는 무례한 것이다. 결론적으로, 중국 사업가들에게 신뢰와 화합이 계약서 한 장보다 중요하다.

Zhengti Cuannian(총체적 사고)

중국인들은 협상업무를 전체적인 관점에서 생각하는 반면, 미국인들은 연속적이고 개별적으로 생각하여 복잡한 협상업무를 가격, 수량, 보증, 운송 등과 같은 일련의 더 작은 쟁점들로 나눈다. 중국 협상가들은 한꺼번에 모든 것들에 관해 이야기하는 경향이 있다.

미국인들은 그들이 준비한 List의 안건이 모두 마무리되어야 협상이 끝나는 것이다. 하지만 중국인에게 전체적인 내용이 일괄적으로 정리되었을 때가 바로 협상 마무리 시점이다. 경험에 비추어보면, 사고방식의 차이점은 협상 팀 간의 거대한 긴장상태의 근원이라 할 수 있다.

Jiejian(절약)

중국인들은 미국인들과 비교하여 가정수입의 거의 4배를 절약한다. 절약에 대한 논점에서 보면, 중국인은 사업협상과 수많은 계약에서 가격을 깎는 것에 의해 가격을 결정한다. 중국 협상가들은 가격을 제안할 때, 전략적으로 협상할 수 있는 여유를 마련하기 위해 대부분의 미국인들이 했던 것보다 더욱 더 가격의 범위를 넓힌다. 그리고 오랜 토론을 통해 정말 마지못해 계약하는 것처럼 하며 제 값으로 계약을 한다. 설상가상으로, 중국인들은 협상전략으로 침묵을 이용하는 데 뛰어나다. 이것은 미국인들이 직접적으로 혹은 중개자를 통해 질문을 하게 만들어, 협상에서 불리한 위치에 놓이게 만든다. 가격의 유리한 위치를 점한다는 의미에서, 중국인들은 매우 훌륭한 무기인 인내와 침묵을 사용하여 미국인들의 성급함과 달변에 대항한다.

Mianzi(체면 혹은 사회적 자산)

중국의 사업문화에서 개인의 명성과 사회적 지위는 체면을 지키는 것에 있다. 만약 서양인이 중국인을 당황시키거나, 평상심을 잃게 한다면 그것이 의도적이지 않다고 할지라도 협상에 심각한 악영향을 준다. 중국인에게 체면을 지킨다는 개념은 미국인의 존엄성이나 명성을 지킨다는 것과 같은 의미이다. 체면은 사회적 네트워크 속에서 개인의 사회적 지위로 정의된다. 그것은 사회적 가치의 가장 중요한 정도를 나타낸다.

Chiku Nailao(인내, 매정함, 고통을 겪는 것)

중국인은 일의 윤리를 잘 지키는 것으로 알려져 있다. 그리고 일도 아주 열심히 한다. 미국인들이 성공의 열쇠로 재능에 높은 가치를 두는 반면, 중국인들은 인내를 더욱 중요하고 명예로운 것으로 여긴다. 가장 좋지 않은 환경에서 조차도, 힘든 일을 하는 것은 중국에서 이상적인 것으로 생각한다.

자료 John L. Graham and N. Mark Lam, "The Chinese Negotiation", Harvard Business Review에서 발췌인용.

국제협상의 과정에서 문화적 요인보다는 협상의 본질적인 면이 더 중요하다는 관점에서 아래에서는 이와 관련된 두 가지의 사례를 제시하기로 한다. 물론 무수한 사례가 존재하지만 제2부에서 설명한 원칙과 법칙을 활용한다는 측면에서 간단히 두 사례를 제시한다.

2. 협상으로서의 국제협상: 사례 1

주지하는 바와 같이 2차 세계대전 이후 GATTGeneral Agreement on Tariffs and Trade(관세 및 무역에 관한 일반협정)는 세계무역의 자유화에 큰 공을 세워왔다. 특히 1950년대 초반 50%에 달하던 세계의 일반관세율을 주기적인 다자간무역협상을 통하여 거의 3%대로 축소하였다. 관세의 인하는 수출입되는 상품의 가격인하로 연결되고 이것은 세계무역의 지속적 확대에 큰 기여를 하였다.

하지만, 관세와는 달리 비관세장벽을 없애는 데는 그리 성공적이지 못하였다. 국제경제학에서는 관세 이외의 무역장벽을 비관세장벽으로 간주하는데, 관세가 점진적으로 인하됨에 따라 비관세장벽이 점차 더 큰 무역장벽으로 부각되었다. 보조금 지급, 수입통관절차, 기술적 표준, 관세평가제도 등이 대표적인 비관세장벽이다. 그렇지만, 관세와는 달리 비관세장벽을 인하하기 위한 국가 간의 협상은 좀처럼 효과적으로 진행되지 못하였다. GATT가 우루과이라운드UR: Uruguay Round 까지 7차례의 다자간무역협상을 통하여 비관세장벽을 없애기 위하여 노력했지만 그 효과는 그리 크지 않았다. 국제협상의 관점에서 그 이유는 무엇인가? 달리 말해, GATT가 관세장벽을 제거하는 데는 효과적이었지만, 비관세장벽을 제거하는 데 효과적이지 못했던 이유가 무엇인가?

이것이 비관세장벽과 관련된 문화적 요인 때문은 아니다. 각 나라마다 문화가 다르고 관습이 다르기 때문에 이들 비관세장벽을 줄이는 데 어려움을 겪었던 것은 아니다. 결론부터 말하자면, 비관세장벽을 줄이기 위한 기준설정이 어려웠기 때문이다. 제2부의 표현을 빌리면 비관세장벽의 철폐에 관한 포컬 포인트focal point를 발견하기 어려웠다는 것이다.

관세협상의 경우 일반적으로 상호주의reciprocity의 원칙이 적용된다. '네가 관세를 내린 만큼 나도 관세를 내리겠다'는 것이다. 이것은 50대 50이라는 단순한 포컬 포인트가 잘 적용되는 대표적 사례다. 관세인하를 위해 협상하는 협상가들은 이런 상호주의 혹은 50대 50이라는 원칙하에 관세를 인하해 왔다. 하지만, 그들은 협상의 현장에서 상호주의 원칙을 엄격하게 적용해 온 것은 아니다. 사실 관세 인하의 경우 관세 인하 그 자체가 중요한 것이 아니라, 인하된 관세로 어느 정도로 수출입이 증가하는가가 더 중요하다. 그렇지만 실제 협상하는 장소에서 협상가들이 관세인하의 경제적 효과를 바로 계산할 수 없다. 경제적 효과는 부분균형효과와 일반균형효과를 합하여 매우 복잡하기 때문이다. 협상가들이 택하는 방법은 '개략적으로 비슷한 수준'에서 합의하는 것이다. 제2부에서 우리는 이것을 '외형적 정밀성phoney precision'이라 불렀다. 반드시 50대 50의 원칙이 적용되지 않더라도 외형적으로 그렇게 간주될 수 있다면 그것이 협상타결의 원칙이 될 수 있다는 것이다. 달리 말하면, 관세협상의 경우에는 포컬 포인트를 찾기가 그렇게 어렵지 않았다는 것이다.

　비관세장벽의 경우 협상가들이 가장 어려움을 겪었던 것은 무엇을 기준으로 협상을 진행해 나갈 것인가 하는 점이었다. 관세장벽의 경우 관세율이라는 외형적 숫자가 존재했고, 50대 50이라는 서로 합의할 수 있는 기준을 찾기가 쉬웠지만, 비관세장벽은 그렇지 못했다. 비관세장벽은 국가마다 혹은 비관세장벽의 성격마다 그 외형이 달랐고 그래서 비관세장벽을 제거하기 위한 기준을 찾기가 쉽지 않았다는 것이다. 달리 말해, 협상타결을 위한 포컬 포인트를 찾기가 쉽지 않았고, 그렇기 때문에 비관세장벽을 제거하기 위한 협상은 지지부진할 수밖에 없었다.

　이런 문제를 해결하기 위하여 협상가들은 나중에 관세상당치Tarifss Equivalent라는 개념을 고안해 낸다. 이것은 특정 비관세장벽을 관세로 환산할 경우 어느 정도의 관세율에 해당되는지를 계산하는 방법이다. 물론 이 방법 자체에도 이견이 없었던 것은 아니지만, 관세상당치라는 개념을 고안함으로써 비관세장벽을 관세로 환산할 수 있게 되었고, 이제 관세장벽을 제거하는 기준을 여기에 적용함으로써 비관세장벽의 완화를 이루어 낼 수 있었다.

3. 협상으로서의 국제협상: 사례 2

　우리는 제2부에서 폴백fallback이라는 개념을 설명한 바 있다. 협상이 실패로 돌아갈 경우 협상에 참여한 사람에게 발생하는 결과 혹은 효과를 의미한다고 설명하였다. 이런 폴백이라는 개념은 개인 간의 협상뿐 아니라 국가 간 협상에도 그대로 적용할 수 있다.

　가장 대표적인 것이 미국의 공격적 무역보복법이다. 미국 대통령은 1974년 무역법안 제301조Section 301 of the 1974 Trade Act에 의하여 미국의 수출을 감소시키는 외국의 무역제한조치에 대해 보복을 할 수 있다. 1988년 종합무역경쟁법안의 슈퍼301조Super 301 provision of the 1988 Omnibus Trade and Competitiveness Act는 특정국가의 산업분야보다 특정국가에 대해 초점을 맞추어 이런 보복조치 들을 강화한 것이다. 이런 공격적 무역보복법의 특징은 미국의 요구사항이 받아들여지지 않을 경우 아주 구체적으로 보복을 할 수 있도록 한 것이다. 이런 미국의 301조는 "당신이 날 돕지 않으면 당신을 다치게 하겠다"고 말하는 것과 같다. 이런 공격적 무역법안이 효력을 발휘하는 이유는 무엇인가? 그것은 미국이 상대국에 비해 압도적으로 우월한 위치에 있기 때문이다.

우리는 제2부에서 협상에서의 대안이 가지는 중요성을 설명한 바 있다. 자신의 대안이 더 좋고 상대방의 대안이 나쁠수록 자신의 payoff는 커진다. 많은 대체기회alternative opportunity가 협상력의 근원이 되는 것이다. 이런 구조에서는 자신의 협상포지션을 향상시키는 보다 적극적인 방법은 상대방의 대안을 악화시켜버리는 것이다. 즉 상대방의 폴백이 악화되면 이것은 자신의 협상력 강화로 연결된다. 이것이 미국의 301조가 노리는 바이다. 301조에 따르면, 협상이 결렬될 경우 즉 미국의 수출을 저해하는 특정장벽이 제거되지 않을 경우 미국은 '상대국의 상품에 대한 미국 시장접근을 차단'(이것이 폴백이다)하는 것이다. 시장접근을 차단하겠다는 위협은 상대국가가 미국에 더 많은 수출을 할수록 효과적이다. 예를 들면 한국의 경우 수출의 1/3 이상이 미국을 대상으로 하고 있기 때문에 미국의 시장접근 차단 효과는 한국에 효과를 발휘한다. 미국은 301조를 통해 한국의 폴백을 악화시키고 그렇기 때문에 301조는 한국에 대한 미국의 협상력을 제고하는 역할을 한다.

한국에 대한 미국의 301조 발동 위협이 효과를 발휘하는 또 다른 이유는 한국은 미국의 폴백을 악화시킬 만한 수단을 가지고 있지 않기 때문이다. 하지만, 만약 미국이 유럽에 대해 301조 발동 위협을 한다면 그 효과는 한국의 경우와 다를 수 있다. 유럽 역시 미국의 보복조치에 상응하는 조치를 취한다면 미국의 폴백을 악화시킬 수 있고, 미국은 301조 발동 위협에도 불구하고 자신의 협상력을 강화시킬 수 없다.

국가 간 협상에 대한 이해 Ⅰ : FTA 협상을 중심으로[1]

3장 이후는 국가 간 협상을 이해하기 위한 이론적 검토를 FTA 협상을 중심으로 진행해 나가기로 한다. 국가 간 협상을 이해하기 위한(협상과 협상력의 관점) 가장 기본적인 이론적 토대는 내부협상과 외부협상의 개념이다. 4장에서는 이들 개념을 자세히 설명할 것이다. 5장에서는 이들 개념을 바탕으로 지금까지 한국의 FTA 협상을 담당해 온 통상교섭본부의 기능을 평가해 볼 것이다. 2017년 5월, 과거 외교부 산하에 있던 통상교섭본부는 산업통상자원부 산하의 통상교섭본부로 거듭나려 하고 있다. 어느 부서에 속해 있건 이 통상교섭본부에 대한 평가는 향후 한국이 FTA 협상을 계속해 나가는 데 크게 도움이 될 것으로 생각한다. 6장에서는 국가 간 협상을 분석하는 또 다른 주요 개념인 구조structure의 개념을 분석한다. 하지만, 단지 구조라는 개념만을 도입하는 것이 아니라, 내부협상의 개념을 설명하기 위해 제시한 입장position과 과정process, 특히 과정과 영향을 주고받는 새로운 요인으로서의 구조라는 개념을 도입한다. 7장에서는 지금까지의 논의를 요약하여 한국의 대외협상력을 강화하는 방안이 무엇인지를 검토한다.

1. 협상으로서의 국가 간 협상

앞서 설명한 바와 같이 국제협상의 한 형태가 국가 간 협상이다. 그리고 국가 간 협상을 잘하기 위해 문화적 차이를 이해할 필요가 있음을 언급하긴 했지

---

1) 이 3장의 내용은 이 '제4부를 활용하는 법'에서 밝힌 바와 같이 졸저(2012, c)의 제3부 2장을 작은 수정을 거친 뒤 그대로 옮긴 것이다.

만, 그보다 협상의 본질에 대한 이해가 더 중요함을 강조했다.

하지만, 국가 간 협상을 이해하기 위해서는 제2, 3부에서 제시된 협상에 대한 설명만으로는 부족하다. 그것은 국가 간 협상이 제2, 3부에서 제시된 협상의 특질을 가지면서, 그것을 뛰어넘는 또 다른 성격을 가지기 때문이다. 그런 성격은 국가 간 협상은 협상에 참여하는 협상가 ― 대부분의 경우 전문 외교관이 될 수 있다 ― 들이 자기 자신의 문제와 이해관계에 근거해서 협상하는 것이 아니라, 자기가 속한 나라의 문제를 자기가 속한 나라의 이해관계에 근거해서 협상한다는 것이다. 즉, 국가 간 협상에 참여하는 협상가들은 자기 자신의 국가를 대리하는 일종의 대리인으로서의 성격을 가진다. 물론, 단순한 대리인에 불과한 것은 아니지만, 자기 자신의 문제를 협상하는 것이 아니라는 점에서 제2, 3부에서 제시한 협상과는 다소 다른 성격을 가진다.

제4부의 3장 이후는 이런 국가 간 협상을 이해하기 위한 프레임워크를 제공하려는 것이다. 이런 프레임워크는 내부협상과 외부협상이라는 이중구조게임과 깊은 관련을 가진다. 국가 간 협상과 관련 본서에서는 자유무역협정FTA: Free Trade Agreement을 대상으로 설명을 진행한다. 그것은 국가 간 협상의 본질과 특성이 FTA 협상에서 가장 선명하게 드러나기 때문이다. 당연한 이야기지만, 여기서 FTA 협상을 통해 설명되는 국가 간 협상프레임워크는 국내외 기업과의 협상, 국내외 단체와의 협상에도 적용될 수 있다. 나아가, 조금 이론의 적용범위를 확대하고 추가적인 설명을 덧붙이면 다자간 협상의 경우에도 적용될 수 있다.

2. FTA 협상의 구조

국가 간 협상이 진행되는 구조 혹은 순서를 FTA를 중심으로 살피기로 한다. [그림 1]은 기본적으로 NAFTA 협상이 진행되는 순서를 정리한 것인데 여기서 제시된 순서들은 일반적으로 모든 FTA 협상에 그대로 적용될 수 있다. FTA 협상의 구조는 [그림 1]에서 보는 바와 같이 예비협상, 본협상, 후속협상의 세 단계로 구분된다.

예비협상은 본격적인 FTA 협상을 시작하기 전의 협상을 의미하며, 이 과정을 통하여 본격적인 협상을 시작하기 위한 기본사항들이 결정된다. 이 단계에서는 FTA가 과연 필요한가 하는 기본적인 의문에서부터 시작하여, 대상국 선정과 예상되는 협상의제까지 선정하는 작업을 포함한다. 이 예비협상은 다음과 같은 다섯 단계로 구분된다: 모색단계; 문제점 확정; 대상국 선정; 대상국과의 합의; 협상의제 선정. 모색단계에서는 현재의 국제정세를 고려하여 FTA가 과연 한국에 필요한 것인가 하는 기본적인 사항부터 검토하게 된다. 문제점 확정단계에서는 FTA가 추진될 경우 한국에 어떠한 효과 혹은 문제가 발생하는가를 검토하게 된다. 대상국 선정 단계에서는 우리의 대내외 경제여건, 국제경제여건, 그리고 우리의 협상력을 기반으로 하여 FTA 협상을 추진할 대상국을 선정하게 된다. 그러나 한국이 대상국을 내부적으로 선정했다고 해서 그 대상국이 바로 협상의 상대국이 되는 것은 아니다. 대상국 선정은 대상국과의 합의가 이루어져야만 최종적으로 결정된다. 대상국과의 FTA 협상에 대한 합의가 이루어지면 예비협상의 마지막 단계에서는 협상의제에 대한 검토가 이루어지게 된다.

본협상은 [그림 1]에서 본 바와 같이 원칙협상(설정)과 세부화의 두 단계로 나누어진다. 원칙을 협상한다는 것은 협상의 상대국과 협상의제를 어떠한 원칙에 의해 협상해 나갈 것인가를 결정하는 것을 의미하며, 이러한 원칙설정은 다시 크게 세 단계로 구분할 수 있다. 첫 단계는 협상의 상대방과의 의견 교환을 통해 상대방이 자유무역협정에 대해 어떠한 목적을 설정하고 있는지(목적의 탐색), 어떠한 의제를 협상하고자 하는지(협상의제의 모색), 그리고 협상가 개인은 어떠한 성격을 가지는지 모색하는 것이다.

두 번째 단계는 이러한 의견교환을 거쳐 서로 어떠한 점에서 의견을 달리하는지 문제점을 상호 확인하고, 해결책 모색을 위한 공감대를 설정하는 것이다. 세 번째 단계는 이러한 의견교환과 공감대 설정을 통해 어떠한 원칙 하에서 협상을 타결할 것인지 그 공동기반을 확정하는 것을 말한다.

세부화란 그 전 단계에서 합의된 원칙에 의하여 구체적으로 각 의제에 대하여 세부 사항을 확정짓는 것을 의미한다. 이 세부화 역시 다음 세 단계로 구분된다. 먼저 협상의제별로 제의와 역제의offer and counter-off의 단계에서 협상의제별로 활발한 협상이 이루어지게 되며, 협상력은 여기에서 매우 큰 역할을 하게 된다. 이런 과정을 거쳐 협상 전체를 어떠한 프레임워크하에서 타결지을 것인지를 결정한다. 대개, 협상의제 부문별로 타결을 지을 것인지, 아니면 협상의제 전체를 하나의 패키지로 할 것인지single undertaking 양자 택일하게 된다. 그 다음 이러한 과정을 거쳐서도 합의되지 못한 사항은 협상상대국과의 정치적 타결을 거쳐 합의되게 된다.

　그리고 후속협상이란 예비협상과 본협상을 거쳐 합의된 사항들을 하나의 법조문으로 정리하는 단계를 의미한다. 이 후속협상은 법조문화 작업으로 시작되고, 타결되지 못한 부문의 합의를 거쳐 최종적으로 의회의 비준을 얻는 것으로 끝나게 된다.

그림 1　FTA 협상의 구조

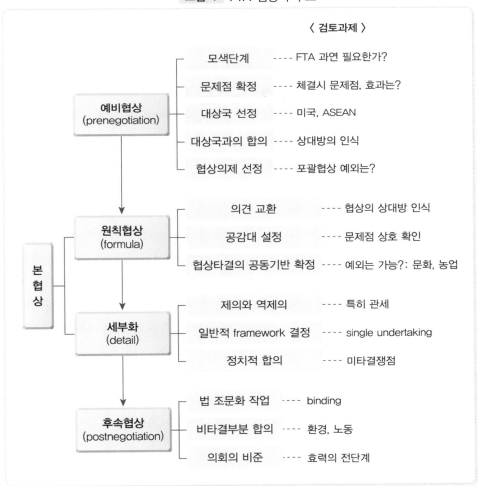

주　이 그림은 NAFTA 협상의 과정을 기준으로 정리한 것이지만, 대부분의 FTA 협상도 이러한 과정을 거침.

3. FTA 협상의 진행과정

[그림 2]는 국가 간 협상이 진행되는 과정을 역시 FTA 협상을 중심으로 정리한 것이다.

이 그림이 가지는 이론적 함의는 3장에서 충분히 설명될 것이지만, 여기서는 일단 국가 간의 협상이 진행되는 과정을 간략히 설명하기로 한다. 우선 국가 간의 협상은 양국을 대표하는 협상단 혹은 협상대표가 만나서 진행한다. 대개의 경우 혼자서 이런 협상을 진행하는 경우는 드물기 때문에 FTA를 담당하는 국가의 주무부서, 예컨대 외무성 혹은 외교통상부가 이런 협상을 실제적으로 담당하게 된다. 따라서 협상과 관련된 구체적인 사항 역시 여기서 결정된다.[2]

하지만, 분명히 알아야 할 사항은 협상대표가 협상의 시작과 끝을 장식하는 것은 맞지만 이들이 협상과 관련된 실질적인 권한(이것은 매우 중요한 개념이다)을 가지는 것은 아니다. 다시 말해, 특정의제의 개방여부, 혹은 개방 폭, 혹은 FTA와 관련된 모든 입장과 전략은 이들 협상대표가 자의적으로 결정하는 것이 아니라는 것이다. 협상대표가 제시하는 입장과 전략은 외형적으로는 그들이 제시하는 것처럼 보여질지라도, 사실상 많은 과정을 거쳐 결정된다.

[그림 2]에서 보여지는 것처럼 대표단이 제시하는 협상전략과 지침은 행정부, 의회, 국민여론, 언론, 농민과 같은 이해단체 등의 수많은 토론과 논의를 거쳐 결정된다. 예컨대, A라는 상품의 시장개방에 대해서 협상대표가 미국의 협상대표와 협상하기로 했다고 가정하자. 그러면 한국의 협상대표가 미국과의 협상에서 자기 마음대로 A라는 상품의 시장개방에 대한 입장을 밝히는 것이 아니라, 그 (혹은 그들) 역시 한국의 외교통상부의 훈령 혹은 지침을 받아 협상에 임하게 된다. 그러면 이 외교통상부의 훈령 혹은 지침은 어디서 오는 것일까? 외교통상부 역시 자의적으로 이런 입장을 결정하는 것이 아니라, 소위 말하는, 의견수렴 과정을 거치게 된다.

---

2) 2017년 현재(7월)는 통상교섭기능을 산업통상자원부가 담당하고 있다. 특히, 정부조직법이 개정되면 산업통상자원부 산하의 통상교섭본부가 이 기능을 담당할 것이다. 그러나 그 이전의 정부에서는 외교통상부 산하의 통상교섭본부가 이 일을 전담해 왔다.

그림 2 FTA 협상의 진행 과정

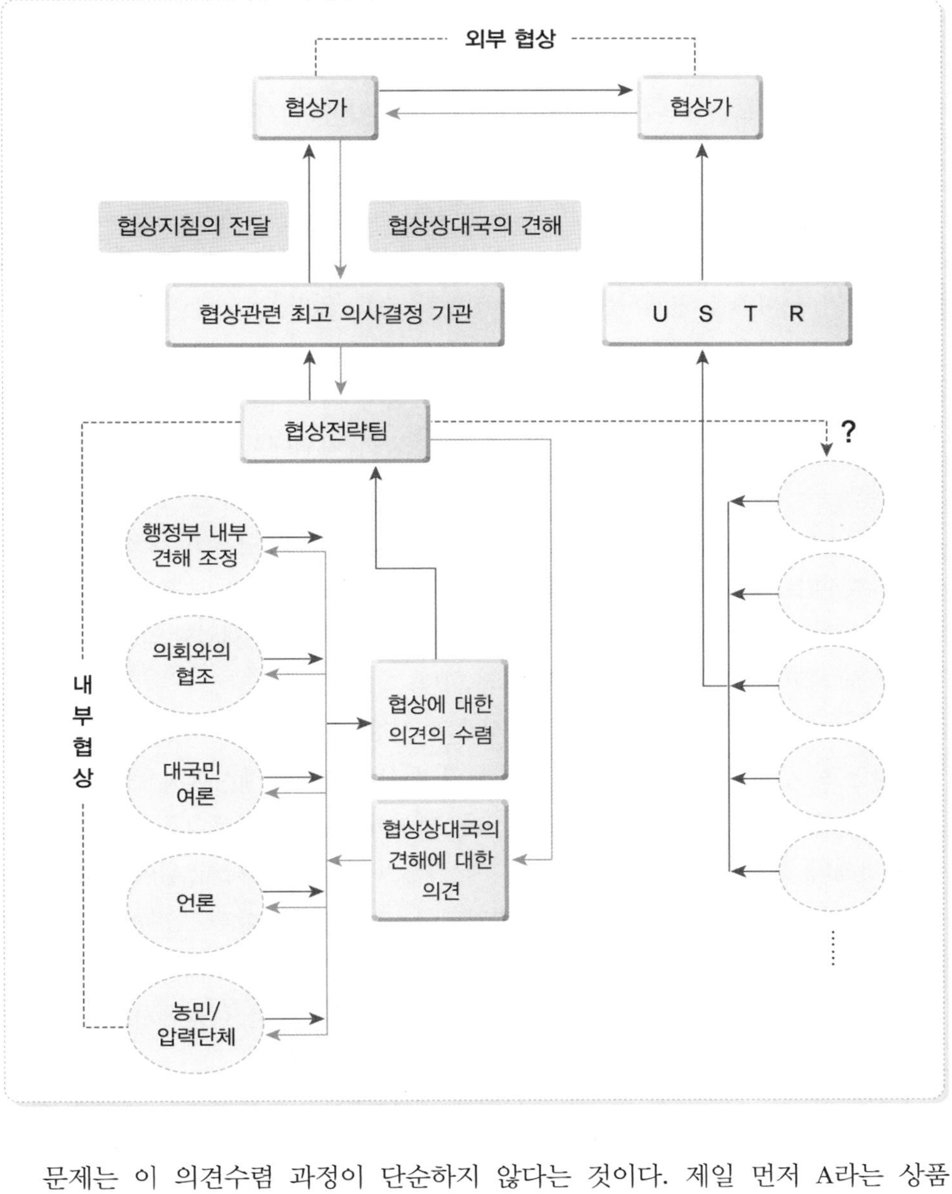

문제는 이 의견수렴 과정이 단순하지 않다는 것이다. 제일 먼저 A라는 상품과 관련된 소관부서와 협의를 하게 된다. 예컨대 지식경제부가 소관부서라면 외교통상부는 지식경제부와 A라는 상품의 시장개방에 대한 협의를 함으로써 미국과의 협상에 임할 한국의 입장을 결정하게 된다. 지식경제부 역시 외교통상부와 협의하기 전에 나름대로의 의견수렴과정을 밟게 된다. A라는 상품을 생산하는 기업, A라는 상품과 관계된 협회, 나아가 이를 소비하는 소비자단체와의 협의를 거쳐 지식경제부(현재의 산업통상자원부)의 입장을 정리해야 한다. 이런 과정이 전부는 아니다. 지식경제부와 외교통상부는 A라는 상품의 시장개방에 대한 여론의 동향을 주시할 필요가 있고, 때로는 언론에 자신의 입장을 개진함으로써 일반 국민들과 소통할 필요가 있다. 이런 과정에서 이해단체의 불만과 우려를 확인하고 A라는 상품의 시장개방에 따른 경제적 효과를 검토하고, 필요할 경우 피해를 최소화하거나 피해를 구제하는 절차를 진행할 수도 있다.

의견수렴과정은 이에 그치는 것이 아니다. 국회 역시 한 나라의 민의를 대변하는 기구이기 때문에 국회와의 적절한 소통 역시 매우 중요하다. 국회는 A라는 상품과 관련된 상임위를 개최하여 이 문제를 국회 차원에서 검토할 수 있고, 지식경제부 혹은 외교통상부와 공동으로 청문회 혹은 세미나를 개최함으로써 A라는 상품의 시장개방이 가지는 의미를 다시 확인할 수 있다. 뒷 장에서 자세히 설명되겠지만, 국회의 역할은 단순한 의견수렴과정의 창구에 그치는 것이 아니라, 외국(특히 미국)과의 협상과정을 모니터하거나 적절히 개입함으로써 한국의 협상력을 제고하는 요인으로 작용하기도 한다.

이런 의견수렴과정을 통해 A라는 상품의 시장개방에 대한 지침 혹은 입장이 결정되면 한국의 협상대표는 이것을 미국의 협상대표에게 제시하게 된다. 협상대표끼리의 협상에서 미국이 자신의 입장을 제시하게 되면 협상대표는 이것을 국내로 가져와 보고하고, 그러면 미국이 제시한 입장에 대해 다시 위에 설명한 바와 같은 과정대로 다시 한 번 의견수렴과정이 진행되게 된다.

한국뿐 아니라 미국 역시 이와 비슷한 과정을 거치게 된다. 지금까지 한국 위주로 설명을 진행해 왔지만 사실상 이런 과정은 한국보다 미국에서 더 효과적으로 진행되고 있다.

[그림 2]에서 보여지는 바와 같이 협상 대표단 사이에 진행되는 협상을 외부협상, 외부협상이 진행되기 전에 국내에서 특정문제에 대한 입장과 의견이 수렴되는 과정을 내부협상이라고 한다. 그러니 국가 간의 협상은 이런 내부협상과 외부협상의 상호작용이라고 할 수 있다(자세한 것은 다음 장 참고).

4. 시사점

국가 간의 협상진행과정에서 보여지는 내부협상과 외부협상은 단지 국가 간의 협상에서만 발견할 수 있는 것이 아니다. 국내기업과 외국기업과의 협상에서도 이런 구조는 쉽게 발견할 수 있다. 단지, 내부협상의 절차와 과정이 국가 간의 협상과 차이가 날 뿐이다. 나아가 국내기업과 국내기업 사이의 협상에서도 이런 구조를 적용할 수 있다. 기업 간 협상에 나서는 협상대표가 협상의제에 대한 모든 결정권을 가지고 있지 않는 한, 내부협상과 외부협상의 개념은 여전히 유효하다.

또 한 국가 내부에서 이루어지는 지자체와 지자체의 갈등, 노사협상, 사회적 갈등의 해소와 같은 문제에서도 이런 프레임워크는 여전히 유효하다. 단지, 각각의 협상에 있어서 외부협상에 나서는 대표가 달라지고, 내부협상의 절차와 진행과정이 차이가 날 따름이다.

제4장

국가 간 협상에 대한 이해 II : 내부협상과 외부협상의 개념[1]

1. 내부협상 개념에 대한 이론분석

(1) 입장과 과정을 포함한 내부협상 개념의 발전과정

여기서 제시되는 내부협상의 개념은 본서에서 처음으로 제시되는 것은 아니다. 뒤에서 자세히 설명되겠지만 내부협상이라는 개념은 기본적으로 내부이해집단간의 갈등이 국제협상에 미치는 영향을 분석한 Putnam(1988)의 이중구조게임 two-level game의 연장선상에 있다. 즉, 본서는 Putnam이 말한 바와 같이 외국과의 대외협상에 국내 이해집단이나 다양한 정치세력 간의 견해 차이나 갈등이 큰 영향을 미칠 수 있다는 견해의 연장선상에 있다.

하지만, 본서는 다음과 같은 점에서 Putnam의 이론과 차이점을 가진다.

첫째, Putnam은 국제협상과 관련된 두 가지 종류의 분석틀(제1단계의 게임, 제2단계의 게임)을 제시했을 뿐, 그 분석틀을 외부협상external negotiations과 내부협상 internal negotiations이라는 용어로 정형화하지는 않았다. 반면, 여기서는 이 두 가지 개념을 보다 명확히 정의하고 있다. 다시 말해 Putnam은 내부협상(그는 이것을 제2단계의 게임이라고 표현한다)의 중요성을 강조하기보다는 국제협상은 두 종류의 차원에서 이루어진다는 국제협상의 이중구조적 특징을 강조하고 있다.

둘째, 그는 이런 개념들을 사용하여 상대적으로 어떤 경우에 '협상의 타결'이

---

1) 4장의 내용은 본서를 위해 처음 집필한 것이 아니다. 필자는 이 개념을 2002년부터 제시하였고 그 뒤 각종의 논문과 저서에서 지속적으로 이런 개념들을 주장하고 있다. 특히 이 장은 졸저(2012, c) 제3부 3장의 내용을 작은 수정을 가한 뒤 첨부한 것이다.

가능한가 혹은 그렇지 않은가를 분석하는 데 중점을 두었다. 그에 따르면 국제 협상에는 각각의 나라가 받아들일 수 있는 범위(그는 이것을 win-set이라는 용어로 정의하였다)가 있고 그 범위가 중복되어야만 협상이 타결될 수 있다고 설명하고 있다. 하지만, 여기서는 이와는 달리 협상 타결의 가능성보다는 '협상력의 제고' 라는 관점에서 접근하고 있다. 특히, 한 국가의 대외적인 협상력이 내부협상의 과정을 통하여 어떻게 제고될 수 있는지 설명하고 있다.

셋째, 그는 분석도구로서 win-set[2]이라는 개념을 제시하고 이 win-set이 어 떤 구조를 가지는지 어떤 경우에 확대되고 축소될 수 있는지 관심을 가지고 있 다(자세한 것은 <협상강의노트 5> 참조). 반면, 본고에서는 이런 분석도구보다는 내부협상을 통해 결정되는 협상에 대한 '입장position(쟁점에 대한 태도)'과 그 입장 을 결정하는 '과정process(쟁점이 결정되는 과정)'이라는 개념을 자세히 설명하고 이 런 개념들이 협상력 제고와 어떻게 연결될 수 있는지 제시하고 있다.

따라서 Putnam의 이론은 '협상의 과정에서 왜 협상이 제대로 진행되지 않고 있는가' 혹은 '어떤 경우에는 협상이 타결될 수 있고 어떤 경우에는 그렇지 않은 지'를 분석하는 데 유용하다면, 본서에서 제시하는 이론은 '협상의 과정에서 협 상력을 높일 수 있는 방법이 무엇인가' 혹은 '그 협상이 성공적이었는가 그렇지 않은가'를 분석하는 데 더 유용하다고 할 수 있다.

협상강의노트 5 ● Putnam의 win-set 개념

Putnam이 이중구조게임과 관련하여 제시한 개념 가운데 가장 기본적이고 중요 한 개념이 바로 윈셋win-set 개념이다.

윈셋은 국가 간 협상 결과 가운데 국내적 동의를 얻어낼 수 있는 결과의 집합을 의미한다. 아무리 두 국가의 협상대표가 훌륭한 합의를 도출했다고 해도 도출된 합 의결과가 국내적으로 동의를 얻는 데 실패한다면 그 합의는 무용지물이 될 수밖에 없다. 이 경우 그러한 국가 간 협상결과는 윈셋 안에 포함되지 않는다고 말한다. 두 국가 내부의 이해 당사자들 다수가 합의함과 동시에 협상에 임하는 두 국가가 합의할 수 있는 협상결과만이 추후 양국 내부의 비준과정을 무사히 통과할 수 있

---

2) 제2단계의 비준을 받기 위해 필요한 다수표를 확보할 수 있는 가능한 모든 종류의 제1단계 의 집합(the set of all possible level I agreement that would win at level II)을 말한다.

다. 이 경우 이렇게 합의된 결과는 윈셋의 범주 안에 포함되어 있는 것이다.

윈셋(win-set) 크기의 증가에 따른 효과

그림에서 Xm과 Ym은 협상자 X와 Y 각각의 최대 협상결과maximum outcomes이며, X1과 Y1은 X와 Y의 최소 협상결과minimal outcomes를 뜻한다. Xm~X1, Ym~Y1은 X와 Y 각각의 국내에서 비준가능한 협상안의 집합이다. 즉, 윈셋이다. Y1~X1 사이의 어디에서 양자 간에 합의가 이루어지더라도 양국의 국내에서는 비준이 가능하다. 만약 Y의 윈셋이 축소되어 Y2를 협상안으로 제시할 경우에도 합의는 이루어지며, Y는 Y1~Y2만큼의 이익을 얻게된다. 그러나 만약 Y가 자신의 이익을 더욱 증대시키려고 Y3를 협상안으로 제시할 경우에는 양측의 윈셋에 교집합이 존재하지 않으므로 합의는 불가능하게 된다.

그 뒤 Putnam은 이 개념이 국가 간 협상과정에 대해 제공해 줄 수 있는 두 가지 시사점을 언급하고 있다. 첫째, 양국의 윈셋이 크면 클수록 협상의 성공 가능성이 높으며, 둘째 특정국가의 윈셋이 작을 경우 역설적으로 협상과정에서 그 국가가 유리한 위치를 차지할 수도 있다는 점이다(putnam: 437-440).

Putnam에 의하면 (다른 조건이 같다면) 양국의 윈셋이 크면 그렇지 않은 경우보다 협상이 타결될 가능성이 높다. 양국의 윈셋이 크면 클수록, 다시 말해 두 국가 내부에서 이해 당사자 다수가 동의해 줄 수 있는 협상결과의 집합이 클수록, 협상에 임한 두 국가가 서로 합의에 도달할 수 있는 가능성은 그렇지 않은 경우보다 높다.

양국의 윈셋이 큰 경우 자발적voluntary 혹은 비자발적involuntary 배신의 가능성이 줄어들게 된다. 즉, 협상에 임하는 국가의 윈셋이 크면 클수록 협상 당사자국 간의 PD게임에 처하게 되어 자발적으로 배신할 가능성도 적고, 작은 규모의 윈셋에 의해서 어쩔 수 없이 협상을 파기해야 하는 상황involuntary defection도 줄어들게 된다.

이어서 윈셋이 작은 국가의 협상력이 높아질 수 있다는 Putnam의 두 번째 주장은 국내적으로 협상에 동의해 주는 이해 당사자가 적은 관계로 인해 이러한 상황에 처한 특정 국가가 상대방 국가에 대해서 양보를 요구하여 자국에게 보다 유리한 협상결과를 도출할 가능성이 있음을 의미한다.

자료 Putnam(1988)에서 부분 발췌 인용.

(2) 내부협상과 외부협상의 개념

내부협상internal negotiations과 외부협상external negotiations의 개념을 이해하기 위해서는 앞 장에서 설명한 [그림 2]를 필요로 한다.

그림에서 보는 바와 같이 FTA까지 포함한 국가 간의 협상은 두 가지 방향, 즉 외부협상과 내부협상을 통해 분석될 수 있다. 외부협상이란 FTA 협상을 진행하기 위해 한국과 미국의 협상가가 만나서 FTA에 대한 양국의 쟁점을 해결해 나가는 것을 의미하고, 내부협상이란 FTA의 각 쟁점에 대해서 두 나라가 제각기 국내에서 이들 쟁점에 대한 자신의 입장을 결정해 나가는 과정을 의미한다. 즉 국가 간의 외부협상이란 협상상대국의 협상가들 사이에서 진행되는 외형적인 협상을 의미하고, 내부협상이란 이런 협상을 진행하기 전에 그 협상과 관련된 쟁점을 논의하고 입장을 결정하는 국가 내부의 의견수렴과정 혹은 입장결정과정을 의미한다. 내부협상은 의회, 압력단체, NGO, 일반국민, 여론, 언론, 행정부 등 협상과 관련된 모든 국내의 단체들 사이에서 진행된다. 이러한 측면에서 모든 국가 간의 협상은 내부협상과 외부협상의 이원적 구조를 가지는 이원적 게임two level game이라 할 수 있다. 이 그림이 시사하는 바와 같이 협상가 사이에서 행해지는 외부협상은 각 협상가의 자국 내에서 행해지는 내부협상의 반영에 지나지 않는다.

2. 협상력의 관점에서 본 내부협상과 외부협상의 관계

우선 논의를 진행하기 전에 여기서 협상과 협상력을, 제2부의 내용을 참고하여 다음과 같이 정의하기로 한다.

우선 협상이란 협상에 참여하는 양 당사자가 협상의 타결(혹은 협상의 대상)에 대한 서로의 기대를 일치시켜 가는 과정으로 정의한다. 그리고 이러한 측면에서 협상의 본질은 협상에 참여한 당사자들이 협상의 이익gains from trade을 나누는 과정으로 이해되고, 그 과정에서 협상의 당사자에게 돌아오는 몫을 결정하는 전략 혹은 능력을 협상력이라고 정의한다. 그런 의미에서 협상력이란 협상에 참여하는 상대방의 협상 타결에 대한 기대를 자신에게 유리한 방향으로 변경시킬 수 있는 능력을 의미한다.

Strategic Negotiation | 전략적 협상

일반적으로 한 국가의 협상력이란, 실제 외부협상에 임하는 그 나라 협상가가 가지는 (외부)협상력을 의미하는 경우가 많다. 하지만 사실상 이런 협상가의 (외부)협상력은 내부협상과정에 의해 종종 제한을 받는다. 예컨대, 외국과의 협상을 앞두고 그 나라의 국론이 통일되어 있거나, 혹은 협상 쟁점에 대하여 그 나라가 '특정입장'을 전폭적으로 지지하고 있다면, 협상에 나서는 협상가는 더 큰 힘을 발휘할 수 있고, 그 반대의 경우도 있을 수 있다. 이 문제를 조금 더 자세히 살피려 한다.

(1) 외부협상을 제약하는 내부협상

외부협상과 내부협상 중에서 사실상 어느 것이 중요한가?

앞서 설명한 바와 같이 각국을 대표하는 협상가가 진행하는 협상을 외부협상이라고 한다. 그러므로 대부분 외무부 공무원인 대외협상가가 외부협상에서 어떠한 능력을 발휘하느냐에 따라 협상의 결과는 달라지게 된다. 즉, 대외협상의 결과는 대외협상가의 개인적인 협상능력(이것을 외부협상력이라는 개념으로 나타낼 수 있다)에 의존한다고 할 수 있다. 예컨대 협상가의 개인적 영어실력이 뛰어나고 혹은 개인적으로 매력적인 성품을 가지고 있다면 그렇지 않은 경우에 비하여 더 나은 협상성과를 기대할 수 있다. 하지만, 대외협상의 구조적 성격을 조금만 깊이 생각하면 협상의 성과는 외부협상력의 범위를 뛰어넘는 요인에 의해 결정됨을 알 수 있다.

즉, 아무리 외부협상력이 뛰어날지라도, 협상가들은 그들이 위임받은 이상으로 협상을 할 수 있는 권한이 없다. 미국의 협상가들이 한국 서비스 시장개방에 대해 협상하는 경우 만약 그들이 본국으로부터 어떤 지침(반드시 몇 %의 시장개방을 확보해야 한다)을 받았다면, 미국의 협상가들은 자기 재량으로 그 기준을 바꿀 수 없다. 한국의 협상가들도 마찬가지다. 대외협상가들은 본국으로부터 받은 '지침의 범위 내'에서 자신의 외부협상력을 발휘할 수 있을 뿐이다.

그런 의미에서 협상가 사이에서 행해지는 외부협상은 국내에서 행해지는 내부협상의 반영에 지나지 않는다. 즉, 외부협상이란 협상 당사국들의 내부협상에 의하여 정해진 협상의제에 대한 견해들을 당사국들을 대표하는 협상가가 서로 교환하는 것이다. 하지만, 협상가는 내부협상에서 정해진 모든 사항들을 단지 상대국에게 전달하는 전달자에 그치는 것은 아니다. 뒤에서 설명되겠지만, 외부협상과 관련된 사항을 상대방에게 전달하는 능력(이것이 외부협상력임을 앞서 설명했다)에 따라 한 국가의 협상력 수준이 좌우되기 때문이다. 그런 점에서 한 나라가 대외적인 협상에서 가지는 총체적인 협상력은 내부협상과 외부협상의 역학관계에서 생긴다.

그러면 내부협상은 국가 전체의 협상력에 어떠한 영향을 미치는가? 결론부터 말하면, 내부협상을 통해 결정되는 협상에 대한 입장position(예컨대 시장을 개방하느냐, 개방하지 않느냐는 것)과, 그 쟁점에 대한 입장을 결정하는 과정process(예컨대 일사불란하게 결정되었는지 아니면 매우 어려운 과정을 통해 결정되었는지의 여부)이 국가 전체의 협상력에 영향을 미치게 된다. 이것을 두 가지 사례를 통해 좀 더 자세히 설명하도록 한다.

(2) '입장'과 '과정', 그리고 협상력

■ 사례분석 1

미국이 한국에 대해 'A' 제품의 관세를 80% 인하하라는 형태로 시장개방을 요청해 왔다고 가정한다. 이런 미국의 요구에 대해 한국은 '시장개방을 할 수 없다'는 입장, 혹은 시장개방을 한다면 80%는 어려우니 '60%만 하겠다', '40%만 하겠다', '20%만 하겠다'는 입장을 취할 수 있다. 어떠한 입장을 취하건 미국은 그런 입장에 대해 제각기 다른 반응을 보일 것이다. 지극히 당연한 것이지만 한국이 시장을 개방하지 않겠다는 '입장'의 강도가 강할수록 미국의 반작용은 강해진다. 그러나 미국의 반작용에 대해 한국이 다른 '반작용'을 선택할 가능성은 현실적으로 제약된다(지금까지의 통상협상 관행과 과정을 두고 볼 때 한국이 미국의 반작용에 대해 강하게 반발할 수 있는 가능성은 매우 낮다고 할 수 있다). 이런 점을 염두에 두고 이제 그 입장과 반응을 다음과 같이 정리할 수 있다.

표 1 시장개방요구에 대한 한국의 입장과 미국의 대응

	한국의 입장	미국의 대응	한국의 전체 협상력
경우 1	시장개방 않겠다	보복 불사의 태도	매우 약함
경우 2	20% 인하	추가인하 아주 강력요구	다소 약함
경우 3	40% 인하	추가인하 강력 요구	약함
경우 4	60% 인하	추가인하 요구	보통

이 표에서 보는 바와 같이, 한국이 시장개방을 하지 않겠다는 태도를 보일수록 한국이 미국과의 협상에서 가지는 전체적인 협상력은 '상대적으로' 약해진다. 협상력의 개념을 적용하면 그것은 다음과 같이 해석될 수 있다: 한국이 미국의 요구를 고려하지 않는 정도가 강하면 강할수록, 한국으로서는 협상타결에 대한 미국의 기대를 한국에 유리한 방향(시장을 개방하지 않는 쪽)으로 바꿀 능력이 떨어진다. 즉, 한국이 미국과의 통상협상에서 미국의 요구를 전혀 반영하지 않으면 않을수록 자신의 입장을 미국에 반영시킬 기회도 점진적으로 줄어든다는 것이다. 그래서 미국의 시장개방 요청과 관련 한국이 자신의 입장을 미국에 반영하기 위해서는(즉 한국이 어느 정도의 협상력을 가지기 위해서는) 미국의 요구를 어느 정도 반영하는 것이 필수적이라는 것이다. 그것이 '입장position'이 가지는 의미이다.

하지만 협상력과 관련된 '입장'의 중요성은 어디까지나 '상대적'이다. 그것은 이러한 한국의 입장을 결정하는 '과정process'이 전혀 고려되지 않았기 때문이다. 달리 말해 어떤 의미에서는 '입장'보다는 그 '과정'이 더 중요할 수 있다.

이제 '과정'이 협상력에 어떤 영향을 미치는지 검토하기로 한다. 이에 대해 결론부터 먼저 제시하면 다음과 같이 요약할 수 있다. 미국의 시장개방 요청에 대해 한국이 어떤 결정(이것은 앞서 말한 '입장'의 영역이다)을 내린다면 그 결정이 어떤 과정을 거쳐 내려졌느냐에 따라 한국이 가지는 전체 협상력의 규모는 달라진다.

다음의 두 사례를 비교하기로 하자. 첫 번째는 한국의 시장개방에 대한 결정이 아무런 사회적 갈등 없이 상명하달식으로 내려진 경우이고, 두 번째는 험난한 사회적 갈등을 거쳐 결정된 경우다. 두말할 필요 없이 두 번째의 경우에 한국이 가지는 전체 협상력이 '상대적으로' 높아진다. 그것은 다음과 같은 이유 때문이다. 사회적 갈등을 거쳐 시장을 개방하기로 결정했다는 것은 개방에 반대하는 한국민의 저항이 크다는 것을 의미한다. 그래서 미국이 한국의 시장개방 결정이 그런 과정을 통해 내려졌다는 것을 알게되면, 미국으로서는 '보복불사'와 같은 태도를 취하기가 사실상 어렵게 된다. 미국 역시 기본적으로 여론과 국민의 견해를 존중하는 사회이며 정권의 기반이 국민에 있다는 사실을 알기 때문이다. 그래서 한국이 '상상할 수도 없을 정도의 심각한' 사회적 갈등을 거쳐 '20% 정도밖에 개방할 수 없다'는 결정을 내린다고 해도 미국은 그런 한국의 입장을 수용할 수밖에 없을지도 모른다. 이런 사실은 내부협상의 '과정'이 왜 중요한지를 선명히 보여주는 것이다.

만약 '상명하달식'으로 시장개방을 할 수 없다는 결정이 내려졌다면, 그리고 그런 사실을 미국이 알고 있다면 한국의 협상력은 위의 경우와 비교하여 현저히 달라지게 된다. 두말할 필요 없이 한국의 전체 협상력은 두 번째 경우와 비교하여 '상대적으로' 낮아진다. 예컨대 청와대가 일방적으로 그런 결정을 내렸다면 미국은 아주 강력히 시장개방을 요구할 수 있다. 미국으로서는 한국의 일반 국민의 여론을 바꾸는 것보다는 청와대의 입장을 바꾸는 것이 더 쉽기 때문이다. 일반 국민의 여론을 바꾸는 데는 상당한 시간과 노력이 필요하지만 청와대의 입장을 바꾸는 데는 상대적으로 이런 노력이 덜 필요할 수 있기 때문이다.

이런 사실은 한 국가가 민주화되어 있을수록, 의사결정과정이 분권화되어 있을수록, 국민의 여론이 정책결정과정에 포함되는 정도가 클수록 그 국가가 대외협상에서 가지는 국가 전체의 협상력이 커질 수 있음을 의미한다.

■ 사례분석 2

우리는 <사례분석 1>에서 내부협상의 차원에서 '입장'이 사회적 갈등이라는 과정을 거쳐 결정되는지, 아니면 상명하달식으로 결정되는지에 따라 협상력에서 차이가 날 수 있음을 설명하였다. FTA 협상에서도 똑같은 말이 적용될 수 있다.

A국이 B국에 대하여 FTA 협정을 체결할 것을 요청했다고 하자. A국은 B국의 요청에 따라 FTA 협정체결에 대한 자신의 입장을 결정할 필요가 있다. 2장의 [그림 1]에서 보는 바와 같이 FTA 협상은 먼저 그 FTA가 과연 필요한 것인지 결정하는 순간부터 시작된다. 그래서 결론부터 말하면 FTA가 필요하다는 '입장'이 어떤 '과정'을 통해 결정되었느냐에 따라 그 FTA 협상에 임하는 A국의 협상력이 결정된다고 할 수 있다.

A국은 B국과의 FTA가 필요하다는 결정을 내릴 수도 있고 필요하지 않다는 결정을 내릴 수 있다. 이 결정은 내부협상의 '입장'에 해당된다. 그리고 그 결정이 사회적 갈등의 해소와 같은 내부협상의 '과정'을 거칠 수도 있고 거치지 않을 수도 있다. 이제 각각의 경우에 A국의 협상력이 어떻게 차이가 나는지를 검토하자. 가장 바람직한 것은 '입장'이 어떻게 결정되건 그 입장이 내부협상의 '과정'을 거쳐 결정되는 것이다. '과정'을 거쳐 FTA가 필요한 것으로 결정되었다면 외

부협상가들은 B국과의 협상에서 강력한 힘을 발휘할 수 있다. 특히 A국이 내부 협상의 과정을 거쳐 그런 결론이 도출된 것을 안다면, B국은 협상의 과정에서 A 국에 많은 양보를 요구할 수 없게 될 수도 있다. 만약 A국이 내부협상의 과정을 거쳐 FTA가 필요없다는 것으로 결정하게 된다면 A국은 B국과의 협상에서 우위를 차지할 수 있다. 이런 모든 협상력의 제고는 바로 내부협상의 '과정을 거쳤다'는 사실에서 나온다. 내부협상의 과정을 거치지 않은 경우에 대해서도 같은 말이 적용될 수 있다. 이제 그 결과를 정리하면 다음의 <표 2>로 요약할 수 있다.

표 2 B국의 FTA 협정체결 요청에 대한 A국의 반응

	A국의 '입장'	내부협상의 '과정'	A국의 협상력
경우 1	FTA가 필요하다	거침	FTA 협상에서 강력한 힘을 발휘
경우 2	FTA가 필요없다	거침	B국이 A국과의 FTA를 강력히 원할 경우, A국은 B국에게 상당한 대가를 요구하면서 협상을 시작할 수 있음.
경우 3	FTA가 필요하다	거치지 않음	B국과 FTA 협상을 시작해 나갈 수 있으나 경우 1, 경우 2에 비하여 협상력은 현저히 떨어지게 됨.
경우 4	FTA가 필요없다	거치지 않음	언제든지 FTA가 필요하다는 방향으로 '입장'을 마음대로 바꿀 수 있으나 B국과의 협상력은 떨어짐.

이 표에서 보는 바와 같이 B국과의 FTA 협상에서 A국의 협상력을 결정하는 주요 요인은 내부협상의 '과정'인 것으로 드러나고 있다. 하지만, 이것이 전부는 아니다. 외부협상가 역시 이 협상력의 결정에 주요 역할을 하게 된다.

(3) 외부협상가의 역할

외부협상가가 가지는 외부협상력의 역할은 <사례분석 1>에서 제시한 "한국의 여론과 국민의 반대가 거세다는 사실을 '충분히' 안다면 시장개방 요구를 완화할 가능성이 높게 된다"는 항목에 함축되어 있다. 즉 이 설명의 '충분히'라는 단어에 외부협상가의 협상력이 하는 역할이 포함되어 있다. 외부협상가는 내부협

상을 통해 결정된 협상의 입장을 상대방에게 전달하는 역할을 한다. 이런 협상의 자리에서 외교관이 내부협상에 의해 결정된 '입장'과 '과정'이 가지는 의미를 정확히 이해하고 있다면, 내부협상은 매우 큰 영향력을 발휘할 수 있고 그 반대의 경우도 마찬가지다.

예컨대 한국의 외교관이 '한국 정부가 국내의 거센 반대에도 불구하고 이를 극복하고 미국에 20% 정도 관세를 인하하기로 했다는 결정'을 미국에 설명하는 과정을 생각해보자. 첫 번째는 이 정도의 관세 인하를 결정하기 위해 얼마나 국내의 여론과 반대를 무릅썼는지를 유창한 영어로 아주 자세히 설명하는 경우이고, 두 번째는 국내의 여론과 반대를 과소평가하면서 대대적인 시장개방을 요구한 미국의 요구를 수용하지 못해 미안하다는 인상을 주면서 그것도 매끄럽지 못한 영어로 설명하는 경우다. 이 두 경우를 비교할 때 어느 쪽이 한국의 전체적인 협상력을 강화시키는지는 명확하다. 첫 번째의 경우에 우리의 협상력이 더 강화된다. 즉 첫 번째의 경우는 내부협상의 과정과 입장이 미국에 '충분히' 전달되어 협상의 타결에 대한 기대를 한국에 유리하게 변화시킬 가능성이 높은 반면, 두 번째는 그 과정과 입장이 미국에 '충분하지 못하게' 전달되어, 협상의 타결에 대한 기대를 한국에 유리하게 변화시킬 가능성이 낮게 된다.

그러므로 내부협상이 그 나라의 전체적인 협상력을 제고시키는 방향으로 작용하기 위해서는, 1) 내부협상이 효율적으로 진행되는 것과 함께 2) 협상가가 내부협상의 의미와 중요성을 이해하고 그것을 효과적으로 상대국에게 전달할 수 있는 능력(언어적 능력도 포함)을 가져야 한다. 이런 사실은 내부협상도 중요하지만 그 과정과 입장을 효과적으로 협상 상대국에게 전달하는 협상가의 외부협상력도 중요하다는 것을 의미한다. 그러므로 내부협상과 외부협상력이 유기적으로 결합될 때 그 나라의 전체적인 협상력은 극대화될 수 있다.

제 5 장

국가 간 협상에 대한 이해 III[1]:
내부협상 개념을 중심으로 한 통상교섭본부 평가

1. 대외통상조직과 협상력: 내부협상의 '과정'을 중심으로

우리는 제4부 4장에서 내부협상을 통해 결정되는 '입장position'과 그 입장이 결정되는 '과정process'이 한 국가의 협상력과 밀접한 관련을 가짐을 제시하였다. 이 분석의 결과 다음과 같은 사실을 확인하였다. 첫째, 협상력과 관련된 '입장'의 중요성은 어디까지나 '상대적'이며, 그 입장을 결정하는 '과정'이 더 중요할 수 있다. 둘째, 따라서 한 국가가 민주화되어 있을수록, 의사결정과정이 분권화되어 있을수록, 국민의 여론이 정책결정과정에 포함되는 정도가 클수록 그 국가가 대외협상에서 가지는 국가 전체의 협상력이 커질 수 있다. 그래서 대외통상조직이 한 국가의 협상력과 가지는 밀접한 관계는 이 대외통상조직이 내부협상의 '과정'에서 어떤 역할을 담당하는가와 밀접한 관련을 가진다. 이제 그 메커니즘을 좀 더 자세히 살피기로 한다.

(1) 국민의 여론이 협상력에 미치는 영향

첫째, 국민의 여론과 의사가 대외통상조직의 협상전략에 미치는 영향이 클수록 한 국가의 협상력은 상대적으로 증가할 수 있다. 그것은 외부협상에 임하는 협상가가 상대방의 지나친 요구에 대응할 수 있는 명분을 제공하며, 또 협상 상

---

1) 이 장은 필자의 논문(2012, a)을 대폭 줄여서 그대로 첨부한 것이다. 일반 독자를 위한 책이라는 점을 고려하여 논문에 있던 각주를 많이 줄였다. 그렇지만 분석방법과 주요 내용, 그리고 결론은 필자의 논문과 같다.

대 국가에게 보다 광범위한 요구를 할 수 있는 근거를 제공한다. A라는 제품의 시장개방을 협상할 경우 국민과 이해단체의 강력한 대내적 요구가 있다면 대외협상가는 상대방 국가에게 A라는 제품의 시장을 더 빠르고 폭 넓게 개방하라고 요구할 수 있다. 물론 요구 수준을 높인다고 해서 개방의 폭이 반드시 커지는 것은 아니지만, 그렇지 않은 경우에 비하여 상대 국가의 A제품에 대한 개방의 폭이 더 커질 가능성이 높아지게 된다. 특히, 우리의 개방 요구가 단순한 요구가 아니라 국민들의 전폭적인 지원 혹은 요구를 반영한 것이고, 그런 사실을 상대 국 협상가가 알고 있다면 그 가능성은 더 커지게 된다. 반대로, 상대국이 B라는 상품에 대하여 우리에게 강력한 시장개방을 요구할 경우 우리는 우리 국민의 격렬한 반대와 의견을 핑계로 상대방의 요구수준을 낮출 수 있다. 물론, 이런 경우에도 우리의 개방수준이 반드시 낮아진다고 할 수는 없으나, 그렇지 않은 경우에 비하여, B상품에 대한 시장개방의 폭이 줄어들 가능성이 커지게 된다. 이 경우 역시 상대방이 우리 국민이 격렬히 반대하고 있다는 사실을 분명히 알 필요가 있고, 그런 점에서, 상대방이 그런 사실을 분명히 알 수 있게 해야 할 필요가 있다.

이런 메커니즘이 정립될 경우 한 국가가 수세에 봉착할 수밖에 없는 협상에 임할 경우에도 협상을 보다 순조롭게 진행할 수 있다. 예컨대, 한국의 쌀 시장개방의 경우, 국제적인 무역환경과 다자간질서 때문에 쌀 시장개방이 불가피하다면, 국내의 이해단체 혹은 국민을 협상과정에 참여시켜 한국이 처한 현실을 직접 보게함으로써, 쌀 시장개방과 관련 과거 우리가 경험했던 사회적 혼란을 줄일 수 있다. 물론 쌀 시장을 개방하지 않는 것은 어려운 일이지만 최소한 다음의 두 가지 효과는 기대할 수 있다. 1) 국내의 이해관계자로 하여금 상대국 혹은 국제적인 쌀 시장개방 압력이 어느 정도 심각한지 협상의 장에서 실체 체험하게 함으로써 쌀 시장개방의 후속조치와 관련된 국내의 거센 반대와 사회적 혼란을 줄일 수 있고, 2) 쌀 시장개방에 대한 한국 국내의 우려와 반대를 상대방 국가에 효과적으로 보여주면서 시장개방의 속도와 폭에 대한 다소의 양보를 기대할 수 있다.

이런 관점에서 한 국가의 대외협상조직은 국민 혹은 이해단체의 의견을 수렴하고 그것을 협상과정에 반영하는 메커니즘을 가질 필요가 있다. 이 말은 단순히 공청회나 청문회의 개최 수를 늘리자는 것이 아니라, 국민과 실제적인 소통

을 할 수 있는 제도를 명문화하고, 나아가 이해 당사자인 국민이 협상과정에 참
여할 수 있는 통로를 만들어야 한다는 것을 의미한다.

(2) 국가 의사결정과정의 분권화가 협상력에 미치는 영향

**둘째, 한 국가의 의사결정과정이 분권화되어 있을수록 한 국가의 협상력은 상
대적으로 증가할 수 있다.** 시장개방과 관련된 의사결정이 행정부의 한 부처에서
결정되는 경우와, 행정부의 결정이 의회의 승인을 거쳐야 하는 경우를 비교해보
자. 대외통상조직의 협상에 의해 시장개방의 폭과 범위가 결정된다면, 상대방의
경우 대외통상조직만을 협상의 상대로 생각하고 협상력을 발휘하면 된다. 하지
만, 시장개방의 결정이 대외통상조직의 협상을 토대로 반드시 의회의 승인을 거
쳐야 하는 것이라며, 상대방은 대외통상조직과 함께 시장개방안을 승인해야 하는
의회에 더 큰 관심을 기울일 수밖에 없다. 물론 이 경우 의회의 승인은 형식적
인 것이 아니라 실제 시장개방을 좌우할 수 있는 실질적인 것이어야 한다.

주지하는 바와 같이, 미국의 경우 행정부와 의회가 절묘한 역할분담을 함으
로써 대외협상력을 높이고 있다. USTR이 상대국과의 협상에서 시장개방의 폭과
범위를 결정하더라도, 그것이 의회의 승인을 받지 못하면 효력을 발휘하지 못하
기 때문에, USTR의 협상가들은 의회의 승인을 핑계로 상대국에 시장개방에 대
한 공세를 강화할 수 있다. 즉, '당신 국가가 어느 정도 이상 시장개방을 하지
않으면 우리 의회가 이 시장개방안을 승인하지 않을 것이기 때문에 시장개방에
대한 협상타결을 위해서도 당신 국가가 어느 정도 양보를 해야 한다'고 주장을
할 수 있다. 혹은 상대방이 미국에 매우 큰 규모의 시장개방을 요구한다 하더라
도 '우리USTR는 당신 국가의 입장을 이해하기 때문에 당신 국가가 요구하는 우리
의 시장개방안을 받아들이고 싶지만, 그럴 경우 우리 의회가 승인하지 않을 것'
이라는 핑계를 대면서 상대 국가의 시장개방 요구를 피해갈 수 있다. 나아가, 미
국의 경우 통상협상과 관련 외국과의 협상권한은 의회에 있으며[2] 그것을 단지
행정부에 위임한 형태를 띠고 있기[3] 때문에 이런 권한의 위임 혹은 분산은 미국

---

2) 이와 관련 실질적으로 미국 의회를 움직이는 것은 미국의 업계 및 이해단체이기 때문에 이런
   점은 한국의 실정과 맞지 않는다는 비판이 있을 수 있다. 하지만, 바로 이런 점 때문에 한국
   의 국회가 가지는 역할이 재검토되어야 한다. 달리 말하면, 한국 역시 국회가 업계 및 이해
   단체의 의견을 부분적으로라도 반영하는 메커니즘을 가지는 형태가 되어야 한다는 것이다.
3) 이런 사실에 대해서는 손태우(2009)를 참조.

의 협상력을 높이는 데 큰 기여를 하고 있다.

미국의 사례에서 보는 바와 같이 의사결정의 분권화가 실질적인 협상력 강화로 연결되기 위해서는 분권화된 기관들이 서로 독립적이고 상호 견제 혹은 보완하는 역할을 할 수 있어야 한다. 그렇지 않고, 형식적인 분권화, 혹은 요식적인 분권화4)에 그친다면 결코 협상력 제고를 기대할 수 없다. 상대국가가 이런 형식적이고 요식적인 분권화를 알고 있기 때문에 협상에서 큰 역할을 할 수 없기 때문이다.

의사결정의 분권화가 반드시 이런 두 기관 사이의 독립을 전제로 하지 않고, 통상협상의 결정과정 혹은 처리과정에 대한 법률의 형태로 존재할 수도 있다. 즉, 통상협상의 결과가 처리되는 절차가 법률로 결정되어 있다면 대외통상조직은 이 법률을 핑계로 사실상 협상력을 높이는 결과를 가져올 수도 있다.

(3) 국가의 민주화 정도가 협상력에 미치는 영향

셋째, 한 국가가 보다 더 민주화되어 있을수록 한 국가의 협상력은 상대적으로 커질 수 있다. 이 말은 위에서 언급한 분권화와 밀접한 관계를 가지지만, 여기서의 민주화라는 의미는 의사결정과정의 수평화와 깊은 관계를 가진다. 한 절대적인 권력자나 권력기구에서 시장개방에 대한 의사가 결정되는 경우와, 사회적 토론과 협의를 거쳐 시장개방에 대한 의사가 결정되는 경우, 협상력에서 큰 차이가 날 수밖에 없다는 것이다. 위에서도 잠시 언급되었지만, 시장개방에 대한 의사결정이 소수의 권력자에 의해 결정된다면 협상의 상대방은 그 소수의 권력자에 대한 협박, 회유, 설득을 통해 자신이 바라는 목표를 달성할 수 있다. 하지만, 통상협상에 대한 의사결정이 사회적 토론과 협의를 거쳐 이루어진다면 협상의 상대방은 자신의 목표를 달성하기 위해 보다 정교한 전략을 사용할 수밖에 없고 그런 과정에서 우리의 협상력은, 그렇지 않은 경우에 비하여, 더 높아질 수밖에 없다.

이런 관점은 통상협상과 관련된 사회적 혼란과 난맥상을 바라보는 다른 관점을 제공한다. 대외통상조직이 외국과의 협상을 앞두고 우리 내부가 하나의 단일한 목소리를 내기를 요구한다면, 그것은 어떤 경우에는 협상력 저하로 연결될

---

4) '통법부'라는 호칭이 가장 대표적일 것이다.

수 있다. 다시 말해, 상대방이 우리에 대한 시장개방을 요구할 경우 국내가 그 문제로 소란스럽고 시끄러운 것이, 역설적으로 대외통상조직의 협상력을 높이는 계기로 작용할 수 있다는 것이다. 국내적으로 상대방의 시장개방에 대한 국내의 반대가 매우 크다는 사실을 상대방에게 전해줄 수 있기 때문이다. 물론, 단일한 목소리가 대외통상조직의 협상력을 높이는 경우도 있다. 그것은 우리가 상대방에 대해 높은 수준의 시장개방을 요구할 때인데, 지금까지의 경우 이런 사례는 그다지 많지 않았다. 그런 점에서 대외통상조직은 통상협상과 관련된 내부의 반대와 혼란을 바라보는 인식을 바꿀 필요가 있다.

(4) 이해관계자와의 의사소통이 협상력에 미치는 영향

넷째, 이런 모든 과정에서 국내의 이해관계자, 대외통상조직, 분권화된 기관 등과의 유기적인 의사소통이 중요하며, 또 이를 위하여 국내의 모든 매스컴은 통상협상과 관련된 정보를 '전략적 차원'으로 보도할 필요가 있다. 즉, 위에서 말한 바와 같이 국내의 목소리나 의견이 협상의 상대방에게 전달되어야 하고, 혹은 상대방이 알고 있어야 하기 때문이다. 이를 위해서 대외통상조직은 매스컴과의 유기적 협력을 통해 상대방에게 전달하는 정보를 적절히 조절할 필요가 있다. 대외통상조직은 매스컴과의 협력뿐 아니라 분권화된 의사결정 기구와의 의사소통을 위해서도 자신이 공급하는 정보의 양과 질을 '전략적 차원'에서 관리할 필요가 있다. 그런 경우에 대외통상조직은 자신의 협상력을 제고시킬 가능성을 높이게 된다.

2. 통상교섭본부의 기능에 대한 평가

(1) 통상교섭본부의 설립

1990년대 초까지 통상교섭 업무는 경제기획원, 재무부, 상공부, 외무부 등 부처별로 분산돼 있었으며, 부총리 기관인 경제기획원의 대외조정실에서 이를 총괄하는 방식으로 진행되었다. 대외조정실은 경제기획원의 산하조직에 불과했기 때문에 그 총괄조정기능이 미약하였고, 그 결과 1993년 말 UR(우루과이 라운드)협상이 타결된 뒤 이 기관의 대외 협상능력 부재라는 문제로 정식으로 제기되었다. 그 뒤 1994년 12월 김영삼 대통령의 세계화 선언을 계기로 추진된 제3차

조직개편에서 기존의 상공자원부가 통상기능이 강화된 통상산업부로 개편되었는데, 이것이 우리나라의 정부조직에서 통상이란 단어가 처음으로 등장하게 된 배경이다. 하지만 통상산업부 역시 통상교섭 업무를 홀로 전담하지는 않았고, 이 조직 또한 오래 지속되지도 않았다.

1998년 3월 김대중 정부는 일련의 조직개편을 통하여 기존의 여러 부처에 흩어져 있던 통상업무를 외교통상부로 일원화하면서[5] 그 산하에 통상교섭본부라는 새로운 조직을 출범시켰다. 통상교섭본부는 우리나라에서 통상업무가 시작된 이래 처음으로 탄생한 통상협상전담조직이다.[6] 하지만, 이 통상교섭본부 역시 2013년 2월 박근혜 정부가 출범하면서 산업통상자원부로 통상교섭 기능을 이관하게 되었다. 한 가지 특이한 사실은 산업통상자원부가 통상교섭 기능을 전담하면서도 통상교섭본부라는 별도의 조직은 만들어지지 않았다는 사실이다. 이런 사실을 두고 박근혜 정부하에서 통상교섭기능이 약화되었다는 견해가 제기되기도 하였다. 이런 견해를 배경으로 2017년 문재인 정부가 들어서면서 산업통상자원부가 가지고 있는 통상교섭 기능을 다시 외교통상부로 일원화한다는 의견이 제시되기도 했으나, 한미 FTA 재협상 등 복잡한 사정을 이유로 외교통상부로 일원화되지는 못했다. 대신 정부조직법을 개편하여 산업통상자원부 내에 통상교섭본부를 설립하여 그동안 상대적으로 약화되었다는 통상기능을 강화하기로 하였다.

하지만, 통상교섭 기능을 둘러싼 논의가 완전히 해소된 것은 아니다. 아직 분명한 청사진이 제시된 것은 아니지만 2018년에 논의될 개헌과 그 뒤의 정부조직 개편에서 통상교섭 기능을 다시 외교부로 일원화해야 한다는 주장 또한 계속되고 있다.

주지하는 바와 같이 이런 통상교섭본부의 가장 중요한 역할은 FTA 협상이다. 이는 외교부의 통상교섭본부와 지난 박근혜 정부의 산업통상자원부가 해 온 일을 보아도 명백하다.

그래서 본서에서는 통상교섭본부가 해 온 일을 FTA를 중심으로 살펴보려 한

---

5) 그 이전의 통상산업부는 산업자원부로 바뀌면서 통상교섭 기능을 통상교섭본부로 넘겨주었다.
6) 김대중 정부 출범 직전 정부조직개편위원회에서 마련한 통상조직개편안은 통상조직과 관련 세 가지 안을 제시하고 있었다. 첫째, 미국무역대표부(USTR)와 같은 대통령 직속의 무역대표부(KTR)의 설치, 둘째, 새로운 부처의 설치, 셋째, 외무부 안에 두는 방안이었다. 그 중 대통령 직속에 두는 방안은 정치적 부담이 크다는 이유로 제외되었고, 부처를 신설한다는 것은 작은 정부를 지향한다는 정신에 어긋난다는 이유로 역시 제외되어, 결국 통상기능을 외무부로 통합시키는 방안이 채택되었다.

다. 그리고 통상교섭본부라는 조직을 대상으로 한 만큼 그 분석의 범위를 외교부 통상교섭본부가 주도해 온 활동으로 제한하기로 한다. 한 가지 흥미로운 것은 외교통상부에서 산업통상자원부로 통상교섭 기능이 옮겨졌지만, 여기서의 분석과 논의가 산업통상자원부의 통상교섭기능에도 거의 대부분 적용될 수 있다는 것이다. 한국의 통상교섭 기능은 그만큼 개선할 여지가 많이 남아있다는 것이다.

(2) 통상교섭본부에 대한 평가: 내부협상의 '과정'에 근거한 대외협상력의 관점

1) 이해단체를 중심으로 한 국민과의 소통문제

앞서 설명한 바와 같이 통상교섭본부가 FTA 협상과정에서 이해단체를 중심으로 한 국민과 어느 정도 소통해 왔는지는 우리의 협상력 제고에 중요한 역할을 한다. 통상교섭본부의 교섭과정을 뒤돌아볼 때 협상의 과정이 진행될수록 이해단체와의 소통을 중요하게 생각한 점은 여러 문서를 통해 드러난다. 가장 대표적인 것이 외교통상부가 2006년 한미 FTA를 앞두고 홈페이지에 올린 '한미 FTA에 대한 국정 브리핑 자료'이다. 그 중 '시민단체 등 이해관계자와 지속적인 대화를 함으로써 국민적 공감대를 기반으로 전 협상과정을 진행해 나간다'는 것은 그 이전의 협상경험[7]과 비교해 볼 때 매우 바람직한 입장 표명으로 보여진다.

하지만, 한미 FTA의 전 과정을 통하여, 그리고 협상타결 뒤 재협상과정을 통하여 통상교섭본부가 이 브리핑 자료에 천명한 대로 어느 정도 이해관계자와 지속적인 대화를 해 왔는지는 심히 불분명하다. 그것은 정부가 소통의 수단으로 삼은 각종 공청회와 간담회가 실제적인 소통을 위한 것이기 보다는 '소통을 추구했다는' 사실 자체를 목표로 삼은 것으로 보여지기 때문이다. 예컨대 한 언론은 이를 '정부가 그동안 협상과정에서 개최해 온 공청회, 간담회 등은 주로 사후 설득수단일 뿐 참여채널은 막혀있다는 사실이 취재 결과 밝혀졌다'고 지적하고 있다.[8] 즉, 외형적으로는 의견수렴을 위한 절차를 마련하고 있을지 모르나 그 절차가 제대로 기능하지 않고 있었다는 것이다. 이 이유가 '정부의 뿌리 깊은 비밀주의 의식과 관행에서 야기되고 있다'는 주장도 제기된다.[9]

---

7) 한국과 칠레와의 FTA 당시 농업부문과 관련 통상교섭본부가 국민적 공감대를 형성하지 못했다는 비판을 받았다.
8) 세계일보(2007) 탐사보도.

　이런 의사소통의 부재는 한·EU FTA를 준비하는 과정에서도 보여진다. 통상
교섭본부는 '한·EU FTA 협상 공식 출범 선언'이란 보도자료[10]를 통하여 한·
EU FTA 협상은 상당한 기간에 걸친 주도면밀한 사전포석과 국내 준비작업을
통해 이루어졌음을 밝히고 있다. 그 중요한 준비작업의 일환으로 2006년 11월의
한·EU FTA 관련 공청회와 같은 해 12월의 FTA 민간자문위원회를 들고 있다.
외형적으로 볼 때 통상교섭본부는 한미 FTA 과정에서의 비판과 경험을 살려 이
해단체와의 소통과정이 부족하지 않게 배려한 것으로 보여진다. 하지만, 이런 공
청회와 민간자문위원회가 어느 정도 제 기능을 발휘했는지 여전히 의문이 제기
된다. 공청회와 민간자문위원회의 결과 혹은 의견이 어느 정도 통상교섭본부의
협상전략이나 정책에 반영되었는지 여전히 불확실하기 때문이다. 다시 말해, 한
미 FTA의 경우와 같이 여전히 하나의 '요식행위'에 불과한 인상을 지울 수 없기
때문이다. 이와 관련 '과정과 절차가 한미 FTA보다 더 밀실협상이었고 이해당사
자인 농민단체나 농민들과 한마디의 의견수렴이나 토론이 없었다'[11]는 주장은 한
번 새겨들을 만하다.

　통상교섭본부는 2006년 이후 모든 FTA 과정에서 이해단체와의 소통을 중요
시하겠다는 입장을 밝혀왔으면서도 실제 협상과정에서 이런 소통이 중요한 역할
을 하지 못했다. 그 가장 큰 이유는 통상교섭본부의 내부에 혹은 우리의 통상교
섭 메커니즘에 이해단체와의 소통을 협상전략 혹은 과정에 반영하는 메커니즘이
존재하지 않기 때문이다. 5국 17과라는 통상교섭본부의 어떤 조직에도 이런 메
커니즘은 보이지 않는다. 이런 시스템적인 문제가 해결되지 않는 한 통상교섭본
부가 진행하는 어떤 종류의 FTA 협상에서도 같은 비판이 제기될 가능성이 많
다.[12] 그런 의미에서 어떤 형태로든 통상교섭본부라는 시스템을 재점검할 필요
가 있으며, 이와 관련 새로운 기관의 설립도 검토할 필요가 있다.

---

　9) 세계일보(2007) 탐사보도.
　10) 외교통상부 보도자료 2007년 6월 5일.
　11) CBS 노컷뉴스 2009년 4월 2일.
　12) FTA 협상과정과 관련된 것은 아니지만 프랑스와의 의궤반환협상 민간협상대표로 참여한 한상진
　　　교수는 한 매체와의 인터뷰를 통해 다음과 같이 말하고 있다. "외교적 협상에 대해 내가 많이 들
　　　었던 이야기는 공청회를 열어서는 안 된다는 거였다. 협상은 비밀이기 때문에 어떻게 다 까발리냐
　　　는 것이다." 이런 입장은 협상과정을 외부에 공개하는 공청회와 협상전략과 입장을 수립하기 위한
　　　공청회를 구분하지 못하고 있다는 비판을 받을 수 있다. 하지만, 한상진 교수의 이런 입장표명은
　　　외교부에서 공청회를 바라보는 시각 혹은 시선이 어떠한지를 간접적으로 알 수 있게 한다. 자세한
　　　것은 세계일보(2007) 탐사보도 참조.

2) 국회와의 관계: 견제와 균형

앞서 한 국가의 의사결정과정이 분권화되어 있을수록 대외통상조직이 외국과의 협상에서 협상력을 높일 수 있음을 설명하였다. 이런 분권화의 대상으로 가장 적절한 조직이 의회, 즉 한국의 경우 국회이다.

통상교섭본부의 FTA 협상과정 그리고 국회에서의 비준과정을 지켜볼 경우 가장 분명히 드러나는 사실은 통상교섭본부의 상대적 우위와 국회의 상대적 열세이다. 이것은 2000년대 중반 이후 FTA가 한국 대외통상정책의 중요 이슈로 부상하면서 통상교섭본부의 역할과 기능이 증가했다는 측면도 있지만, 국회가 제 기능을 다하지 못하고 있거나 혹은 제도적으로 기능을 다하지 못하도록 되어 있다는 것을 시사한다.

통상교섭본부의 역할과 기능이 증가했다는 것은 우선 통상교섭본부 조직의 확대에서 확인할 수 있다. 통상교섭본부는 2004년 FTA의 효과적 협상을 위하여 FTA국을 신설하였으며, 2007년에는 1개국 4개과에 불과하던 FTA 관련조직을 2개국 7개과로 확대하였다. 2007년의 FTA 중심의 조직개편에서 통상교섭본부는 이 개편을 통해 '국내홍보, 국회 비준 업무, 비관세장벽·신무역규범' 등과 관련된 업무를 강화하기로 하였다. 역설적이지만 이 조직개편을 통하여 국내홍보와 국회 비준 업무를 추가한 것은 지금까지 이 두 가지 과제가 효과적으로 시행되지 않았다는 것을 반증하는 것일 수도 있다.

이런 조직의 강화는 FTA라는 시대적 중요성의 산물일 수 있다. 하지만, 이런 조직의 강화가 통상교섭본부를 '정부위의 정부'로 불리게 한다든지, 혹은 '견제받지 않은 권력'이라는 비판[13]을 자초한다면 이것은 오히려 통상교섭본부의 협상력을 저해하는 요인으로 작용할 수 있다. 위에서 본 것처럼 협상의 상대방은 한국의 다른 국내단체나 세력을 고려함이 없이 통상교섭본부만 효과적으로 조정할 수 있는 방안을 강구하면 되기 때문이다.

그런 점에서 한국의 국회는 통상교섭본부의 협상과정과 결과를 효과적으로 견제하지 못하고, 그 결과 한국 전체의 협상력을 저해하는 결과를 초래하고 말았다. 국회의 무기력 혹은 비효과적인 견제를 보여주는 대표적 사례는 FTA 협정

---

13) 위클리 경향 902호, kyunghang.com.

문 공개와 관련된 것이다. 지난 2007년 당시 17대 국회 통일외교통상위원회와 한미 FTA 특위 위원들을 상대로 협정문을 공개했을 때, 통상교섭본부는 협정문 전부를 공개한 것이 아니라 전체 1000여 쪽 가운데 절반을 조금 넘는 600여 쪽 만을 공개하였다. 의원들은 한국어 번역본 없이 영어로만 제공된 수백 쪽의 문서를 컴퓨터 모니터로만 볼 수 있었고 필사도 금지되었다. 그나마 서비스 투자 유보안, 품목별 원산지 기준 등에 관련된 부분은 공개되지 않았다. 협정문 전문은 2007년 5월 말에야 공개되었는데, 협상대상인 미국의 경우 4월 초부터 민간 자문위원회 소속 700여 명의 전문가들이 평가 및 검증 작업을 벌이고 있었다. 이것은 전형적인 비밀주의 표본으로써 협상결과가 비준되기 전의 검증 작업을 통상교섭본부가 사실상 막고 있는 것으로 해석할 수도 있다. 통상교섭본부는 자신들이 한 협상의 결과에 자부심을 가질지 모르나 영어로 표현된 방대한 협상결과를 전문가들이 검증하는 것은 한국 국회의 비준 전에 반드시 거쳐야 할 사항이다. 상대국인 미국의 경우 비준 전 까다로운 검증을 통해 재협상까지 요구하는데, 통상교섭본부는 국내의 검증작업까지 각종 절차를 이유로 가로막고 있었다는 것은 협상력 제고의 관점에서 이해하기 힘든 일이다.

주지하는 바와 같이 미국은 통상협상권을 의회가 가지고 있고, 대통령 서명 전에 협정문에 대한 승인권을 가지고 있다.[14] 이것은 협상의 주도권을 실질적으로 의회가 가지고 있다는 것을 의미한다. 그래서 미 행정부는 이런 제도적 구조를, 전 항에서 설명한 바와 같이, 자신의 협상력 제고라는 관점에서 적절히 이용한다. 이런 제도적 차이를 감안하더라도 한국의 국회는 통상교섭본부의 FTA 체결에 대하여 지나치게 무기력하다. 한국의 국회는 통상교섭본부가 FTA 협상 대상국을 결정하고, 협상을 시작하고, 협상을 타결 짓고, 비준안을 제출하는 과정에서 전혀 견제할 제도적 장치를 가지고 있지 못하다. 오직, 협정문에 대한 비준을 행사하는 과정에서 가부만 표시하도록 되어 있다. 가부를 표결하는 과정에서 영향력을 행사하면 되지 않느냐는 원론적 질문이 가능할지 모르나 지금까지 국회의 기능을 고려할 때 협상결과를 검토하고 혹은 그 전에 협상의 결과에 영향을 미치는 메커니즘을 가지기 힘들다.

이런 이유로 통상교섭본부가 FTA 협상타결에만 치중할 뿐이라는 비판이 가

---

14) 자세한 것은 손태우(2009) 참조.

능할 수 있다. 전 항에서 지적한 바와 같이 국민과 이해단체와의 소통기능이 부족하며, 국회를 통한 협상력 제고도 미흡하다는 점에서 통상교섭본부의 역할과 기능에 대한 재검토는 필요하다. 그것은 통상교섭본부의 교섭기능이 미흡하다는 의미가 아니라, 교섭의 과정에서 '더 바람직한 결과를 가져올 수 있었음에도 그렇게 하지 못했던' 과거의 협상을 반성하는 의미를 가진다.

3) 협상기능과 조정기능의 분리

우리는 전 항에서 분권화와 함께 의사결정기능의 수평화가 협상력과 밀접한 관련을 가짐을 보았다. 통상교섭본부의 협상력 제고와 관련 가장 중요한 것 중의 하나가 다양한 부처 간의 의견을 조정하는 각 부처 간의 이해 조정능력이다. 앞서 살핀 바와 같이 정부조직법은 통상교섭본부의 역할 중 하나를 '기획재정부, 농림수산식품부, 지식경제부 등 국내 통상관련 부처의 의견을 총괄, 조정'하도록 되어 있다.

하지만, 실제 각 부처의 의견을 조율하는 것은 대외경제장관회의이다. [그림 3]에서 보는 것처럼 외형적으로 각 부처 간의 입장은 통상교섭본부를 중심으로 한 실무협의 혹은 실무조정회의를 통해 조율되도록 되어 있다. 하지만 각 부처 간 입장이 첨예하게 대립될 경우 대부분 대외경제장관회의에서 결정되도록 되어 있고, 여기에서 마저 의견이 조율되지 않을 경우 그것은 바로 대통령의 결정을 요구하는 시스템으로 되어 있다.

다시 말해, 정부조직상으로 통상교섭본부가 각 부처의 대립된 의견을 조율하는 총괄기능을 가지고 있음에도 불구하고 실제로는 그리 효율적으로 작용하지 못하고 있다는 것이다. 한·칠레 FTA를 둘러싼 한 국회의원의 다음과 같은 증언은 이에 대한 좋은 사례이다.[15]

"여러 분야에 걸친 포괄적인 협상을 하게 되면 '다 양보하더라도 우리 분야만은 양보할 수 없다'는 게 모든 부처의 공통 주장이다. 부처 간 조율을 위한 장관급 회의에서도 결정이 안 나오는 경우가 허다한데 청와대에서도 판단을 내리기가 부담되는 모양인지 다시 장관급으로 내려오는 게 대부분이다. 이렇게 하다가 결국 내부 결

---

15) 정의용 국회의원의 말로서 세계일보(2007) 탐사보도에서 인용.

정이 안 된 상태에서 협상에 나가고, 그러다보니 협상이 어려워진다."

그림 3 한국과 미국의 통상정책시스템 비교

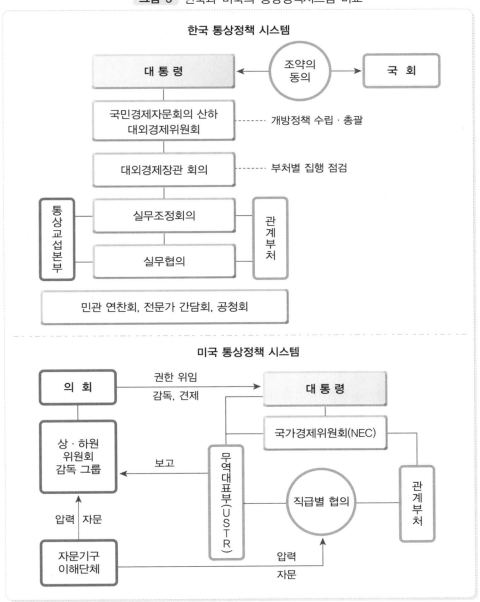

자료 한겨레신문, 『한겨레 21』 제658호, 2007. 5. 3.

이것은 [그림 3]에서 보는 바와 같이 미국의 통상정책결정시스템이 수평적인 성격을 가지고 있는 반면 한국의 통상정책결정시스템이 수직적인 성격을 가지고 있는 것에 기인한 것으로 볼 수 있다. 미국의 경우 견제와 감독, 혹은 압력과 자문이라는 수평적 의사결정과정을 통하여 무역대표부가 사실상의 조정기능을 담당하지만, 한국의 경우 통상교섭본부는 사실상 수직적인 조정기능의 한 부분에 지나지 않기 때문이다. 앞서 지적한 바와 같이 통상교섭본부가 부처 간의 이견을 사실상 조정하기보다는, 그 이견의 조정을 시작하는 출발점에 지나지 않기 때문이다. 이런 점에서 통상교섭본부의 조정기능은 어떤 형태로든 강화될 필요가 있다. 하지만, 그 조정 기능이 강화되기 위해서는 그 성격과 과정이 첫째, 국민과 이해단체의 압력과 자문을 수용하고, 둘째, 국회의 견제기능을 강화하여 감독과 견제라는 기능을 수용하고, 셋째, 민간단체의 전문적인 의견을 수용하는 수평적 의사결정과정을 가져야 한다. 그렇지 못할 경우, 통상교섭본부의 조정기능은 의사결정과정의 비민주성을 강화하고, 우리 협상력을 저해하는 측면으로 작용할 뿐이다.

3. 통상교섭본부의 개편방향

(1) 통상행정조직의 유형과 향후 개편의 기본방향

지금까지 내부협상의 '과정'과 관련한 협상력 제고의 관점에서 외교부 통상교섭본부의 FTA 협상성과를 평가하였다. 거듭 강조하지만 이런 평가는 통상교섭본부의 교섭성과를 저평가하기보다는 '한국의 이익을 더 반영하는 방향으로 할 수 있었던 협상을 그렇게 할 수 없었던' 요인에 대한 반성을 담고 있다. 이런 분석을 바탕으로 여기서는 통상교섭본부의 개편방향을 제시하려 한다. 앞서 잠시 언급했지만 2017년 현재 통상교섭기능은 산업통상자원부가 가지고 있기 때문에, 여기서는 외교부 혹은 산업통상자원부 어느 부서의 의견을 따르기 보다는 한국의 통상이익을 극대화하는 방향으로 통상교섭본부의 개편방향을 제시하려 한다.

통상교섭본부의 개편방향을 제시함에 있어서는 한 가지 더 고려해야 할 사항이 있다. 그것은 행정조직으로서의 효율성이다.

통상교섭본부라는 대외통상조직이 효율성을 가지기 위해서는 한국에서 대외통상이 경제에서 차지하는 비중을 고려해야 하고, 한국의 경제규모의 변천과 관련 대외통상교섭이 어떤 성격으로 변하는지를 검토할 필요가 있다. 주지하는 바와 같이, 한국에서 대외통상이 차지하는 비중은 지속적으로 증가하고 있다. 그것은 지금까지 체결한 FTA가 15건(칠레, 싱가포르, EFTA 4개국, 아세안 10개국, 인도, EU, 페루, 미국, 터키, 호주, 캐나다, 중국, 뉴질랜드, 베트남, 콜롬비아), 협상이 진행 중인 FTA가 5건(인도네시아, RCEP, 중미 6개국, 에콰도르, 이스라엘)에 이르고 있으며 일본과 멕시코와는 FTA 협상 재개를 검토하고 있는 사실에서 잘 드러난다(모두 2017년 6월 기준). 그러므로 이런 사실을 고려할 때 어떤 형태로든 통상교섭기능을 강화할 필요가 있고, 그런 관점에서 앞서 제시된 평가를 고려하여 대외협상력을 높이는 방향으로 조직을 개편할 필요가 있다.

하지만, 정작 문제가 되는 것은 한국의 경제규모의 변천과 관련 대외통상교섭의 성격 변화와 관련된 것이다. 1998년 통상교섭본부가 발족할 당시 한국은 어떤 형태로든 수세적인 입장에서 외국의 통상압력을 방어해야 하는 입장에 서 있었다. 1993년까지 진행된 UR 협상을 고려할 때 이 같은 기본적인 입장은 전적으로 타당한 것이다. 하지만, 2017년이라는 현재의 시점에서, G20이라는 국제협의체의 의장국을 경험하고, 우리의 FTA가 '동시다발적 FTA'에서 'FTA의 전략적 확대'라는 측면으로 확장하고 있다는 점을 고려할 때 우리의 대외통상교섭의 성격은 과거와 달리 수세적인 입장에서 조금 더 공세적인 것으로 전환할 필요가 있다. 이것은 한국의 주요 교역대상국이 미국, 일본 등 주요 선진국에서 중남미와 아시아 등 개도국까지 매우 다변화되고 있다는 점에서 더욱 그러하다. 그래서 통상교섭본부의 기능을 개편함에 있어서는 이런 대외통상교섭의 성격변화를 반드시 염두에 둘 필요가 있다.

(2) 통상교섭본부 개편의 기본 골격

여기서는, 대외통상교섭의 성격변화를 고려하고 우리의 대외 협상력을 제고시키는 방향으로 통상교섭본부를 개편하기 위한 가장 바람직한 방향으로 한국무역대표부KTR: Korea Trade Representative를 신설할 것을 제안한다. 그 주요 이유와 내용을 좀 더 자세히 보기로 한다.

한국의 경위 과거 외교통상부에 설치되었고 현재(2017년 7월 기준) 산업통상자원부 산하에 있는 통상교섭본부를 한국무역대표부KTR: Korea Trade Representative로 확대 개편하는 것이 필요하다.

이런 무역대표부의 신설을 건의하는 것은 다음과 같은 이유 때문이다. 우선 대외통상교섭의 성격이 과거의 수세적인 것에서 공세적인 것으로 변하고 있기 때문이다.[16] 본서에서는 FTA만을 중점적으로 분석했지만 통상교섭본부가 담당하는 기능은 다자통상, 지역통상, 국제기구 등 실로 한국의 경제교섭업무를 총괄하는 것이다. 그리고, 이런 모든 교섭업무가 외국의 공세로부터 우리를 지키는 것에서, 우리의 경제적 이익을 위하여 우리의 교역대상국에 다소 공세적으로 전환해야 하는 시기에 처해있다. 이와 비슷한 형태의 조직개편으로는 중국을 들 수 있다. 중국은 미국의 무역대표부와 같은 성격을 가지는 국제무역담판대표를 설립한 바 있다. 이 국제무역담판대표는 중국과 다른 나라 간 양자, 다자간 통상교섭을 총괄하는 것인데, 이 담판대표의 설립목적은 대외무역발전 방식을 주체적으로 바꿔나가며, 선진국과 보다 동등한 위치에서 협상을 하기 위해서라고 한다(매일경제, 2010년 8월 17일).[17] 물론 중국과 한국의 국제적 위상은 아직 차이가 나는 것은 사실이지만, 무역규모가 획기적으로 증가하고, 보다 공세적인 대외통상교섭이 필요하다는 점에서 상당한 공통점을 가진다.

한국무역대표부의 신설을 제의하는 또 다른 이유는 보다 전문화되고, 부처 간의 이견을 조정할 수 있는 실질적인 대외통상조직이 필요하기 때문이다. 전장에서 설명한 바와 같이, 외형적인 권한에도 불구하고 통상교섭본부의 조정 능력에는 큰 한계가 있으며, 대외협상의 성격상 각 부처가 가지는 만큼의 전문성이 아직 미흡하기 때문이다. 또, 과거의 경험을 바탕으로 이제 보다 전문성을 가진 통상인력이 대외통상교섭을 전담하는 것이 바람직하기 때문이다. 이런 점에서

---

16) 통상행정기관은 그 통상행정기능의 집중도에 따라 집중형과 분산형으로 나눌 수 있는데, 대개의 경우 집중형은 공세적인 성격을 띠며, 분산형은 수세적인 성격을 가진다. 이 집중형은 다시 USTR로 대표되는 통상전담형과 호주와 캐나다의 외교통상부와 같은 외교통상형으로 구분된다. 통상교섭본부는 이 분류에 따르면 외교통상형의 성격에 가깝다. 다시 말해, 통상의 성격이 보다 공세적인 것으로 전환될수록 집중형 그 중에서도 통상전담형의 조직으로 변하는 것이 바람직하다. 그런 의미에서 한국의 경우 KTR을 설립하는 것은 통상협상의 성격이 수세적인 것에서 공세적인 것으로 변하는 것에 대한 바람직한 대처방향이다. 통상조직의 변화와 구분에 대해서는 이수철(1993)을 참조.

17) 국제무역담판대표의 신설이유에 대해 상무부 야오지엔 대변인은 다음과 같이 언급하였다. 1) 중국의 대외개방확대에 따른 세계경제 및 국제무역활동 참여에 대한 자신감 제고의 표현이며, 2) 최근 들어 국제무역협상 활동이 증가하고 세계적인 자유무역협상이 증가함에 따라 관련 역량을 강화하기 위해 다른 나라와 유사한 직능을 설치할 필요성을 반영한 것이며, 3) 국제무역담판대표의 신설을 통해 중국 기업의 대외무역 및 투자활동에 있어서 중국기업의 이익을 수호하기 위한 것이다. 자료는 네이버의 sfja 1491 블로그에서 가져왔다.

한국무역대표부는 외교통상부나 산업통상자원부 산하가 아니라 국무총리 혹은 대통령 직속의 기관이 되는 것이 바람직하다. 지금까지 통상교섭본부가 외교부와 산업통상자원부 산하에 있었기 때문에 경우에 따라 국내의 산업적 이해관계보다는 외교적 관계를 더 중시한다는, 혹은 그와 반대되는 그 태생과 관계된 비판을 받아왔기 때문이다. 사실 이런 한국무역대표부의 신설은 과거에도 거론되지 않은 것은 아니었지만 당시는 한국의 대외위상과 관련 다소 시기상조였다면, 이제는 오히려 이 대표부의 신설을 지연시킬 경우 한국의 대외협상의 효율성이 저하될 수 있는 시기에 접어들었다.

이처럼 한국무역대표부의 신설이 이루어진다면 이 대외통상조직은 단순한 대외협상 창구로서 기능하는 것이 아니라, 국내 유관 부처, 국회, 업계, NGO 등 모든 이해집단과의 협조를 강화하고 이를 바탕으로 효과적인 대외통상업무를 담당하게 될 것이다.

제6장

국가 간 협상에 대한 이해 Ⅳ : 협상의 구조[1]

지금까지 국가 간 협상을 이해하기 위한 이론적 수단으로써, 특히 국가 간 협상을 협상력의 관점에서 이해하기 위해 내부협상과 외부협상이라는 개념을 제시하여 설명하였다. 이 과정에서 내부협상에서의 협상력을 강화하기 위해 입장 position과 과정process이라는 소개념을 다시 제시하기도 하였다.

이 장에서는 이런 입장과 과정이라는 개념을 넘어 구조structure라는 새로운 개념을 도입하여 국가 간의 협상이 어떻게 진행되는지, 또 내부협상과 어떠한 영향을 주고받는지를 자세히 검토하기로 한다. 즉, 본 장에서는 지금까지 분석의 전제로 삼아 온 이중구조게임을 전제로 하면서도, 이를 벗어나 혹은 이를 포괄하는 협상구조와 협상과정이라는 새로운 분석틀을 제시하려 한다. 여기서도 논의의 편의를 위해 국가 간 협상을 주로 FTA의 관점에서 논의해 나가기로 한다.

1. 협상구조와 협상과정의 기본개념

(1) 협상구조의 기본개념

협상구조Structure는 FTA 협상에 참여하는 국가들이 향후 협상을 어떻게 진행해 나갈 것인지 그 기본적 방향과 성격을 결정한다. 다시 말해 협상구조란 실제 협상

---

1) 이 장은 필자의 논문(2012, b)을 조금 줄여서 그대로 첨부한 것이다. 일반 독자를 위한 책이라는 점을 고려하여 논문에 있던 각주를 많이 줄였다. 그렇지만 분석방법과 주요 내용, 그리고 결론은 필자의 논문과 같다.

이 진행되기 전에 협상의 향후 진로를 결정할 수 있는 구조적 요인을 의미한다.

　이런 협상구조에 포함될 수 있는 것은 1) 협상여부, 2) 협상의제, 3) 협상의 프레임워크를 들 수 있다(아래의 [그림 4] 참조). 이 경우 협상여부란 협상(혹은 재협상)을 시작할 것인지 말 것인지의 여부를 의미하고, 협상의제란 협상의제가 단순한 것인지 아니면 포괄적인 것인지의 여부를 의미한다. 협상의제가 단순하다는 것은 주로 상호관련을 가지지 않은 단일의제를 협상하는 것을 의미하고, 포괄적이라는 것은 상호관련을 가지는 혹은 동시에 진행되는 다양한 의제를 가지는 것을 의미한다. 협상프레임워크란 협상이 개별적으로 타결될 것인지, 아니면 일괄 타결될 것인지의 여부를 의미한다.[2] 이런 협상프레임워크는 협상에 참여하는 국가의 협상전략 수립에 깊은 영향을 미친다. 협상 타결 방법에 따라 구사하는 전략에 차이가 있을 수 있기 때문이다.[3] 이런 협상구조에 가장 큰 영향을 미치는 것으로는 1) 협상에 참여하는 국가의 수(양자협상, 소수 국가 간 협상, 다자협상), 2) 협상 참여국의 경제적 정치적 상대적 위상 등을 들 수 있다.[4] FTA 협상이 진행되는 단계와 관련 협상구조가 주로 FTA 협상의 사전협상단계에서 결정된다는 점에서 협상의 구조는 사전협상단계와 밀접한 관계를 가진다.[5]

　이런 협상구조가 중요한 것은 협상구조에 의해 결정된 주요 내용들이 그 이후의 협상과정, 협상에 참여하는 국가의 행동, 전략수립 등에 영향을 미치기 때문이다. Zartman(2002)은 이것을 '협상구조(형태)는 협상의 과정을 제약한다Process follows form'고 표현한다. 즉, 아무리 협상을 잘하는 국가라도 협상의 구조에 의해 제약된다면 실제로는 협상을 잘할 수 없는 구도에 빠지게 된다는 것이다.

　이러한 협상구조가 정말 중요하게 평가되는 곳은 수많은 국가들이 한 주제, 혹은 여러 주제를 가지고 협상하게 되는 다자간 협상에서다. 여기서는 종종 협

---

2) 이 협상의 프레임워크에는 협상의 전략이 포함될 수도 있다.
3) 예컨대 일괄타결될 경우, 본문 뒤에 자세히 설명되겠지만, 연계전략(linkage strategy)이 효과를 발휘할 수 있다.
4) 혹은 이들 자체가 협상구조에 포함될 수도 있다. 즉, 협상구조와 협상구조에 영향을 미치는 요인을 구분하지 않고 이 모든 것을 합쳐 협상구조로 이해할 수도 있다. 이런 관점에서 Zartman(2002)은 협상에 참여하는 국가의 수, 협상의제, 협상전략의 다양성, 협상결과의 다양성 등을 협상구조 요인으로 거론한다. Zarman과 같이 인식하더라도 본고의 이론적 함의는 크게 달라지지 않는다.
5) 다음 항에 설명되는 협상의 과정은 본협상 단계로 이해할 수 있다. 그러므로 협상의 마지막 단계인 후속협상단계는 협상과정과 협상구조가 상호 연결되는 단계로 이해할 수 있다.

상구조가 어떻게 결정되느냐에 따라 협상의 성공 혹은 실패여부가 가늠되기도
한다.

> **사례 1** WTO의 주관하에 이루어진 도하라운드가 실패로 귀결된 것은 협상의제,
> 협상전략, 협상타결과 관련된 협상구조를 제대로 구성하지 못했기 때문일 수도 있다.
> 예컨대, 도하라운드의 협상의제가 농산물 등 복잡한 문제를 배제한 체 관세인하와
> 같은 단순한 문제만 포괄하고 있었다면, 또 협상타결이 일괄타결방식이 아니라 부분
> 적 개별 타결 방식이었다면 도하라운드는 오래전에 타결될 수도 있었을 것이다. 즉
> 그런 구조였다면 타결되기 어려운 부분은 뒤로 미루어놓고 제조업의 관세인하와 같
> 은 합의하기 쉬운 부분만 우선적으로 타결하고 그것을 이행하도록 한 뒤, 다시 어려
> 운 문제를 협상하는 형태로 진행할 수 있었고, 그랬다면 현재와 같이 실패라는 평가
> 를 받지 않을 수도 있었다는 것이다. 즉, 도하라운드가 현재와 같이 위기에 빠진 것
> 은 1) 협상의제가 지나치게 광범위했고, 2) 협상타결이 일괄타결(package deal)이었
> 으며, 3) 선진국과 개도국의 현격한 입장차이를 조율할 수 있는 메커니즘이 없었기
> 때문이다.

다자간 협상이 아닌 양자간의 협상에 있어서 협상의 구조에 영향을 미치는
가장 중요한 요인은 두 국가의 상대적 위상이다. 상대적 위상이란 경제규모와
정치관계 등으로 대변되는 실제적 영향력을 의미한다. 예를 들면 상대국가가 원
하지 않더라도 상대국가를 우리가 원하는 방향으로 움직이게 할 수 있다면 상
대국가에 비하여 우리의 실제적 영향력이 더 크다는 것이다.[6] 한편, 이런 상대
적 위상은 대칭적인 관계symmetric relation와 비대칭적인 관계asymmetric relation로 대
별할 수 있다. 대칭적인 관계란 두 국가의 상대적 위상이 동등하거나 비슷한 상
태를 의미하는데, 이런 상태에서는 두 국가가 일방적이지 않은 방법으로 서로
영향을 주고받으면서 첫째, 협상을 할 것인지 하지 않을 것인지, 둘째, 협상에
어떤 의제를 포함시킬 것인지, 셋째, 어떤 방식으로 협상을 타결해 나갈 것인지
를 결정해 나간다. 비대칭적인 관계란 두 국가의 상대적 위상이 동등하지 못한
상태를 의미하는데, 이런 상태에서는 협상개시 여부와 협상에 포함되는 의제 모
두가, 즉 협상의 구조가 '기본적으로' 상대적으로 우위에 서 있는 국가에 의해

---

6) 이런 상대적 위상은 국제관계이론에서는 힘(POWER)이라는 개념으로 구체화된다. 즉, 상대
　방에 비교하여 더 많은 힘을 가지고 있는 국가는 그렇지 않은 국가에 비하여 더 큰 협상력
　을 가질 수 있다는 것이다. 이런 힘과 관련된 문제와 이의 협상에 대한 시사점에 대해서는
　Habeeb(1988)을 참고.

결정된다.[7] 여기서 '기본적으로'란 단서를 붙인 것은, 뒤에서 자세히 설명되겠지만, 협상과정Process을 통해 협상구조Structure를 변경할 가능성이 존재하기 때문이다.

소수의 국가 간 협상 역시 '기본적으로' 상대적으로 우위에 서 있는 국가에 의해 협상구조가 결정될 가능성이 높다. 하지만 소수의 국가 간 협상에서는 중간 영역 혹은 최하위의 위상을 가지고 있는 국가가 오히려 캐스팅 보트를 쥘 가능성을 배제할 수 없다. 이 경우에도 협상구조와 협상과정은 밀접한 관계를 가진다.

(2) 협상과정의 기본개념: 내부협상과 외부협상

두 나라 사이의 협상이란 협상구조에 의해 결정된 사실이 협상과정Process을 통해 구체화되는 것을 의미한다. 달리 말해, 협상의 과정이란 협상구조에서 결정된 사실(협상여부, 협상의제, 협상프레임워크 등)에 대해 실질적인 협상을 진행하는 단계를 의미한다. 이런 협상과정은 앞 장에서 자세히 분석한 바와 같이 내부협상과 외부협상이라는 이중구조 협상의 형태를 띤다. 여기서 외부협상이란 협상이 진행되는 두 나라 협상가들 사이에서 진행되는 외형적인 협상을 의미하고, 내부협상이란 이런 협상을 진행하기 전에 혹은 협상의 진행과정에서 그 협상과 관련된 입장을 결정하는 국가 내부의 의견수렴과정 혹은 입장결정과정을 의미한다. 그래서 내부협상은 의회, 압력단체, 이해관계자, 일반국민, 행정부 내부 등 협상과 관련된 모든 국내의 단체들 사이에서 진행된다. 이런 내부협상의 진행은 아래 [그림 4]에 잘 표시되어 있다.

---

7) 여기서 과연 협상의 구조가 기본적으로 상대적으로 우위에 서 있는 국가에 의해 결정되느냐는 의문이 제기될 수 있다. 하지만, 여기서 전제하고 있는 것은 정치적으로나 경제적으로 상대적 우위를 누리는 국가가 자신에게 불리한 방향으로 협상구조를 결정하지는 않을 것이라는 점이다. 다시 말해, 구체적으로 밝힐 수 없는 이유로 인해 일시적으로 상대적 열위를 누리는 국가에 유리한 방향으로 협상구조를 제시할 수는 있으나 그것은 장기적으로 유지될 수 없다는 것이다.

그림 4 협상의 구조(Structure)와 협상의 과정(Process)의 관계

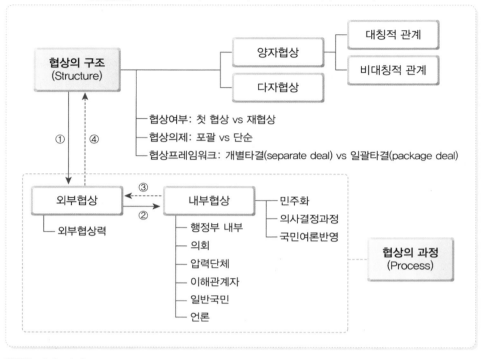

자료 필자 작성.

　협상과정 Process은 이처럼 내부협상과 외부협상의 상호작용이라는 단계를 거친다. 하지만, 이런 협상과정에서는 외부협상보다는 내부협상이 중요하다는 것이 앞 장들에서의 논의를 통해 제시되었다. 그것은 외부협상에 참여하는 협상가들(대개 외교관 혹은 통상담당 관리)은 협상의제에 대한 입장과 전략을 자의적으로 결정하는 것이 아니라 내부협상을 통해 결정된 입장과 전략을 따를 수밖에 없기 때문이다. 물론 협상결과에 대한 세부적인 사항은 협상가들 개인의 능력(이것을 외부협상가의 외부협상력이라 할 수 있다)에 의존할지 모르나, 협상의제와 관련된 큰 틀은 자신들 마음대로 결정하지 못하고 내부협상에 의해 결정될 수밖에 없다. 그래서 어떤 의미에서는 외부협상은 내부협상에서 결정된 사실들을 교환하는 장 場으로 이해할 수 있다. 그렇다고 외부협상이 중요하지 않은 것은 아니다. 내부협상에서 결정된 협상의 큰 틀을 세부적으로 어떻게 자국에 유리한 방향으로 만드느냐 하는 것은 전적으로 외부협상의 몫이기 때문이다. 결론적으로 이런 협상

의 과정에 대해서는 다음과 같이 말할 수 있다. 첫째, 국가 간의 협상이라는 실제적 협상과정에서는, 외부협상이 중요하지 않은 것은 아니지만, 내부협상의 중요성이 더 부각되며, 둘째, 실제적 협상과정에서는 한 국가가 가지는 협상력의 총체는 외부협상과 내부협상의 상호작용에 의해 결정된다. 뒤에서 자세히 설명되겠지만, 이 외부협상과 내부협상의 상호작용을 통해 협상구조가 변경될 가능성이 존재한다.

2. 협상구조, 협상과정 그리고 협상력

(1) 협상력의 정의

협상력에 대해서는 널리 합의된 개념이 존재하지 않는다. 따라서 본고에서는 여기서의 분석을 위하여 협상력을 다음과 같이 정의한다: "협상에 참여하는 양 당사자가 협상의 타결(혹은 협상의 대상)에 대한 서로의 기대를 일치시켜 가는 과정". 따라서 협상력은 자연히 협상의 과정에서 협상의 당사자에게 돌아오는 몫을 결정하는 전략 혹은 능력으로 정의된다. 그런 의미에서 협상력이란 협상에 참여하는 상대방의 협상 타결에 대한 기대를 자신에게 유리한 방향으로 변경시킬 수 있는 능력을 의미한다.[8] 한 국가의 전체적인 협상력도 같은 형태로 정의될 수 있다. 즉, 한 국가의 전체적인 협상력은 상대방의 협상타결에 대한 기대를 우리(국가)에 유리한 방향으로 변경시킬 수 있는 능력을 의미한다.[9]

(2) 협상과정과 협상력

먼저 협상과정과 협상력과의 관계를 보기로 한다. 위에서 설명한 바와 같이 국가 간 협상과정의 측면에서 외부협상이 중요하지 않은 것은 아니지만 그보다는 내부협상의 중요성이 더 부각된다.[10] 그러면 내부협상은 어떤 메커니즘을 통

---

8) 자세한 설명은 제2부를 참조하기 바란다.
9) 이와 관련 황재영(1998)은 정부 협상력의 결정요인으로 협상자원의 보유 및 동원능력과 활용이라는 관점을 제시한다. 하지만, 협상자원이란 지나치게 포괄적인 개념이기에 분석을 위한 구체적 도구로 활용에 제한을 가진다.
10) 한 국가의 협상력이란, 종종 실제 외부협상에 임하는 그 나라 협상가가 가지는 개인적인 협상력을 의미하는 경우가 많다. 하지만, 사실상 이런 협상가의 개인적인 협상력은 내부협상과정에 의해 종종 제한을 받게 된다. 그 가장 중요한 이유는 협상가들은 그들의 개인적인 협상력이 아무리 탁월하다고 해도, 내부협상과정을 통해 그들이 위임받은 범위를 넘어 협상할 수

해 협상력과 관계를 가질까? 필자는 졸고(2009)를 통해 다음과 같은 사실을 확인하였다. 첫째, 협상에서 제시되는 입장(개방 혹은 개방불가)보다는 그 입장이 어떠한 절차 혹은 과정을 거쳐 결정되느냐가 더 중요할 수 있다.

> **사례 2** 11) 한국과 미국의 시장개방 협상을 두 가지로 구분할 수 있다: 1) 한국의 시장개방 결정이 아무런 사회적 갈등 없이 청와대를 통해 상명하달식으로 내려진 경우와, 2) 아주 치열한 사회적 갈등을 거쳐 결정된 경우다. 두말할 필요 없이 첫 번째의 경우와 비교하여 두 번째의 경우에 한국의 협상력이 '상대적으로' 높아진다. 그것은 치열한 사회적 갈등을 거쳐 시장을 개방하기로 결정했다는 것은 개방에 반대하는 한국민의 저항이 크다는 것을 의미하고, 그래서 한국이 '상상할 수도 없을 정도의 심각한' 사회적 갈등을 거쳐 '20% 정도밖에 개방할 수 없다'는 결정을 내린다고 해도 미국은 그런 한국의 입장을 수용할 수밖에 없을지도 모른다. 미국 역시 기본적으로 여론과 국민의 견해를 존중하는 사회이며 정권의 기반이 국민에게 있다는 사실을 알기 때문이다. 이런 사실은 내부협상의 과정이 왜 중요한지를 선명히 보여주는 것이다. 만약 청와대를 통해 '상명하달식'으로 시장개방을 하자는 결정이 내려졌다면, 그리고 그런 사실을 미국이 알고 있다면 한국의 협상력은 두 번째의 경우와 비교하여 '상대적으로' 낮아진다. 미국으로서는 한국의 일반 국민의 여론을 바꾸는 것보다는 청와대의 입장을 바꾸는 것이 더 쉽기 때문이다.12)

둘째, 따라서 한 국가가 민주화되어 있을수록, 의사결정과정이 분권화되어 있을수록, 국민의 여론이 정책결정과정에 포함되는 정도가 클수록 그 국가가 대외협상에서 가지는 국가 전체의 협상력이 커질 수 있다. 이것은 위 그림에서 내부협상의 옆에 민주화, 의사결정과정, 국민여론반영이라는 형태로 표시되어 있다. 이에 대한 적절한 사례로는 미국을 들 수 있다. 미국은 가장 민주화된 나라로서

없기 때문이다. 그런 점에서 외부협상이란 협상 당사국들의 내부협상에 의해 정해진 협상의 제에 대한 견해들을 당사국을 대표하는 협상가가 서로 교환하는 것으로 이해할 수 있다. 하지만, 협상가는 내부협상에서 정해진 모든 사항들을 단지 상대국에게 전달하는 전달자에 그치는 것은 아니다. 내부협상과 관련된 사항을 상대방에게 전달하는 능력(이것은 협상가의 개인적인 협상력에 의해 좌우된다)에 따라 협상의 결과가 달라질 수 있기 때문이다.

11) 이 사례는 4장에서 이미 설명한 것이다. 하지만 논지의 전개를 위해 다소의 중복을 감소하고 다시 제시하기로 한다.

12) 이 사례가 보여주는 것은 첫째, 내부협상의 과정이 중요하다는 것, 둘째, 상명하달식의 협상 과정보다는 갈등과정을 거쳐 합의가 이루어지는 것이 협상력을 높여준다는 것이다. 하지만, 이런 사례 역시 사회적 갈등과 합의가 '어느 정도' 협상에 실질적인 영향력을 미쳤는지 판단하기는 어렵다. 하지만, 그 정도 문제는 '상대적인 관점'에서 이해되어야지 '절대적인 관점'에서 이해될 사항은 아니라고 보여진다.

의사결정과정이 행정부와 의회의 형태로 분권화되어 있고, 그 과정에서 국민여론을 잘 반영하고 있다.[13]

> **사례 3** 미국의 경우 행정부와 의회가 절묘한 역할분담을 함으로써 대외협상력을 높이고 있다. USTR이 상대국과의 협상에서 시장개방의 폭과 범위를 결정하더라도, 그것이 의회의 승인을 받지 못하면 효력을 발휘하지 못하기 때문에, USTR의 협상가들은 의회의 승인을 핑계로 상대국에 시장개방에 대한 공세를 강화할 수 있다. 즉, '당신 국가가 어느 정도 이상 시장개방을 하지 않으면 우리 의회가 이 시장개방안을 승인하지 않을 것이기 때문에 시장개방에 대한 협상타결을 위해서도 당신 국가가 어느 정도 양보를 해야 한다'고 주장을 할 수 있다. 혹은 상대방이 미국에 매우 큰 규모의 시장개방을 요구한다 하더라도 '우리(USTR)는 당신 국가의 입장을 이해하기 때문에 당신 국가가 요구하는 우리의 시장개방안을 받아들이고 싶지만, 그럴 경우 우리 의회가 승인하지 않을 것'이라는 핑계를 대면서 상대 국가의 시장개방 요구를 피해갈 수 있다. 나아가, 미국의 경우 통상협상과 관련 외국과의 협상권한은 의회에 있으며 그것을 단지 행정부에 위임한 형태를 띠고 있기 때문에 이런 권한의 위임 혹은 분산은 미국의 협상력을 높이는 데 큰 기여를 하고 있다. 미국의 사례에서 보는 바와 같이 의사결정의 분권화가 실질적인 협상력 강화로 연결되기 위해서는 분권화된 기관들이 서로 독립적이고 상호 견제 혹은 보완하는 역할을 할 수 있어야 한다.

3. 협상과정이 협상구조에 미치는 영향: 협상력의 관점

여기서는 협상과정이 협상구조에 미치는 영향을 주로 양자협상의 측면에서 분석한다. 특히 양자협상에서 국가의 경제 정치적 위상이 대칭적 관계를 가지는 경우와 비대칭적 관계를 가지는 경우를 나누어 분석한다. 그 뒤, 소수국 간 협상에서 협상구조와 협상과정이 가지는 영향관계를 분석하기로 한다.

(1) 양자협상: 대칭적 관계

대칭적인 관계를 가지는 국가들 사이에서는 협상구조와 협상과정의 관계는 그리 중요하지 않을 수 있다. 대칭적인 관계 그 자체가 암묵적으로 그 두 나라

---

13) 이와 관련 한국보다 더 분권화된 일본의 경우 사회적 갈등이 일본의 FTA에 협상에 긍정적으로 작용하지 못했다는 비판이 가능하다. 하지만, 일본의 경우 이런 현상이 발생한 것은, 본문 뒤에서 설명하는 바와 같이, 이런 사회적 갈등이 자신의 FTA 협상에 긍정적으로 작용할 수 있다는 인식(perception)이 부족하고, 그 갈등을 협상에 실질적으로 이용하고자 하는 의지(will) 역시 부족하기 때문에 발생한 것으로 보여진다.

가 가지는 협상력의 요체가 동등할 수 있음을 시사하고 있기 때문이다. 즉, 원론적으로 대칭적 관계의 양자협상의 경우 두 국가 간의 합의consensus에 의해 협상구조를 바꾸는 것이 가능하다. 다시 말해, 협상구조를 바꾸는 경우의 실익이 협상구조 변경에 합의하지 않아 협상이 불발에 그치는 경우의 손실보다 크다면 두 국가는 합의에 의해 협상구조를 바꿀 수 있다는 것이다. 이런 협상구조 변경은 소위 말하는 강대국들 사이의 협상에서 빈번히 발생할 수 있다.

이 경우 협상에 참여하는 나라의 협상력은 위에서 제시된 바와 같이 기본적으로 내부협상과 외부협상의 상호작용에 의해 결정된다. 하지만, '기본적으로'라는 단서를 붙인 것은 강대국의 경우 특출한 외부협상가의 외부협상력이 대칭적 관계의 양자협상 결과를 좌우할 수 있기 때문이다. 외교적 협상의 경우 헨리 키신저로 대표되는 개인의 외부협상력이 실제의 외교협상 결과에 상당한 영향력을 끼쳐왔음은 주지의 사실이다.

(2) 양자협상: 비대칭적 관계

비대칭적인 관계를 가지는 양자협상의 경우 상대적 우위를 가진 국가는 '기본적으로' 협상의 전 과정에서 상당한 우위를 점할 수 있다. 특히, 위에서 제시된 외부협상가의 탁월한 개인협상력이 전제될 경우 이런 경향은 더 심화될 수 있다. 하지만, '기본적'이라는 단서가 시사하는 바와 같이 반드시 그런 것은 아니다.

결론부터 제시하면, 비대칭적인 관계를 가지는 국가의 경우 몇 가지 요건이 충족될 경우 협상과정은 협상구조에 영향을 미칠 수 있다. 이제 그 요건을 자세히 살펴보기로 한다. 여기서는 협상여부 특히 재협상의 경우와 관련지어 분석하기로 한다.

위에서 언급한 바와 같이 비대칭적 관계를 가지는 국가들 사이에서는 협상개시 여부와 협상의제와 같은 협상구조는 기본적으로 상대적으로 우위에 서 있는 국가에 의해 결정되는 경향이 많다. 실제적 영향력이 더 큰 국가(예컨대 미국, A)가 실제적 영향력이 작은 국가(예컨대 쿠바, B)에 대해 협상의 구조 변경(여기서는 FTA 재협상을 대상으로 설명)을 요구할 경우, B국이 '**내부적으로 치열히 반대를 하지 않는 한**' B국은 A국의 요청을 들어줄 수밖에 없다. 하지만, 재협상 요구가 항상 일방적으로만 결정되는 것은 아니고, 다음과 같은 경우에는 재협상과 관련된 A국의 요청에 새로운 제안을 추가시킬 수도 있다.

우선 협상과정의 측면에서 '치열한 반대'가 수반되어야 한다. 이것은 내부협상을 통해 B국의 치열한 반대가 표출되어야 한다는 것을 의미한다. 이런 치열한 반대가 가지는 효과는 다음과 같다. 첫째, 이런 치열한 반대가 있다는 것은 A국의 재협상 요구에 대하여(그리고 재협상의제에 대하여) B국 내부에 상당한 거부반응이 있다는 것을 의미한다. 둘째, 이 '치열한 반대'에 관한 정보가 A국에 효과적으로 전달된다면[14] 그렇지 않은 경우에 비하여 재협상에 임하는 B국의 입장이 상대적으로 유리할 수 있다. 그래서 재협상이 진행된다 해도 A국이 원하는 결과를 전부 다 얻지 못하도록 하는 완충작용을 할 수 있게 한다. 셋째, '치열한 반대'를 A국에 효과적으로 전달하면서 여기에 B국의 요청사항까지 포함시킬 수 있다면 이것은 일방적 재협상이 아닌 '쌍무적' 재협상의 형태로 바뀔 가능성을 커지게 한다.

하지만, 치열한 반대라는 형태로 내부협상을 진행한다고 해서 항상 재협상 요청이 약화되거나 '쌍무적' 재협상으로 바뀌는 것은 아니다. 치열한 반대는 협상구조의 변경을 B국에게 유리하게 변경할 수 있는 필요조건이지 충분조건은 아니기 때문이다. 이런 관점에서 협상구조 변경과 관련된 충분조건은 다음과 같다.

첫째, 외부협상을 담당하는 협상가들의 경우, B국 내부의 치열한 반대를 A국에 효과적으로 전달할 경우 협상구조의 변경을 B국에게 유리하게 변경할 수 있다는 인식perception이 있어야 한다. 앞서 말한 바와 같이 '치열한 반대'는 내부협상을 통해 진행되는 것이며, 그 내부협상이 협상력에 긍정적인 효과를 끼치기 위해서는 그 내부협상이 B국에게 유리한 결과를 조성해 줄 수 있다는 인식이 있어야 한다. 실제 협상에 임하는 협상가들(특히 외교공무원)이 이런 내부의 반대가 협상력에 가지는 함의를 정확히 파악하지 못할 경우, '치열한 반대'라는 내부협상은 협상력에 아무런 영향력을 발휘하지 못할 수도 있다. 그런 점에서 국가 간의 협상과정에서 내부의 의견을 도출하고 수렴하여, 집약하는 내부협상과정은 매우 중요하다. 또, 이런 측면에서 외국과의 협상에 부정적인 국내의 여론이, 협상력이라는 측면에서, 협상에 유리하게 작용할 수 있다는 것을 시사한다.

둘째, 이런 인식을 가지고 있으면서 A국이 협상구조와 관련된 변경을 시도할 경우(즉, 재협상을 요청할 경우) 그 협상구조의 변경에 B국의 관심사항도 포함시켜

---

14) 이것은 외부협상가들의 몫이다.

야 한다는 의지will를 가져야 한다. 그 의지는 위에서 제시된 인식과 밀접한 관계를 가진다. 즉, 내부협상과 협상력이 가지는 관계를 제대로 인식하지 못할 경우 B국이 자신의 관심 사항을 포함하도록 요청할 의지는 생겨날 수 없다는 것이다.

셋째, 하지만, 무턱대고 B국이 요청한다고 해서 A국이 그것을 수락하는 것은 아니다. A국이 수락하기 위해서는 B국은 나름대로의 전략strategy이 필요하다. 예컨대, 여러 개의 의제를 연결하는 연계전략linkage이 가장 대표적인 것이다. 이런 전략은 B국이 어떤 분야에서 실제적으로 A국에게 추가의제를 제안할 수 있는지, 그리고 A국과의 장기적으로 어떤 관계를 설정해야 하는지 다방면에 걸친 깊은 분석을 필요로 한다. Robert(2000)는 이와 관련 B국이 자신의 관심사항을 요청할 수 있는 요인을 '특정이슈에 관한 힘issue-specific power'이라는 개념15)으로 설명한다. 즉 비대칭적 구조하에서도 협상과정의 관점에서 B국이 내부협상이 가지는 힘을 충분히 이해하고 그것을 시행할 의지가 있다면, 그것을 바탕으로 B국이 상대적으로16) A국에 유리하게 작용할 수 있는 특정 분야를 협상의제에 추가할 수 있다는 것이다.

요약하면, 협상과정이 협상구조에 영향을 미치기 위해서는 '치열한 반대'를 전제로(이것은 내부협상을 통해 이루어진다), B국이 '인식'과 '의지'를 바탕으로 A국의 상황과 부합될 수 있는 '전략'을 수립하는 것이 필요하다.

이것을 위 [그림 4]를 통해 다시 설명하면 다음과 같다. 비대칭적 관계의 양자협상하에서는 협상여부, 협상의제, 협상프레임워크가 '기본적으로' 상대적 우위에 있는 국가(A국)에 의해 결정될 가능성이 높다. 이런 협상구조하에서 위 [그림 4]의 ①로 표시된 바와 같이 협상이 진행된다. 이 경우 외부협상가들은 협상을 진행하기 위해 ②로 표시된 바와 같이 내부협상을 진행하게 되며, 앞서 설명한 바와 같이 이 내부협상이 '치열한 반대'를 전제로 B국이 '인식'과 '의지'를 바탕으로 A국의 상황과 부합될 수 있는 '전략'을 수립하면 ③과 ④의 과정을 통해 협상구조를 변경하는 것이 가능하게 된다. 이 경우 ③이 치열한 반대의 과정을 대표한다면 ④는 '인식'과 '의지'를 대표하는 것이라 할 수 있다. 즉, 외부협상가들이 내부협상의 가능성과 영향력을 충분히 인식한다면 ④의 과정에서 적합한 전

---

15) 이 특정이슈에 관한 힘은 Habeeb(1988)도 그 가능성을 거론하고 있다.

16) 여기서 상대적이라는 표현에 주의해야 한다. 비대칭적 관계의 경우 실제적으로는 A국이 모든 분야에서 B국을 압도할 수 있다. 하지만 '상대적으로는' B국 역시 A국을 압도할 수 있다.

략을 통해 협상구조를 변경할 수 있다는 것이다.[17]

  사례 4 최근의 보도에 따르면 한미 양국은 투자자 국가소송제도(ISD)에 대한 한국의 입장이 정리 되는대로 본격적인 ISD 재협상을 벌이기로 하였다.[18] 이런 재협상이 가능하게 된 것은 다음과 같이 평가할 수 있다. 첫째, 한미 FTA 비준과정에서 ISD에 대한 비판적인 의견의 제시가 매우 많았는데 이것은 본문에서 제시한 '치열한 반대'로 비견할 수 있다. 다시 말해, 한미 FTA 비준과정에서 제시된 ISD에 대한 수많은 비판적 의견이 오히려 ISD의 재협상을 가능하게 하는 원동력으로 작용할 수 있었다는 것이다. 둘째, 이런 비판적인 의견을 외부협상가들이 수용하지 않았다면 ISD에 대한 재협상은 가능하지 않았을 것이다. 이것은 앞에서 제시한 '인식'에 비견될 수 있다. 즉, ISD에 대한 비판적인 의견으로 인해 미국 측에 ISD의 재협상을 요구할 수 있다고 생각하게 되었던 것이다. 셋째, 이런 인식에 머무르지 않고 우리 정부는 미국에 정식으로 재협상할 것을 요구하게 되었다. 이것 역시 위에서 설명한 '의지'로 비견될 수 있다. '인식'이 반드시 '의지'로 연결되는 것은 아니지만 ISD의 경우에는 '인식'이 바로 '의지'로 연결되었다. 넷째, ISD에 대한 비판이 혹독하게 제기될 무렵 ISD 재협상을 서두르지 않고 한미 FTA가 발효된 이후로 재협상의 시점을 잡은 것은 재협상을 원활하게 진행하기 위한 '전략'으로 비견될 수 있다. 우리 입장만 생각하여 즉각적인 재협상을 요구하지 않고 비준과 발효 뒤로 늦춘 전략이 결과적으로 ISD 재협상을 가능하게 하는 요인으로 작용한 것이다. 즉, 이런 사실은 적절한 협상의 과정이 협상의 구조를 바꾼 사례로 평가될 수 있다.

  사례 5 미국과 쿠바가 입궐련의 수입가격협상을 하는 경우를 살펴보자. 이것은 미국이 우위를 가지는 전형적인 비대칭적 관계의 양자협상이다. 미국이 지나치게 낮은 가격을 제시하여 이에 쿠바가 반발하는 경우를 생각하자. 기본적으로 미국이 우위를

---

17) 이처럼 비대칭적 관계에서도 B국이 '인식'과 '의지' 그리고 '전략'을 통해 협상구조를 바꿀 수 있는 것은 기본적으로, 그 정도는 다를지언정, A국과 B국이 상호의존(interdependence)의 관계에 있기 때문이다. 즉, 전반적으로 모든 분야에서 A국이 절대적 우위를 점할 수 있으나, 상대적으로는 B국 역시 상대적 우위를 점할 수 있는 분야가 있을 수 있다는 것이다. 그러므로 그 상대적 우위를 점하는 분야에서 특정이슈에 관한 힘을 토대로 적절한 전략을 구사한다면 협상구조를 바꾸는 것도 가능하다는 것이다.

18) 한국경제신문, 2012년 6월 10일 기사. 그 보도 내용은 다음과 같다. 우리 측은 ISD 재협상과 관련, 민간 전문가와 정부 부처 담당자 등 15명으로 구성된 태스크포스(TF)팀을 통해 사회 각계 의견수렴을 진행하고 있다고 설명했다. 미국은 한국이 요청하면 협의에 응하기로 했다. 야당과 일부 시민단체는 ISD가 국가 공공정책의 후퇴를 불러오고 국가 사법권을 훼손하는 독소 조항이라고 비판하고 있다. 외교부 관계자는 "ISD 문제가 FTA 협정에 따라 발효 후 90일 이내에 양측 논의 대상에 올랐음을 의미한다"며 "필요한 협의절차를 거쳐 정부안이 확정되면 서비스투자위원회를 열자고 미국 측에 요청할 방침"이라고 말했다.

점하기 때문에 협상구조는 미국에 의해 결정된다. 하지만, 쿠바 내부에서 여기(입궐련 가격)에 대한 치열한 반대가 일어나고, 쿠바의 협상가들이 쿠바 내부의 반대의견을 바탕으로 미국에 대한 입궐련 수입가격을 인상할 수 있다는 생각을 가진다면(인식과 의지), 그들은 적절한 전략(미국에 대한 쿠바의 다른 수출품 가격과 연계 등)을 통하여 입궐련의 수출가격을 높일 수 있다. 여기서 입궐련이라는 품목에 대해서 쿠바는 미국에 비해 상대적 우위를 가진다. 쿠바에서 생산되는 입궐련의 경쟁력이 제일 강하기 때문이다. 즉 이 입궐련에 대해 쿠바가 가지는 우위 혹은 힘이 '특정이슈에 관한 힘 (issue-specific power)'으로 이해될 수 있다.

(3) 소수국가 간 협상

소수국가 간 협상의 경우 역시 대칭적 관계와 비대칭적 관계로 구분될 수 있다. 대칭적 관계의 경우 앞서 분석한 양자협상의 경우를 준용할 수 있기 때문에 여기서는 비대칭적인 경우, 그 중에서도 A > B > C(국가 간의 상대적 위상 순서는 A, B, C) 세 나라 간의 협상(특히 FTA)을 중점적으로 분석하기로 한다.

우선 세 나라가 FTA를 추진해 나갈 경우 A국이 협상의 구조를 결정할 가능성이 높다. 하지만, A국의 위상이 '매우 압도적'이 아니라면 B와 C가 연합하여 A의 협상구조 결정력을 제한할 수 있다. 또, A와 B가 서로 비슷한 정도의 정치적·경제적 위상을 가지는 경우라면 오히려 C국이 중재권을 행사하여 협상구조에 영향력을 행사할 가능성을 배제할 수 없다. 이런 설명은 협상의 과정을 배제한 채 협상구조의 관점에서만 제시한 것이다.

또 다른 가능성은 A국과 B국이 동조하는 것이다. 이럴 경우 C국의 재량권은 현저히 줄어들 수밖에 없다. 하지만, 그 경우에도 C국은 협상과정을 통하여 A국과 B국이 만든 협상구조를 변경할 가능성은 존재한다. 협상과정이 협상구조를 변경하기 위해서는 앞서 설명한 바와 같이 내부협상의 중요성을 인식해야 하며, 이런 절차를 통해 '인식'과 '의지' 그리고 '전략'을 적절히 활용하는 것이 중요하다. 결국 소수국 간 협상에서는 참여하는 나라(여기서는 세 나라)의 상대적 위상의 차이, 그리고 내부협상의 강도(치열한 정도)에 의하여 협상결과는 매우 다양하게 나타날 가능성이 존재한다.

사례 6 최근 한중일 FTA의 가능성이 점차 증가하고 있다.[19] 이런 한중일 FTA 협

---

19) 한국경제신문 2012년 6월 10일자의 기사는 다음과 같다. "한국과 중국, 일본이 오는 11월

상은 전형적인 소수국가 간 협상의 형태를 띤다. 중국 〉일본 〉한국 혹은 일본 〉중국 〉한국의 형태이건 관계없이 한국은 세 나라 중에서 정치적·경제적 위상과 관련 가장 상대적으로 불리한 위치에 처해 있다. 그러므로 기본적으로 말하자면 협상구조를 결정하는 과정에서 한국이 가장 불리하다고 할 수 있다. 하지만, 이 세 나라 간 협상에서는 중국과 일본이 모두 한국을 필요로 한다는 점에서 한국의 가능성은 더 커지고 있다. 이런 가능성은 다음과 같은 점에서 더욱 두드러진다. 첫째, 한국과 중국이 FTA를 시작한 뒤 얼마 되지 않은 시점에서 일본이 이 FTA 과정에 참여하기로 한 점. 둘째, 중국 역시 일본과 직접 FTA를 하기보다는 한국이 포함된 FTA 혹은 한국만이 포함되는 FTA를 선호한다는 점이 그것이다. 그러므로 이 삼국 간 협상에서 한국이 할 수 있는 일은 중국과 일본보다 클 수 있다. 나아가 한국이 미국, EU 등 거대경제권과의 협상경험이 풍부하다는 점은 이 삼국 간 협상이 단순히 경제적 위상의 상대구조에 의해서만 결정되지는 않을 것이라는 것을 시사한다. 다시 말해 사례 4에서도 제시된 것처럼 한국이 불리하게 보이는 경우라도, 한국은 그동안의 FTA 협상과정을 통해, "적절한 협상과정을 통해 협상구조를 바꿀 수 있는 인식과 의지 그리고 전략"을 충분히 이해하고 있다는 것이다. 한국의 이런 능력은 협상구조에 대한 고정관념에서 탈피하여 협상과정에 더 깊은 관심을 기울임으로써 더욱 증가할 것이다.

4. 요약과 정책 시사점

(1) 요약

지금까지 국가 간 협상 특히 FTA 협상을 분석하기 위한 틀을 협상의 구조 Structure와 협상의 과정Process이라는 측면에서 제시하였다. 그것은 기본적으로 다음과 같이 요약할 수 있다.

첫째, 협상구조는 FTA 협상에 참여하는 국가들이 향후 협상을 어떻게 진행해 나갈 것인지 그 기본적 방향과 성격을 결정한다. 이런 협상구조에 포함될 수 있

캄보디아에서 열리는 동아시아정상회의 기간 중 3국 간 자유무역협정(FTA) 협상을 개시한다고 중국 관영 영자지인 차이나 데일리가 9일 보도했습니다. 이어 중국 상무부 소식통을 인용해 3국 간 협상은 길고도 치열하겠지만 오는 2015년까지 타결을 위해 '실질적인 돌파구'를 마련할 수 있을 것으로 전했다고 교도통신이 밝혔습니다. 중국 협상팀의 일원인 이 소식통은 '우리는 협상이 올해 말 혹은 더 정확히 말하면 프놈펜에서 동아시아정상회의가 열리는 11월에 시작될 것으로 기대한다'며 '일본이 협상을 진척시키기 위해 더 열성적'이라고 말했습니다. 중국의 관리들과 학자들 사이에서는 한국과 중국 간 FTA 협상이 시작돼 일본이 3국 간 FTA 협상에 더 높은 관심을 보이고 있다고 밝혔습니다. 이에 앞서 이명박 대통령과 원자바오(溫家寶) 중국 총리, 노다 요시히코(野田佳彦) 일본 총리는 지난 5월 14일 베이징(北京)에서 열린 '제5차 한중일 정상회의'에서 3국 간 FTA 협상을 연내에 개시하기로 하는 공동선언문을 채택한 바 있습니다."

는 것은 1) 협상여부, 2) 협상의제, 3) 협상의 프레임워크를 들 수 있다. 이런 협상구조에 가장 큰 영향을 미치는 것으로는 1) 협상에 참여하는 국가의 수(양자 협상, 소수국가 간 협상, 다자협상), 2) 협상 참여국의 경제적 정치적 상대적 위상 등을 들 수 있다. 둘째, 협상의 과정이란 협상구조에서 결정된 사실(협상여부, 협 상의제, 협상프레임워크 등)에 대해 실질적인 협상을 진행하는 단계를 의미한다. 이 런 협상과정은 내부협상과 외부협상이라는 이중구조 협상의 형태를 띤다. 여기서 외부협상이란 협상이 진행되는 두 나라 협상가들 사이에서 진행되는 외형적인 협상을 의미하고, 내부협상이란 이런 협상을 진행하기 전에 혹은 협상의 진행과 정에서 그 협상과 관련된 입장을 결정하는 국가 내부의 의견수렴과정 혹은 입장 결정과정을 의미한다. 이런 협상과정에서는 외부협상보다는 내부협상의 중요성이 더 부각된다. 셋째, 협상력과 관련 협상에서 제시되는 입장(개방 혹은 개방불가)보 다는 그 입장이 어떠한 절차 혹은 과정을 거쳐 결정되느냐가 더 중요할 수 있 다. 따라서 한 국가가 민주화되어 있을수록, 의사결정과정이 분권화되어 있을수 록, 국민의 여론이 정책결정과정에 포함되는 정도가 클수록 그 국가가 대외협상 에서 가지는 국가 전체의 협상력이 커질 수 있다. 넷째, 협상과정이 적절히 이루 어질 경우 이것은 협상구조에 영향을 미칠 수 있다. 비대칭적인 구조를 가지는 양자협상의 경우 협상과정이 협상구조에 영향을 미치기 위해서는 '치열한 반대' 를 전제로(이것은 내부협상을 통해 이루어진다), B국(상대적으로 작은 나라)이 '인식 perception'과 '의지will'를 바탕으로 A국(상대적으로 큰 나라)의 상황과 부합될 수 있 는 '전략strategy'을 수립하는 것이 필요하다. 다섯째, 세 나라가 FTA를 추진해 나 가는 소수국 간 협상의 경우(A > B > C) A국가가 협상의 구조를 결정할 가능성 이 높다. 하지만, A와 B가 서로 상당한 정치적·경제적 위상을 가지는 경우라면 오히려 C국이 중재권을 행사하여 협상구조에 영향력을 행사할 가능성을 배제할 수 없다. 가장 나쁜 경우라도 C국은 협상과정을 통하여 협상구조를 변경할 가능 성은 존재한다. 그러기 위해서는 내부협상의 중요성을 인식해야 하며, 이런 절차 를 통해 '인식'과 '의지' 그리고 '전략'을 적절히 활용하는 것이 중요하다.

　이 논문이 가지는 가장 큰 기여는 협상과정이 협상구조를 변경시킬 수 있는 가능성을 명시적으로 제시한 것이라 할 수 있다. 본문 중에서는 사례 4로 가볍 게 취급했지만, 한미 FTA의 ISD를 재협상하기로 한 것은 협상과정이 협상구조 를 변경시킨 명백한 사례로 간주될 수 있다. 나아가 이런 경험이 앞으로 진행될 한중일 FTA에 긍정적으로 작용할 수 있음을 사례 6을 통하여 제시하였다.

(2) 정책 시사점

이런 이론적 분석과 관련된 가장 중요한 정책 시사점은 '정치 경제적 비대칭적 관계하에서 시작되는 FTA 협상일 경우에도, 우리의 협상과정(특히 내부협상)을 충분히 진행하는 것이 다소 불리하게 제기될 수 있는 협상구조를 우리에게 유리하게 바꿀 수 있는 지름길이 될 수 있다'는 것이다. 다시 말해, 협상과정과 관련된 내부협상을 충실히 진행하면서, 외부협상가들이 이에 대한 충분한 '인식perception', '의지will'를 가지고, 그리고 적절한 '전략strategy'을 제시할 수 있다면 향후의 FTA 협상에서 긍정적 결과를 기대할 수 있다는 것이다.

이런 관점에서 향후 한국의 성공적인 FTA 협상을 위해 필요한 것은 FTA와 관련된 '국내절차'를 보다 정치화하고 강화하는 것이다. 현재 '통상조약의 체결절차 및 이행에 관한 법률'에 따르면 FTA와 같은 통상협상이 시작되기 위해서는 공청회 개최, FTA 추진위원회 심의, 장관회의 의결이라는 순서를 따르도록 되어 있다. 물론 그 사이 국민의 의견제출, 국회의 의견제시라는 과정이 포함되기는 하나 FTA 시작과 관련된 국내절차는 앞의 세 가지 과정만 그치면 되는 것으로 되어 있다. 본문 중에 설명된 것처럼 내부협상이라는 절차가 협상과정에서 충분한 효과를 발휘하기 위해서는 이런 국내절차가 보다 활성화될 필요가 있다. 즉, 단순한 공청회, 세미나의 주기적인 개최보다는 협상과 관련된 다양한 이해관계자가 의견을 제시하는 절차 혹은 과정이 마련되어야 한다. 그래서 사회적으로 다양한 의견이 제시되고 토론되면서 걸러져야 한다. 나아가 이런 과정이 협상력을 제고시키는 효과를 가져오기 위해서는 여기서 제시된 의견들이 실제 협상의 전략 수립에 반영될 수 있는 메커니즘이 수립되어야 한다. 이런 메커니즘이 만들어져야 내부협상의 과정이 우리의 협상력을 보다 강화시킬 수 있게 될 것이다.

제7장

한국의 협상력 제고를 위한 방안: 내부협상의 관점[1]

지금까지 국가 간 협상을 분석하는 도구로서 내부협상과 외부협상이라는 개념을 도입하고 이것을 협상력의 관점에서 분석하였다. 이 개념을 확장하여 구조와 절차라는 개념을 추가하기도 하였고(재협상의 분석), 대외통상조직을 평가하는 도구로서 활용하기도 하였다.

이러한 논의를 바탕으로 이 장에서는 FTA 협상을 위주로 한국의 대외협상력을 제고하기 위한 방안을 간략히 제시하기로 한다. 두말할 나위 없이, 여기서 제시되는 방안들은 내부협상의 관점에서 제시된 것이다. 5장에서 제시된 통상교섭본부에 대한 제언은 7장에서는 되풀이하지 않으려 한다. 대신 내부협상을 효율적으로 진행하기 위한 구체적 정책으로서 '협상전략팀'의 신설을 제안하고자 한다. 이 협상전략팀은 5장에서 제시한 KTR이 될 수도 있고, 이에 상응하는 다른 기관이 될 수도 있다.

1. 효율적인 내부협상 진행방향

이제 FTA를 원활히 추진하기 위해 어떤 방향으로 내부협상을 진행하는 것이 바람직한지를 검토하려 한다.

첫째, 내부협상이 제대로 진행되기 위해서는 무엇보다 먼저 협상과 관련된 이해관계자가 협상과정에 실질적으로 참여할 수 있는 협상 메커니즘을 구축할

---

1) 이 7장의 내용은 이 '제4부를 활용하는 법'에서 밝힌 바와 같이 졸저(2012, c)의 제3부 7장을 작은 수정을 거친 뒤 그대로 옮긴 것이다.

필요가 있다. 협상에 실질적으로 참여한다는 것이 반드시 협상 대표로 나서야 한다는 것을 의미하는 것은 아니다. 오히려 협상의 전 과정을 살필 수 있고, 상대방이 제기하는 문제점들을 현장에서 볼 수 있는 '협상에 대한 근접성'을 의미한다. 그렇게 해야 협상의 최종 결과가 나올 경우 '딴 소리'를 할 수 없기 때문이다. 이 말은 역설적으로 우리 내부에서 제기되는 협상과 관련된 이해당사자들의 다양한 견해 차이를 협상시스템에서 사전적으로 해소해야 한다는 것을 의미한다.[2]

둘째, FTA에 대한 비판적인 여론을 활용할 줄 알아야 한다.[3] 내부협상의 관점에서 볼 때 비판적인 여론은 국가 전체의 협상력을 제고시키는 요인이 될 수 있다. 즉 적당한 정도의 부정적 여론은 협상가의 입지를 강화할 수 있다는 말이다. 내부적으로 진행중인 FTA에 대한 비판적인 여론이 많을 경우 협상가는 그 내부의 비판적인 여론을 핑계로 상대방에게 시장개방의 폭과 속도를 (한국에게) 유리하게 조절해 달라고 요청할 수 있다. 시장개방의 폭과 속도를 어느 정도 (한국에게 유리하게) 조절하느냐는 전적으로 협상가의 개인적인 협상력(외부협상력)에 달려있다. 하지만, 내부의 비판적 여론이 자신의 입지를 강화할 수 있다는 사실을 알지 못한다면(내부협상의 중요성을 인식하지 못한다면), 그 비판적 여론은 협상가의 협상력을 약화시킬 수 있다. 비판 여론 때문에 심리적으로 위축될 수 있기 때문이다.

셋째, 협상과정이 공개되어야 한다. 한국과 협상대상국 사이에 이루어지는 협상과정과 그 과정에서 제기되는 문제점과 쟁점들이 '적절한 형태로' 한국 국민들에게 알려져야 한다. 만약 협상과정의 정보가 공개되지 않거나 최종 단계에서 협정 결과만이 한국 국민에게 알려진다면, 칠레와의 자유무역협정 비준 과정에서 보는 바와 같이, 또 한 번의 국민적 저항에 직면할 수 있다. 하지만 '적절한 형태로'라는 단서를 붙인 것은 협상과정에서 제기된 문제점들이 모두, 있는 그대로

---

2) 예컨대, 미국과의 협상에서는 우리 농수산물에 대한 미국의 개방요구가 어떠한 형태로, 그리고 어느 정도의 압력으로 진행되는지 알 필요가 있다. 이런 점에서 우리 농수산물 단체나 이를 대변하는 시민단체가 협상의 과정에 실질적으로 참여하여 자신들의 입장이 충분히 반영되는지 사전에 확인할 필요가 있다는 것이다. 그래야 자신의 주장이 어떤 영향을 미치는지, 어떻게 반영되는지 혹은 반영될 수 없는지 이해할 수 있게 되는 것이다.

3) 지금까지의 경험으로 볼 때 한미 FTA뿐 아니라 정부가 추진하는 통상협상 그 자체에 대해 비판적인 의견이 많을 경우 협상가들은 지나치게 위축된 자세로 협상에 임한 경우가 많았다. 어떤 협상결과가 나오더라도 '욕'을 먹을 것이 분명했기 때문이다.

공개되어서는 안 된다는 것을 의미한다. 관련된 정보들이 왜곡되어서는 안 되지만, 협상 파트너를 고려할 필요도 있고, 또 한국의 협상전략적 측면도 함께 염두에 둘 필요가 있기 때문이다.

넷째, 언론과 적절한 협력관계가 유지되어야 한다. 내부협상의 과정에서 언론의 역할은 매우 크다. 특히 한국과 상대국과의 협상과정에서 언론의 역할은 다른 어떤 경우보다 더 클 수 있다. 의도하지 않은 어떤 사태로 그 나라에 대한 적대적 감정이 폭발하게 된다면 협상 자체가 물 건너 갈 수도 있기 때문이다. 그래서 협상의 과정을 알리는 언론이 어떠한 방향으로 그 사실을 국민에게 알리느냐가 매우 중요해진다.[4]

다섯째, 필요할 경우 국민을 설득해야 한다. 내부협상은 기본적으로 협상에 대해 다양한 국민의견이 존재한다는 것을 전제로 한다. 그러나 협상대상이 지나치게 전문적일 경우 협상대상에 대한 그릇된 정보를 바탕으로 잘못된 여론이 형성될 수도 있다. 그럴 경우 협상을 실질적으로 수행하는 정부부처나 팀은 잘못된 여론을 수정하기 위하여 국민이나 매스미디어를 상대로 설득과 교육에 나설 필요가 있다. '설득'의 대상에는 내부협상과 관련된 모든 단체가 포함되는데, 경우에 따라서는 '국회'도 이 범주에 포함시킬 필요가 있다.

여섯째, 상대국 내부협상에 영향을 미칠 방안을 고려해야 한다. 우리가 내부협상을 통해 협상에 대한 '입장'을 결정하고, 그 입장을 결정하는 '과정'을 유기적으로 활용하여 우리 국가 전체의 협상력을 높일 수 있다면 상대방 역시 그러하다. 그래서 상대방의 내부협상에 영향을 미칠 수 있는 방안을 확보할 수 있다면 이는 결과적으로 우리의 협상력 제고로 연결될 수 있다.[5]

---

4) 또 하나의 가능성은 언론이 전략적 차원에서 한국 전체의 협상력을 높이는 방법으로 협상의 과정을 보도하는 것이다. 없는 사실을 만들어내서는 안 되지만, 협상과정에서 우리 협상가들이 미국의 협상가들과 간혹 적절한 긴장관계를 유지하게 해주는 것은 협상 자체에 매우 긍정적으로 작용하게 된다.

5) 지금까지의 통상협상에서 이러한 시도가 없었던 것은 아니지만, 그 효과는 지극히 미미하였다. 상대국에 거주하는 교포를 이용하여 우리의 입장을 상대국에 홍보하거나 우리의 입장에 대한 공감대를 형성하는 것, 상대국 언론을 이용하여 우리의 입장과 견해를 밝히는 것도 이러한 범주에 포함된다. 정기적으로 고위 관리를 상대국에 파견하여 기자간담회 혹은 유사한 방법으로 입장을 밝히는 것도 하나의 방법이다. 중요한 것은 이러한 전략을 일회적으로 사용할 것이 아니라 협상이 종결될 때까지 계속할 필요가 있다는 것이다.

2. **정책제언:** 내부협상을 원활히 진행할 협상전략팀의 신설

지금과 같은 내부협상에 대한 분석을 바탕으로 FTA를 전담할 "협상전략팀"의 신설을 하나의 정책과제로 제시하고자 한다. 이러한 협상전략팀의 구성을 제안하는 것은 이것이 지금까지 분석한 우리 국내의 내부협상을 가장 효과적으로 진행하는 방법이 될 수 있기 때문이다.

"협상전략팀"은 실제 협상에 참여하는 협상가와 이 협상가들에게 협상의제에 대한 기본입장을 제시하고 이 기본입장을 실행하기 위한 전략을 입안하고 수행하는 실무전략가의 두 부분으로 구성된다([그림 5] 참조). 실무전략가는 FTA 협상에 관계되는 정부부처의 실무 국장 및 과장과 이를 지원하기 위한 민간 전문가들로 구성한다. 실무전략가 그룹은 그 산하에 다시 1) 국회대책반, 2) 언론대책반, 3) 농업대책반, 4) 이해관계자 대책반을 두며 이들이 상호 협의하여 전략을 입안하고 협상의제에 대한 입장을 정립하도록 한다. 이해관계자 대책반에는 다시 해당 산업 혹은 업종별로 별도의 소대책반을 두고 견해를 조정하도록 한다. 특히, 이해관계자는 관련 협상의제의 입장선정에 관계된 자리에서 자신의 의견을 개진할 기회를 분명히 가지며, 필요할 경우 협상가 그룹에 참여하여 옵서버observer로서 자신과 관련된 협상의제가 어떻게 진행되는지를 참관할 수도 있게 한다. 실무전략가 그룹과 협상가 그룹은 일단 임명되면 협상이 끝날 때까지 계속하여 활동하도록 해야 한다. 단, 어느 정도의 시차를 두고 실무전략가 그룹과 협상가 그룹은 상호 이동이 가능하도록 해서 협상의 경험이 전략 수립에 활용되고, 전략수립의 경험이 협상에 활용되도록 할 필요가 있다. 협상가와 실무전략가 그룹 사이에 이견이 생길 경우 '대외경제장관회의'에서 조정되게 하는 것이 바람직하다.

그림 5 협상전략팀의 구성

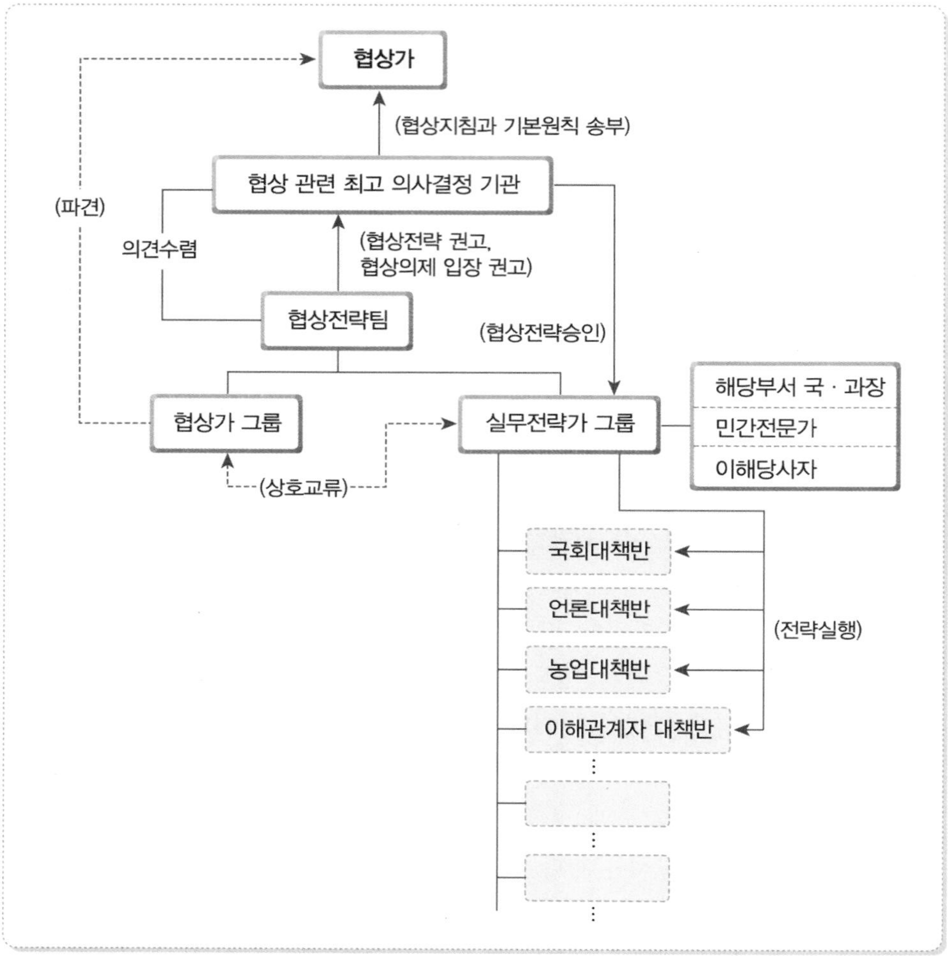

제**5**부

한국과
한국인의 협상

사례와 실전편

제5부는 제4부에서 제시된 이론적 틀이 구체적인 협상의 과정에서 어떻게 적용될 수 있는지 구체적 사례를 제시한 것이다. 1장에서는 한국기업의 협상 사례, 2장에서는 한국정부의 협상 사례, 3장에서는 한국과 미국의 FTA 협상 사례, 4장에서는 한미 FTA 재협상에 대한 분석, 그리고 5장에서는 첫 번째 한미 FTA 재협상을 이론적 기반을 중심으로 분석한 것이다.

제5부는 제4부를 소개하는 자리에서 말한 바와 같이 기본적으로 재미있다. 특히 1, 2장이 그렇다. 조금 가벼운 마음으로 이 장들을 읽어도 좋다. 그리고 앞의 협상에 관한 이론적 기반과 설명을 읽지 않고 이것들만 읽어도 좋다. 그 과정에서 협상 자체의 이론적 기반에 관심이 간다면 다시 이론적 부분을 설명한 장들로 돌아가면 된다. 이 1장의 내용들은 과거 저자가 이코노미스트 誌(중앙일보 간행) 등 주간지와 일간지에 연재 혹은 기고한 글들을 간략한 해설과 함께 모은 것이다. 다소 시기적으로 오래된 느낌의 글도 없지 않으나, 협상의 관점에서는 여전히 많은 시사점을 던져준다. 특히, 북핵협상이나 한일협상은 아직까지 현재진행형이다. 우리가 협상을 못하는 것인지, 문제가 정말 어려운 것인지 …….

3장은 한미 FTA 하나의 주제에 관해 쓴 글을 모은 것이다. 지금 보면 다소 어색한 면도 없지 않으나 글을 쓸 당시(주로 2007년)의 사회적 분위기와 협상을 바라보던 관점들이 잘 드러나 있다. 특히 한미 FTA를 바라보던 두 시각, '악마와의 키스' 혹은 '태평양을 가로지르는 고속도로의 건설'은 지금 보아도 흥미진진하다. 아직 그 성격이 완벽하게는 드러나지 않았기 때문이다.

2017년 7월 현재 한미 FTA가 재협상 문제가 하나의 이슈로 거론되고 있다. 4장은 이런 재협상 문제를 조금 깊이 다루어 본 것이다. 특히 재협상이 처음이 아니라는 점을 강조하며 한국이 어떤 전략과 입장을 취해야 할지를 검토해 보았다.

5장은 첫 번째 재협상에 대한 저자의 논문을 그대로 옮긴 것이니 조금 딱딱한 문장을 좋아하지 않는 독자는 건너뛰어도 좋다.

하지만, 같은 결론을 내린다. 제5부, 특히 1장과 2장은 재미있다.
읽어보시라.

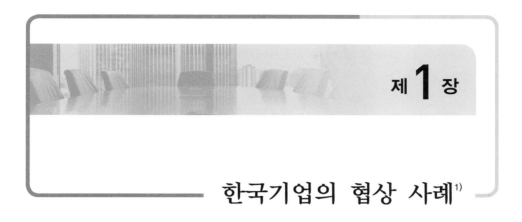

제**1**장

—————— 한국기업의 협상 사례[1]

1. LG카드 증자협상[2]

– 교과서적인 너무나 교과서적인 –

　이 협상은 이제는 시장에서 사라진 과거 LG카드의 증자협상에 대한 것이다. LG카드는 주지하는 바와 같이 LG그룹의 대표적 카드로서 2002년 한국의 카드사 최초로 1,000만 명의 고객을 유치하기도 했다. 하지만 2004년 신용불량자 양산 등 자금난 문제로 경영상의 어려움을 겪다 최종적으로 2007년 신한금융그룹에 인수되었다. 여기서 제시되는 LG카드 증자협상은 신한금융그룹에 인수되기 전, LG그룹 스스로 자구책을 모색하던 시절 산업은행과 LG그룹과의 증자협상을 다룬 것이다. 협상의 개요는 다음과 같다.

－ 협상에 참여하는 자: 산업은행(유지창 총재), LG그룹(구본무 회장)
－ 협상의 대상: LG카드, 정확히는 LG카드의 정상화를 위한 증자
－ 협상의 내용: 증자에의 참여 유무와 참여할 경우의 참여 금액
－ 협상의 결과: 50대 50의 비율로 증자에 참여하기로 함
－ 협상의 특징: 교과서적인 협상과정, 산업은행의 상대적 협상력 열위

'어쩌면 이렇게 협상이론에 충실하게 움직일까?'

2004년 12월 8일에서 시작하여 31일에 끝난 유지창 산업은행 총재(이하 유총

---

1) 이 장에서 제시되는 한국기업의 협상사례는, 2005년 중앙일보 社에서 발행되는 주간지 이코노미스트 誌에 기고한 필자의 글들을 다소의 수정을 가한 뒤 그대로 실은 것이다. 상당한 시간이 지난 것이라 해당 연도와 월 외에 필자의 글이 실린 정확한 날짜를 제시하지 못한 점은 독자의 양해를 구한다.
2) 이코노미스트 誌, 2005년 4월에 실린 필자의 글이다.

재)와 구본무 LG그룹 회장(이하 구회장) 간의 LG카드 증자협상을 살펴본 소감이다. 정말 그렇다.

■ 산업은행 총재, LG카드에 유상증자 참여를 요청하다

2004년 12월 8일 유총재는 LG카드의 상장 폐지를 막기 위해 1조 2000억 원 규모의 증자가 필요하며 LG그룹에 대해 이 중 8759억 원을 분담할 것을 요청하였다. 구회장은 지난 2004년 1월 4일의 합의(LG카드의 정상화를 위해 1조 1750억 원을 연리 7%로 지원)를 이유로 당연히 거절하였다. 그 뒤 23일간 이어진 기나긴 협상과정. 이런 공방은 다양한 보조협상가들이 등장한 끝에 12월 31일 두 사람이 각각 5000억 원씩 부담하는 것으로 매듭지어졌다.

매우 간단한 협상처럼 보인다. 하지만, 애초 이 협상과 관련해서는 다음과 같은 세 가지의 의문이 제기되었다. 첫째, 이 협상이 결렬되지 않고 타결될 것인가? 둘째, 타결된다면 언제쯤 타결될 것인가? 셋째, 타결에 가장 크게 영향을 미친 요인은 무엇일까?

■ LG그룹 구회장의 선택은 무엇인가

우선, 협상론적인 관점에서 보면 이 협상은 애초 결렬될 수 없는 협상이었다. 구회장으로서는 다음 두 가지 선택밖에 없었다. 증자를 거절하고 년 7%의 수익이 보장되어 있는 1조 1750억 원을 그대로 날릴 것인가, 아니면 이것을 그대로 보장받고 또 (증자에 의한) 추가적인 수익을 얻기 위해 유총재의 요구대로 LG카드에 증자할 것인가. 합리적으로 행동하는 사람이라면 당연히 후자를 선택할 수밖에 없다. LG카드 박해춘 사장은 다음과 같이 말했다. "(1조 2000억 원의) 자본 확충만 되면 LG카드는 내년부터는 매년 2천억 원 이상 흑자를 내는 우량 카드 사가 될 것이다." 박사장의 말이 조금 과장되어 있다 하더라도 구회장이 LG카드에 대한 이 같은 정보를 모를 리가 있는가. 구회장은 그의 말대로 '장사꾼'이다.

■ LG그룹 구회장의 전략적 모색

그러니 12월 8일 유총재의 증자 요청이 있을 때부터 구회장은 증자의 금액과 수락시기만을 모색하고 있었지, 애당초 LG카드가 청산되기를 바라고 있었던 것은 아니었다. 구회장이 필요로 했던 것은 '적절한 모양새'였다. LG그룹 계열사를 설득할 수 있는 적절한 명분과 혹시 향후에라도 있을지 모르는 추가지원에 대한 바람막이가 그것이었다. 사재私財를 털어서까지 증자에 참여한다는 모양새, 그리고 23일간의 협상과정 상에서 장하성 교수[3]와 강철규 공정거래위원장[4]을 통해 드러난 '관치금융의 희생자'라는 흐뭇한 이미지. 이 이상 더 바랄 나위가 있는가. 그래서 12월 29일, '법률 및 회계법인 3곳에 의뢰한 결과 최소 1800억 원에서 최대 2643억 원을 분담할 수 있다'는 참으로 우스운(?) 제안을 하기에 이르렀던 것이다. '일고의 가치가 없다'는 유총재의 발언 또한 당연하다. 유총재로서도 이 때쯤에 이르러선 구회장이 장난(?)을 친다는 것을 눈치채지 않았을까.

그런데 구회장은 왜 하필 12월 29일에 이런 제안을 했던 것일까? 바로 이 날 LG카드는 (청산을 결정할 수도 있는) 이사회를 오후 6시에 개최하기로 되어 있던 것이다. 말하자면, 협상이 파국에 이르기 직전에 위와 같은 제안을 함으로써 구회장은 '어이 유총재, 얼마 내면 될지 한 번 이야기하자'는 메시지를 던진 것이다. 그러니 2643억 원 이라는 금액은 사실 아무런 의미가 없다. 유총재의 다음과 같은 말이 더 재미있다. "언제 어디서든 어떤 형태로든 구회장을 만날 용의가 있다." 이쯤이면 협상은 끝난 것이다. '시한이 있는 협상을 할 경우 시한 바로 직전에 협상이 타결될 가능성이 가장 높다.' LG카드 증자협상은 바로 이런 경우를 극명히 보여주는 것이다.

■ 산업은행과 LG그룹 각각 5000억 원 씩 부담하기로 결정하다

그런데 왜 5000억 원씩인가? 당신이라면 1000원이라는 비용을 2사람이 공동으로 부담해야 할 때 얼마씩 하도록 할 것인가? 그렇다. 50대 50이 제일 그럴듯하지 않는가.[5] 그래서 5000억 원씩이다. 중요한 것은 금액이 아니라, '서로 비슷해 보이는 부담방식'이다. 그 뒤, 12월 31일 LG카드는 29일 밤 중단된 이사회를

---

3) 장하성 교수는 12월 23일 'LG카드 채권단의 (LG그룹에 대한) 출자전환 요구는 소송감'이라고 발언하여 의도하건 의도하지 않았건 LG그룹을 도와주는 발언을 하였다.
4) 강철규 공정거래위원장은 12월 21일 저녁 기자를 만난 자리에서 '채권단이 LG그룹에 대해 출자전환을 하라고 압력을 행사하는 것은 문제가 있다고 생각한다'는 요지의 발언을 하였다. 공정거래위원회는 서둘러 이 발언을 진화하였지만, 어쨌든 LG그룹이 증자에 반대하는 데 간접적으로라도 힘을 실어준 것은 틀림없다.
5) 협상론에서는 이것을 focal point라고 한다.

열어 합의된 증자방식을 추인했다.

■ 산업은행의 기회는 없었을까

협상의 결과만을 놓고 보면 구회장이 좀 더 크게 웃고 있을 것 같다. 명분과 실리 다 챙기지 않았는가? 그러면, 유총재에게는 기회가 없었던 것일까? 아니다. 오히려 칼자루는 유총재가 가지고 있었다. 단지 그는 그것을 사용하는 적절한 방법과 시기를 놓쳤을 따름이다.

그 칼자루는 '2003년 4월부터 6개월 동안 LG카드 대주주가 집중적으로 LG카드 주식을 처분하여 1조 4000억 원대의 부당이득을 취득한 혐의'이다. 그 사실 여부는 둘째치더라도, 이러한 혐의에 대한 본격수사 혹은 조사가 이루어진다는 것은 구회장에게는 '돈을 잃는 것에' 버금가는 괴로운 일이 아닐 수 없었다. 그룹 전체의 도덕성과 장래가 걸려있는 일이기 때문이다.

그래서 이런 문제가 노조 등 다른 경로를 통해 제기되었다 하더라도, 유총재는 이 문제를 공개적인 자리에서 언급하지는 말았어야 했다. 만약, 일 대 일의 방식이나 비공개적인 방법으로 이 사실을 '협상의 지렛대'로 활용했더라면 구회장을 더 압박할 수 있었을 것이다. 하지만, 채권단은 12월 22일 이 문제를 LG그룹에 대한 공식적인 대응책의 한 가지로 공공연하게 제시하기에 이르렀다. '백일하에 밝혀지는 위협 혹은 수단은 더 이상 효력을 발휘하지 않는다.' 협상은 예술의 영역을 가지고 있고, 상대방을 너무 지나치게 몰아붙일 경우 오히려 역효과를 발휘할 수 있다.

■ 결국 누구의 부담인가

이 합의된 증자안으로 LG카드가 살아날 수 있을까? 그렇게 되기를 간절히 바란다.[6] 협상에서 누가 더 유리한 결과를 얻었건, (LG카드가 살아나지 못하면) 이 협상의 최종적인 피해자는 슬프게도 우리 일반 국민이 될 수밖에 없기 때문이다. LG카드를 살리기 위해 들어간(또 들어갈) 공적자금과 산업은행의 돈, 결국 우리의 부담이지 않은가.

---

6) 역설적으로 황영기 우리은행장이 더 간절히 바랄지 모른다. 적절한 가격(이게 항상 문제다)으로 LG카드를 사려고 하니 말이다.

2. 아시아나 조종사 노조의 파업[7]

– 어리석음과 오만의 부딪힘 –

이 협상은 아시아나 조종사 노동조합과 아시아나 경영진 간의 노사협상과정을 분석한 것이다. 2005년 7월에 시작된 이 노사협상은 국내 항공사상 최장의 파업으로 기록되고 있다. 당시 '조종사'를 중심으로 한 노동조합이라는 점에서 여론의 향배는 다소 복합적이었다. 조종사를 근로자로 보는 시각도 없지 않았지만, 높은 연봉을 받는 조종사의 파업을 곱지 않게 보는 시각도 여전히 존재하고 있었기 때문이다. 그리고 본문 중에서 자세히 설명되겠지만 조종사 노조의 협상전략과 기본태도는, 죄송한 표현이지만, 다소 어리석은 요소들을 가지고 있었다. 하지만 이에 대처하는 경영진의 태도 역시 현명하다기 보다는 다소 오만한 요소를 가지고 있었음을 부인할 수 없다. 그래서 어리석음과 오만의 부딪힘이란 표현을 사용한 것이다.

주지하는 바와 같이 노사협상 그리고 이에 따른 파업은 여전히 계속되고 있고, 앞으로도 계속될 것이다. 그래서 이런 아시아나 조종사 노조의 파업과 관련한 경험은 상당한 시간이 지난 지금도 우리에게 하나의 교훈으로 남아있다.

- 협상에 참여하는 자: 아시아나 조종사 노조, 아시아나 경영진
- 협상의 대상: 2004년 단체협약
- 협상의 내용: 주요 쟁점은 연간 비행시간, 1일 5회 이착륙 비행, 정년 연장 문제, 조종사의 승진과 전환 징계를 결정하는 자격심의위원회의 구성문제 등임
- 협상의 특징: 파괴적 패턴

19일 째를 맞이하는(8월 4일 기준) 아시아나 조종사 노동조합(이하 조종사 노조)의 파업. 이들의 파업 경과를 하나하나 검토할수록 '저렇게도 어리석을 수가' 혹은 '저렇게도 오만할 수가' 하는 상반된 소감이 떠오르는 것을 어찌할 수 없다. 너무 극단적인 평가일 수도 있지만 조종사 노조의 어리석음과 사용자 측의 오만함, 이 두 가지 특성이 파업 전후의 모든 과정과 교섭들을 지배하고 있다. 그 결과는 지금 우리가 현실에서 목격하고 있는 국내 항공사상 최장의 파업으로 나타나고 있다. 역설적이게도, 국내 항공사상 최장의 파업은 노사 간의 단체협상이 빠지기 쉬운 최악의 파괴적 패턴destructive pattern을 그대로 보여주고 있다. 이제

---

7) 이코노미스트 誌, 2005년 8월에 실린 필자의 글이다.

그 과정을 '누구의 편도 들지 않고 객관적으로' 조금 자세히 보자.

■ 아시아나 조종사 노조의 입장과 전략

"전 조합원 총 단결로 04 단협 승리하자!!"

아시아나 조종사 노조 홈페이지를 방문하면 어디선가 많이 본 듯한 문구가 시선을 잡아끈다. 조합원, 단결, 단협, 승리라는 단어. 이런 단어들은 생활급, 생존, 고용안정 등의 이미지와 맞물려 일종의 처절함을 자아낸다. 그러나, 이들 단어들은 '연봉 1억'이라는 조종사 노조의 이미지와 맞지 않는다. 조종사 노조의 파업이 '항공 안전'이라는 그들의 구호에도 불구하고 여론의 지지를 얻지 못하는 데는 이런 불협화음이 한 몫을 했음이 분명하다. 문제는 여론이 호의적이지 못하리라는 것을 충분히 예측할 수 있었는데, 거기에 대한 대처방안을 전혀 생각하지 못했다(안했다)는 것이다. 그들의 '순진함'이 묻어나는 대목이다. 하지만, 그 순진함은 조종사 노조가 여론의 뭇매를 맞고 철회한 다음과 같은 요구조건들에서 더 두드러진다: 해외출장지 호텔에 골프채 4세트 비치; 기장에 객실승무원 교체권 부여; 외국체류 조종사 가족에게 왕복항공권 14장 제공. 이들 요구조건들은 상대 항공사도 당연히 해주는 정도에 불과한 것이니 그들로서는 주장할 수도 있는 것이다. 문제는 이런 요구조건들이 '외부에는 어떻게 비쳐질까' 하는 데에 대한 전략적 고려가 없었다는 것이다. 언론과 여론의 민감한 감시를 받는 파업을 하면서 이 정도의 전략적 고려가 없었다면, 이건 '어리석음'이라고 보아야 한다.

■ 노사협상에 이르게 된 과정

하지만, 이들 구호에는 어딘가 생뚱맞은 게 하나 있다. 분명 파업은 2005년 한 여름에 벌어지고 있는데, 교섭의 대상은 2004년도 단협이다. 1년 전의 단협? 그렇다. 여기에 이 파업을 이해하는 열쇠 하나가 있다. 주지하는 바와 같이 아시아나 조종사 노조는 2000년 6월 설립되었다. 그러나 복수노조 금지 조항에 걸려 노조설립 신고서가 반여되는 우여곡절을 겪다 2001년 서울행정법원의 1심 판결 뒤 2004년 11월에야 대법원의 최종판결로 합법성을 인정받게 되었다. 얼마나 기뻤을까. 그들의 주장대로, 연봉 1-2억을 받더라도 사용자 측의 회유에 휘둘리고, 기장들의 출신(공군조종사 대 민간조종사)에 따라 승진에 차별을 받고, 비행안전에 위험요인이 있다면 이것을 시정할 수 있는 노조가 있어야 한다. 너무 당연한 일이다. 조종사 노조원들이 '노조가 없는 2001년 이전으로 돌아갈 수 없다'는 결의를 밝힌 것은 이런 것에 기인한 것이다. 최종적인 합법성을 부여받은 뒤의 자신감이 아닐 수 없다. 하지만, 그 자신감이 너무 과했던 것 같다. 어떻게 그렇게 세상모르는 철부지처럼 자기만을 생각할 수 있었던가. 파업에 들어가면서 그들이 내건 요구조건들의 일부는, 비록 그 뒤에 자진 철회하기는 했지만, 노조의 역기능을 익히 아는 사람들의 눈살을 찌푸리게 하기에 충분한 것이었다. 음주 및 약물 측정 기준이라든지, 영어능력이라든지, 여성조종사에 대한 과다한 복지요구 등은 그들의 자신감이 어떻게 '어리석음'으로 변질될 수 있는지 보여주고 있다.

■ 아시아나 경영진의 입장 혹은 전략

"그동안 조종사 노조를 실체로서 인정하고 일반노조와 별도로 교섭을 해왔다. 이번 판결(2004년 11월 대법원의 노조 합법성 인정 최종판결) 이후에도 내용면에서 큰 변화는 없을 것이다." 아시아나 사용자 측의 의연한 반응이다. 하지만 정말 의연했을까? 대법원의 판결이 있은 뒤 한달 보름 뒤인 2004년 12월 28일 사용자 측은 조종사 노조와 2004년 임금을 잠정 합의하게 된다. 그것도 불과 5-6번의 만남 만에. 상호간의 신뢰가 작용한 것으로 보아도 좋지 않을까. 하지만, 이 결과가 상호작용에 의한 것이라고 해도 이런 상호간의 신뢰는 더 이상 발휘되지 않는다. 그 뒤로 보여지는 것은 '교활에 가까운 오만'밖에 없다.

■ 교활에 가까운 오만함

2005년 1월 21일. 조종사 노조와 사용자 측은 2004년 단협갱신 및 주 5일제 관련 상견례를 가진다. 국내 항공사상 최장의 파업으로 연결되는 최초의 만남이다. 하지만, 2005년 7월 16일 제39차 교섭을 가질 때까지 한 치의 양보도 없이 양측은 팽팽한 자기주장을 계속한다. 파업 19일이 지난 지금, 양측이 주장하는 협상의 쟁점은 10여개 정도로 정리할 수 있으나 가장 핵심적인 쟁점은 3-4개에 불과하다. 연간 비행시간, 1일 5회 이착륙 비행, 정년 연장 문제, 조종사의 승진과 전환 징계를 결정하는 자격심의위원회의 구성문제. 이 중 연간 비행시간과 자격심의위원회 문제만 해결된다면 나머지 문제들은 의외로 쉽게 풀릴 수도 있다.

핵심적인 쟁점을 이렇게 정리해 보면 파업이 19일이나 계속된 것도, 파업시작 전 7개월 간의 사전교섭 기간 중에 조금의 진전도 없었다는 것도 참으로 이해하기 어려운 부분이다. 이것은 사용자측이 조종사 노조와 단협을 갱신하는 것이상의 목적을 가지고 있지 않냐하는 의구심을 낳게 한다. 속칭 말하는 '노조 손보기'가 그것이다. 합법성을 획득한 노조가 큰 짐이 되기 전에 싹을 제어하는 것, 그것이 목적이 아니었을까. 바로 이러한 점에서 사용자측이 왜 '교활에 가까운 오만함'의 특성을 가지는지 그 단초가 드러난다.

하지만 이런 특성들은 노조와 성실히 협상을 하는 대신 언론을 통하여 지엽적인 문제(골프채문제, 영어문제, 음주측정문제 등)들을 중점적으로 부각하는 데서더 확연히 드러난다. 협상을 통해 문제를 풀어가려면 사용자측은 오히려 이런문제가 언론에 보도되지 않도록 신경을 써야 했다. 그래서 이런 언론 플레이는오만보다는 차라리 교활에 가깝다. 여론이 노조에 비판적이라는 것을 인지한 뒤협상을 통하기보다는 언론을 통해 노조에 자신의 입장을 전달하려 한 것, 의도되지 않은 것인지는 모르나, 승무원 등 일반직원을 통하여 조종사를 압박하려한 것도 다 같은 범주에 속한다. 더구나 조종사 노조는 지난 7월 28일 민주노총과 함께 '집중교섭으로 3일만에 매듭짓자'는 제의를 하는 등 협상을 통해 문제를풀어가려 한 반면, 사용자측은 '원칙경영'이라는 구호하에 상대적으로 협상에 소홀한 것으로 보여진다. 이런 점은 그 '오만'의 절정에 다름 아니다.

■ 파괴적 패턴으로 향하는 협상: 선택적 인지와 특성 왜곡

하지만, 어리석음과 오만이 있다고 해서 그 단체교섭이 곧바로 파괴적 패턴destructive pattern의 성격을 띠는 것은 아니다. 그렇게 되기 위해서는 선택적 인지selective perception와 특성 왜곡attributional distortion이 뒤따라야 한다. 선택적 인지란자신의 견해와 의견에 맞는 것만을 받아들이는 것을 의미하고, 특성 왜곡이란같은 행동을 하더라도 그 행동을 하는 사람에 따라 그 행동에 대한 평가가 달라지는 것을 의미한다. 이 두 가지 속성이 구비될 경우 단체교섭은 '스스로의 힘으로는 도저히 헤어 나올 수 없는 수렁' 즉 파괴적 패턴으로 전락하게 된다. 조종사 노조와 사용자 측은 이 두 가지 특성을 모두 가지고 있다.

■ 조종사 노조의 선택적 인지와 특성왜곡

조종사 노조는 자신들의 파업이 끼치는 부정적인 영향(어떤 기자들은 이것을 '가해加害'라고 표현하기도 한다)을 좀처럼 인정하지 않으려 한다. 사용자 측이 주장하는 피해액이나, 심지어는 승무원들이 속리산으로 내려와 업무복귀를 호소하는 것도 사용자 측의 공작으로 치부한다. 자신의 견해와 맞지 않는다는 것이다. 선택적 인지의 전형적 사례가 아닐 수 없다. 조종사들의 단체헌혈(조종사들이 헌혈을 하면 최소한 72시간 동안 비행을 할 수 없다). 이것은 전형적인 특성 왜곡의 사례이다. 조종사들은 자신들의 단체헌혈을 '사용자 측과의 협상을 위한 것'으로 생각하지만, 그것은 '비합리적인 자기 파괴'에 지나지 않는다. 하지만, 특성 왜곡은 조종사보다는 사용자 측에서 더욱 두드러지게 나타난다. 사용자 측은 왜 조종사 노조가 주장하는 '항공안전'이라는 구호를 있는 그대로 받아들이지 못하고 색안경을 끼고 바라보는가. 항공안전은 조종사와 사용자가 동시에 추구해야 할 목표 아닌가. 자신이 주장하면 항공안전이고 조종사가 주장하면 '항공안전을 빌미로 한 소득 챙기기'인가. 이 이상의 특성 왜곡은 없다.

■ 덫에 갇혀 버린 협상

이런 형태로 일단 파괴적 패턴의 형태를 띠게 되면 자신들의 힘으로서는 파괴적 패턴이라는 질곡에서 벗어나기 어렵다. 그 질곡에서 벗어나기 위해서는 '이렇게 해서는 안 된다'는 상식이 필요한데 파괴적 패턴의 가장 큰 희생양은 그러한 상식이기 때문이다. 일종의 덫에 갇혀 버린 셈이다. 그런 의미에서, 참으로 권하고 싶은 것은 아니지만, 직권조정의 가능성을 제시한 정부의 조치는 어쩔 수 없는 것으로 보여진다.

어리석음과 오만함, 그리고 단체교섭에 따른 최악의 파괴적 패턴. 파업이 끝날 때 아시아나뿐 아니라 우리 사회는 이런 소모적 부딪힘에서 어떤 교훈을 찾을 수 있을까? 그리고 처절한 반성과 함께 우리는 다시는 이런 과정을 되풀이하지 않을 수 있을까?

제 **2** 장

한국정부의 협상 사례[1]

1. 한일 협상, 무엇이 문제인가[2]

– 2% 이상 부족한 한국과 차고 넘치는 일본 –

이 글은 2005년 당시의 한일관계를 배경으로 쓴 글이다. 당시 한일관계의 중요한 문제점은 독도 문제와 일본의 교과서 왜곡 문제였다. 12년의 세월이 지난 지금, 이 두 가지 문제를 다룬 이 글을 봐도 전혀 이질적이지 않다. 그 때의 문제들이 전혀 해결되지 않고 지금도 계속되기 때문이다. 나아가 지금은 위안부 문제까지 제기되어 한일 관계는 여전히 난맥상을 면치 못하고 있다. 이 글은 협상론적인 관점에서 분석한 글이기 때문에 한일관계를 풀 수 있는 해법을 제시하려 한 것은 아니다. 하지만, 협상을 잘하면 아니 성공적이고 원칙에 맞는 협상을 하면 한일 관계는 자연히 풀릴 수밖에 없지 않는가?

사랑과 존경. 평생토록 좋은 부부관계를 유지하기 위해 필요한 덕목이다. 하지만, 국가 사이에서는 그저 '친하게 지내는 사이(사랑)'보다는 '위엄과 존중이 함께하는 사이(존경)'가 차라리 낫다. 특히, 경제와 정치, 문화 등 모든 영역이 서로 섞여있는 사이일수록 더 그러하다.

---

1) 이 장에서 제시되는 한국 정부의 협상사례는, 중앙일보 社에서 발행되는 주간지 이코노미스트 誌, 월간지 『포보스 코리아』와 『심』에 실린 필자의 글들을 다소의 수정을 가한 뒤 그대로 실은 것이다. 상당한 시간이 지난 것이라 해당 연도와 월 외에 필자의 글이 실린 정확한 날짜를 제시하지 못한 점은 독자의 양해를 구한다.
2) 이코노미스트 誌, 2005년 4월에 실린 필자의 글이다.

Strategic Negotiation | 전략적 협상

　최근 독도 문제와 일본의 교과서 왜곡문제로 한국과 일본의 관계가 악화되고 있다. '한일 우정의 해'라는 2005년에 이러한 일이 발생한 것은 일종의 아이러니가 아닐 수 없다. 그 문제의 뿌리를 확인하기 위해서는 잠시 역사적인 접근을 할 필요가 있다. 하지만, 독도가 한국 땅이라는 것을 주장하기 위해, 혹은 독도에 대한 일본의 주장을 반박하기 위해 역사적 관점에서 접근하려는 것은 아니다. 오히려 '본래 우리 땅이 틀림없는 독도가 어떤 과정을 통해 일본이 자기네 땅이라고 주장할 빌미를 주었는가' 하는 것을 알기 위해서다.

■ 한일 협상 문제의 시발인 된 1965년 한일협정

　그 문제의 시발은 1965년에 타결된 한일협정이다. 13년 8개월 동안 진행된 이 협상이 본격적으로 시작된 것은 1962년 11월 당시 김종필 중앙정보부장(이하 김부장)과 오히라 마사요시 일본 외상(이하 오외상) 간의 그 유명한 '김-오히라' 메모가 나오면서 부터다. 그래서 사실상의 협상기간은 2년 6개월에 불과하다. 협상이 제대로 타결되었던가? 그렇지 않다. 가장 치명적인 것은 한일합방이 '원천무효'라는 것을 명시하지 못했다는 것이다. 일본과의 관계에서 한국이 '위엄과 존엄'을 얻을 수 있는 첫 단추를 제대로 꿰지 못한 셈이다. 하지만, 이게 전부가 아니다. 1996년에 공개된 미국의 외교문서에 따르면 1962년 김부장이 오외상에게 독도문제를 해결하기 위해 독도 폭파를 제안했다고 되어 있다. 독도 폭파라니? 더 충격적인 사실은, 2000년 이후에 공개된 미국 CIA 특별보고에 따르면, 한일협상을 전후하여 일본의 6개 회사가 4년간에 걸쳐 6600만 달러를 한국 민주공화당의 정치자금으로 제공했다는 것이다. 국내에서의 정권의 입지를 위해 '독도'와 '민족의 역사'를 팔았다는 주장이 전혀 근거가 없는 것이 아닐 수도 있다. 일본의 언론은 당시 한일협정 최대의 성과 중 하나로 '평화선(독도를 우리 영토로 규정한 이승만 대통령의 업적)'의 철폐를 꼽고 있으니 말이다.

　그러니, 협상론의 관점에서 보면 김부장은 일본과 협상이 아니라 흥정을 한 셈이다(협상에는 흥정의 요소가 있지만, 흥정을 한다고 그게 다 협상이 되는 것은 아니다). 또, 김부장은 국가 간의 협상에서 지켜야 할 원칙(영토보전의 원칙, 정권보다 국가 우선)이 있고, 혹은 해서는 안 될 말과 행동이 있다는 것을 전혀 모르고 있었거나 애써 무시한 셈이다. 그게 '신친일파'라는 말을 듣는 그 개인의 한계이

자, 그 정권의 한계였다. 그 결과는 2% 이상 부족한 '사랑스러운' 한국의 시작이었다. 일본에 있어 한국이란 약간의 사탕을 주면 쉽게 달랠 수 있는, 앞으로는 강경하지만 뒤로는 흥정과 거래를 통해 모든 것을 양보하기도 하는 '만만한' 상대였다.

■ 1998년 한일어업협정

이런 인식을 바꿀 수 있는 기회가 없었던 것은 아니었다. 그것은 1998년에 타결된 한일어업협정이다. 어업협정이라는 명칭에도 불구하고 이 협정의 실체는 배타적 경제수역EEZ에 관한 것이다. 그런데, 이 협정에 임하는 양국의 태도는 너무나 대조적이었다. 한국은 '독도는 경제수역의 기점이 될 수 없으므로 200해리의 선포와는 아무런 관계가 없다'는 입장이었지만, 일본은 '독도가 일본 영토라는 것을 전제로 200해리 경제수역을 설정한다'라는 태도를 취하고 있었다. 만약, 독도에 대한 지식이 없는 제3자가 이런 양국의 태도를 들었다면 독도를 어느 나라 땅이라고 생각했을까? 미국과 유럽이 손바닥만한 바위라도 부득부득 기를 쓰고 '섬'이라고 주장하여 200해리의 설정근거로 삼고 있는데(일본도 이런 입장이다), 외로운 '섬'인 독도를 기어이 '암석'으로 간주하여 200해리 설정에 소극적 입장을 취한 한국의 태도는 조금 심하지 않은가. 이것이 전부가 아니다. 이 협정을 한국 국회에서 비준할 당시에는 제주도 남쪽 동중국해에 대한 영역설정을 거론한 '합의의사록'이 빠져 있었다. 이 의사록을 문구대로 해석할 경우 우리는 대륙붕의 일부를 잃게 된다. 일본은 합의의사록까지 첨부하여 국회의 비준을 받았지만, 한국은 합의의사록 없이 국회 비준을 받은 뒤 관보에 게재할 때는 이것을 슬쩍 끼워 넣었다.

그러니, '한일 간의 새롭고 획기적인 동반자 구축'을 위해 이 어업협정이 충분한 검토없이 타결되었다는 비판은 면할 길 없다. 협정의 타결직전인 1998년 10월 우리 대통령이 일본을 방문한 것은 정녕 오비이락烏飛梨落 격인가? '일본에게 우리 주장만을 고집할 수 없는 상황이었다'는 당시 협상 실무자의 말은 '그러니 일본의 주장을 수용할 수밖에 없었다'는 말로 들릴 수밖에 없다. 일본은 가만히 있어도 차고 넘치게 되었다.

■ 남은 과제로서의 한일자유무역협상

첫 단추를 잘못 꿸 경우 그 여파는 상당히 오래 간다. 하지만, 고치는 것이 전혀 불가능하지는 않다. 조금 가슴 아픈 말이지만, 지금부터 잘하면 되기 때문이다. 한국과 일본 사이에는 또 하나의 커다란 협상, 한일 간 자유무역협상이 남아있다. 그리고 상황에 따라 어업협정을 재협상할 수도 있다. 그러니 일본과 협상을 제대로 하는 방법은 지금부터라도 부지런히 익혀야 한다.

개인, 기업, 국가를 막론하고 협상력의 원천은 자기 자신이다. 한일 간의 협상경험을 돌이켜보면 한국은 협상을 '못한' 것이 아니라 '안 한' 것으로 드러난다. 제 풀에 주저앉은 적이 한두 번이 아니다. 무슨 말인가? 그렇다. 친일親日의 문제다. 이 문제가 해결되지 않는 한, 한국의 협상 대표가 앞에서 무슨 말을 하건, 일본은 그 말을 '있는 그대로' 듣지 않는다. 뒤에서 '자기를 닮은, 자기의 은총을 받은, 그래서 아직도 자기를 흠모하고 있는' 누군가와 거래를 할 수 있다고 믿기(혹은 믿을 수 있기) 때문이다. 한승조 교수의 '일본 식민지배 축복론'이니 '식민지를 통한 근대화론'이니 하는 어처구니없는 논리가 일본 정객의 착각을 불러일으킨다는 것을 알고 있는가. 친일의 문제가 극복되고 청산되지 않는 한 우리는 일본에 있어 '사랑스러운 상대'는 될 수 있어도 '존경의 대상'은 될 수 없다.

■ 한일협상에 임하는 우리의 자세

이런 기본 태도 위에서, 중요한(하지만, 친일청산보다는 사소한) 몇 가지 협상문화를 만들기만 하면 된다. 우선 원칙을 지키는 협상을 해야 한다. 독도와 관련, 가장 우려되는 것은, 우리 정치인 중의 누군가가 자신이 속한 일부 집단의 이익을 위하여, 경제의 지속적 발전이니 동북아의 평화니 하는 구호를 내걸면서, 독도를 다른 문제와 연결시켜 일본과 흥정하려 들지나 않을까 하는 점이다. 독도는 협상의 대상이 아니다. 그 다음, 국민의 의사가 반영되는 협상, 한 걸음 더 나아가 국민의 의사를 이용하는 협상이 되어야 한다. 전자前者는 김부장의 '독도 폭파'와 같은 제안이 없어야 한다는 것이고, 후자後者는 '반일감정과 반일시위'를 우리 협상력 제고提高의 모티브로 이용할 수 있어야 한다는 것이다. 이 점에서 중국은 우리보다 한 수 위다. 중국은 반일시위를 조장하지도 않고 막지도 않지만, 반일시위가 가지는 의미를 일본에 전달하는 데는 아주 열심이다. 그들은 협상이 무엇인지를 알고 있다.

■ 사랑과 존경, 그 딜레마

어떤 계기를 통해서건 한국과 일본은 지금의 불편한 관계를 해소할 수밖에 없다. 하지만, 그 해소 단계에서 '사랑'과 '존경' 중 무엇이 우선할지 아무도 알 수 없다. 다만, 지금부터 그 때까지 우리가 일관되게 취하는 입장과 태도가 일본의 우리에 대한 태도를 결정하게 될 것이다. 그게 협상이다.

2. 북핵 협상, 어떻게 이해할 것인가[3]

이 글은 2006년에 작성된 것이다. 당시 북한과의 가장 큰 문제는 지금과 같은 북한 핵무기였다. 10년이 훨씬 지난 지금 이 문제는 여전히 해결되지 않고 있다. 아니 오히려 문제는 훨씬 더 복잡하게 변해버렸다. 6자 회담은 성공하지 못했고, 김정일을 이어 김정은이 북한을 통치하고 있고, 단순한 핵무기 제조를 넘어 미국까지 공격할 수 있는 대륙 간 탄도미사일ICBM: Inter-continental Ballistic Missile의 가능성까지 거론되고 있다.

이 글은 북한이 당시 핵실험을 한 뒤 이것을 어떻게 이해하고, 어떤 과정과 방법을 거쳐 북한의 핵문제를 해결할 것인지 협상의 관점에서 분석해 본 것이다. 거듭 되풀이 되는 말이지만, 이 글 역시 만병통치약적인 해법을 제시하지는 않는다. 하지만, 협상 하나 제대로 하면 북한의 핵문제를 해결할 수 있는 단서를 발견할 수 있다는 시각은 여전히 변하지 않는다.

"No." 사랑하는 여자에게 데이트 신청을 했는데 매몰차게 거절을 한다. 낙담하지 않는 사람은 없다. 하지만, 여자를 정말로 사랑한다면 물러서지 않는다. 끈질기게 작업을 해가기 마련이다. 그러니 No라는 말에 낙담을 한다면 그는 인생이, 협상이 무엇인지 모르는 사람이다. 북핵 협상을 논하기 전에, 그래서, 한 가지만 분명히 해두자. No라는 말은 협상의 시작을 알리는 단어이다. 문제가 풀리

---

3) 월간지인 『포브스 코리아』, 2006년 10월호에 게재된 필자의 글이다.

지 않을 때, 해결책이 보이지 않고 천지가 암흑으로 덮였을 때, 그 때가 협상을 시작할 때다.

■ No라는 말은 협상의 시작을 알리는 말

최근 북한이 핵실험을 했다. 핵실험은 북한이 미국에 보내는 (미국의 금융제재에 대한, 양자회담에 나서지 않는 미국의 태도에 대한) No라는 아주 강력한 사인이다. 최근 유엔이 대북 제재안을 의결했다. 북한은 말한다. 미국에 의한 어떠한 추가적인 제재도 선전포고로 간주한다. 이 말에 겁을 먹어서는 안 된다. 북한은 단지 유엔의 결의안에 No라고 말했을 따름이다. 그러니 지금은 **다시** 협상을 시작할 때다. 이 경우 협상의 반대말은 '공멸共滅'이다.

■ 북한이 던지는 메시지

북한의 메시지는 그 표현의 거칠음(불바다, 핵전쟁)과는 관계없이 명확하다. "나를 인정해 달라. 그렇지 않으면 내가 어떻게 할지 나도 모르겠다." '나를 인정해 달라'는 부분은 이해하기 쉽다. 북한의 가장 큰 관심사는 자신의 체제인정과 유지다. 그래서 미국의 금융제재는 받아들일 수 없다. 그 목적이 달성되지 않는다면, 지금까지의 관행으로 볼 때, 북한은 상대방의 예측을 넘어서 과감하게 나갈 수 있다. 이판사판이기 때문이다. 하지만, 북한이 던지는 메시지 중 중요한 것은 '나도 모르겠다'라는 부분이다. 이 부분은 북한 내부의 의사결정 구조, 그리고 중요한 일이 있을 때마다 칩거에 들어가는 김정일의 태도에서 간접적으로 추론된다. 자신이 스스로를 통제하지 못할 때, 거기에는 어떠한 협상도 있을 수 없다. 그래서 현 상태에서 북한과 협상으로 문제를 해결하기 위해서는 '나도 모르겠다'라는 상태로 가지 않도록, 그런 상태를 허용하지 않는 전략적 접근이 필요하다. 이 부분이 북한이 가지는 협상력 우위의 근원이다. 가끔씩 비합리성을 보이는 국가를 상대하기 위해 합리적인 국가(한국과 중국)는 울며 겨자 먹기 식의 양보를 해야 한다. 하지만, 역설적으로 북한이 핵실험까지 하게 된 것은 미국에 대해서는(정확히는 부시 행정부에 대해서는) 이런 배 째라 식의 방법이 먹혀들지 않았기 때문이다.

북한은 자신만 인정해 준다면 의외로 빨리 핵이라는 꼬리를 접을 수 있다.

제네바 합의의 경우가 이를 대변해 준다. 문제는 누가 제네바 합의와 같은 고양이 방울을 제시하고, 그것을 북한에 달려고 할 것인가 하는 점이다.

■ 미국의 태도

협상론의 관점에서 6자 회담의 경과를 보면, 역설적이게도 북한의 협상목표(위에서 제시한 메시지)는 뚜렷이 드러나고 있는 반면, 미국은 그렇지 못하다. 미국은 협상의 목표와 협상의 과정, 혹은 수단을 착각하고 있는 듯한 느낌을 준다. 미국의 협상목표는 '북한의 핵 폐기'여야 한다. 하지만, 미국은 '북한과의 양자회담 거부하기'가 목표이지 않나 하는 생각이 들 때가 있다. 내부문건을 접하지 못하고, 실제 협상현장에 참여하지 않아, 외형적 분석일 수 있으나, 미국이 북한과의 양자회담을 6자 회담의 틀 안에서만 고집하는 것은 전략적 미스로 보인다.

또 하나, 미국에 대한 북한의 금융제재. 이것은 당연한 조치이고, 국제적으로도 납득할 수 있는 것이다. 하지만, 그 금융제재를 시행함에 있어 '북한의 핵 폐기'라는 일차적 목표를 **우선** 달성하기 위한 전술적 배려를 했어야 했다. 북한이 도망갈 구멍을 만들어 놓아야 했다. 북한의 불법행위는 비난받아 마땅한 것이지만, **이에 대한 제재를 어떤 방법으로 어떤 절차를 거쳐, 언제쯤 시행할지에 대한 전략적 배려**가 있어야 했다. 북한처럼 가끔씩 '막가는' 상대방을 대할 때는 그 '막가는' 행동까지 염두에 두고 자신의 입장을 정할 필요가 있다. 힐 차관보같은 탁월한 협상가가 이런 점을 고려하지 못하는 것을 보면, 외형적으로, 미국도 전반적인 협상의 컨트롤 기능이 약화된 것이 아닌가하는 의심이 들기도 한다.

■ 유엔의 대북제재 결의와 당사국들의 과제

앞서 말한 바와 같이 북한의 메시지는 분명하다. NO. 하지만, 이것을 어떻게 대하느냐에 따라 그 결과는 전혀 다를 수 있다. 지금 가장 중요한 것은 1) '나도 모르겠다'라는 북한의 협박 같은 억지를 어떻게 제어하면서, 2) 미국이 본래의 협상목표에 집중할 수 있는 여건과 환경을 어떻게 만들어 나가느냐는 것이다. 그 키는 중국과 한국, 그리고 러시아가 쥐고 있다. 북한은 중국이 2008년의 북경올림픽으로 대표되는 국가적 축제를 망치지 않기 위하여 동북아에 새로운 긴장이 조성되지 않기를 원한다는 것을 알고 있다. 그래서 일차적으로 중국이 움직여야 하고 움직일 수 있다. 그 방향은 미국이 본래의 협상목표에 집중할 수 있는 제안(이것이 무엇인지 잘 생각해 보라)을 미국에 하고, 그것을 북한과 조율하는 것이다. 러시아와의 협력은 중국에는 항상 열려있는 대안이다.

일본의 태도는 변수다. 일본은 외형적으로는 '북한의 핵 폐기'를 목표로 하나, 지나치게 피상적일지 모르나, 실질적으로는 이 사태를 '즐기는' 측면도 없지 않아 보인다. 일본이 자신의 재무장을 위해 서투른 제스처를 취하거나 유엔 결의안 이행을 핑계로 북한 선박을 '과잉 단속'할 경우, 사태는 전혀 엉뚱한 방향으로 번질 수 있다. 때리는 시어머니보다 말리는 시누이가 더 문제일 수 있다.

한국은 가장 중요한 당사국이면서도 사용할 수 있는 카드는 매우 제한되어 있다. 중국 혹은 러시아와 보조를 같이하는 것, 그리고 미국이 움직일 수 있는 여건을 마련하는 것, 북한이 '나도 모르겠다'라고 하지 않도록 적절히 조율하는 것, 그리고 남은 것은 최근 차기 유엔사무총장으로 선출된 반기문 장관을 활용하는 것.[4] 반 장관은 차기 유엔사무총장의 자격으로 중국, 한국, 미국, 북한의 입장을 조율하는 역할을 할 수 있다. 그 조율은 '합리성과 이성'의 영역을 토대로 '북한과 미국이 모두 체면을 살릴 수 있는' 제네바 합의 같은 방안을 만들어내는 것이다.

■ 고양이 목에 방울 달기

북한은 강력히 NO라고 하고, 미국은 UN을 내세워 한국과 중국, 러시아가 자신을 따라주기 바란다. 외형적으로는 진퇴양난의 시기. 하지만, 가장 중요한 반전 혹은 합의는 이런 극한 대처에서 나온다. 그게 협상이다. 하지만, 누가 고양이 목에 방울을 달까.

---

4) 이 책을 쓰는 지금(2017년 여름) 주지하는 바와 같이 반기문 사무총장은 두 번의 임기를 마치고 물러났다. 하지만 그의 임기 중에도 북핵문제 해결의 실마리는 찾지 못했다.

3. 프랑스와의 의궤반환 협상, 무엇이 문제였나[5]

　문화재 반환 협상은 복잡한 문제를 야기시킨다. 문화재 반환을 요구하는 쪽에서는 도덕적 명분을 가진다. '본래 우리 것을 당신들이 빼앗아 갔으니 당연히 돌려줘야 한다'. 하지만 실제 그 문화재를 가지고 있는 쪽은 그 요구에 다음과 같이 대응하며 동의하지 않는다. '그 문화재를 우리가 소유하게 된 과정은 정확히 밝혀진 바 없으며, 가장 중요한 것은 현재 우리가 그 문화재를 소유하고 있다는 것이다'.

　누가 유리할까? 약탈의 과정이 명백하더라도 현재 문화재를 가지고 있는 국가는 원소유국에 문화재를 돌려주려 하지 않는다. 그러니 그 소유의 과정이 명백하지 않으면 이건 참으로 어려운 문제다. 한국과 프랑스의 의궤 반환 협상도 이런 맥락에서 이루어졌다.

　이 글은 2001년 합의된 한국과 프랑스의 의궤반환 협상을 분석한 글이다. 참고로, 2001년의 합의사항은 정부에 의해 승인되지 못하였고, 그 뒤 지루한 협상과 논의 끝에 2010년 5월 마침내 의궤는 한국으로 들어오게 되었다.

　2001년 합의된 의궤반환 협상에 대한 자세한 분석은 김기홍(2002)의 pp. 340-366을 참고하기 바란다.

　생전 보지도 못하던 사람이 귀중한 내 책을 빼앗아 갔다. 당연히 돌려달라고 해야 한다. 그러나 강제로 빼앗을 수 없으니 협상을 해야 된다고 한다. 그 결과 '빼앗긴 책을 (내 책을 빼앗아간 사람에게서) 영구적으로 빌리는 대가로 그 책과 동등한 가치를 가지는 나의 다른 책을 (내 책을 빼앗아간 사람에게) 빌려주기로 했다'.

■ 프랑스와 한국의 의궤 반환 협상의 결과

　단순한 말장난이 아니다. 프랑스가 병인양요 때 약탈해간 우리의 의궤儀軌(왕실의 각종 행사를 기록한 일종의 사서)를 돌려받기 위해 한국과 프랑스가 10여 년간의 협상 끝에 합의한 내용이다. 우리의 의궤를 영구적으로 임대하는(돌려받는 것이 아니다) 대가로, 그 의궤와 동일한 가치를 가지는 문화재를 프랑스에 빌려주어야 한다니. 이 합의를 이끌어낸 민간협상 대표는 '본격적인 문화재 반환'이라

---

5) 이코노미스트 誌, 2006년 3월에 실린 필자의 글이다.

고 자랑스러워했지만 이것은 반환이 아니라 '약탈행위의 합리화'이고 다른 문화
재 반환에 대한 지독히 나쁜 선례이다.

행인지 불행인지, 정부는 2001년에 합의된 양국 간의 이런 협상결과를 수용
하지 않고 최근 이 문제를 재협상하기로 결정했다. 다분히 여론을 의식한 결과
가 아닐 수 없다. 하지만, 문화재 반환에 대한 제대로 된 협상관이 정립되어 있
지 않다면 재협상을 하더라도 의궤의 경우와 같은 실수를 되풀이 할 수밖에 없
다. 그렇다면 어떤 방법으로, 어떤 태도로 문화재 반환 협상이 진행되어야 할까?

■ 민간협상 대표의 아쉬운 협상에 대한 이해

무엇보다 먼저 협상이 무엇인지 제대로 이해해야 한다. 지난 2001년의 합의
를 이끌어낸 우리 민간협상 대표는 '협상이란 주고받는 것이 원칙'이라는 어처구
니없는 믿음을 가지고 있었다.[6] 그는 협상과 흥정을 착각하고 있었음에 틀림없
다. 협상에는 흥정의 요소가 있지만, 때때로는 흥정하지 않는 것, 주고받지 않는
것이 협상을 정말 잘하는 길이다. 특히, 문화재 반환 협상에서는 '문화재는 반환
받아야 하는 것'이지 '조건을 달고 반환받는 형태를 띠어서는' 안 된다. 가령 빼
앗긴 문화재가 어떤 형태로든 한국에 돌아온다 해도, 그에 대한 대가가 따르는
것이라면 그것은 한국의 문화재 반환에 대한 '지극히 나쁜 선례'를 만드는 것이
다. 이런 선례를 만들기보다는 협상을 실패로 끝내는 것이 차라리 낫다.

■ 협상에 대한 충분한 준비를 했던가

또 다른 당연한 이야기는 협상에 앞서 충분한 준비를 해야 한다는 것이다.
문화재 반환 협상에 있어서의 준비란 과거 약탈당한 문화재를 돌려받은 나라들
이 '어떠한 조건에서', '어떠한 과정을 거쳐', '누구에 의해' 반환되었는지 연구하
는 것이다. 약탈당한 문화재가 세계 각지에 산재해 있는 것이 현실이지만, 그런
문화재가 반환된 사례 또한 적지 않다. 그래서 사전 준비에는 문화재 반환을 둘
러싼 국제법적 대응뿐 아니라, 과거의 반환사례와 유사한 환경을 어떻게 조성할
수 있는지 그런 환경조성에 대한 전략도 포함되어야 한다. 예컨대, 필요한 경우
유네스코와 같은 국제기구를 어떻게 활용해야 하는지, 국제사법재판소에의 제소

---

6) 이 민간대표의 발언에 대해서는 제3부 1장 1절(협상은 주고받는 것일까)을 참고하기 바란다.

를 어떤 방식으로 고려해야 하는지, 민간과 정부 어느 차원에서 협상을 진행하는 것이 유리한지 그 과정과 절차를 검토하고, 그리고 이 모든 것을 아우르는 전략을 수립해야 한다.

■ 국가 간의 협상은 기본적으로 이중게임의 성격을 가진다

문화재 반환 협상의 경우 협상가들이 범하는 가장 큰 잘못 중의 하나는 자신들의 협상력과 협상전략에 따라 문화재의 반환이 결정된다고 하는 오류에 빠지기 쉽다는 것이다. 국가 간의 모든 협상이 다 그렇지만, 문화재 반환 협상도 협상의 양 당사자가 하는 것이 아니라, 사실은 두 나라 전체 국민이 모든 논리와 전략을 기울여 하는 이중게임dual game의 성격을 가진다. 협상가는 자기 개인이 가진 협상력뿐 아니라 문화재 반환에 대한 국내의 모든 여론과 태도를 적절히 활용하는 태도를 가져야 한다. 프랑스와의 의궤반환 협상 당시 파리국립도서관의 담당사서 2명이 한국의 의궤를 내어줄 수 없다며 '울며 불며' 사표를 던진 일이 발생했다. 프랑스는 이 사실을 한국에게 의궤를 돌려주기 어려운 이유의 하나로 활용하기도 했다. 하지만, 우리 협상대표는 당시 국내에 비등한 '무조건 반환'의 국내여론을 제대로 협상에 활용한 것 같지 않다.

■ 협상의 기본은 win-win이다

반환 협상에서 정말 중요한 것은 빼앗아 간 나라와 빼앗긴 나라가 서로 이길 수 있는win-win 길을 찾는 것이다. 빼앗긴 것을 돌려받는데 무슨 윈-윈이냐고 할지 모르나 진정한 협상은 단순한 문제 해결 이상의 것이어야 한다. 의궤반환 협상의 경우에도 프랑스의 라팔기를 차세대 전투기로 부분적으로라도 고려함으로써 의궤를 돌려받을 수 있는 큰 그림을 그릴 수 있었다. 문제는 그런 조건과 여건을 어떻게 만들어내느냐는 것이다. 현재 우리는 우리 문화재를 빼앗아 간 거의 모든 나라와 정치, 경제, 사회적으로 긴밀한 교류를 하고 있다. 그러니 국가 간의 관계에 대해 미래를 생각하는 큰 그림을 그릴 수 있는 한 윈-윈의 여건을 만들어내는 것이 불가능한 것은 아니다. 문제는 그 과정이 쉽지 않다는 것이다.

■ 복합적인 협상전략의 설계가 필요하다

빼앗긴 문화재를 돌려받아야 하는 것은 양보할 수 없는 당위다. 하지만, 무력을 사용할 수 없는 이상, 거기에는 양자의 입장과 처지를 고려한 복합적인 전략적 설계가 따라야 한다. 그리고 그 전략적 설계는 개인이 가진 협상력뿐 아니라 한 나라 전체의 역량이 뒷받침되어야 한다. 그런 점에서 여기서의 이런 논의는 우리 문화재를 효과적으로 반환받기 위한 우리 협상력 제고의 출발점이 될 수 있다.

4. 쇠고기 재협상과 촛불[7]

이 글은 2008년 미국으로부터의 쇠고기 시장개방 재협상과 관련된 문제를 다루고 있다. 모두 기억하는 바와 같이 2008년 미국의 쇠고기 시장개방은 당시 한국의 가장 뜨거운 문제였다. '파송송 계란탁'이라는 문구를 패러디한 '뇌 송송 구멍 탁'이라는 문구는 미국으로부터 수입된 쇠고기의 광우병 유발문제를 정면으로 건드렸다. 심지어는 학생들까지 촛불을 들고 쇠고기 시장개방을 반대했다.

이 글은 쇠고기 시장개방 재협상이 가능한가의 문제를 내부협상의 관점에서 분석한 것이다. 그리고 내부협상의 원동력으로써 바로 '촛불'을 강조했다. 국민의 반대가 재협상의 원동력이라는 것이다.

역설적이게도 2017년 또 하나의 촛불은 한국의 역사를 새로 쓰는데 매우 큰 기여를 했다. 그 사태를 보면서 2008년에 쓴 이 글의 결론 부분을 다시 떠 올린다.

"내부협상의 과정을 거치지 않은 외부협상은 한갓 거짓에 지나지 않는다." 무슨 말일까? '촛불'의 표현대로 한다면 그것은 이렇게 말할 수 있다. 대한민국의 주권은 국민에게 있고 국민의 동의가 없는 모든 것은 장기적으로는 횡포에 지나지 않는다.

"역사의 현장이 불같이 타오르는데…… 나도 나가 촛불을 들겠다."

누가 한 말일까? 동맹휴업을 결정한 대학생, '우리는 바보가 아니다'라고 외치는 10대, 직업을 잃고 길거리를 헤매는 실직자나 중소기업가, 민노총 회원? 다 틀렸다. 보수의 원조라고 자칭하는 이회창 자유선진당 총재. 그가 최근의 촛불 물결을 보면서 한 말이다. 놀랍다는 말을 떠나 미국산 쇠고기 시장개방을 둘러싼 '사태'는 이 정도까지 이르렀다. 그리고 이 사태를 해결하기 위한 유일한 방

---

7) 이코노미스트 誌, 2008년 6월에 실린 글이다.

Strategic Negotiation | 전략적 협상

법은 수입 쇠고기의 안전을 보장하기 위해 실질적인 재협상을 하는 것밖에 없다. 미안하지만 정부가 말하는 '민간의 자율적인 수입규제'는 눈 가리고 아웅하는 식에 지나지 않는다. '돈'을 벌려고 하는 민간의 영업행위가 언제까지 '자율적으로' 규제되리라고 믿는 것은 환상에 지나지 않기 때문이다.

하지만 재협상은 쉽지 않다. 과연 재협상이 가능한가 하는 문제에서부터, 재협상의 장이 펼쳐지더라도 무엇을 어떻게 해야 우리가 원하는 결과를 얻을 수 있을지 정말 막막하기 때문이다. 제스왈드 살라쿠제Jeswald Salacuse(미국 Tufts 대학 교수)의 말을 빌릴 것도 없이, '협상'이 기대이익을 나누는 것이라면 '재협상'은 기대손실을 나누는 것이 되기 때문이다.

■ 쇠고기 시장개방 재협상은 가능한가

정부는 말한다. '재협상은 불가능하다. 국가 간 신뢰가 손상될 뿐 아니라 심각한 통상마찰의 가능성도 있기 때문이다.' 기본적으로 틀린 말은 아니다. 하지만, 재협상의 선례가 있다면 어떻게 하겠는가? 우리는 종종 너무 쉽게 잊어버린다. 꼭, 작년(2007년) 이맘 때 미국은 민주당의 새 무역정책을 이유로 양국의 대표가 서명한 한미 FTA 협정문에 대해 재협상을 요청해 왔다. 하지만 국내에서는 누구도 미국의 이 요청에 대해 '양국의 신뢰 손상이 우려되고 심각한 통상마찰의 가능성이 있다'고 말하지 않았다. 우리는 그저 요청에 응했을 따름이다. 우리는 재협상을 요청하면 안 되는가?

최근 코스타리카의 야당 지도자 오톤 솔리스Otton Solis는 미국 정부에 코스타리카가 포함된 중앙아메리카 FTAthe Central American FTA의 재협상을 강력히 요구하면서 다음과 같이 말했다. "미국은 페루 의회의 비준까지 끝낸 미국과 페루의 FTA 협정을 수정해 줄 것을 페루 정부에 요청했다. 미국의 이런 재협상 요청은 국회의 동의를 얻은 국가 간 협정도 재협상할 수 있다는 것을 보여주는 훌륭한 전례가 된다. 그러니 우리가 왜 미국에 대해 재협상을 요청할 수 없는가?" 미국 민주당의 대선후보 결정과정에서 오바마와 힐러리는 동시에 NAFTA의 재협상을 강력히 주장했다. 물론 오하이오 주 예비선거를 앞두고 이 곳 유권자의 표를 얻기 위한 목적이 강했던 것이지만, 이런 주장에 대해 멕시코의 노조는 다음과 같이 반기면서 말했다. "NAFTA가 재협상되지 않으면 멕시코는 NAFTA에서 탈퇴하도록 하겠다."

이런 재협상 사례는 하나 둘이 아니니 더 이상 나열하는 것은 진부한 일이다. 그러니 차라리 ISA International Studies Association 2005년 연차총회에서 발표된 논문에서 나온 다음과 같은 말이 더 설득력 있을 수 있다. '국가 간 협약의 재협상은 결코 드문 일이 아니다 the renegotiation of treaties is not all that uncommon.' 이마저도 구차하다면 모든 것이 협상가능하다는 허브 코헨의 말은 어떤가? 당연히 협상가능한 대상에는 이전의 협상 자체도 포함된다.

그래서 말한다. 재협상은 가능하다.

■ 어떻게 시작할 것인가?: '인식'과 '전달'의 중요성

재협상이 가능하다고 항상 재협상이 이루어지는 것은 아니다. 위에서 말한 대로 재협상은 기대손실을 나누는 것이고, 한 당사자가 기대손실을 나누기를 거부한다면 재협상은 이루어질 수 없기 때문이다.

쇠고기 재협상이 이루어지기 위해서는 무엇보다도 먼저 미국을 재협상의 장場으로 나오게 해야 한다. 어떻게 하면 그렇게 할 수 있을까? 결론적으로 말해 미국이 재협상에 응하느냐의 여부는 역설적으로 바로 우리에게 달려있다. 우리 정부가 재협상을 하지 않으면 정말 '큰 일'이 일어날 수 있다는 것을 인식한다면, 그리고 그런 인식을 미국에 제대로 전달할 수 있다면 재협상은 시작될 수 있다. 이것은 미국이 여론과 국민의 힘에 근거한 정치를 이해한다는 것을 전제로 한다. 다행히 미국은 이런 메커니즘을 '충분히' 알고 이해하는 나라가 아닌가?

먼저 '인식'의 문제. 취임한지 100일 된 대통령의 지지율이 17%라면, 그리고 촛불로 대변되는 국민들의 의사표시가 단순한 쇠고기 수입을 넘어 정부에 대한 신뢰 문제로 번진다면, 이것은 단순한 '소통'의 문제가 아니라 '정권 차원'의 위기가 아닐 수 없다. 정부는 정말 이렇게 인식을 하고 있는가? 이런 위기를 느끼고 있는가? 이런 인식 없이 단순히 '30개월 이상 쇠고기의 수출규제 **요청**'과 같은 방식에 집착한다면 정말 심각한 문제가 아닐 수 없다. 호미로 막을 일을 가래로도 못 막을 수 있다. 그러니 '재협상을 하지 않으면 정말 위기가 올 수 있다'는 인식을 해야 한다.

다음, 전달의 문제. 하지만 이런 인식을 협상의 파트너인 미국에 '제대로' 전달하지 못한다면 재협상이 시작되지 못하거나, 혹 재협상이 시작된다 해도 '예상

치 못한 막대한 손실'을 감수하는 결과를 초래할 수 있다. 전달하는 방법에는 두 가지가 있다. 먼저 국내적으로 기대 이상의 과감한 인적쇄신을 통해 우리 정부가 이 문제를 아주 심각하게 생각하고 있다는 것을 보여야 한다. 인적쇄신은 사태의 마무리 국면에 시작되는 것이 아니라 사태의 초기 국면에서 시작되어야 한다. 중요한 것은 '기대 이상의 과감한'이라는 부분이다. 위기가 오면 죽을 각오를 해야 한다. 그럴 때 미국은 한국이 현 상황을 얼마나 심각하게 생각하는지 이해할 수 있다. 둘째, 이런 간접적인 시그널과 함께 미국에 특사를 파견하는 형태로 한국의 현 상황을 가감 없이 직접 알릴 필요가 있다. '민심'이라는 여론이 힘을 발휘하는 사회라는 공통점을 가지는 한 이런 전달이 성공하지 못할 가능성은 낮다. 이런 과정에서 버시바우 주한 미 대사의 역할은 중요하다. '광우병에 대한 과학적 사실을 배우기를 시작해야 한다'는 다소 성급한 그의 언급이 여론의 역풍을 맞기는 했으나, 그가 한국의 현 사태를 어느 정도 정확히 이해하여 본국에 전달하는가 하는 것이 재협상의 시작과 관련된 하나의 관건이 될 수 있다. 다행히 미 대사는 지금 쇠고기 문제가 단순한 시장개방 문제가 아니라 반미와 같은 엉뚱한 문제로 번질 수 있다는 사실을 이해하고 있는 듯이 보여진다. 아니면 그렇게 하도록 청와대 수석들처럼 '촛불'의 현장이라도 체험하도록 해야 한다.

우리 정부의 '인식'과 그 인식을 미국에 제대로 '전달하는' 문제, 이것만 충분히 된다면 재협상은 시작될 수 있다. 문제는 우리 정부가 때를 놓치지 않고 과연 이것을 효과적으로 시행할 수 있는가 하는 점이다. 그렇게 하도록 해야 하지 않겠는가.

■ 내부협상으로서의 '촛불'

오해하지 말자. 재협상이 시작된다고 모든 문제가 해결되는 것은 아니다. 그것은 단지 문제 해결의 시작일 뿐이다. 재협상과정에는 일반적인 협상과정에 작용하는 협상과 협상력에 대한 모든 이론이 그대로 적용된다. 그런 점에서 반드시 지적해야 할 사항이 있다. 그것은 바로 '촛불'로 대변되는 내부협상의 힘이다.

주지하는 바와 같이 국가 간의 협상은 두 나라의 협상가들 사이에 이루어지는 외부협상과, 외부협상을 전후하여 국내에서 이루어지는 내부협상으로 나누어진다. 내부협상은 협상의제에 대해 국민(이해단체 포함)의 의사를 수렴하는 과정 혹은 협상에 대한 우리의 입장을 정리하는 과정을 의미한다. 대부분의 협상에서 외부협상의 결과는 내부협상의 과정과 절차에 크게 의존한다(자세한 것은 필자의 저서 『한국인은 왜 항상 협상에서 지는가?』, 『서희, 협상을 말하다』 혹은 이 책의 제4부를 참고).

미국과의 실질적인 재협상(그 명칭은 재협의, 재논의, 추가논의 등 무엇으로 불려도 좋다)이 시작된다면 그것은 위에서 말한 대로 정부의 '인식'과 '전달'에 힘입은 것이다. 하지만 그 인식과 전달을 가능하게 한 숨은 원동력은 무엇인가? 그것은 누구나 아는 바와 같이 '촛불'의 힘이다. 쇠고기 협상은 국민의 건강 기준을 생각하지 않고 한미 정상회담 몇 시간 전에 서둘러 체결된 외부협상일 따름이고, 촛불 문화제는 다름 아닌 그 잘못된 외부협상을 바로잡자는 내부협상의 외침이라는 것이다. 그러니 재협상은 내부협상의 힘으로 잘못 체결된 쇠고기 협상을 바로 잡는 과정으로 이해할 수 있다.

재협상을 시작하게 한 원동력이 촛불로 대변되는 내부협상의 힘이었다면, 재협상의 과정에서 우리의 입장을 효과적으로 대변하는 것도 내부협상의 힘에 의존할 수밖에 없다. 그런 점에서 성공적인 재협상을 위한 전략 혹은 방향을 다음과 같이 몇 가지로 정리할 수 있다.

■ 쇠고기 시장개방의 재협상의 성격, 목표, 과정

무엇보다 먼저 재협상의 성격을 분명히 할 필요가 있다. 미국에 재협상을 요청하게 된 것이 쇠고기 시장을 개방하지 않거나, 개방하기로 한 쇠고기 시장을 '의도적으로' 지연시키는 것이 아니란 점을 분명히 해야 한다. 이 점은 정부의 '인식'과 '전달'이 제대로 되었다면 재협상을 시작하기 전에 양국이 합의될 수 있는 부분이다. 한국이 과거 미국의 요청에 의하여 한미 FTA 협정을 재협상한 것처럼, 미국은 한국의 '긴박하고도 절박한 피치 못할 사정'에 의하여 쇠고기 시장개방 협상을 다시 하는 것이다. 그러니 그 기본 바탕은 한국과 미국의 '장기적인 우호관계'에 기반을 둔 것이어야 한다. 그렇지 않은가? 따라서 이 문제가 양국 간의 관계를 해치거나, 불필요한 반미나 비합리적인 통상마찰로 번지는 일이 있어서는 안 된다. 그래서 우리 정부는 다음과 같은 점을 미국에 부단히 강조해야 한다: "미국의 입장에서 볼 때 재협상에 의해 단기적이고 부분적인 손실이 있을지는 모르나 장기적으로는 매우 큰 쇠고기 시장을 확보함으로써 결국 미국에도 이득이 된다.” 살라쿠제 교수의 말 대로 재협상의 과정에서 이견claim이 존재할지라도 그것이 관계relationship를 파괴하는 형태가 되어서는 안 된다는 것이다.

그 다음, 재협상을 통해 새로운 가치가 창출되도록 해야 한다. 앞서 말한 대로 재협상은 기대손실을 나누는 특성을 가지고 있지만, 재협상의 과정과 절차가 충분히 만족스럽다면 재협상을 통해 양국 간에 새로운 협상 이익을 만들어 낼 수 있다. 그 협상 이익은 유형적인 것일 수도 있고, 무형적인 것일 수도 있다. 미국의 경우 쇠고기 재협상을 허용함으로써 차후 한국과의 통상협상에서 다소 불균형적인 요구를 할 수 있는 가능성이 없지 않다. 그래서 혹자或者는 이렇게 말하기도 한다. 우리가 쇠고기 재협상을 한다면 한미 FTA 자동차 부문에서 추가적인 양보를 해야 하고, 미국의 무기를 필요 이상으로 구입해야 한다고. 하지만, 생각해 보자. 한미 FTA는 어차피 미국의 대선이 끝난 다음에 다시 논의될 가능성이 많고, 만약 이 때 미국이 한미 FTA 재협상을 요구한다면 미국의 재협상 요청 의제(자동차 시장의 추가 개방)에 우리 관심사항(예컨대 투자자와 정부 간 제소 조항)을 포함시켜 다시 논의할 수도 있다. 혹은 미국의 무기를 정도 이상으로 구매해야 한다면, 우리는 다시 미군기지 이전 비용을 그것에 연계시킬 수도 있다. 다시 말해, 우리 하기 나름이라는 것이다. 그러니 차라리 재협상을 통해 창출되는 새로운 가치는 무형적인 것에 집중시키는 것이 바람직하다. 오히려 이런 과정을 통하여 보수정권이 그토록 원하는 ‘돈독한 한미관계’가 만들어질 수 있다면 그것은 비온 뒤에 땅 굳는 격이다.

그리고 재협상의 과정을 통해 그동안 내부협상의 과정을 통해 제기된 모든 문제와 의혹이 해소될 수 있도록 해야 한다. 그러기 위해서는 국내의 다양한 이해집단이 협상과정에 포함되어야 한다. 당연한 이야기지만 미국 역시 자국 쇠고기의 안전문제를 ‘과학적으로’ 검토하고 해명하기 위하여 관련 전문가를 협상의 과정에 포함시킬 수 있다. 우리의 경우 ‘촛불’로 대표되는 민의의 적절한 반영을 위하여 차라리 직접 소를 키워 본 경험이 있는 강기갑 의원을 대표단에 포함시키는 것이 바람직할 수 있다. 그리고 재협상의 과정에는 국내의 모든 언론과 기관이 직간접적으로 참여하는 것이 좋다. 국회는 ‘쇠고기 재협상 촉구 결의문’을 통하여 협상의 과정에 참여하고, 언론은 광우병의 과학적 근거와 허구를 집중적으로 보도함으로써 협상의 과정에 참여하고, 10대들은 자신들의 견해를 ‘촛불’의 형태로 나타냄으로써 협상의 과정에 참여하는 것이다.

■ 촛불에 대한 감사

미국과의 통상협상이 시작된 1980년대 이후 우리 정부가 행한 최악의 협상이 이번 쇠고기 시장개방 협상이다. 하지만, 그 최악의 협상을 최고의 협상으로 바꾸기 위한 과정이 지금 진행되고 있다. 그 과정은 다름 아닌 '촛불'로 대변되는 내부협상에 의해 주도되고 있다.

그 과정이 성공한다면 그 성공으로 인해, 혹은 성공하지 못한다면 그것이 던진 교훈으로 인해 우리 정부는 '촛불'에 지극한 감사를 표해야 할 것이다. 그리고는 앞으로의 5년간 모든 정책 혹은 협상을 시행함에 있어 다음과 같은 사항을 가슴 깊이 새겨야 할 것이다. "내부협상의 과정을 거치지 않은 외부협상은 한갓 거짓에 지나지 않는다." 무슨 말일까? '촛불'의 표현대로 한다면 그것은 이렇게 말할 수 있다. 대한민국의 주권은 국민에게 있고 국민의 동의가 없는 모든 것은 장기적으로는 횡포에 지나지 않는다.

아래 [그림 1]은 이런 촛불 시위가 국가 간의 협상에서 협상력 제고를 위한 수단으로 사용될 수 있음을 시사하고 있다. 명심하자. 촛불은 2017년에 들어서야 한국의 발전을 위한 수단으로 사용된 것이 아니라, 2008년부터 이미 크게는 한국의 발전, 작게는 한국의 협상력 제고를 위해 사용되어 왔다는(사용될 수 있었다는) 것이다.

그림 1 촛불의 힘

'촛불' 재협상의 강력한 무기로 활용하라

미국이 놀랄 만한 '기대 이상의 과감한' 인적쇄신 필요

[이코노미스트▶] 협상전문가 김기홍 교수 긴급제언
↳ 김종훈, "집회 계속 됐는데 왜 이제 가나" 묻자
↳ 김종훈 본부장, 추가협상 위해 내일 방미
↳ 靑, 재협상 아닌 추가협상 선택한 이유
↳ 긴박한 외교부…'추가협상' 선언까지
↳ 버시바우 "추가 양해사항 수일내 나올 것"
↳ 美 "재협상 어렵다" 불가능 입장 밝혀

자료 언론사에 실린 저자의 글(중앙일보 이코노미스트, 2008. 6. 12).

5. 한국 최고의 협상가, 서희[8]

　이 글은 흔히 한국 최고의 협상가라고 불려지는 서희와 서희의 협상을 간략히 소개한 것이다. 다 아는 바와 같이 서희는 협상을 통해서 거란과 전쟁을 하지 않고 오히려 강동 6주까지 돌려받는 성과를 거둔다. 그 원동력은 무엇일까? 서희와 관계된 많은 글에는 그의 '세치 혀'를 말하나 이 글에서는 그의 세치 혀가 아니라 당시 고려사회의 시대적 배경을 염두에 둔 내부협상과 외부협상의 결합을 그 원동력으로 제시한다.

　서희에 대한 더 자세한 분석은 필자가 쓴 『서희, 협상을 말하다』를 참고하기 바란다.

　서기 993년, 거란이 80만의 군대를 이끌고 고려를 침입하였다. 당장 항복하지 않으면 '섬멸'할 것이라고 협박을 한다. 어떻게 하면 좋은가? 거란이 야만족이니 80만의 군대는 별거 아니라고? 아니다. 당시 거란은 송나라를 위협하는 동북아 최대의 강대국이었다.

■ 거란과 송나라, 그리고 고려

　고려 조정은 난리가 났다. 무조건 항복해야 한다는 투항론投降論이 제기되어 갑론을박하다, 거란에 이길 수는 없으니 서경(평양) 이북의 땅을 거란에게 주자는 할지론割地論으로 거의 가닥이 잡혔다. 하지만, 이 때 서희가 나서 반론을 제기한다. '거란이 고려를 침략한 이유를 알고 대응하자. 한 번 싸워보고 난 뒤에 항복해도 늦지 않는 것 아니냐?'

　그래서 서희가 나서 거란의 소손녕과 담판을 한다. 하지만, 그 담판은 현대의 협상을 빼닮았다. 아니 그런 멋있는 협상은 우리 역사상 지금까지 유례가 없던 것이었다. 피 한 방울 흘리지 않고, 자신을 침입한 외적을 돌아가게 하고, 게다가 압록강 유역의 강동 6주까지 되돌려 받았다. 어찌 이런 일이 가능할 수 있었던가?

---

8) 월간지 『심』, 2008년 8월 호에 실린 필자의 글이다.

■ 서희 어떤 사람인가?

52세의 나이에 소손녕과 협상을 한 서희는 비범한 국제 감각을 가진 인물이었다. 일찍이 31세의 나이에 송나라에 파견되어 송과 거란을 중심으로 한 동북아시아의 외교관계를 이해하게 되었다. 이런 경험은 42세에 병관어사(대외국방정책의 수립)에 임명되면서 빛을 발하기 시작한다. 고려가 어떤 방향으로 가야할지 나름대로의 비전과 방향을 가질 수 있었던 것이다. 그래서 거란이 80만 대군으로 위협해도 그 근본 의도는 고려를 침략하는 것이 아니라 '다른 것'에 있다는 것을 추론할 수 있었다. 협상의 과정에서 소손녕이 부지불식 간에 다음과 같이 말한다. '우리와 연이어 있으면서 왜 송과 교통하는가?' 아니나 다를까, 서희는 무릎을 치지 않을 수 없다. 그의 판단이 맞았던 것이다. 거란의 침략 의도는 고려와 송과의 국교단절이다. 그래서 협상가답게 그것을 역이용한다. '국교가 통하지 못하는 것은 여진 탓이다. 그들이 압록강을 꿰차고 당신들과의 교류를 방해하고 있다. 그러니 여진을 쫓아내고 우리 옛 땅을 돌려주면 당신들과 교류하겠다.' 진정 멋있지 않은가. 침략의 숨은 의도를 올바로 파악하고, 오히려 그것을 이용하여 우리 영토를 확장시키는 결과를 가져 온 것이다. 이해, 논리, 그리고 설득이 힘을 발한 것이다.

■ 서희의 협상력이 뛰어났던 이유는 무엇인가

과거 우리는 서희의 '세 치 혀'가 이런 성과를 거두었다고 말해 왔다. 하지만, 이것은 참으로 잘못된 인식이다. 위에서 말한 서희의 국제 감각, 80만 대군에 겁먹지 않는 배포, 조정의 다수의견에 반대하여 자신의 목소리를 낼 수 있는 용기, 그리고 상대방과의 토론을 통해 결론을 유도해내는 전략. 이런 덕목 없이 어찌 '세 치 혀'로 이런 성과가 가능하다고 생각하는가. '세 치 혀'는 겉으로 드러난 것에 지나지 않는다. 생각해보면 이런 모든 덕목은 대외 협상에 임하는 협상가들의 개인적인 자질과 관련되는 것이니 서희는 당대 최고의 협상가였던 셈이다.

하지만, 대외 협상은 개인의 힘만으로 하는 게 아니다. 비록 할지론으로 뒤숭숭하기는 했지만 당시의 고려는 건국 초기의 북진정책과 자주정책의 정치사회적 분위기가 팽배해 있었다. 비유적으로 말하면 '정권 교체기'의 개혁적인 분위기를 가슴에 담아둘 수 있었던 시기였다. 그러니 국제정세를 아는 서희로서는 그런 개혁적인 분위기 역시 소손녕과의 협상에서 자신의 힘을 북돋아주는 것으로 활용할 수 있었던 것이다. 쉽게 말하자. 서희의 협상이 성공할 수 있었던 것은 서희 개인의 역량과 함께, 그 역량을 뒷받침해주는 혹은 그 역량을 배가시키는 사회적 분위기가 있었기 때문이다. 그러니 서희도 훌륭하지만 그런 서희를 배출할 수 있었던 고려 사회 역시 대단하다고 할 수밖에 없다.

■ 이 시대 새로운 서희를 대망하며

'이유를 알고 대응하고, 한 번 싸워보고 항복해도 늦지 않다.' 90년대를 휩쓸었던 시장개방협상, 북핵 협상, 최근 미국과의 쇠고기 시장개방 협상, 독도를 둘러싼 대외문제. 어느 문제 하나 협상의 요인이 포함되지 않은 것이 없다. 하지만 그 어느 것이나 '이유'를 정확히 알고 '한 번 싸워보면' 생각하는 것처럼 문제가 어렵지 않다. 가령, 쇠고기 시장개방 협상. 우리 협상가들은 시장개방과 관련된 '이유'를 정확히 알고 국민건강을 위하여 미국과 '한 번 싸워보기라도' 한 것일까? 아니면 그 '이유'도 모른 채 '한 번 싸워보지도 않고' 그냥 항복하고 만 것일까? 지금처럼 협상 때문에 어지러운 이 시대, 서희가 홀연히 다시 태어나 되돌아본다면 무엇이라고 말할까?

제3장

한국과 미국의 FTA 협상 분석

1. 한미 FTA 시작과 관련된 분석(2006년)

이 절에서는 한미 FTA가 시작될 2006년의 시점을 기준으로 한미 FTA를 시작하는 정부의 입장과 준비, 일반 국민들 사이에서 존재하던 기대와 불안감 등을 정리한 것이다.

당시 한미 FTA에 대한 생각은 매우 대조적인 것이었다. 긍정적인 시각으로 바라보는 쪽에서는 한미 FTA를 '태평양을 가로지르는 고속도로'로 바라보았고, 부정적인 시각으로 바라보는 쪽에서는 '악마와의 키스'로 간주하기도 했다. 2017년 지금의 기준으로 보면 두 가지 입장 모두 너무 한쪽으로 치우친 감이 없지 않다. 하지만, 당시 미국과 같은 거대경제권과 한 번의 FTA 경험도 없는 상태에서 이런 우려와 기대는 이해할 만하다.

정작 더 큰 문제는 이런 FTA에 대해 정부의 협상비전과 전략이 제대로 준비되어 있었던가 하는 점이다. 특히, 한미 FTA를 시작하기 위한 4대 선결조건에 대해서는 매우 큰 논란이 있었다. 그 중 지금도 기억하는 것은 스크린쿼터를 스스로 축소해 버린 데 대한 영화인과 시민들의 반발이다. 한미 FTA 협상 시작을 위한 분위기 조성용이라는 비판도 있었지만 협상도 시작되기 전에 중요한 협상카드의 하나를 스스로 포기한 데 대한 비판은 아주 매서웠다.

초기 협상의 과정에서는 한국과 미국의 흔히 말하는 '기싸움'이 보통이 아니었다. 가장 대표적인 것은 쌀과 같은 농산물 시장개방에 대한 것이었다. 당연한 이야기지만 미국은 농산물 시장을 완전히 개방하기를 원하였고, 우리는 다른 것은 모르지만 '쌀은 제외되어야 한다'는 입장을 고수한 것이다.

이 장에 포함된 두 글은 각각 2006년 4월(1항), 7월(2항)에 작성된 것으로 기본적으로 정부의 협상비전과 협상전략에 대한 준비와 권고를 담은 것이다. 그 주된 내용은 이 책 제4, 5부에서 지속적으로 강조하고 있는 다음과 같은 내용들이다.

1) 협상을 제대로 하기 위해서는 외부협상보다 내부협상이 중요하다.
2) 내부협상을 하기 위해서는 이해관계자의 의견을 수렴할 수 있는 시스템의 구축이 필요하다.
3) 시민단체, 국회, 언론, 정부를 유기적으로 연결할 수 있는 메커니즘이 필요하다.
4) 한국과 미국이 win-win할 수 있는 협상결과가 필요하다.

(1) 한미 FTA 개시에 부치는 글(2006년 4월)[1]

2006년 2월 3일. 한국의 김현종 통상교섭본부장과 롭 포트먼 미 무역대표부 USTR 대표가 미국 의회 의사당에서 공동으로 기자회견을 하면서 한미 FTA 체결을 위한 협상개시를 공식적으로 선언했다. 만약, 이 FTA 협상이 성공적으로 끝난다면 이 날은 대한민국의 통상정책사에 획기적인 날로 기록될 것이다. 하지만, 그렇게 되기 위해선 넘어야 할 산이 하나 둘이 아니다.

■ 태평양을 가로지르는 전용 고속도로의 건설

미국이 우리를 FTA 대상국으로 선택을 했느니, 혹은 우리가 그런 분위기를 만들었느니[2] 하는 간택론은 문제의 본질이 아니다. 어느 쪽이 선택을 했건 양국으로선 보통의 협상이 아니기 때문이다. 미국은 NAFTA 이래 15년 만에 최대 규모의 경제권(세계 11위인 한국)과 하는 자유무역협상이기에 대단히 야심적이 될 수밖에 없다. 한국으로서도 더할 나위 없는 도전이다. 조금 과장되기는 했지만, 경제적으로 볼 때 한미 FTA는 우리 기업을 위해 '태평양을 가로지르는 전용 고속도로를 건설하는 것(국정브리핑 자료)'에 비견될 수 있다. 지지부진한 한일 FTA에 미치는 긍정적 효과는 두말할 나위 없다.

하지만, 협상의 개시와 동시에 보여진 두 나라의 동상이몽은 이 협상이 얼마나 험난할지 여실히 보여준다. 가장 대표적인 예가 쌀로 대표되는 농산물 문제이다. 농산물 문제는 이미 예견된 것이기에 본격적인 협상을 앞둔 '기氣 죽이기

---

1) 이 항의 글은 이코노미스트 誌, 2006년 4월에 실린 필자의 글을 다소 수정한 것이다.
2) 노무현 대통령은 2월 16일 대외경제위원회에서 '한미 FTA는 우리의 자존심이 걸린 일로 압력 같은 것은 없었다'며 '우리가 주도적으로 여건을 조성하고 제안해서 성사된 것'이라고 말했다.

용' 탐색으로 본다면 그렇게 예민하게 반응할 필요는 없다. 정작 중요한 것은, 한미 FTA 협상에 대해 우리 정부가 어떠한 태도와 입장으로 어떠한 방식으로 대응해 나갈 것인가 하는 점이다.

■ 협상초기에 정부는 무엇을 잘 못 했나

최근 2~3개월간 정부가 발표한 각종 자료를 볼 때 가장 먼저 떠오르는 의문은 '정부가 정말 한미 FTA를 타결할 의지가 있는가' 하는 점이다. 무슨 말을 하느냐고 윽박지를지 모르지만, 협상개시의 첫 단추를 꿰는 정부의 태도는 전략의 초보자도 저지르지 않을 어리석음으로 가득 차 있다. 우리 정부는 한미 FTA 협상을 시작도 하기 전에 '협상의 분위기 조성을 위해' 스크린쿼터를 스스로 축소해 버렸다. 스크린쿼터를 장기적으로 철폐하느냐 않느냐는 것은 이 문제의 본질이 아니다. 한국 영화의 자생력을 위해 이것을 철폐하는 것이 마땅할 수도 있기 때문이다. 문제는 그것을 왜 '스스로', '아무런 대가 없이', '영화인들과 사전의 협의도 없이' 일방적으로 축소하는 조치를 취했느냐는 것이다. 이런 일방적 조치를 취함으로써 정부는 협상을 시작도 하기 전에 내부적으로 가장 어려운 적(영화관계자) 하나를 스스로 만든 셈이다. 이것은 미국과의 외부협상만을 중요시하고 국내 이해관계인과의 내부협상은 부차적인 일로 생각하는 참으로 어리석은 일이다. 우리 정부 내에 정말 협상을 제대로 이해하는 사람이 없단 말인가? 차라리 배우 장동건의 다음과 같은 말이 더 협상가답다. '스크린쿼터 축소는 협상을 시작도 하기 전에 가장 중요한 카드를 내주는 것이다. 스크린쿼터 축소를 대가로 쌀 시장 개방 10년 유예라는 대가를 얻어내었더라면 이렇게까지 반발하지는 않을 것이다.'

■ 정부는 정말 제대로 준비되어 있는가

하지만, 스크린쿼터 문제 하나로 정부의 한미 FTA 타결의지를 의심하는 것은 아니다. 그렇게 의심하는 것은 정부의 공식적인 자료에서 보여지는 우리의 태도가 협상과 협상전략에 대한 무지로 가득 차 있기 때문이다. 한·칠레 FTA의 그 쓰라린 경험에서 하나도 배우지 못한 것처럼 보인다는 것이다. 미국의 협상가들과 하는 팽팽한 밀고 당기기보다(외부협상), 국내 이해관계자의 입장반영과 의견조정(내부협상)이 더 중요하다는 것을 정부는 과거의 경험으로부터 정말 배우지 못한 것일까?

국정홍보처는 "국회 및 업계, 시민단체 등 이해관계자와 지속적인 대화를 함으로써… 국민의 대표와 긴밀히 협의하고, 협상과정에서도 여러 쟁점에 대해 국회의 검토와 협조를 계속 구할 예정이다"고 말한다. 국회, 업계 및 시민단체를 협상수립을 위한 파트너로 고려한 점은 매우 진일보한 점이다. 하지만, 피해당사자에게는 장기적인 국가의 발전보다는 내일 먹을 밥 한 그릇, 자기 일자리, 자식의 직장문제가 더 급하다. 그래서 이들과의 '대화'와 '협의' 그리고 '검토'와 '협조'를 통해 자신들의 생존이 걸린 문제가 조율되리라 생각하는건 어리석다. 대화와 검토를 위한 수많은 청문회와 간담회는 더 이상 필요없다. 필요한 것은, 이들이 자신의 의견을 피력하고 그것이 협상전략에 반영될 수 있는 체계화된 협상시스템이다. 그와 함께, 이 시스템을 우리 협상력을 높이는 계기로 삼을 수 있는, 내부협상의 맥락을 제대로 이해하는 협상가들이 있어야 한다. 혹은 그런 교육이 있어야 한다.

■ 협상가는 여전히 중요하다

왜, 지금 협상가 타령인가? 그것은 기본적으로 우리 정부의 협상가들이 이해관계자들의 다양한 의견이 우리 협상력의 근원이라는 것을 이해하지 못하고 있기 때문이다. 이런 이해가 없으니 '국회나 이익단체 등의 **전폭적 지지, 단일한 대응**이 가장 힘있는 협상카드가 될 것(국정홍보처)'이라는 말이 나오는 것이다. 이익단체가 어떻게 전폭적 지지를 할 수 있나? 오히려 격렬하게 반대하는 것이 자연스러운 현상이 아닌가? 문제는 그 격렬한 반대를 우리 협상력 제고가 아니라 협상력의 저하로 인식하는 우리 정부, 더 좁게는 협상팀에 문제가 있는 것이다. '단일한 대응'이라니. 미국이 우리와 협상을 할 때 그들이 단일한 대응을 하리라 기대하는가? 미국은 자신들이 협상목표를 달성하기 위하여 미 의회 따로, 행정부 따로의 다양한 목소리를 내고 있다. 그러면서도 미국이 상대방과의 협상에서 이런 다양한 목소리 때문에 협상력이 떨어진다는 이야기는 들어보지 못했다. 오히려, 의회는 이해단체의 핑계를 대고, 행정부는 의회의 핑계를 대면서 상대방을 압박해가는 것이 미국의 협상전략 아닌가? 그러니 '일치된 목소리'는 우리 협상단에 힘을 실어주지 못한다. 문제는 우리 정부가 그러한 점을 인식하지 못하고 있다는 점이다. 가령 농업의 경우, 멕시코 칸쿤에서 세상을 떠난 이경해 씨, 홍콩에서의 3보 1배와 같은 우리 농민들의 시위가 우리 협상력을 높일 수 있다는 것을 모르고 있다는 것이다. '우리도 개방을 하고 싶다. 하지만 이것(쌀)을 개방하면 우리는 정권을 내어놓아야 한다. 당신들이라면 그렇게 할 수 있는가?' 이런 말을 왜 못할까?

■ 내부협상을 위한 시스템 구축이 필요하다

그래서 협상을 제대로 하기 위해선, 미국과 비슷한 숫자인 100명 내외의 협상팀을 구성하는 것 보다는, 위와 같은 내부협상의 중요성을 재인식하고 그 위에서 우리의 협상시스템을 재구축하는 것이 더 필요하다. 그렇지 않을 경우, 한미 FTA는 한·칠레 FTA의 전철을 밟을 수밖에 없다. 내년 3월까지라는 짧은 협상기간, 다른 FTA 협상 때와는 비교도 안 될 내부의 저항과 이견, 정권교체기를 앞둔 혼선 등 FTA를 둘러싼 여건은 너무 좋지 않다. 그런데도 한가하게 의견수렴이니, 공청회니 하는 립서비스만 하고 있는가? 거듭 거듭 강조하지만, 필요한 것은 '각계의 의견수렴'이 아니라 농업단체와 같은 이해관계자를 협상시스템에 포함시키는 제도적 장치를 만드는 것이다. 직접 협상의 자리를 경험하게 하고, 한미 FTA 협상이 왜 중요한지를 '피부로 체험'하게 하고, 협상전략의 수립에까지 참여하는[3], 보상과 조정에 자신들의 의견이 반영되게 하는 그런 시스템 말이다.

이런 시스템이 구축되면 제일 먼저 해야 할 일, 아니 그런 시스템의 구축과 함께 진행해야 할 일은 협상의제의 상대적 중요성을 재확인하는 것이다. 협상의제에 관한 한 우리는 '달을 가리키면서 손가락만 바라보는見指忘月' 착오는 해서는 안 된다. 제조업과 농산물 협상의 중요성에 대해서는 누구나 알고 있다. 하지만, 장기적인 관점에서 우리에게 정작 중요한 것은 금융과 같은 서비스 부문이다.[4]

---

3) 역설적이지만 농민단체들이 여의도에서 격렬한 데모를 하는 것을 우리 협상전략의 하나로 채택할 수 있는 그런 협상가, 혹은 그런 협상시스템은 우리나라에서는 기대할 수 없는가?

4) 금융부문의 경우 그동안 상업적 주재에 기반을 둔 시장개방(미국이 한국에 자회사나 지사를 설립하여 관련 서비스를 공급하는 것)은 거의 완료되었기에 이제는 국경 간 공급을 통한 금융서비스와 신금융서비스의 개방이 쟁점이 될 것이다. 국경 간 공급을 통한 금융서비스란 미국의 금융회사가 한국에 지사를 개설하지 않고 통신이나 인터넷을 통해 제공하는 서비스를 의미한다. 이런 형태의 금융개방이 문제가 되는 것은 자회사나 지사를 설립하여 한국에 진출하는 것과는 달리 고용창출, 노하우 이전 등과 같은 개방의 효과를 기대하기 힘들다는 것이

Strategic Negotiation | 전략적 협상

IMF 경제위기를 들먹이지 않더라도 금융과 같은 서비스 부문의 경쟁력이 확보되지 못하면 한국 경제의 새로운 도약은 연목구어緣木求魚이다. 그래서 우려되는 것은 농산물 문제와 같은 사회적 반향이 큰 쟁점때문에 이런 문제가 소홀하게 다루어지지나 않을까 하는 점이다. 여의도와 시청을 농민데모대가 휩쓸면 서비스 부문은 적절하지 못한 방식으로 막후조정될 가능성도 없지 않기 때문이다.

■ win-win하는 협상결과에 대한 기대

5월이 오면 협상이 시작된다. 그로부터 1년. 한미 FTA 협상이 성공적으로 끝나기를 간절히 기대한다. 이 개방과 세계화의 시대에 개방을 해야 되면 당당히 하고 개방을 할 수 없으면 당당하게 그 이유를 대면서 하지 않았으면 좋겠다. 이해관계자들이 격렬하게 반대하고 데모도 했지만, 그런 갈등을 적절히 조정하면서, 또 그런 의견의 대립을 협상력의 하나로 활용하면서, 마지막으로는 미국과 서로 win-win하는 그런 협상결과가 나왔으면 좋겠다. 그리고, 각종 시민단체와 이해기관, 국회, 언론, 정부가 처음에는 대립하고 갈등도 했지만 한국의 미래 경쟁력 확보라는 차원에서 하나로 융합될 수 있는 그런 협상결과가 나올 수 있어야 한다.

(2) 협상의 컨트롤 타워는 있는가[5] (2006년 7월)

"한미 FTA는 악마와의 키스." "한미 FTA는 IMF 100개쯤 터지는 것." 한미 FTA를 반대하는 사람 혹은 단체가 전면에 내세우는 구호이다. 한미 FTA에 대해 아무런 정보를 가지고 있지 않으면, 혹은 한미 FTA가 한국 경제에 가지는 의미를 이해하지 못하면 국민들은 이런 말에 귀가 솔깃하지 않을 수 없다. 닥치지 않은 미래의 일이 자신에게, 우리나라 전체에게 엄청난 재앙을 가져오리라고 하는데 애써 무시할 사람이 어디 있겠는가?

'태평양을 가로지르는 전용 고속도로를 건설하는 것.' 최소한 지금까지 정부는

다. 특히, 전자금융이 발달하면서 금융서비스 거래에 대한 규제, 감독의 실효성을 기대하기 힘들다는 문제도 발생한다. 해외소비란 관련서비스를 소비하기 위해서는 소비자나 그의 재산이 미국으로 이동해야 하는 서비스를 의미한다. 대표적인 예로서는 관광, 해외유학, 선박수리, 항공기 정비 등이 있다. 신금융서비스 개방을 허용할 경우 한국은 한국에 설치된 미국의 자회사가 미국에 존재하는 모든 금융서비스를 제공할 수 있도록 허가해야 한다. 이것은 미래에 출현할 수 있는 잠재적 금융상품에 대해서도 개방을 허용한다는 의미를 내포한다.
  5) 이 항의 글은 이코노미스트 誌, 2006년 7월에 실린 필자의 글을 다소 수정한 것이다.

한미 FTA에 대해 이런 구호를 내세우면서 한미 FTA의 필요성을 누누이 강조해 왔다. 한국의 기업들이 좀 더 자유롭게 미국에서 사업을 할 수 있다면 그 자체 로서 한미 FTA는 필요하다는 것이다.

■ 악마와의 키스

누가 옳은가? 아무도 옳지 않다. 한미 FTA가 태평양을 가로지르는 고속도로가 될지, 아니면 악마와의 키스가 될지는 협상이 끝나 봐야 안다. 조금 과장되게 말 하자면, 우리 것은 하나도 개방하지 않으면서 미국시장만 개방하는 형태로 FTA가 타결된다면 금상첨화아닌가. 그 반대의 경우는 말할 필요도 없다. 그러니 문제는 한미 FTA 협상을 '어떻게', '어떤 방식으로' 진행해 나가야 우리에게 가장 유리한 결과를 얻을 수 있느냐는 것이다. 우리의 협상력과 전략에 따라 한미 FTA는 고 속도로가 될 수도 있고 악마와의 키스가 될 수도 있다. 물론, 심각하게 이의를 제기할 수 있다. 제대로 준비되지 않은 상태에서 한미 FTA 협상이 제대로 될 리 없고, 스크린쿼터 축소 등 4대 현안을 양보하면서 FTA 협상을 구걸(?)해 놓고 협 상이 잘될 리 없다는 비판이 그것이다. 하지만, 두 눈 뜬 자라면 지금 이대로 협 상을 끝낼 수 없다는 것을 잘 안다. 국가 간의 협상은 장난이 아니기 때문이다. 그러니 어쩔 수 없이 이런 문제도 협상의 '과정'에서 풀어가야 한다.

■ 한미 FTA

개인적으로는 악마와의 키스가 아니라 고속도로가 되어야 하고 될 수 있다고 믿는다. 하지만, 지금과 같은 형태라면 '결코 아니다Never'. 이제 그 이유를 조금 찬찬히 살펴도록 하자.

■ 한미 FTA에 대한 정부의 비전

지금까지의 한미 FTA 협상, 그리고 앞으로 진행될 협상에서 가장 심각한 문 제는 한미 FTA에 대한 정부의 비전이 어떻게 되어있는가 하는 것이다. 어떤 희 생을 무릅쓰고라도 기필코 협상을 타결시킬 것인지, 아니면 정권교체를 전후해서 이슈 제기라는 형태로 적당히 넘어갈 것인지. 어느 쪽인가? 기필코 협상을 타결 시킬 생각이라면 그렇게 하기 위한 '정부 차원'의 전략과 로드맵은 무엇인가? 그냥 이슈 제기라고 생각한다면 도대체 이런 무의미한 판은 왜 벌였는가? 만약, 전자前者라면 그 전략과 로드맵을 지금 하나하나 풀어내어야 한다. 일반인들은 납득이 가지 않더라도, 최소한 협상 전문가들이 이해할 수 있는 정도로는 전략과 로드맵이 가시화되어야 한다. 한미 FTA에 대한 시민단체와 이해단체의 반대가 치열하고, 언론에서 NFTA와 멕시코의 사례를 들어 'IMF 100개 이상가는 폭탄'과 같은 주장이 나오는 판에 정부가 뒷짐을 지고 있다는 것은 말이 안 된다. 아하, 이런 주장을 용납하는 것도, 뒤에서 보는 바와 같이, 하나의 전략일 수 있다. 분명히 맞는 말이다. 하지만, 지금 우리 협상팀 수장의 말과 표정을 보아하니 이런 반대를 전략적으로 활용하지 못하고 있는 것이 분명하다. 당황하고 있다는 것이다. 다시 말해, 국가의 정책 전체를 아우르는 차원에서 한미 FTA를 어떻게 전략적으로 이해하고 있는지 구체적 비전이 없다는 것이다. 정말 묻고 싶다. 어떤 전략과 로드맵을 가지고 있는지.

■ 내부협상의 중요성이 제대로 인식되고 있는가

백 번을 양보하여 이런 반대를 그대로 두는 것도 정부 전략의 하나라고 하자. 하지만, 협상의 관점에서 보면 두 가지 점에서 앞뒤가 맞지 않는다. 우선, 이런 치열한 반대의 와중에서 정부(대통령)는 '국내협상'을 위한 별도의 팀 구성을 제안했다. 하지만, 이 팀의 성격이 '영 아니다'. 국내협상(내부협상)의 필요성을 인정한 점에서는 진일보한 것이나, 그것을 현재 협상팀과는 '별도로' 구성한다는 것은 잘못된 것이다. 내부협상을 제대로 하기 위해서는, 그리고 내부협상의 과정이 우리 협상력 제고로 연결되기 위해서는 미국과 외부협상을 진행하고 있는 협상팀이 내부협상의 과정에 '반드시' 참여해야 한다. 그렇게 해야 우리의 현실을 제대로 알고, 시민단체와 이해관계인이 왜 그렇게 반대를 하는지를 이해할 수 있고, 그런 과정에서 우리가 '양보할 수 있는 부분과 그렇지 않은 부분'을 가슴으로 느끼고 상대편에게 납득시킬 수 있다. 그렇지 않고 내부협상팀과 외부협상팀을 분리할 경우 이것은 또 다른 생색내기 청문회와 다를 바 없게 된다. 또 하나 국내의 격렬한 반대를 왜 우리의 협상력을 '떨어뜨리는 것'으로만 이해하고 있는지 모르겠다. 워싱턴이나 서울에서 (폭력이 아닌) 평화적으로만 시위를 한다면 이런 반대는 우리의 협상력을 높일 수 있다. 문제는 우리의 협상팀이 그런 인식을 가지고 있지 못한 것처럼 보인다는 것이다. '단일한 대응', '한 목소리'의 중요성을 강조하는 한 우리 협상력 제고는 요원하다.

또 있다. 거듭 말하지만, 고속도로가 될지 악마와의 키스가 될지는 우리가 스스로 만드는 것이다. 그런 점에서 정부가 협상초안을, 최소한, 전문가들에게라도 공개하지 않는 것은 이해할 수 없다. 제조업과 서비스의 개방만이 중요한 것이 아니라 NAFTA 11장과 같은 투자 조항은 더없이 중요하다. 미국의 투자자가 한국 정부를 제소할 수 있는 이 조항이 어떻게 진행되고 있는지 전혀 정보가 없다. 멕시코의 사례에서 보는 환경침해 등에 의한 제소가 우리에게는 해당되지 않을 것이라고 왜 자신있게 이 조항들을 공개하면서 말하지 못하는가. 언론 보도에 의하면 투자에 대해서는 양국 간 이견이 없는 것으로 되어 있는데 그렇다면 미국의 요구를 그대로 수용했단 말인가. 나아가, 왜 한국의 미래가 담보될지도 모를 협상 초안을 공개하지 않는가. 합의를 보지 못해 괄호에 넣은 부분이 무엇인지, 합의를 해 준 부분이 무엇인지 왜 공개하기를 꺼리는가? 이것도 전략인가? 정말 그러한가.

■ 협상에 대한 목표와 전략 수립이 필요하다

국가 간의 협상은 협상에 나서는 협상팀만 하는 것이 아니라(외부협상), 전 국민이 심혈을 기울여 하는 것이다(내부협상). 하지만, 그렇게 되기 위해서는 국가 전체의 장기 목표하에 협상의 전략과 비전이 마련되어야 한다. 우리에게는 그런 전략과 로드맵을 마련할 컨트롤 타워가 있는가? 정말 있는가? 있다면, 이 어지러운 협상의 와중에 이제는 대통령이라도 나서서 한마디쯤 해야 되지 않는가. '우리에게는 모든 경우에 대비한 전략과 비전이 있다'고. 아하, 그렇다면 나는 '한국인은 왜 항상 협상에서 지는가'라는 질문을 안심하고 거두어 들일 수 있다.

2. 한미 FTA가 종료되고 난 뒤의 분석(2007년)

한미 FTA는 2006년 2월 3일 공식적으로 시작되어 8차례의 협상을 진행한 끝에 2007년 4월 2일 정식으로 타결되었다. 여기서의 타결은 협상타결 선언을 의미한다. 한미 FTA가 포괄하는 의제와 협정문의 광범위함에 비추어 볼 때 협상기간이 불과 1

년 2개월에 지나지 않았다는 것은 다소 의외로 받아들여지기도 한다. 협상의 쟁점들에 대해 충분한 논의가 이루어지지 않았던 것은 아니었나 하는 의구심이 그것이다.

아래 제시되는 저자의 두 글은 2007년 4월 24일과 6월 5일 중앙일보 제리 리포트에 실린 것이다. 4월 24일에 실린 글은 그 제목 처럼 한미 FTA 협상이 제대로 진행된 것인지 협상론적인 관점에서 분석한 것이다. 본문에서 설명하고 있는 것처럼 저자는 당시 타결된 한미 FTA 협상의 결과에 대해 '다소' 비판적인 자세를 취하고 있다. 그것은 한미 FTA가 한국에 전적으로 불리하다는 것이 아니라, 조금만 더 노력했더라면 하는 아쉬움이 있기 때문이다. 본문에서 말하고 있는 것처럼 '미국을 상대로 이 정도로 한 건 잘한 것이다' 하고 만족해서는 안 된다는 것이다.

6월 5일 자의 글은 당시 미국이 민주당의 신무역정책을 이유로 재협상을 요청하던 당시의 분위기를 고려하여 재협상을 할 경우 우리가 미국에 무엇을 요구하면 좋을지를 나름대로 분석한 것이다. 한미 FTA의 첫 번째 재협상(2007년과 2010년에 이루어진 재협상을 통틀어 첫 번째 재협상이라 하고, 2017년에 시작될지도 모를 한미 FTA 재협상을 두 번째 재협상이라 한다)은 두 번에 걸쳐 이루어졌다. 2007년 미국 민주당의 신무역정책에 기반한 재협상이 제1차 재협상이고, 2010년 미국 오바마 대통령의 지시에 의해 이루어진 것이 제2차 재협상이다. 여기에 게재된 글은 이 제1차 재협상을 염두에 두고 작성된 것이다. 당연한 이야기지만 이런 재협상에 임할 경우 한국 역시 우리가 바라는 바를 미국에 말할 수 있어야 하고 그런 점에서 재협상에 임하는 것이 한국에도 유리하게 작용할 수 있어야 한다. 하지만, 이런 주장은 여전히 하나의 이상에 그칠지도 모른다. 첫 번째 재협상 전체에 대한 보다 깊은 이해를 위해서는 5장을 참고하기 바란다. 이 책에서 제시된 프레임워크를 기반으로 이 재협상을 분석하고 있다.

2017년 6월 현재, 미국의 도널드 트럼프 대통령은 한미 FTA에 대해서 다시 재협상할 것을 촉구하고 있다. 이것을 한미 FTA 두 번째 재협상이라고 하는데 여기에 대해서는 이 책의 제5부 4장에서 자세히 설명하려고 한다. 한 가지 추가하고 싶은 것은 재협상을 요청하는 것은 한국이 아니라 항상 미국이라는 점이다.

(1) 한미 FTA '협상', 제대로 한 것인가[6]

한미 FTA가 '태평양을 가로지르는 고속도로(찬성하는 측의 주장)'가 될지 '악마와의 키스(반대하는 측의 주장)'가 될지 누구도 알지 못한다. 협상의 결과, 즉 최종협정문이 공개되어야 분명해지기 때문이다. 하지만, '기본적으로 한미 FTA를

---

6) 이 항의 글은 중앙일보 2007년 4월 24일에 실린 필자의 글을 다소 수정한 것이다.

지지해 온' 한 사람으로서 그 최종협정문에 한국의 경제적 미래를 담보하는 내용들이 가득 담겨 있기를 바란다. 하지만, 협상과정을 돌이켜 보면 아쉬운 점이 한둘이 아니다. 한미 FTA를 계기로 중단된 한·일 FTA가 재개될 수도 있고, 한·EU FTA가 시작될 수도 있다는 점에서 한미 FTA 협상과정의 미흡한 점 몇 가지는 반드시 살펴볼 필요가 있다.

■ 미흡한 관세협상

GATT와 WTO 하에서 이루어진 모든 관세협상은 상호주의를 기반으로 한다. 이 경우 그 기준은 관세인하 품목을 기준으로 하는 것이 아니라, 관세인하로 인한 경제적 효과를 얼추 비슷하게 하는 것을 기본(가상의 정확성phoney precision)으로 한다.

관세인하 부문에서 미국의 가장 큰 양보가 이루어진 것은 제주도에서 열린 제4차 협상에서였다. 협상 셋째 날 미국은 최장 10년에 걸쳐 점진적으로 관세를 철폐할 계획이던 1,000여개 품목(총 상품 수 7,000여개)에 대해 한미 FTA가 발효되는 즉시 관세를 철폐하겠다고 제안했다. 일견 미국이 큰 양보를 한 것으로 보인다. 하지만 이를 대미 수출액 기준으로 환산하면 총 수출액 380억 달러의 5% 수준인 19억 달러에 지나지 않는다. 일종의 허장성세라 볼 수 있다. 그러면 이에 상응한 우리 양허안도 이런 모양에 맞출 필요가 있다. 그래야 협상을 할 게 아닌가. 하지만, 상품양허에 관한 한 우리는 사실상 협상을 포기한 것이나 다름없다. 정부는 협상을 개시하기도 전에 이미 '관세를 철폐하지 않는 상품의 수를 최소화하라'는 원칙을 세우고 2006년 8월 15일 상품 분야에서 총 품목의 81.1%에 대해 '즉시' 관세를 철폐할 것이라고 미국에 약속해 버렸기 때문이다. 위에서 말한 관세협상의 기본원칙인 상호주의, 가상의 정확성 등은 어디에서도 찾을 수 없고, 관세 인하에 관한 협상의 균형은 존재하지 않는다.

■ 아쉬운 투자자 정부 간 제소ISD: Investor-State Dispute

투자자가 국가를 상대로 제소를 한다는 것이 왜 중요한지 이제 다들 안다. ISD가 중요하면 또 그만큼 치열한 협상의 대상이 되어야 하고, 협상의 양 당사자가 격론을 벌여야 한다. 우리는 어떻게 했을까?

우리는 2006년 4월 제1차 협상이 시작도 되기 전, 미국 측의 요청이 없었음에도 불구하고, ISD를 우리 협정문 초안에 포함시켜 미국에 전달했다. 미국과 호주의 FTA에서는 ISD가 포함되지 않았다는 사실, ISD로 인해 멕시코가 고초를 겪고 있다는 사실은 어디에도 고려되지 않았다. 가장 중요한 의문은 왜 한 번의 협상도 하지 않고 이 조항을 선물하듯이 미국에 전달했는가 하는 점이다.

우리 협정문 초안에 ISD가 포함되었다는 사실이 밝혀진 후 시민단체의 우려가 뒤따르자 정부는 2006년 7월 뒤늦게 이에 대한 민관 태스크 포스를 만들어 ISD의 문제점을 검토하기 시작했다. 순서가 바뀐 셈이다. 더 나아가 통상교섭본부가 정부 관계자와 진행한 일련의 회의에서 건교부, 재경부, 법무부의 관계자들도 ISD에 대해 우려의 목소리를 제기했다. 그래서일까? 제4차 협상에서 간접수용(공적 규제로 투자자 재산권을 간접적으로 침해하는 것)과 관련한 예외조항의 인정을 요구하기 시작했다. 시기적으로 너무 늦었다. 왜 2006년 4월 미국에 제시한 ISD 관련 초안에 이런 예외조항(반독점규제, 부동산정책, 조세정책)을 집어넣지 않았을까? 아니 애초에 아예 ISD를 왜 빼지 않았을까? 만약 마지막 통상장관협상에서 이 조항의 범위가 결정된다고 할 때 다른 쟁점사항과의 교환을 위해서도 ISD에 대한 예외조항을 사전에 넣었어야 했다.

■ 사실상 특별한 성과가 없는 반덤핑 제도

한미 FTA를 통해 상품의 관세를 내린다 해도 미국이 반덤핑 제도를 더 강화한다면 미국에 대한 수출이 늘어날 수 없다. 2002년 산업자원부가 국내기업들을 대상으로 한 설문조사에서 한국의 수출에 가장 큰 피해를 주는 제도 1순위로 거론된 것이 바로 반덤핑 제도의 제로잉(미국은 마이너스 덤핑마진(수출가격이 내수가격보다 높은 경우)을 제로로 처리하기 때문에 우리 상품의 덤핑마진이 실제보다 더 높아지게 되는데, 이렇게 제로로 처리하는 관행을 제로잉이라 한다) 관행이었다.

이 제로잉 관행에 대해서는 WTO에서도 협정위반이라는 판정을 내린 바 있으니 의외로 쉽게 제도를 고칠 수 있으리라 생각했을 수도 있다. 하지만 한국은 힘 한 번 쓰지 못하고 제5차 협상에서 이런 요구를 철회했다. 'WTO 차원에서 관철할 수 있는 요구사항이라 협상전략 차원에서 뺐다'는 것이 정부의 설명이다. 기업들의 다음과 같은 비판이 통렬하다. 'WTO를 통해서 반덤핑 제도를 고칠 수 있으면 구태여 한미 FTA를 할 이유가 무엇인가'. 제로잉 관행뿐만 아니다. 국가

별 비합산, 종료재심과 같은 제로잉 관행과 버금가는 요구 사항 어느 하나 관철하지 못했다. 미국의 항변이 재미있다. '무역구제 분야의 법 개정은 있을 수 없고 미 의회에 법령개정이 필요한 협상안을 가져갈 경우 협정 자체를 위험에 빠뜨릴 수 있다.' 우리는 이런 항변, 이런 주장을 왜 못했을까? 한미 FTA가 발효되면 적게는 15개의 법을 고쳐야 하는데….

표 1 한·미 FTA 협상에서 미흡했던 부분

의제	지켜야 할 협상원칙	한국 측 전략	미국 측 전략	결과
관세협상	· 상호주의 · 가상의 정확성	· 본격 협상 시작하기도 전 '관세를 철폐하지 않는 상품 수를 최소화하라'는 원칙 세움	· 4차 협상에 와서야 부분적인 관세인하 약속	· 미국 양보는 총 수출액의 5% 수준에 불과
투자자-정부 간 제소	· 합의하에 조문 결정해야	· 1차 협상 시작 전에 ISD 수용, 초안 제시 · 뒤늦게 태스크 포스 결성	· 당연히 포함	· 간접수용과 관련한 우리 주장을 포함시킬 기회 일부 상실
반덤핑 제도	· WTO 기준과 일치하게 조문 개정해야 · 피해보는 나라 배려	· 제로잉, 국가별 비합산, 종료 재심 시정 목표	· 법을 개정해야 하므로 한국 측 요구 수용불가	· 실질적인 성과 없었음
협상 목적	· 외형적인 손실과 이익의 균형	· 협상 타결 그 자체를 목적으로 삼은 듯	· 4대 선결조건 수용 요구 등 한국 측 입장 활용	· 아쉬운 결과

■ 잘못된 협상 목표

제대로 협상을 했는지 검토를 해야 할 분야는 이것만이 아니다. 자동차, 의약품, 지적재산권, 쇠고기 수입문제 등 우리의 협상전략 차원에서 미흡한 점이 보여지는 것은 하나 둘이 아니다. '세계 최강 미국을 상대로 이 정도로 한 것은 잘한 것이다'라는 것은 협상의 평가가 아니다. 협상인 이상 최소한 외형적인 이해득실의 균형은 확보되어야 했다. 언론의 보도 등 공개된 자료만을 대상으로 분석해도 한미 FTA '협상'에 관한 평가는 쉽게 나온다. 미안하지만, 협상의 차원에서는 그다지 잘한 협상이 아닌 것 같다.

왜 이런 결과가 나왔을까? 지금까지의 협상 추이를 보면 한미 FTA는 그 시작부터 마지막까지 '한국경제의 재도약을 위한 시장개방'이 아니라 '한미 FTA 체결 그 자체'를 목표로 삼은 느낌이 너무 강하다. 지나치게 집착하면 협상력이 떨어지는 것은 동서고금의 진리다.

(2) 한미 FTA 협정문과 재협상문제[7)]

지난 5월 25일 그토록 기다리던 한미 FTA 협정문이 공개되었다. 협정문은 본문, 확약서, 부속서 등 1200페이지로 구성돼 있으며 국문본과 영문본으로 나눠져 있다. 이 방대한 협정문에 대한 종합적이고 체계적인 검토가 이루어지기 위해서는 많은 시간이 필요하다. 하지만, 협상과정에서 쟁점이 되었거나 한국에 큰 영향을 주리라 예측되는 부문에 대해서는 개략적으로라도 검토가 가능하다. 미국 측의 재협상 요구가 점점 가시화되고 있기 때문에 이런 검토는 더욱 필요하다.

■ 투자자 정부 간 제소 ISD: Investor-State Dispute

가장 먼저 검토해야 할 것은 ISD다. 투자자가 정부를 제소할 가능성과 그 여파에 대해서는 협상과정, 그리고 협상이 타결된 뒤 누차 강조되었다. 그 중 가장 중요한 것은 간접수용(공적 규제로 투자자 재산권을 간접적으로 침해하는 것)에 대한 것이다. 정부는 간접수용과 관련 부동산 가격안정화 정책은 간접수용의 예외로 인정받았다고 누차 설명한 바 있다. 이런 설명은 "**극히 심하거나 불균형적인 때와 같은 드문 상황을 제외**하고는, 공중보건, 안전, 환경 및 부동산 가격안정화와 같은 … 당사국의 비차별적인 규제행위는 간접수용을 구성하지 아니한다(부속서 11-나 제3항 나)"는 규정에 근거한다. 이 부속서에서 보는 바와 같이 정부의 설명은 **원칙적으로** 틀린 말이 아니다. 하지만 '극히 심하거나 불균형적인 때'는 부동산 가격안정화 정책도 간접수용의 대상이 될 수 있음을 시사하고 있다. 정부는 그렇지 않다고 말할지 모르나 '극히 심하거나 불균형적인 상황'을 판단하는 것은 한국 정부가 아니라 한국의 대법원 위에 군림할 수 있는 중재판정부 Tribumal다. 그러니 이런 우려는 결코 기우가 아니다.

또, 정부는 종합부동산세와 같은 조세조치는 직접수용에서 제외되었다고 설명

---

7) 이 항의 글은 중앙일보 2007년 6월 5일에 실린 필자의 글을 다소 수정한 것이다.

하고 있다. 정부의 그런 설명은 "조세부과는 **일반적으로** 수용을 구성하지 아니한
다(부속서 11-바)"란 조항에 근거한 것으로 보인다. 하지만 이 말은 '예외적으로
는' 조세조치도 수용의 대상이 될 수 있음을 의미한다. 보다 근본적으로, 제23.3
조 5항은 '제11.16조(중재의 청구제기)는 수용 또는 투자계약이나 투자 승인의 위
반이라고 주장되는 과세조치에 적용된다'고 규정하고 있는데 이는 '(투자자가) 수
용이라고 주장하는 과세조치'는 (직접)수용에 해당될 수 있다는 것을 의미한다.
정말 말장난이 아니라 투자자의 주장은 중요한 의미를 가진다. 이와 관련, ISD
와는 관계없는 것이지만, 최근 모 대사관은 종합부동산세를 납부할 수 없다는
의사를 밝혀온 바도 있다.

■ 지적재산권 보호 문제

이번 협정문에서 대표적인 독소조항으로 보이는 것이 바로 다음과 같은 '인터
넷 사이트 폐쇄'에 대한 것이다. "대한민국은 또한 소위 웹하드 서비스를 포함하
여 무단 다운로드(및 그 밖의 형태의 불법복제)를 허용하는 **인터넷 사이트를 폐쇄**
하고 … (제18장 부속서)." 향후 디지털경제의 발전 가능성을 생각할 때 무단 다운
로드를 허용하는(이런 사이트는 저작권 침해행위를 조장하거나 적극적으로 유도하지 않
는다) 인터넷 사이트를 폐쇄한다는 조치는 과잉보호라는 느낌을 지우기 힘들다.
이 조항을 엄격히 적용하면 그 대상에 웹하드, P2P, 포털사이트, 심지어 전자우
편 서비스도 포함될 수밖에 없기 때문이다. 나아가 지재권 침해자에 대해 현재
의 권리 침해에 대한 벌금뿐 아니라 **장래의 침해를 억제하기에 충분한 금액**까지
요구한 것에 이르러선(제18.10조 제27항 가) 이 협정문이 소비자의 접근권은 무시
하고 권리자의 권리만을 생각한다는 평가를 받기에 족하다. 그뿐 아니다. 18장의
부속서한에 한국 정부가 약속해 준 대학 구내에서의 저작권 침해행위 단속행위,
인터넷을 이용하는 과정에서 필연적으로 수반되는 일시적 저장을 저작권으로 인
정한 것, 지재권 집행 분야의 규정을 지나치게 자세하게 규정하여 한국의 민사,
형사소송법을 새로 만드는 것 같은 인상을 주는 것 등은 '미국과 협상을 한 것
이 아니라 미국의 요구를 그대로 반영한 것'이라는 비판을 면할 길이 없다.

■ 불확실하거나 부정확한 것들

그 외 정부가 정확하게 밝히지 않았거나 부분적으로만 밝힘으로써 결과적으로 협상의 결과를 잘못 판단하게 한 점도 없지 않다. 다음은 이와 관련 몇 가지 중요한 것만을 간추린 것이다.

첫째, 애초에 정부는 육류도매업을 '유보안'에 넣었으나 공개된 협정문에 따르면 미국이 '육류도매업 기업의 주식 및 지분 50%를 소유할 수 있도록 규정(제24장 부속서 1)'되어 있다. 그러니 실질적으로 개방을 한 셈이다. 육류도매업은 미국의 쇠고기 수입과 밀접히 관련되어 있다는 점에서 그 파장은 만만치 않다.

둘째, 협상이 타결된 뒤 정부는 농업 부문에 세이프가드(긴급수입제한조치)를 도입하여 특정 농산물 분야가 수입의 급증으로 피해를 볼 때 이를 막을 수 있다고 선전해 왔다. 하지만 협정문에 따르면 이 세이프가드는 쇠고기, 사과 등 몇 품목을 제외하고는 1회만 발동할 수 있는 것이며 그나마 이 조치는 각 품목별 관세철폐 이행기간이 끝나면 소멸하도록 되어 있다. 그러니 농업에 대한 보호조치는 제도적으로 전혀 없는 셈이다.

셋째, 비위반제소(특별히 협정을 위반한 사실이 없어도 그것이 협정의 이익을 침해하면 제소 가능한 것)에 농업분야뿐 아니라 정부조달도 포함된 것으로 드러났다. 정부는 WTO에서의 선례를 들며 크게 우려할 사항이 아니라고 하고 있으나, 한미 FTA 협상에선 WTO가 이미 인정하고 있는 농업의 비교역적 기능NTC: Non Trade Concern이나 식량안보는 협상의제에 올라가지도 않았음이 드러나고 있다. WTO관련 규정이나 선례는 의미가 없다는 것이다.

넷째, 한국은 아직 국회도 통과하지 않은 내용(자본시장 통합법 관련 내용), 특히 '금융서비스 분야에서 예외목록 규제방식으로의 전환, 방카슈랑스 규제의 제2단계의 이행, 보험서비스 공급에 있어 외환보유 요건의 추가적 자유화'를 미국에 합의해주었다(제13장 부속서한). 이에 대해 정부는 이것은 '환영'이라는 단어에서 보는 바와 같이 양국의 공동인식을 대변한 것이라고 하나 제13장 부속서한의 마지막은 '이 양해의 공유가 협정의 불가분임'을 천명하고 있다.

■ 재협상을 어떻게 할 것인가

최근 미국은 민주당의 새 무역정책을 이유로 한미 FTA에 대한 추가협상 혹은 보완협상을 요구하고 있다. 이것은 그 형태와 관계없이 분명히 재협상이다. 그리고 결론부터 말하면 이 재협상은 한국에게 주어진 최고의 기회이다.

위에서 본 바와 같이 협정문을 분석할수록 '이 협정을 정말 비준해야 하나'란 의문은 설득력을 가질 수 있다. '개방이냐 쇄국이냐'와 같은 철 지난 구호로서 호도하기에는 한미 FTA 협정문이 가지는 문제점은 한두 가지가 아니라는 것이다. 그러니 정말 개방을 통한 한국경제의 재도약이 목표라면 재협상을 통해 우리 목적에 맞는 형태로 세부조항을 수정할 필요가 있다. 재협상을 위해서는 다음과 같은 사항을 반드시 고려해야 한다.

첫째, 미국의 새 무역정책에 대한 수정을 허용하는 대가로 혹은 우리 스스로의 발의에 의해(이 방법은 뒤에 설명) 투자자 정부 간 제소 조항의 개정, 지적재산권 분야의 수정, 무역구제제도의 개정(반덤핑에 있어서 제로잉 관행, 국가별 비합산 조항), 농산물 보호조치의 수정(세이프가드), 미래유보와 현재유보의 재조정 등이 이루어져야 한다. 다시 말해, 비준을 염두에 두고 한국 국민을 설득할 수 있는 수준의 재협상이 이루어질 필요가 있다.

둘째, 민주당의 신 무역정책 중 노동과 환경을 제외한 다른 분야가 가지는 의미와 함축을 정확히 이해해야 한다. <표 2>에서 보는 바와 같이 민주당의 입장은 미국을 기준으로 한 것이지만 지재권과 투자는 역설적으로 한국의 입장을 대변하는 측면도 없지 않다. 해외투자자와 지재권 권리자의 권리가 지나치게 보호되어서는 안된다는 조항이 대표적이다. ISD와 지재권은 이런 면에서 오히려 개정의 가능성을 찾아볼 수 있다.

셋째, 내부협상의 관점에서 재협상을 위한 종합적 계획이 필요하다. 우선 국회. 국회는 미국의 민주당 이상으로 '한국의 신무역정책과 통상절차'에 대한 새로운 법을 가결하거나 선언을 할 필요가 있다. 아쉬운 점은 우리 국회가 먼저 이런 조치를 취하여 미국 측에 재협상을 요청할 수는 없었을까 하는 점이다. 다음, 시민단체와 산업계는 재협상이 필요한 분야를 적시하여 '과격하지 않은 방법으로' 언론계와 협력하여 의사를 표시해야 한다. 하지만, 가장 중요한 것은 협상단이 이러한 방식들의 의견표시가 우리 협상력을 제고할 수 있을 것이라는

표 2 민주당의 신 무역정책의 5개 분야와 주요 내용

분야	주요 내용
노동	– 협정국 당사자들이 ILO 핵심 협약을 의무적으로 비준토록함: 노조 결성권과, 단체교섭권 보장; 강제노동의 폐지; 아동노동의 철폐; 작업장 차별의 철폐 – 협정의 다른 분야와 마찬가지로 이 문제와 관련한 분쟁이 발생할 경우 특별 분쟁해결절차가 아닌 일반적인 분쟁해결절차를 따르도록 할 것
환경	– 다자간 환경협정을 적용해야 함.
지적 재산권	– 의약품 가격상승을 부채질하고 접근권을 제한시킨 부분의 수정을 요구 – 미국 의약품의 특허권은 보장해야 하지만 과도한 보장으로 의약품에 대한 소비자들의 접근권을 제한해서는 안 됨.
투자	– 해외투자자들의 권리가 국내 투자자에 비해 과도하게 보호되고 있다는 점을 지적하면서 양자 간 동등한 권리보장을 요구
서비스	– 조달부분의 경우 자유무역협정에 의해 공공의 이익을 위한 규제가 위협받아서는 안 됨(노동보호 조항이나 환경보호 조항을 준수하지 않는 기업 상품에 대해서는 규제를 가해야 함).

자료 여러 자료를 취합하여 필자가 작성.

인식을 가져야 한다는 것이다. '단일한 입장'만을 요구하거나 국민들의 의견분출을 '협상력을 저해하는 요인'으로 인식할 바에야 우리 협상은 백년하청일 수밖에 없다.

그림 2 효과적인 한미 FTA 재협상을 위한 절차

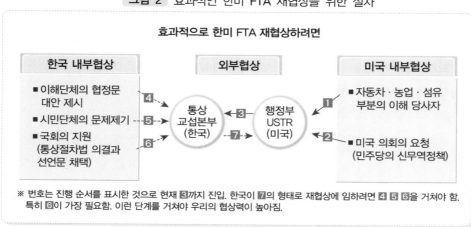

제4장

한미 FTA 재협상의 분석

1. 재협상을 보는 시각

(1) 국가 간의 협상에서 재협상은 가능한가

협상에 대한 기본적인 이론을 논의하는 제2부에서 재협상에 대해서는 다음과 같은 언급을 한 바 있다(제2부 7장).

협상의 어느 한쪽이 재협상을 요구한다고 해서 바로 재협상이 시작되는 것은 아니다. 재협상 자체가 불가능할 수도 있고, 상대방이 재협상을 거절할 경우 재협상을 강요할 수단은 없기 때문이다. **국가 간의 협상인 경우 재협상의 가능성은 희박하다.** 하지만, 최종 협정문에서 무엇인가 잘못이 발견될 경우 짧은 경과 기간을 가진 뒤 다시 협상에 들어갈 수도 있다. **이 경우 재협상의 가능성은 전적으로 두 나라의 외교적 관계에 달려있다고 할 수 있다.**

여기서 언급한 바와 같이 국가 간의 협상에서는 기본적으로 재협상은 불가능하다. 여기서 기본적이란 표현을 쓴 것은 협정문에 재협상에 관한 조항이 포함되어 있을 경우에는 재협상이 가능하기 때문이다. 그렇지 않을 경우 재협상을 요구하는 것은 지금까지의 협상 결과를 부정하는 결과를 초래할 수 있기 때문이다.

하지만, 현실의 경우 재협상이 전혀 불가능한 것은 아니다. 국가 간 협상의 경우 그 협상 결과가 실행되기 위해선 양국 의회의 비준이 필요한 경우가 많은

데, 의회의 비준을 얻기 전에 양 당사국이 동의한다면 재협상을 할 수도 있기 때문이다. 이 경우 재협상 대신 추가협상이란 용어를 사용하기도 한다. 중요한 것은 외형상 반드시 양 당사국의 동의가 필요하다는 것이다. 그러나 실제로는 양 당사국의 '자발적 동의'라기 보다는 한 당사국의 '강요에 가까운 요구와 그것을 수락할 수밖에 없는 불가피한 동의'의 형태를 띠는 경우가 많다.

(2) 한미 FTA에서의 재협상

1) 첫 번째 재협상

앞서 설명한 바와 같이 한미 FTA 협상은 2006년 2월에 시작되어 2007년 4월에 타결되었다. 협상이 타결된 이상 그 결과를 협정문으로 정리하고 양 당사국 대표가 서명한 뒤 국회의 동의를 얻으면 정식으로 발효된다. 하지만 한미 FTA의 경우에는 이 과정에 다른 절차가 끼어들게 된다.

협상이 타결된 지 한 달이 지난 2007년 5월, 미국의 민주당 정부는 의회와 신무역(통상)정책에 합의하고, 그 결과를 바탕으로 한미 FTA에 대한 추가협의를 요청해 온 것이다. 아직 협정문에 서명하기 전이라 양국은 한 달간의 추가협의를 거친 뒤 2007년 6월 정식으로 서명하게 된다. 이 협의는 엄격한 의미에서 재협상의 성격을 가진다. 협상이 타결되었다고 선언한 뒤 그 협상결과를 다시 논의했기 때문이다. 하지만, 어느 나라도 (특히 한국) 이 추가협의와 재협상에 대해 심각한 이의를 제기하지 않았다.

문제는 그 뒤에 일어난다. 정식으로 서명된 협정문이 비준을 받기 위해 의회에 제출(한국은 2007년과 2008년 두 번에 걸쳐 의회에 제출되었다)된 뒤인 2010년 6월 미국의 오바마 대통령은 한미 FTA에 대해 새롭게 논의할 것을 지시한 것이다. 두말할 필요 없이 이것은 재협상이다. 아직 정식으로 발효도 되지 않은 협정을 다시 협상하도록 요청한 것이다. 2010년 말 한미 FTA 재협상은 타결되었고 그 뒤 1년 뒤인 2011년에 한미 FTA 협정문은 양국의 의회를 통과하게 된다.[1]

이것을 첫 번째 재협상이라고 한다. 그리고 이 첫 번째 재협상과 관련된 문제는 3장 2절(한미 FTA가 종료되고 난 뒤의 분석)에서 자세히 다루었다. 그리고 이 첫 번째 재협상이 협상론적 관점에서 다소 문제가 있음도 이미 지적하였다.

---

1) 이 재협상에 대한 자세한 분석은 다음 5장의 보론을 참고하기 바란다.

2) 두 번째 재협상

정작 중요한 것은 두 번째 재협상이다. 이것은 2017년 미국의 트럼프 행정부가 들어서고 난 뒤 한미 FTA에 대해서 근본적인 논의를 요청해 온 것을 의미한다. 이 두 번째 재협상이 첫 번째 재협상과 다른 점은 첫 번째 재협상은 일반적인 협상의 관행에 따른 협상인 반면, 두 번째 재협상은 이미 타결되어 발효되고 있는 한미 FTA 협정문을 바탕을 둔 재협상이라는 점이다.

그런 점에서 이 두 번째 재협상을 재협상이라는 단어로 부르기에는 다소 어색한 면이 없지 않다. 한미 FTA 협정문 어디에도 재협상이라는 용어를 사용하지 않고 있기 때문이다. 협정문이 규정하고 있는 것은 협정문을 개정할 수 있다는 것(제22.3조 제3항)과 협정의 종료에 관한 것(제24.5조 제3항)뿐이다. 그러므로 엄밀히 말하면 2017년 미국의 요청은 재협상이 아니라 한미 FTA 개정협상이라고 부르는 것이 마땅하다. 혹은 미국의 의도가 한미 FTA를 종료시키는 것이라면 이것은 한미 FTA 종료협상이라고 부르는 것이 타당하다(미국이 협정 종료 의사를 통보한 뒤, 한국이 이에 대해 협의를 요청할 수 있도록 되어 있기 때문에 종료협상이라고 불러도 무방하다). 하지만, 일반적으로 재협상이라고 불려지기 때문에 본서에서도 이 용어를 그대로 사용하기로 한다.

2. 두 번째 한미 FTA 재협상을 어떻게 볼 것인가

첫 번째 재협상이 다소 기술적technical인 성격이 강한 것이었다면 두 번째 재협상은 도널드 트럼프 당선 뒤의 미국 통상정책 기조 변화와 밀접한 관련을 가진다. 그래서 두 번째 재협상은 협상의 관점과 함께 이런 통상정책 기조의 변화도 함께 고려하려고 한다.

(1) 두 번째 재협상의 기본적 성격과 대응방안

첫째, 이 재협상은 우선 기본적으로 '자국우선의 보호주의적 성격'을 가진다. 트럼프 대통령이 당선된 뒤 취한 미국의 정책기조는 이 보호주의적 성격을 드러내기에 충분하다. 가장 대표적인 것이 TPPTrans-Pacific Partnership탈퇴, NAFTA 재협상 요구, 파리 기후협정 탈퇴, 미국진출 기업에 대한 미국에로의 투자유치 권유, 외국으로 진출한 기업의 미국 내로의 복귀reshoring 등이다.

다시 말해, 한미 FTA 재협상 요구도 이런 보호주의적 성격의 연장선 상에서 이해할 수 있다. 이럴 경우 한미 FTA 재협상을 대하는 우리의 태도는 조금 복합적인 성격을 띨 필요가 있다. 한미 FTA만을 하나의 협상의제로 삼기 보다는 우리가 미국과의 사이에 당면한 모든 문제를 한꺼번에 고려할 가능성을 검토해야 한다(Package deal의 가능성; 여기에 대해서는 다음 항에서 자세히 논의할 것임). 또, 미국의 보호주의적 경향에 대한 대처인 만큼 중국과 일본 등 다른 나라와의 공동 대응 가능성을 염두에 둘 필요가 있다.

둘째, 이번의 재협상 요구는 미국 측으로서는 일자리 창출과 관련된 제조업에서의 가시적 성과를 위한 협상으로 이해할 수 있다. 주지하는 바와 같이, 트럼프 대통령은 소위 말하는 Rust Belt(제조업의 공동화로 인해 경제적 어려움을 겪는 오하이오, 펜실베니아와 같은 미국 중서부와 북동부 지역을 의미함)에서의 지지를 기반으로 대통령에 당선된 만큼, 제조업에서의 일자리 창출을 매우 중요하게 생각하고 있다. 그래서 한미 FTA를 통해 미국의 일자리가 줄어들었다면 한미 FTA를 개정하거나 철폐함으로써 그 일자리를 다시 미국으로 가져올 가능성을 염두에 두고 있다. 2016년의 경우 한국은 자동차, 기계, 철강 부문에서 252억 달러의 대미 흑자를 기록하고 있기 때문에, 미국으로서는 이들 부문에 대한 수입억제 혹은 미국에 대한 투자 권유를 통해 일자리 창출과 관련된 문제의 해결을 꾀할 수 있다.

문제는 이들 제조업 3개 업종만을 본다면 미국의 요청이 틀리다고 말할 수 없지만 한미 간의 전체 무역을 본다면 이런 요구는 다소 억지스러운 면이 있다고 할 수 있다. 예컨대 이들 3개 업종을 제외하면 한국의 미국에 대한 무역흑자는 대폭 줄어들 뿐 아니라, 미국은 서비스업 부문에서 한국에 매우 큰 흑자(2015년, 140억 달러)를 기록하기 때문에 미국이 이들 3개 업종을 중심으로 한 해결책을 요구한다면, 한국은 역설적으로 서비스업 부문에 대한 해결책을 미국에 요구할 수 있다는 것이다. 하지만, 이런 양자 호혜적 성격의 FTA 성과가 어느 정도 미국 측에 받아들여질 수 있을지는 매우 불확실하다. 그것은 다음과 같은 세 번째 성격 때문이다.

셋째, 한미 FTA는 도널드 트럼프 대통령의 개인적인 특성이 가미된, 그래서 매우 감정적인 측면이 강한 협상의 성격을 띠고 있다. 주지하는 바와 같이 트럼프 대통령은 한미 FTA에 대해 '받아들일 수 없는unacceptable', '끔찍한horrible'이라는 용어를 사용하고 있는데 이는 국가 간의 협상에서는 좀처럼 발견하기 힘든 것이다. 물론 이런 용어의 사용은 협상에서 우위를 점하기 위한 이니셔티브의 성격을 가지지만, 비대칭적인 협상 상대의 경우에는 매우 큰 위협으로 작용할 수 있다. SNS를 통해 한미 FTA 종료를 암시하는 termination이라는 용어를 사용한 것도 이런 맥락에서 이해할 수 있다.

이런 감정적 요소를 포함하고 있는 협상에서는 논리적인 태도가 통하지 않을 수도 있다. 하지만, 재협상을 포함한 모든 국가 간의 협상에서 그 시작은 논리적인 것으로 시작할 수밖에 없다. 또 하나, 언급하고 싶은 것은 하나의 협상전략으로서 오히려 한국의 한미 FTA 종료라는 선택을 해도 좋다는 것이다. 사실 경제적으로 볼 때 한미 FTA를 종료하더라도 그 경제적 효과는 그리 심각하지 않을 수도 있다.

(2) 종합적인 대응방안

가장 중요한 대응방안은 논리적인 설득이다. 2012년에 발효된 한미 FTA가 이제 5년 정도 지났으니 그 동안의 성과를 보면서 합리적인 방향으로 한미 FTA를 개정(혹은 추가적인 수정)할 수 있다는 것이다. 그 중 가장 중요한 논리는 다음 두 가지로 요약할 수 있다.
- 한미 FTA는 한국과 미국 두 양국에 모두 이로운 경제적 효과를 가져왔다.
- 한국은 미국과의 제조업 제품 무역에서 3개 업종을 중심으로 무역흑자를 기록하고 있으나, 이는 한미 FTA의 경제적 효과라기 보다는 미국의 경쟁력 약화에 기인한 성격이 강하다.

<표 3>이 보여주는 것은 한미 FTA 발효 이후 미국에 대한 한국의 무역흑자가 늘어난 것은 분명하나(243억불에서 451억불), 서비스 적자는 이와 반대로 더 확대되어 왔다는 것이다(109억불에서 140억불).[2][3] 그리고 무역흑자가 대폭 늘어난

---

2) 경상수지 통계를 통해 한국과 미국과의 한미 FTA 효과를 가늠하는 것은 매우 개략적인 것이다. 그것은 제조업 각 품목마다 인하된 관세율이 다르며, 그래서 늘어난 제조업 부문의 흑자가 과연 한미 FTA 때문인지 분명하지 않기 때문이다. 나아가 제조업 부문에서의 무역흑자만을 고려하는 것도 올바른 방법이 아닐 수 있다. 한국과 미국 간의 전체적인 경상수지 변화를 이해하기 위해서는 제조업과 함께 농업부문의 무역 효과도 고려해야 하기 때문이다. 주지하

Strategic Negotiation | 전략적 협상

3개 업종의 경우 그것이 한미 FTA에 기인하기 보다는 미국의 경쟁력 약화에 기인함을 <표 4>는 보여주고 있다.

표 3 한국의 미국에 대한 경상수지의 추이(단위: 백만불)

항목명	2006	2007	2008	2009	2010	2011	2012	2013	2014	2015
경상수지	12,369.8	16,495.7	16,919.6	15,166.8	13,679.5	19,772.9	19,037.8	36,227.3	40,986.4	33,032.4
상품수지	18,594.3	18,795.9	18,028.9	19,978.2	22,177.4	24,314.1	25,614.4	40,425.4	47,178.5	45,163.4
수출	47,468.6	52,223.6	52,137.5	46,019.9	62,788.8	73,152.8	75,805.3	86,252.9	96,403.7	90,705.3
수입(FOB)	28,874.3	33,427.7	34,108.6	26,041.7	40,611.4	48,838.7	50,190.9	45,827.5	48,225.2	45,541.9
서비스수지	−6,225.2	−6,315.4	−8,631.4	−9,554.6	−12,797.5	−10,971.3	−12,459.5	−11,095.5	−11,000.6	−14,086.6
서비스수입	13,850.0	16,635.0	16,353.0	13,250.1	13,889.1	15,851.1	17,677.4	18,154.1	17,850.4	14,847.1
서비스지급	20,075.2	22,950.4	4,984.4	22,804.7	26,686.6	26,822.4	30,136.9	29,249.6	28,851.0	28,933.7
가공서비스수지	795.3	554.5	532.3	420.5	551.1	509.6	458.5	397.3	332.4	189.6
운송수지	−309.2	756.7	−563.8	−647.4	−674.9	−1,436.8	−266.8	−180.7	−53.8	−632.5
여행수지	−4,137.4	−5,312.1	−4,165.0	−3,578.3	−3,889.5	−4,132.1	−4,589.6	−4,163.4	−4,619.0	−5,336.7
보험서비스수지	−327.9	−213.7	0.5	432.7	−518.8	11.4	−17.0	−40.3	38.5	−27.7
지식재산권 사용료수지	−2,400.9	−2,580.5	−3,043.8	−3,301.4	−4,983.2	−2,992.4	−4,865.9	−5,589.9	−5,407.7	−5,885.3
통신, 컴퓨터, 정보서비스수지	−71.8	25.9	−101.4	−130.5	−18.4	−68.8	−73.6	18.7	131.7	−154.7
기타사업서비스	−524.6	−219.8	−1,861.0	−2,681.5	−2,940.3	−2,776.6	−2,750.3	1,303.4	−1,232.2	−2,383.2
정부서비스수지	921.6	817.0	666.5	760.7	475.8	547.0	669.4	645.7	474.2	306.7
기타서비스수지	−170.3	−143.4	−95.7	−829.4	−799.3	−632.6	−1,051.2	−879.5	−664.7	−162.8
본원소득수지	1,246.6	5,774.2	7,315.9	5,761.3	6,007.6	7,956.2	8,000.6	7,938.5	6,291.9	4,708.8
이전소득수지	−1,245.9	−1,759.0	206.2	−1,018.1	−1,708.0	−1,526.1	−2,117.7	−1,041.1	−1,483.4	−2,753.2

자료 한국은행의 자료를 이해영(2017)에서 재인용.

는 바와 같이 한국은 미국으로부터 많은 양의 농산품을 수입하고 있다. 그래서 이해영(2017)
은 '가장 많이 FTA 영향을 받는 주요 농산물 무역수지를 합하면 2016년 한미 FTA 관련 무
역수지는 −80억 달러라는 충격적인 결과가 발생한다(p. 15)'고 주장하고 있다.

3) 미국의 국제무역위원회(US International Trade Commission, 이하 USITC)가 발표한 미국의
기체결 FTA 경제적 영향 평가보고서에 따르면, 한미 FTA 체결은 美경제, 교역수지, 소비자
후생, 투자 등에 긍정적 영향을 미쳤다고 평가하고 있다. 2015년 기준, 한미 FTA로 인한 교
역수지 개선효과는 157억 달러로 추정하고 있으며, 미국의 한국에 대한 교역수지는 283억
달러 적자이나, FTA가 없었을 경우 그 규모는 440억 달러에 달했을 것으로 추산하고 있다.
이처럼 미국 내에서도 한미 FTA에 대해 긍정적 평가가 나오기도 한다. 자세한 것은 KOTRA
(2017), 『미국이 바라본 한미 FTA 발효 5주년 효과 및 활용사례』, p. 8을 참고하기 바란다.

표 4 미국의 산업별 대한국 무역수지 및 경쟁력 변도

	대한국 무역수지 (억 달러)		미국의 대세계 경쟁력 (TSI)		경쟁력 변화 (D-C)	미국의 대한국 수지 변화 (B-A)
	2011(A)	2016(B)	2011(C)	2016(D)		
비금속광물제품	1.1	0.2	-0.2	-0.3	-0.08	-0.9
비철금속	6.8	2.6	-0.1	-0.2	-0.02	-4.1
철강	-18.1	-28.5	-0.1	-0.3	-0.12	-10.4
석유화학	13.4	2.3	0.4	0.3	-0.02	-11.1
정밀화학	20.1	13.5	0.0	0.0	-0.03	-6.6
반도체	22.1	11.8	0.0	0.0	-0.03	-10.2
디스플레이	4.3	6.1	0.0	0.0	-0.01	1.8
전기전자	-132.8	-116.4	-0.3	-0.4	-0.05	16.3
일반기계	-23.0	-33.0	0.0	-0.2	-0.15	-10.0
자동차	-111.1	-191.0	-0.2	-0.4	-0.14	-79.9
조선	1.3	0.7	0.2	0.0	-0.21	-0.6
항공	22.3	46.2	0.6	0.6	0.02	23.9
생활용품	-9.7	-15.7	-0.3	-0.4	-0.04	-6.0
섬유	-8.2	-9.5	-0.7	-0.7	-0.02	-1.3
기타제조업	14.9	-18.8	-0.4	-0.2	0.17	-33.7
제조업	-198.3	-335.5	-0.2	-0.2	0.0	-137.3

주 TSI는 무역특화지수인 Trade Specialization Index의 약자로 그 값이 1에 가까울수록 수출특화의 정도가 강하여 무역경쟁력이 높고, -1에 근접할수록 수입특화의 정도가 강하여 무역경쟁력이 약하다는 것을 의미함.

자료 이진면·김바우(2017)가 USIT를 근거로 작성한 것을 인용.

문제는 미국이 이런 논리를 받아들일 수 있을 것인가, 혹은 받아들인다면 어느 정도 받아들일 것인가 하는 점이 제기될 수 있다. 위에서 살펴본 협상의 성격으로 볼 때 논리적 접근이 효과를 발휘한다는 보장이 없기 때문이다.

두 번째, 이런 논리적 접근과 함께 한국이 취할 수 있는 두 번째 방법은 협상론의 관점에서 한미 FTA에 대한 치밀한 준비를 해야 한다는 것이다. 이와 관련, 내부협상의 중요성은 이미 제4부와 제5부에서 일관되게 설명한 바와 같다. 이런 측면에서 강조되어야 할 사항들은 다음과 같다: 국내 통상조직의 조속한

재정비, 정부조직법 개정, 통상교섭본부장의 조속한 임명, 부서를 가리지 않고 과거 한미 FTA에 참여한 협상인력 라인의 재구축, '통상교섭본부, 국회, 행정부, 국민을 아우르는 범체계적 통상시스템의 구축' 등이다.

마지막으로 제시할 수 있는 것은 Grand Deal의 가능성 여부이다. 이것은 package deal이라는 형태로 이해할 수 있는데, 한미 FTA만을 단일한 협상의제로 할 것이 아니라 한국과 미국이 당면한 모든 문제를 하나의 테이블 위에 놓고 일괄적으로 타결하자는 것이다. 여기에 포함될 의제들은 한미 FTA 외에, 한국의 환율조작국 지정문제, 한국기업의 대미 투자, 미국 항공기와 방산물자의 구입, 서비스무역 확대를 위한 과감한 조치 등이 있다. 그리고 이와 함께 사드 문제를 함께 고려할 가능성 역시 검토할 필요가 있다. 이런 문제를 함께 논의하는 것이 바람직한 이유는 현재의 협상 구도로 볼 때 미국의 입장이 반영된 형태로 한미 FTA가 수정될 수밖에 없다면, 차라리 미국이 원하는 방향으로 한미 FTA를 개정하는 대신, 사드에서 우리의 입장을 반영하는 것이 장기적으로 한국의 국익에 도움이 될 수 있다는 것이다.[4]

협상강의노트 6 ● 한미 FTA를 보는 시각

우리는 제5부의 3장(한국과 미국의 FTA 협상 분석)에서 한미 FTA에 대한 전혀 다른 두 시각을 '악마와의 키스' 혹은 '태평양을 가로지르는 고속도로의 건설'로 표현한 바 있다. 전자는 한미 FTA의 부정적인 면을 강조한 것이라면, 후자는 그 긍정적인 면을 강조한 것이다.

여기서 던지는 한 가지 질문은 한미 FTA가 발효된 지 5년이 지난 지금 이 두 가지 시각 중 어느 것이 옳은가 하는 것이다. 이 절에서 제시된 <표 3>과 <표 4>를 중시한다면 그리고 외형적인 성과로 판단한다면 한미 FTA는 태평양을 가로지르는 고속도로의 건설에 가깝다고 판단할 수 있다. 하지만, 이런 판단은 다소 성급한 측면이 없지 않다. 한미 FTA의 구체적인 성과를 확인하기 위해서는 한미 FTA

---

4) 이런 패키지 딜에 대해 반대하는 의견도 있다. FTA라는 경제문제와 사드라는 정치외교 문제를 한꺼번에 협상하는 것은 한국보다 미국에 이로우며, 미국은 이런 패키지 딜에 매우 강한 협상력을 발휘한다는 견해도 존재하기 때문이다. 이 역시 부분적으로 타당한 말이다. 하지만, 실무 협상의 차원이 아니라 정상회담의 차원이라면 경제와 외교를 분리하기 보다는 차라리 일괄적으로 협상하는 것이 나을 수도 있다. 문제는 누가 고양이 목에 방울을 다는가 하는 점이다.

협상에 따른 관세와 비관세 효과를 모두 합한 세부적인 경제적 분석이 필요하고, 한미 FTA가 타결되지 않았을 경우와 비교한 경제적 분석 역시 필요하기 때문이다. 또 아직 5년밖에 지나지 않았기 때문에 이 협정의 성격에 대한 정확한 판단을 내리기에는 다소 이르기 때문이다. 예컨대, 지금까지 한 번도 발효되지 않았지만 ISDInter-state Dispute(기업과 국가 간의 소송)가 시행된다면 앞서 본 바와 같은 부분적인 긍정적 효과마저 상쇄될 가능성을 배제할 수 없기 때문이다.

따라서 한미 FTA에 대한 평가는 아직 시기적으로 이르다고 할 수 있다. 단 한 가지 분명한 것은 이번 제2차 재협상을 통해서는 제1차 재협상 당시 충분히 반영되지 못한 우리의 관심사가 반영될 필요가 있고, 또 반영되어야 한다는 것이다.

그런 점에서 미국과의 협상이 늘 그러하지만 이번 재협상은 (만약 충분한 재협상이 이루어진다면) 한국으로서는 위기인 동시에 기회이기도 하다. 문제는, 이 책에서 일관되게 강조하고 있지만, 한국과 미국이 동시에 win-win할 수 있는 방안을 어떻게 찾아내는가 하는 점이다.

제5장

(보론) 첫 번째 한미 FTA 재협상의 협상론적 분석[1]

제4부의 국가 간 협상을 분석하기 위한 이론적 기반을 토대로 첫 번째 한미 FTA 재협상은 다음과 같은 방향에서 분석될 것이다. 첫째, 협상구조Structure의 관점에서 2007년과 2010년에 진행된 두 번의 재협상은 어떻게 시작되었으며 그 것을 시작하도록 한 것은 무엇인가? 둘째, 이런 재협상과 관련 협상과정Process의 관점에서 어떠한 대응이 이루어졌으며, 그 대응은 충분했는가? 셋째, 협상과정이 협상구조에 어떤 영향을 미쳤는가? 혹은 미치지 못했다면 그 원인은 무엇인가?

1. 제1차 재협상의 경위와 협상론적 분석

(1) 제1차 재협상의 경과와 성과분석

2006년 2월 한미 FTA 협상시작이 공식적으로 선언되었다. 그 뒤 2006년 6월 제1차 협상이 시작된 뒤 모두 8차례의 협상을 거쳐 2007년 4월 2일 협상은 공식적으로 타결되었다. 협상이 공식적으로 타결된 이상, 그 동안의 논란과는 관계 없이, 두 나라의 공식적인 서명을 거쳐 비준작업에 들어가는 것이 일반적이다.

하지만, 공식타결이라는 여운이 채 사라지기도 전에 미국은 미국 행정부와 의회(특히 민주당)의 합의를 바탕으로 재협상과 관련된 입장을 밝히기 시작했다. 그것은 앞의 <표 3>에서 제시한 바와 같이 민주당이 제시한 신 무역정책 5개 분야를 한미 FTA 협정에도 반영시켜야 한다는 것이다.

---

1) 이 장은 졸고(2012, d)의 3장 이후를 그대로 첨부한 것으로 몇 개의 각주를 정리한 것 외에는 기존의 논문과 같다.

2007년 4월 15일 웬디 커틀러 한미 FTA 미국 측 협상대표는 "노동과 다른 조항들에 대해 미 행정부와 의회 사이에 논의가 진행 중이고 한국 측에도 이런 사실을 알렸다. 협의가 마무리되면 한국 측과 최선의 진전방향을 모색하겠다."[2]는 입장을 밝혔다. 같은 날 알렉산더 버시바우 주한 미국대사는 2007년 서울－워싱턴 포럼에서 "미국과 한국은 수 주 내에 보다 진전된 노동, 환경 기준을 (한미 FTA 협정문에) 반영하기 위해 협력할 필요가 있다."[3]고 밝혔다. 이런 언급은 사실상 공식적으로 타결된 한미 FTA 협정문을 수정하자는 제의와 다름없다. 하지만, 다행히도 한미 FTA 체결지원단은 "정부는 협상타결 이후 새로운 제안에 대해서는 논의할 수 없다는 입장이고, 이 점을 미국 측에게도 분명히 전달한 바 있습니다."[4]라는 입장을 피력하였다. 또, 당시 김현종 통상교섭본부장은 "미국이 일방적인 내용으로 재협상을 요구하면 협상을 깰 수도 있다."[5]는 다소 강경한 반응을 보이기도 했다.

하지만 이런 한국의 다소 원칙적인 반응과는 관계없이 두 달 후에 미국은 노동과 환경 등 7개 분야에 대해 수정안을 제의했고 한국은 즉시 미국과 재협상을 시작하였다.[6] 두 차례 협상을 통해 6월 20일 추가협상이 최종 타결 되었고, 곧 이어 이 타결된 협상에 대한 양국의 서명이 이어졌다. 최종문안에 미국의 입장이 그대로 반영된 것은 물론이다.

(2) 제1차 재협상의 협상론적 분석

이 제1차 재협상은 협상구조Structure의 관점에서 볼 때 국가위상이 전형적으로 비대칭적asymmetric인 경우에 나타날 수 있는 재협상이다. 즉, 일 당사자(미국)가 재협상을 요구하고 다른 당사자(한국)는 그것을 수용한 형태이다. 2007년 4월 초의 간접적인 미국의 재협상 요구에 한국은 '그렇게 할 수 없다'는 지극히 원론적인 반응을 보였지만, 실제 미국의 재협상 요구를 접하고서는 그 원론적인 반

---

2) Sunday.joins.com, 2007년 4월 15일.
3) Sunday.joins.com, 2007년 4월 15일.
4) http://fta.korea.kr 2007년 4월 17일.
5) Sunday.joins.com, 2007년 4월 15일.
6) 2007년 6월 경향신문의 보도에 따르면 한미 FTA와 관련해 미국 측의 추가협상 내용을 전달 받아 사실상 재협상에 들어간 것으로 확인되었다. 경향신문, '한·미 FTA 재협상 벌써 시작했다', 2007.6.14. 이러한 경향신문의 보도에 대해 정부는 신통상정책 합의내용을 협정문에 반영하는 논의가 이뤄진 바 없다고 밝혔다. 한·미 FTA기획단, 2007.6.14.

응과는 다른 태도를 취한 것이다. 따라서 이 제1차 재협상은 미국은 승자, 한국
은 패자로 드러나는 윈-루즈win-lose 게임의 성격을 띤다.

그러나 당시 한국의 상황을 고려했을 때 협상과정Process의 관점에서 많은 아
쉬움이 남는다. 그것은 2007년 4월에 타결된 한미 FTA 협상결과에 대해서도 국
내에서는 만족하지 못하고 있었기 때문이다. 즉, 협상과정이라는 관점에서 볼 때
국내에서는 이 재협상에 반대하는 분위기가 형성되어 있었기 때문이다. 하지만,
이 반대 분위기가 내부협상을 통해 '재협상을 반대하는 격렬한 반대'로 연결되지
못하였다. 이것은 사실상의 재협상을 '추가협상'으로 간주한 정부의 태도와도 무
관하지 않은 것으로 보인다. 달리 말해, 협상의 과정이라는 관점에서 볼 때 우리
정부는 '재협상과 관련된 격렬한 반대'를 원하지 않았고, 이 재협상에 우리의 관
심사항을 반영하기 위해 내부협상을 이용하려는 '인식'과 '의지' 그리고 '전략'이
없었다고 평가할 수 있다. 그래서 재협상에 우리의 관심사항이 반영될 수 없었
던 것이다. 만약, 내부협상을 통해 '재협상을 반대하는 격렬한 반대'가 형성되었
거나 혹은 이를 바탕으로 정부가 확고한 '인식'과 '의지' 그리고 '전략'을 가지고
있었다면 제1차 재협상을 통하여 다음과 같은 독소조항이 상당부분 개정될 가능
성도 없지 않았다: 투자자 정부간 제소 조항ISD, 지적재산권 분야, 무역구제제도,
농산물 보호조치(세이프가드) 등.

이런 점에서 제1차 재협상은 협상구조가 협상과정을 완벽히 제압한 사례 혹
은, 협상과정이 활성화되지 못해 협상구조에 아무런 영향을 미치지 못한 사례로
평가된다.

2. 제2차 재협상의 경위와 협상론적 분석

(1) 제2차 재협상의 경과와 성과 분석

1) 제2차 재협상의 경과

제1차 재협상이 타결된 뒤 한국정부는 2007년과 2008년 비준을 위하여 한미
FTA 비준동의안을 국회에 제출하였다. 하지만, 국내에서의 반대와 미국의 정권교체
기를 맞이하여 비준은 쉽게 이루어지지 못하였다(그 자세한 과정은 <표 5> 참조).

지지부진하던 상황이 계속될 무렵, 2009년 11월 두 나라는 정상회담을 통하

여 한미 FTA를 진행시키기로 합의하였다. 가장 큰 계기는 미 대통령 오바마의 한미 FTA에 대한 인식변화라고 할 수 있다. 대통령 후보 시절에 가졌던 한미 FTA에 대한 오바마의 부정적인 인식은[7] 2008년 서브프라임 모기지 사건 이후 자국의 경제활성화라는 관점에서 긍정적으로 변하기 시작했다. 하지만, 오바마의 긍정적인 관심은 제1차 재협상의 결과 합의된 협정문을 그대로 비준하는 것이 아니라, 미국에 보다 유리한 방향으로 수정하는 것이었다. 역설적이게도 미국(특히 오바마의 민주당 정부)의 이런 태도는 제1차 재협상이 끝난 뒤부터 계속 이어져오던 것이었다.[8] 그리하여 결국 2010년 6월 한미 정상회담에서 오바마 미 대통령은 한미 FTA를 다시 새롭게 논의하도록 지시하였고, 같은 해 11월 또 한 번의 정상회담을 거친 뒤, 2010년 12월 한미 양국은 한미 통상장관회의를 통하여 한미 FTA 재협상 타결을 선언하였다. 그 결과 2011년 2월 한미 FTA 추가협상의 결과를 정리한 합의문서에 서명하기에 이르렀다.

표 5 한미 FTA 시작부터 비준까지의 경과 요약

2003. 8.	한국, 중장기적 과제로 미국 등 거대경제권과의 FTA 추진의사 표명
2004. 5.	USTR 부대표 한미 FTA 체결에 대한 관심 표명
2005. 9.	미 행정부, 한국 등 4개국을 FTA 우선협상대상국으로 선정
2006. 2. 3.	**한미 FTA 추진 발표(워싱턴 미 상원의사당)**
2006. 6. - 2007. 3.	8차례 공식 협상 진행
2007. 4. 2.	**한미 FTA 협상 타결 선언**
2007. 5. 10.	미 행정부 – 의회 간 신통상정책 합의
2007. 6.	**한미 FTA에 대한 추가 협의**
2007. 6. 20.	한미 FTA 협정문 서명

---

7) 2008년 5월 23일, 당시 민주당 대통령 후보로 유력시 되던 버락 오바마는 부시 대통령에게 보내는 공개서한에서 한미 FTA를 "아주 결함이 있는(badly flawed) 협정"이라고 주장했다. 재협상이 없을 경우 비준동의안 처리에 협조하지 않겠다는 의지를 밝힌 것으로 분석되었으며 자동차 관련 조항이 한국 입장에 우호적으로 치우쳐 있다고 지적했다. 연합뉴스, 2008.5.24.

8) 예를 들어 힐러리 클린턴 국무장관은 2009년 1월 13일 상원 외교위 인준청문회에서 한미 FTA에 대해 자동차 등 분야에서 공정한 무역조건을 확보하지 못했으며 쇠고기 수출에서 우려할 점이 있다고 밝혔다. 또, 2009년 3월 9일 미국 상원 금융위원회의 인준 청문회에서 론 커크 미국 무역대표부(USTR) 대표 지명자는 한미 FTA의 재협상에 대해 '한국(과의 자유무역협정)의 경우, 현재 상태로는 수용할 수 없다. 대통령은 이 협정이 공정하지 않다고 말했고 나는 이에 동의한다.'라고 발언하고 있다. 특히, "수용할 수 없다"(unacceptable)라는 표현은 미국의 재협상 의지가 얼마나 강한지를 알 수 있게 한다. 한겨레, 미 정부·의회 '재협상' 일관 … 한국 거부 어려울 듯, 2009.3.11.

2007. 9. 7.	**한국, 한미 FTA 비준동의안 제17대 국회 제출**
2008. 10. 8.	**한국, 한미 FTA 비준동의안 제18대 국회 제출**
2009. 11. 19.	한미 정상회담(서울) FTA 진전 협력 합의
2010. 6. 26.	한미 정상회담, 오바마 대통령, 한미 FTA 새로운 논의 지시
2010. 11. 11.	한미 정상회담
2010. 12. 4.	**한미 통상장관회의(미국 메릴랜드 주) 한미 FTA 재협상 타결**
2011. 2. 10.	**한미 통상장관, FTA 추가협상 합의문서 서명 교환**
2011. 5. 4.	미 무역대표부, 의회에 FTA 비공식 협의 절차 개시 제안
2011. 6. 3.	정부, 한미 FTA 새 비준동의안 국무회의 의결과 동시에 국회제출
2011. 9. 16.	국회 외통위, 한미 FTA 비준안 상정
2011. 10. 3.	백악관, 한미 FTA 이행법안 의회 제출
2011. 10. 12.	**미 상하의원 한미 FTA 이행법안 가결**
2011. 10. 25.	국회 외통위, 통상절차법 처리
2011. 11. 22.	**한미 FTA 국회본회의 통과**

자료 각종 자료를 취합하여 재정리.

2011년 6월에는 한미 FTA의 새 비준동의안이 우리나라 국무회의에서 의결돼 국회에 제출되었고, 7월에는 미국 상하원이 FTA 이행법안 초안을 채택하였다. 이어 10월 12일에 미 상하원에서 한미 FTA 이행법안이 가결됐고, 이후 9일 만에 오바마 대통령이 한미 FTA 이행법안에 서명하면서 미국 내 모든 절차가 마무리되었다. 이후 한국은 국회 상임위 논의에서 '투자자-국가 소송제도' 이른바 'ISD'에 대한 여야 간 입장차로 진통을 겪었지만, 2011년 11월 22일 한미 FTA 이행법안이 국회 본회의에서 통과됨으로써 FTA 체결을 위한 한미 양국의 절차가 사실상 마무리되었다.

이런 한미 FTA의 재협상과 비준 과정에서 한 가지 흥미있는 사실은 한국의 야당 의원 35명과 한미 FTA에 반대하는 미국 민주당 하원의원 21명이 공조해 전면 재협상을 촉구한 점이다. 한미 양국의 의원들은 2010년 10월 18일 이명박 대통령과 버락 오바마 미 대통령에게 공동 서한을 보내 한미 FTA 전면 재협상을 촉구했다. 양국의 의원들은 이 서한에서 한미 FTA는 기존의 양국 간 경제 관계를 토대로 양국 모두에 이익이 되는 방향으로 체결돼야 하며 기업의 이해를 유권자들의 이익보다 더 중시하는 협정을 받아들일 수 없다고 밝혔다.[9] 비록 이런 사실은 한미 FTA 재협상과정에 별다른 영향을 끼치지 않았지만, 협상론적 관

---

9) 아시아투데이, 韓·美의원 56명, FTA 전면재협상 촉구 공개서한, 2010.10.20.

점에서는 매우 중요한 사실을 시사한다. 이에 관련된 분석은 본문의 뒷 부분에서 진행될 것이다.

2) 제2차 재협상의 성과분석

제2차 재협상의 결과는 다음 <표 6>과 같이 간략하게 정리할 수 있다.

표 6 제2차 한미 FTA 재협상의 주요 내용

구분		추가합의 내용	기존합의 내용
미국 측 요구사항 (자동차부문)	승용차	모든 승용차 관세 양국 상호 4년 후 철폐 - 한국, 발효일에 관세 8%에서 4%로 인하하고 이를 4년간 유지 후 철폐 - 미국, 관세 2.5% 발효 후 4년간 유지 후 철폐	- 한국, 모든 승용차 즉시철폐 - 미국, 3,000cc 이하 즉시 철폐/3,000 초과 2년간 균등철폐
	전기자동차	한국(4%)과 미국(2.5%) 모두 4년간 균등 철폐 - 한국, 발효일 관세 8%를 4%로 인하	한국, 9년간 균등철폐 미국, 9년간 균등철폐
	화물자동차	미국, 9년간 관세(25%) 철폐하되, 발효 7년 경과 후부터 균등 철폐	미국, 9년간 균등철폐
	세이프가드	세이프가드 신규 도입 - 관세 철폐 후 10년간 적용, 발동기간은 최대 4년, 발동횟수 미제한, 실제 발동 사례는 전무	신규 도입
	안전기준	제작사별 2만5천대까지 미국안전기준을 준수할 경우 한국 안전기준을 준수한 것으로 인정	기존 6500대 기준
	연비. CO_2기준	4500 이하(2009년 판매기준) 제작사는 19% 완화된 기준 적용	우리 정부 2012년부터 연비. CO_2 기준 도입
우리측 요구사항 (자동차 외 부문)	돼지고기 관세철폐	냉동 기타(목살, 갈비살 등) 관세철폐 시기 2016년 1월 1일로 연장	2014년 1월 1일에 관세철폐
	의약품 허가·특허 연계 의무 이행유예	복제의약품 시판허가 관련 허가. 특허 연계 의무이행 3년 유예	18개월 분쟁해결절차 회부 유예
	기업 내 전근자 비자연장	우리 업체의 미국내 지사 파견 근로 비자(L-1) 유효기간 연장 - 신규 지사 창설시 1년 → 5년, 기존 지사 근무시 3년 → 5년	잦은 비자 갱신 위한 출국. 서류구비 부담 완화

자료 정부자료와 다양한 자료를 취합하여 정리.

이 표에서 보는 바와 같이 미국의 모든 요구는 자동차 부문에 집중되어 있으며, 한국은 돼지고기, 의약품, 비자 등과 관련된 사항을 포함하고 있다. 제2차 재협상에서는 제1차 재협상의 경우와 달리 우리의 관심의제가 포함되었다는 점에서 다소 발전한 것으로 볼 수 있다. 하지만, ISD를 포함한 우리의 실질적인 관심사[10]가 하나도 포함되지 않았다는 점은 대단히 실망스러운 일이다. 이제 이 제2차 재협상의 성과를 객관적으로 분석기로 한다.

먼저 자동차 부문의 재협상 결과를 기존의 합의와 비교해 볼 때 가장 두드러진 점은 다음과 같다. 첫째, 기존의 합의에서는 3000cc 이하 자동차 관세율은 한미 FTA 발효 즉시 철폐하기로 한 것을, 이번 재협상에서는 4년간 유지 후 철폐하기로 하였다. 특히 미국은 현재의 관세 2.5%를 한미 FTA 발효 후 4년간 유지한 뒤 철폐하면 되지만, 한국은 한미 FTA 발효와 동시에 현재의 8% 관세율을 4%로 인하한 뒤 이를 4년간 유지한 후 철폐하기로 하였다. 이런 합의는 기존의 합의에 비해 후퇴한 것으로 평가된다. 둘째, 기존의 합의에는 없던 세이프가드(긴급수입제한조치)를 도입하였다. 이 조항은 한국과 미국 모두에게 적용되는 것이지만 한국이 미국에 더 많은 자동차를 수출하기 때문에 상대적으로 한국에 불리한 조항인 것으로 평가될 수 있다. 셋째, 자동차 안전기준과 관련 기존의 합의는 6,500대까지 미국의 안전기준을 적용하기로 한 것이지만, 재협상을 통해 그 인정 범위를 25,000대까지 상향 조정하였다. 따라서 25,000대까지는 한국의 기준이 아닌 미국의 기준을 통해 판매할 수 있도록 했다. 넷째, 전기자동차의 경우 기존 합의의 9년간 균등철폐를 4년간 균등 철폐로 바꿈으로써 일견 상호주의적 조치가 시행된 것으로 보여진다. 하지만, 한미 FTA 발효일에 한국의 전기자동차 관세율을 8%에서 4%로 인하하기로 함으로써 한국이 더 많이 양보한 것으로 보여진다.

이처럼 자동차 부문의 재협상 결과를 살펴보면 한국과 미국이 동등한 위치에서 협상을 통해 서로의 이익을 모색하기보다는, 미국의 이해가 일방적으로 한국에 전달된 느낌을 지울 수 없다. 하지만, 국가 간 협상은 한 부문의 결과로 판단하는 것이 아니라 협상 전체의 결과로 판단해야 한다. 달리 말해, 자동차 부문

---

10) 한미 FTA가 타결된 뒤 그 협상과정에 있어서의 아쉽고 미흡한 점 몇 가지로는 다음과 같은 사실을 들 수 있다: ISD, 지적재산권, 서비스부문 개방, 반덤핑 제도 등. 이와 함께 한미 FTA 비준과정에서 민주당이 제시한 10＋2도 향후 개선을 요구하는 사항으로 이해될 수도 있다.

에서 한국이 양보를 하고 다른 부문에서 이에 상응하는 양보를 받았다면 그 협상의 결과는 균형잡힌 것이라 할 수 있다. 협상의 결과는 대개 하나의 패키지 딜package deal로 마무리되기 때문이다.

재협상의 과정에서 한국은 돼지고기, 의약품, 그리고 비자 연장과 관련해 최소한의 이익균형을 확보했다고 주장하고 있다. 먼저, 미국산 냉동 돼지고기(돼지고기 목살과 갈비살 등)의 경우 25% 관세철폐시한을 2014년 1월 1일에서 2016년 1월 1일로 2년 연장하기로 합의하였다. 관세철폐시한을 2년 연장하기로 한 것은 일견 상당한 이득인 것으로 보여진다. 하지만, 애초 2007년 6월 한미 FTA 원래 협정문에서는 2014년 1월 1일로 철폐시한을 확정하였는데, 2010년까지 한미 FTA가 발효되지 않았으므로 그 사이 지나간 시간을 반영한 것이라는 지적도 없지 않다. 따라서, 이번 추가협상의 결과는 냉동 돼지고기 제품의 관세철폐시한을 현실화한 것일 뿐 관세철폐 연장이 가져다주는 경제적 효과는 그리 크지 않을 것으로 추산된다.

의약품의 복제약 시판－특허 연계 의무 제도[11]는 기존의 합의에서는 18개월 분쟁해결절차 회부를 유예한다는 것이었는데, 재협상에서는 시행 자체를 3년 유예하는 것으로 변경되었다. 기존의 합의와 비교해 볼 때 이 제도의 시행 자체를 3년 유예하기로 한 것은 일단 하나의 성과로 보여진다. 하지만, 허가－특허 연계는 부시 행정부가 추진하던 미국형 FTA에 포함되어 있던 내용이지만, 2006년 미국 민주당이 미 의회의 다수당이 된 후 이 조항을 독소조항으로 규정하여 페루, 파나마 FTA 수정안에서는 이것을 삭제하였다. 그럼에도 불구하고 한미 FTA 협정문에 이 조항이 남아있는 것은 여전히 문제라고 할 수 있다. 다시 말해, 다른 나라와의 FTA에서는 적용되지 않는 제도가 한미 FTA에서는 그대로 적용되고 있다는 것이다. 그래서 재협상을 통해 얻은 3년의 시행 유예는 그다지 큰 성과로 보이지 않는다.

정부는 또 재협상을 통해 기업 내 전근자의 비자연장을 약속받은 것은 하나의 성과라고 말하고 있다. 비자연장 자체는 하나의 성과임은 분명하다. 하지만, 그것이 한미 FTA 재협상 전체의 균형된 이익실현에 어느 정도 기여하는지, 자동

---

11) 복제약 시판허가－특허 연계 의무란 약품의 판매에 있어 특허권자와 제약사 간의 중재와 관련된 조항으로 제약사가 약품을 판매할 때 정부를 통해 특허권자의 허가를 받아야하고 만약 특허권자가 이의를 제기하면 제약사는 분쟁이 해결될 때까지 약품을 판매할 수 없게 된다.

차 부문에서의 양보를 만회하기에 충분한 성과인지는 여전히 불분명하다.

결론적으로 제2차 재협상은 미국의 요청사항 혹은 이익은 비교적 충분히 반영한 반면, 한국의 이익은 상대적으로 불충분하게 반영된 비상호주의적 협상 win-lose game의 일종인 것으로 평가된다.

(2) 제2차 재협상의 협상론적 분석

협상구조Structure의 측면에서 볼 때 제2차 재협상 역시 제1차 재협상과 비슷한 형태를 가진다. 즉, 국가의 위상이 전형적으로 비대칭일asymmetric일 경우에 나타날 수 있는 재협상이다. 한 국가(미국)는 여러 가지 정황과 조건을 근거로 재협상을 요구하고, 다른 한 국가(한국)은 마지 못해 그 재협상 요청을 받아들일 수밖에 없는 형태를 띠고 있다.

협상구조의 측면에서 제2차 재협상을 가능하게 한 결정적인 변수는 무엇이었던가? 그것은 오바마 행정부의 한미 FTA에 대한 인식변화인 것으로 보여진다. 오바마 행정부가 한미 FTA를 부정적으로 보고 있을 경우에는 한국 내에서도 한미 FTA가 발효되기란 어려운 것이 아닌가하는 분위기마저 있었다. 하지만, 2008년의 서브프라임 모기지 사태 이후 경제성장과 고용창출이 미국의 당면과제로 부각되면서, 미국의 경제를 위해 한미 FTA, 특히 자동차 부문을 재협상할 필요가 있다는 견해가 대두되기 시작했다.[12] 그래서 미국은 자동차 부문의 재협상을 위해 한 걸음씩 나아가기 시작했고 마침내 2010년 6월 재협상의 물꼬를 트게 된다. 뒤에서 설명되겠지만 오바마 행정부의 이러한 인식변화, 즉 미국의 경제성장과 고용창출을 위해 한미 FTA 특히 자동차 부분의 재협상이 필요하다는 것은 우리가 제2차 재협상과 관련 연계전략을 입안할 수 있는 좋은 기회를 제공한다. 하지만, 이런 기회 역시 살리지 못하였다.

제2차 재협상과 관련한 두 번째 질문은 자동차 위주의 재협상이라는 재협상구조를 변화시키려는 의도가 왜 없었는가 하는 점이다. 물론 재협상의 의제에 자동차뿐 아니라, 냉동 돼지고기, 의약품, 비자 문제 등이 포함됨으로써 재협상

---

12) 예컨대, 미국 상원 재경위 인준 청문회 이후 미국 하원 세입세출위 무역소위 위원장 레빈 의원이 한미 FTA에 관련해 자동차 문제를 언급하며 한국차에 대한 수입관세 2.5% 즉시 철폐 대신, 15년 뒤 한국차 수입관세 철폐를 주장한 것이 대표적이다. 「시사IN」, 한·미 FTA 비준? 일단 '정지'하라!, 80호, 2009.3.24.

의 협상의제에 최소한 우리의 관심의제가 포함되었다는 평가도 가능하다. 하지만, 한미 FTA에 대한 우리의 실질적인 관심사인 ISD, 지적재산권, 서비스 시장 개방, 반덤핑관세제도 등이 하나도 포함되지 않았다는 점에서 '실질적으로' 우리의 관심의제가 재협상에 포함되었다고 할 수 없다.

협상의 과정이라는 관점에서 볼 때 무엇이 문제가 되었던 것일까? 우선, 제2차 재협상과 관련된 '격렬한 반대'는 내부적으로 충분했던 것으로 보여진다. 가장 단적인 예가 2007년 6월 한미 FTA 협정문 서명 이후 계속되어 온 ISD를 반대하는 국내의 여론이었다. 하지만 이런 '격렬한 반대'에도 불구하고 제2차 재협상에 우리의 실질적인 관심사가 하나도 포함되지 않은 것은 우리 정부가 '그것이 가능하다는 인식이 없었거나' 혹은 '그렇게 할 의사가 없었기' 때문이라는 추론이 가능하다.

'그것이 가능하다는 인식이 없었기 때문'이라고 평가하는 것은 한국 내에서의 재협상에 대한 격렬한 반대의견을 조금도 협상의 장에서 활용하지 못했기 때문이다. 앞에서 국내의 '격렬한 반대'가 있을 경우 1) 내부협상의 과정이 우리의 협상력을 높여준다는 인식perception하에 2) 그런 의지will를 가지고 3) 의제연결linkage과 같은 전략을 이용하여 우리의 관심의제를 제시한다면, 일방적 재협상이 쌍무적 재협상으로 바뀔 가능성이 있음을 언급하였다. 하지만 제2차 재협상 당시의 통상교섭본부는 우리가 아무리 내부적으로 반대하더라도 재협상구조를 바꾸는 것은 불가능하다는 인식을 하고 있었던 것으로 보여진다. 그것은 <표 5>에서 보는 바와 같이 제2차 재협상이 진행된 과정을 통해 잘 드러난다. 당연한 이야기지만 그런 인식의 부재는 그런 시도의 부재로 연결될 수밖에 없었다.

'그렇게 할 의사가 없었던' 것으로 평가[13]받는 이유는 협상과정의 관점에서 볼 때 이번 제2차 재협상은 철저히 외부협상의 관점에서만 진행되었기 때문이다. 다시 말해, 내부협상(국내의 격렬한 반대의견을 제2차 재협상과정에 반영하려는 노력)보다는 외부협상(오직 통상교섭본부의 협상대표들만 미국과 협상을 진행)의 형태로 제2차 재협상을 진행한 것이다. 그래서 재협상구조를 변경할 수 있는 가능성을 철저히 배제한 채, 오직 외부협상의 과정만을 통하여 가급적 빨리 '한미 FTA 재

---

13) 이렇게 평가하기 위해서는 한미 FTA에 대한 정부의 선호유무를 먼저 분석하는 것이 필요하다는 의견이 제시될 수 있다. 하지만 본문 중 지적한 바와 같이 내부협상에 대한 인식의 부재는 의지의 부재로 연결된다.

협상을 타결짓겠다'는 목표에만 집착한 것으로 보여진다.

이처럼 협상과정과 재협상을 연결짓는 '인식'과 '의지'가 부족했으니 그것을 실현시킬 수 있는 '전략'에 관심을 기울일 수 없었음은 당연한 사실이다. 앞서 언급한 바와 같이 당시 미국은 국제금융위기 뒤 국내경제의 활성화에 관심을 두고 있었던 만큼, 예컨대, 자동차 부문에 다소 미국의 입장을 반영하는 대가로 ISD에 우리의 입장을 반영하려고 했다면 이런 연계전략의 실현 가능성이 전혀 불가능하지는 않았을 것이다.

그래서 결국 김종훈 통상교섭본부장의 '기존 협정문의 점 하나도 고치지 않겠다'는 외교부 정례브리핑(한국일보 2010. 11. 18)에서의 언급은 거짓으로 드러났다. 그 결과 "김종훈 본부장이 3년 반 동안 국민을 속이고 사과 한마디도 없이 재협상을 한다"[14]는 한나라당 유승민 의원의 정책질의는 당시 통상교섭본부가 제2차 재협상을 어떤 관점에서 바라보고 진행해 왔는지를 여실히 보여준다. '격렬한 반대'라는 내부협상의 과정에 대한 인식이 없었거나, 혹은 인식하지 않으려 하면서 그 결과 협상구조를 변경시킬 가능성이 있었으면서도 그것을 제대로 활용하지 못한 것이다.

제2차 재협상과 관련 한국에 주어졌던 또 하나의 기회는 한국의 야당 의원 35명과 한미 FTA에 반대하는 미국 민주당 하원의원 21명이 공조해 2010년 10월 18일 이명박 대통령과 오바마 미 대통령에게 공동 서한을 보내 한미 FTA 전면 재협상을 촉구한 사실이다. 한국과 미국의 국회의원이 공동으로 전면 재협상을 요구했다는 사실은 미국의 일방적인 재협상 요구가 쌍무적인 재협상으로 변경될 수 있는 가능성을 의미한다. 나아가 협상과정과 관련하여, 이런 가능성이 미국의 일방적 재협상 요구에 대한 한국의 '격렬한 반대'와 연결될 수 있었다면 제2차 재협상에 ISD와 같은 독소조항이 하나라도 반영될 가능성을 높일 수 있었다. 하지만, 우리 정부의 '인식'과 '의지'의 부족은 이런 가능성을 현실화하지 못했다.

지금까지 살핀 바와 같이 제2차 재협상은 제1차 재협상과 같이 기본적으로 협상의 과정이 협상의 구조에 영향을 주지 못한 협상으로 평가된다. 하지만, 협상과정이 협상구조에 영향을 미칠 가능성은 제2차 재협상이, 제1차 재협상에 비

---

14) www.prerssian.com 12월 16일 기사. "한미 FTA 재협상, 국회에 또 '해머'가 등장할까?".

하여, 훨씬 더 많았다. 국내에서의 반대도 훨씬 더 높았고, 제2차 재협상의 경우에는 한국과 미국 국회의원의 공동서신으로 대표되는 쌍무적 재협상의 가능성도 있었기 때문이다. 하지만, 이 제2차 재협상에서도 우리 정부는 협상의 과정이 협상구조에 영향을 미칠 수 있다는 '인식'과 '의지' 그리고 이를 활용할 수 있는 '전략'이 부족했던 것으로 평가된다.

3. 요약과 시사점

지금까지 한미 FTA와 관련된 두 번의 재협상을 협상의 구조와 과정이라는 관점에서 살펴보았다. 그 이론적 틀은 다음과 같이 요약할 수 있다. 협상구조는 협상에 참여하는 국가들과 관련된 협상의 프레임워크를 결정하는 기본적 구도를 의미하고, 협상의 과정이란 협상의 구조에서 결정된 사실(협상여부, 협상의제)에 대해 실질적인 협상을 진행하는 단계를 의미한다. 이런 협상과정은, 비대칭적인 관계를 가지는 국가의 경우, 다음과 같은 요건이 충족될 경우 협상구조에 영향을 미칠 수 있다: "협상구조의 변경에 대한 격렬한 반대를 전제로, 내부협상의 과정이 협상구조를 바꿀 수 있다는 인식과 의지를 가지면서, 그리고 이를 활용할 수 있는 전략이 있는 경우".

이 같은 이론적 배경을 바탕으로 분석한 결과 재협상의 성격상 두 번의 한미 FTA 재협상은 한국에 유리할 수 없는 구조였던 것으로 평가된다. 하지만, 그럼에도 불구하고 어느 정도 발휘될 수 있었던 한국의 협상력이 제대로 발휘되지 못했던 것은 큰 아쉬움으로 남는다. 특히, 제2차 재협상의 경우 협상과정이 협상구조에 영향을 미칠 가능성이 제1차 재협상의 경우보다 높았지만 그 가능성이 현실화되지 못했다.

한국의 협상력이 제대로 발휘되지 못했던 것은 내부협상과 관련된 협상과정이 협상의 구조에도 영향을 미칠 수 있다는 사실을 인지하지 못했거나, 인지하지 않으려 한, 통상교섭본부에 일차적 책임이 있다고 할 수 있다. 그 결과, 협상과정과 관련한 '인식'과 '의지' 그리고 '전략'의 부재가 한미 FTA 비준과 관련하여 불필요한 사회적 비용을 지불하도록 했다고 평가할 수 있다.

이상과 같은 재협상 경험을 통해 우리는 다음과 같은 정책시사점을 얻을 수 있다. 첫째, 비대칭적 국가 위상의 구조라는 최악의 협상구조하에서도 적절한 내부협상의 과정은 협상력을 제고할 수 있는 지름길이 될 수 있다. 즉, 협상구조가 협상과정을 제약하는 경우라도 내부협상을 통한 '격렬한 반대'가 있다면, 그리고 그 격렬한 반대를 자신의 협상력 제고를 위해 사용할 수 있다는 인식과 의지 그리고 적절한 전략이 있다면, 그렇지 않은 경우에 비하여, 우리의 협상력을 제고하는 지름길이 될 수 있다.[15]

둘째, 통상교섭본부의 구조적 문제에 관한 것이다. 협상과정의 관점에서 내부협상의 중요성을 충분히 인지하지 않고 외부협상을 통해서 재협상을 진행한 것이 통상교섭본부가 가지는 구조적 문제에 기인한 것[16]이라면 향후 우리에게 남은 FTA 협상을 위해서라도 통상교섭본부의 시스템적인 개편을 고려할 필요가 있다. 이번 재협상의 경우보다는 심하지 않지만, 통상교섭본부는 과거 한·칠레 FTA, 한 EU FTA, 그리고 한미 FTA의 협상과 관련 내부협상에 대한 인식이 매우 미흡하다는 평가를 받은 바 있다. 그런 점에서 통상교섭본부가 내부협상을 보다 효과적으로 지원하고,[17] 내부협상의 과정을 외부협상을 통해 잘 활용할 수 있도록 하는 시스템적인 개편이 필요하다. 이런 시스템적인 개편은 궁극적으로는 새로운 통상조직을 설계할 필요성에 이를지도 모른다. 예컨대, 졸고(2012, a)에서 지적한 것처럼 한국무역대표부KTR를 신설하는 것이 하나의 대안이 될 수도 있다.

셋째, Salacuse(1991)의 말처럼 FTA와 같은 국가 간 협정을 하나의 계약으로 보기보다는, 관계relation로 보는 시각이 필요하다. 이것은 재협상을 하나의 비일상적인 문제제기로 볼 것이 아니라 두 나라 사이의 관계를 정상화하면서, 협력관계를 더 강화시키는 계기로 볼 필요가 있다는 것이다. 이번 한미 FTA의 재협상 경

---

15) 재협상의 경우에도 국내에서 어떤 과정을 통해 재협상에 어떤 입장을 취하게 되는지를 결정하는 내부협상의 진행은 매우 중요하다. 즉, 미국은 재협상을 시작하기 전에 충분한 내부협상의 과정을 통해 자신들의 관심사와 입장을 확정지은 반면, 한국의 경우 통상교섭본부는 내부협상의 과정을 무시한 채 외부협상 위주로 재협상을 진행해 왔다. 내부협상의 과정을 충분히 반영하지 않았기에 한국은 한미 FTA의 비준과정에서 불필요한 사회적 혼란을 초래한 바 있다.

16) 가장 대표적인 것이 통상교섭본부의 협상기능과 조정기능이 분리되어 있는 것이다. 외형적으로는 통상교섭본부에 조정기능이 부여되어 있으나 실제로는 관계부처의 실무조정회의나 대외경제장관회의를 통해 조정기능이 발휘되고 있다. 더 자세한 설명은 졸고(2012)를 참고.

17) 이와 관련 내부협상이 통상교섭본부가 진행하는 것이 아니라 기획재정부 산하의 FTA 국내대책본부가 담당한다는 견해가 있다. 하지만, FTA 국내대책본부가 담당하는 것은 피해산업과 당사자에 대한 대책수립의 측면이 더 강하다. 나아가 이 책에서 일관되게 지적한 바와 같이 내부협상은 외부협상을 진행하는 부처에서 담당하는 것이 바람직하다. 그런 점에서 통상교섭본부가 내부협상을 효과적으로 지원하는 것이 더 효율적이다.

험은 주로 미국의 필요에 의해서 제기된 것이지만, 앞으로는 우리의 필요에 의해서 상대국에게 재협상을 요청할 필요가 있을지 모른다. 그럴 경우 우리의 협상력 제고 차원에서 필요한 것은 '재협상의 가능성은 인정하지만, 그 과정을 통제하는 Recognize the possibility of renegotiation, but control the process' 태도라고 할 수 있다.

참고문헌

* 여기에 제시되는 참고문헌은 본문 중에 언급된 참고문헌뿐 아니라, 본고와 관련된 주제를 공부함에 있어서 참고가 될 수 있는 기본적인 참고문헌도 함께 수록하였다. 특히 한국어로 된 참고문헌보다는 영어로 된 참고문헌이 본고에서 제시된 게임이론과 관련된 측면에서의 협상과 전략을 보다 깊이 살피는 데 유용할 것이다.

· 구민교(2009),「통상교섭본부」, 온라인 행정학전자사전 항목, www.epadic.com.
· 권오복(2006), "한미 FTA의 농업부문 파급 영향", 한국농촌경제연구원, mimeo.
· 김기홍(2012, a), "한국의 대외통상조직의 변화와 대외협상력", 『무역학회지』, 제37권 제1호.
· ──── (2012, b), "FTA 협상 분석의 이론적 틀: 협상 구조와 과정을 중심으로", 『국제문제연구』, 제12권, 제3호(2012년 가을), 국가안보전략연구소.
· ──── (2012, c), 『협상과 전략』, 율곡출판사.
· ──── (2012, d), "국가간 FTA 협상에서의 협상력 결정요인 분석: 한미 FTA 재협상을 중심으로", 『무역통상학회지』, 제12권, 제2호, 한국무역통상학회.
· ──── (2008), 『30년 전략』, 페가수스.
· ──── (2006), "내부협상의 개념으로 본 한미 FTA 협상전략," 『국제통상연구』, 제11권, 제2호, 한국국제통상학회.
· ──── (2005), "내부협상의 관점에서 본 한일 FTA 논의 분석," 『한일 경상논집』, 제32권, 한일경상학회.
· ──── (2004), 『서희, 협상을 말하다』, 새로운 제안.
· ──── (2002), 『한국인은 왜 항상 협상에서 지는가』, 굿인포메이션.
· 김도형 외 5명(1999), 『한·일 자유무역협정의 산업별 영향과 대응전략』, 정책자료 제151호, 산업연구원.
· 김영세(2011), 『게임이론』, 박영사.
· 김정수·최학수(2009), "한·중·일 FTA의 정치경제적 접근", 『무역통상학회지』, 제8권 제2호, 한국무역통상학회.

· 김흥률(2008), "우리나라 FTA 추진정책에 대한 평가", 『무역통상학회지』, 제9권, 제1호, 한국무역통상학회.

· 김흥종(2008), "주요국별 지역별 전략과 시사점", 「한국의 주요국별·지역별 중장기 통상전략의 새로운 방향과 전략의 모색」 세미나에서 발표된 논문.

· 대외경제정책연구원(2000), "한·일 자유무역협정(FTA)의 경제적효과와 정책방향", 21세기 한·일 경제관계연구회 보고서, 대외경제정책연구원.

· 대한무역진흥공사(2017), 『미국이 바라본 한미 FTA 발효 5주년 효과 및 활용사례』.

· 로버트 액설로드(이경식 역, 2013), 『협력의 진화』, 출판사 시스테마.

· 방청록(2007), "한EU FTA 협상의 정치경제와 정책적 함의," 『국제학 논총』, 제12집, 계명대학교.

· 『세계일보』 탐사보도: 한국 최근 10년 대외협상력 리포트, 2007.

· 손태우(2009), "미국통상정책 및 수립에서의 미통상대표부(USTR)의 법적지위에 관한 연구", 『부산대학교 법학연구』, 제50권, 제1호.

· 신용상(2006), "한미 FTA 금융협상의 쟁점과 대응방향", 『주간 금융브리프』, 제15권, 제15호, 한국금융연구원.

· 안세영(2003), "자유무역협정에 대한 국내이해집단의 반응에 관한 연구: 한·칠레 FTA 협상 사례를 중심으로", 『무역학회지』, 제28권, 제2호, pp. 55-79.

· 안세영·김정곤(2010), "한일 FTA의 국내적 제약요인 분석과 새로운 대일 협상전략", 『무역학회지』, 제35권, 제5호, 한국무역학회.

· 왕규호·조인구(2004), 『게임이론』, 박영사.

· 외교통상부(2006), "특별기획: 출발점에 선 한미 FTA".

· ───, 보도자료 등 각종 공식문서.

· 『위클리 경향』 902호, Kyunghang.com

· 유규열(2004), "양면게임으로 본 한일 FTA 연구", 『무역학회지』, 제29권, 제3호, 한국무역학회.

· 이수철(1993), 『국제화시대에 부응하는 통상행정체계 개편에 관한 연구』, 한국행정연구원.

· 이종민(2007), "통상협상, 왜 그렇게 더딘가?", 『무역학회지』, 제32권, 제4호.

· 이준규(2006), "한미 FTA의 효과: 서비스 부문", 대외경제정책연구원, mimeo.

· 이진면·김바우(2017), "한미 FTA 재협상과 우리의 대응방향", 『i-KIET 산업경제이슈』, 제21호, 산업연구원.

· 이효영(2007), "한EU FTA: 그 의의와 파급효과", 『국제학 논총』, 제12집, 계명대학교.

· 이해영(2017), "트럼프 신보호주의와 한미 FTA 재협상: 한미 FTA 5년의 평가에 부쳐", 『사드와 한미 FTA 재협상: 바람직한 외교방향은?』, 한국안보통상학회 주최의 세미나에서 발표된 논문.

· 전국경제인연합회(2004), 『한일 FTA 산업별 영향과 대책』, 2004. 12.

· 정기웅(2002), "투−레벨 게임의 대안으로서의 투−페이스 게임의 모색", 『국제정치 논총』, 제42집, 제4호.

· 정인교(1998), "한·미 자유무역협정(FTA)의 타당성과 경제적 효과", 미주경제, 대외 경제정책연구원.

· ────(2001), "한·칠레 자유무역협정(FTA): 추진배경, 현황, 경제적 효과와 정책시 사점", 『협상연구』, 제6권 제2호, 한국협상학회.

· ────(2004), "한일 FTA의 경제적 영향 추정 및 양국간 협상에 대한 시사점", 『한 일 경상논집』, 제29권, 한일경상학회.

· 토머스 셸링(이한중 역, 2011), 『미시동기와 거시행동』, 출판사 21세기 북스.

· 통상교섭본부 홈페이지, www.mofat.go.kr

· 『프레시안』, 각호

· 하형일(1999), "실리콘 밸리 이야기", 『HowPC』, 각 월호.

· 하종욱(2008), "한일 자유무역협정 가능할까?", 『무역통상학회지』, 제8권, 제2호, p. 3−27, 한국무역통상학회.

· 『한겨레 21』, "특집기사: 거침없는 통상권력에 하이킥을!", 2007. 5.

· 한미 FTA 기획단(2007), 보도자료.

· 황재영(1998), "정부의 협상력제고방안에 관한 연구", 『한국인간관계학보』, 제3권, p. 129−146.

· Brown, Drusilla. K. Deardorff, Alan V and Stern, M(2001), "CGE Modeling and Analysis of Multilateral and Regional Negotiating Options", *Discussion Paper* No. 468, School of Public Policy, the University of Michigan.

· Cohen, Herb(1980), *You can negotiate anything*, Lyle Stuart Inc., NJ.

· Dobrijevic G., M. Stanisic and B. Masic(2010), "Sources of negotiation power: An exploratory study," *South African Journal of Business Management*, vol 42, no 2, 35−42.

· Dixit, Avinash K. and Nalebuff, Barry J.(2008), *The Art of Strategy*, W. W. Norton & Company, Inc. New York.

· ────(1991), *Thinking Strategically*, W. W. Norton & Company, Inc. New York.

· Falkner, David O. and Andrew Campbell(2003), *The Oxford Handbook of STRATEGY volume I and volume II*, Oxford University Press, Oxford.

· Fisher, Roger and Willam Ury(1991), *Getting to Yes*, Penguin Books, NY.

· ────and Alan Sharp with John Richardson(1998), *Getting it done*, Harper

Business, NY.

· Frankel, J.A. & E. Stein & Shang－Jin Wei(1997), *Regional Trading Blocs in The World Economic System*, Institute for International Economics.

· Gibbons, Robert(1992), *Game Theory for Applied Economist*, Princeton University Press, NJ.

· Habeeb(1998), William Mark, *Power and Tactics in International Negotiation*, Baltimore: The Johns Hopkins University.

· IDE(2000), "Toward Closer Japan－Korea Economic Relations in the 21st Century", Institute of Developing Economies(IDE), Tokyo.

· KIEP(2000), *Economic Effects of and Policy Directions for a Korea－Japan FTA*, unpublished mimeo.

· Kim, Gi－Hong and Dae－Shik Lee(2003), On the Prospects of FTA between Korea and Japan: A Korean Perspective, 『한국경영경제연구』 제3권, 제2호.

· Kremenyuk, Victor A. ed(2002), *International Negotiation*, Jossey－Bass, CA, USA.

· McMillan, John(1992), *Games, Strategies, and Managers*, Oxford University Press: Oxford.

· Miller, James(2003), *Game Theory at Work*, McGrow－Hill, USA.

· Mnookin, Robert H. and Lawrence Susskind(1999), *Negotiating on behalf of others*, Sage Publications, Inc., CA.

· ──── , Scott R. Peppet and Andrew S. Tulumello(2000), *Beyond Winning*, The Belkan press of Harvard University Press, MA.

· Morrow, James D.(1994), *Game Theory for Political Scientists*, Princeton University Press, NJ.

· Poeter, Michael E.(1998), *On Competition*, Harvard Business School Press, MA.

· Putnam, Robert D.(1998), "Diplomacy and Domestic Politics: The Logic of Two－Level Games", *International Organizations*, vol 42.

· Raiffa, Howard(1982), *The Art and Science of Negotiation*, The Belknap Press of Harvard University Press.

· Robert, Maryse(2000), *Negotiating NAFTA*, University of Toronto Press: Toronto.

· Salacuse, Jeswald W.(1991), *Making Global Deals*, Houghton Mifflin Company, Boston, MA.

· Schelling, Thomas C.(1980), *The Strategy of Conflict*, Harvard University Press, Cambridge, MA.

· Schott, Jeffrey J., and Choi, Inbom(2001), *Free Trade Between Korea and the*

United States?, IIE, Washington DC.

· Starkey, Brigid, Mark A. Boyer, and Jonathan Wilkenfeld(2005), *Negotiating a Complex World*, Rowman & Littlefield Publishers, Inc. NY.

· Susskind, Lawrence and Jeffrey Cruikshank(1987), *Breaking the Impasse*, Basic Books, USA.

· ——— and Patrick Field(1996), *Dealing with an Angry Public*, The free Press, New York.

· Zartman, I. William(2002), "The Structure of Negotiation," in *International Negotiation* edited by Victor A. Kremenyuk, Sanfrancisco, Jossey—Bass, CA, 71—84.

· Zeckhauser, Richard J.(1993), *Strategy and Choice*, The MIT Press, Cambridge.

■ 참고신문

· 경향신문, 각호.
· 동아일보, 각호.
· 머니투데이, 각호.
· 매일경제신문, 각호.
· 서울경제신문, 각호.
· 시사인, 제80호, 2009.
· 연합뉴스, 각호.
· 아시아투데이, 각호.
· 중앙일보 일요판, Sunday.joins.com, 각호.
· 제일경제신문, 각호.
· 통상교섭본부 홈페이지, www.mofat.go.kr
· 파이낸셜뉴스, 각호.
· 프레시안, 각호.
· 한겨레신문, 각호.
· 한국경제신문, 각호.
· 한국일보, 각호.
· http://fta.korea.kr
· KBS 탐사팀장 김용진 기자의 블로그.

국문색인

영문색인

저자약력

>>> 주요 학력
- 학사: 서울대학교 인문대학 국사학과
- 석사: 서울대학교 대학원 경제학과
- 박사: University of California, San Diego
  전공: 응용게임이론(협상, 국제통상), 정보경제학(IT, 디지털경제)

>>> 주요 경력
- 중앙일보 이코노미스트誌 "시론" 집필위원
- 동아일보 객원논설위원
- 부산일보 경제칼럼 집필위원
- 국제신문 기획시리즈 집필위원
- 산업연구원(KIET) 디지털경제실장
- 국회 디지털경제연구회 자문위원
- 산업자원부 뉴라운드 자문위원
- 국제 e-비즈니스학회 부회장
- 한국국제통상학회 회장
- 한국국제통상학회 고문(현)
- 외교부 정책자문위원(현)
- 부산대학교 경제통상대학 경제학부 교수(현)

>>> 주요 연구실적
- 『서희 협상을 말하다』, 새로운 제안
- 『협상과 전략』, 법문사
- "The Role of GATT in Trade Negotiations: A Game-Theoretic perspective"
- "Why do or do not Nations settle their disputes bilaterally?"
- 『디지털경제 3.0』, 법문사
- 『새로운 산업경쟁력 원천으로서의 B2B: 이론과 실제』(공저), 산업연구원
- "국제적 정보격차, 어떻게 이해할 것인가?"
- *Information Technology and Regional Economic Development: A Korean Perspective* 외 다수

전략적 협상 － 한국과 한국인의 협상을 위한 조언 －

2017년 8월 20일 초판 인쇄
2018년 9월 15일 초판 2쇄 발행

저 자 김   기   홍

발행인 배   효   선

발행처 도서
        출판   法 文 社

주 소 10881 경기도 파주시 회동길 37－29
등 록 1957년 12월 12일/제2－76호(윤)
전 화 (031)955-6500～6 FAX (031)955-6525
E-mail (영업) bms@bobmunsa.co.kr
        (편집) edit66@bobmunsa.co.kr
홈페이지   http://www.bobmunsa.co.kr
조 판 법 문 사 전 산 실

정가 27,000원   ISBN 978-89-18-12357-8